Terrinen, Pasteten und Gelees

VON

DER REDAKTION DER TIME-LIFE BÜCHER

TIME-LIFE BÜCHER · AMSTERDAM

Aus dem Englischen übertragen von
Andrea Hamann und Katharina Jens

ISBN 9-06-182-397-8

Einband: Beim Aufschneiden der Pastete wird unter einer goldbraunen Kruste die kunstvoll geschichtete Füllung sichtbar. In Streifen geschnittenes dunkles Fleisch – zarte Hasenfilets und Wildgeflügel – sowie Streifen von hellem Kalbfleisch, gekochtem Schinken und fettem Speck heben sich von verschiedenen Schichten heller und dunkler Füllmasse ab. Ein mit Madeira aromatisiertes Gelee füllt den Raum zwischen Füllung und Teigkruste aus (S. 68).

DER HAUPTBERATER:

Richard Olney ist Amerikaner und lebt seit 1951 in Frankreich, wo er als Fachmann auf dem Gebiet der Kochkunst und als Weinkenner hochgeschätzt ist. Er ist Autor von *The French Menu Cookbook* und *Simple French Food,* das mit einem Preis ausgezeichnet wurde. Außerdem hat er zahlreiche Artikel für gastronomische Zeitschriften in Frankreich und den USA geschrieben, darunter auch für die einflußreichen Fachblätter *Cuisine et Vins de France* und *La Revue du Vin de France.* Er hat Kochkurse in Frankreich und den USA geleitet und ist Mitglied bedeutender gastronomischer und weinkundlicher Gesellschaften, unter anderem von L'Académie Internationale du Vin, La Confrérie des Chevaliers du Tastevin und La Commanderie du Bontemps de Médoc et des Graves.

DIE STUDIOBERATER:
Richard Sax, der für viele der schrittweisen Arbeitsanleitungen dieses Bandes verantwortlich zeichnet, war zwei Jahre lang Leiter der Versuchsküchen von *The International Review of Food and Wine.* Nach seiner Ausbildung in New York und Paris, wo er eine Lehre im Hotel Plaza-Athénée absolvierte, führte er ein Restaurant in Amerika. Er hat außerdem für zahlreiche Publikationen Artikel verfaßt und eine Reihe von Kochkursen geleitet.

DER PHOTOGRAPH
John Elliott lebt in London und erhielt seine Ausbildung am Regent Street Polytechnic. Er verfügt über umfangreiche Erfahrung in der Werbe- und Zeitschriftenphotographie; sein besonderes Interesse gilt der Lebensmittelphotographie.

DIE INTERNATIONALEN BERATER:
Großbritannien: *Jane Grigson* wuchs in Nordengland auf und studierte an der Universität Cambridge. Ihr erstes Kochbuch, *Charcuterie and French Pork Cookery,* kam 1967 heraus. Seither hat sie weitere Kochbücher veröffentlicht, unter anderem *Good Things, English Food* und *Jane Grigson's Fruit Book.* Seit 1968 arbeitet sie als Kochjournalistin für den Londoner *Observer. Alan Davidson* ist der Autor von *Fish and Fish Dishes of Laos, Mediterranean Seafood* und *North Atlantic Seafood.* Er ist Gründer der Prospect Books, die sich auf Publikationen über Nahrungsmittel und Kochkunst spezialisiert haben, sowie der Oxford-Symposien über Ernährungsgeschichte. **Frankreich:** *Michel Lemonnier* wurde in der Normandie geboren. Seit 1960 ist er Mitarbeiter der Zeitschrift *Cuisine et Vins de France* und schreibt auch für mehrere andere bedeutende französische Feinschmecker- und Weinzeitschriften. Er ist Mitbegründer und Vizepräsident der Gesellschaft Les Amitiés Gastronomiques Internationales sowie Mitglied der meisten französischen Weinbruderschaften und Weinakademien und hält in dieser Funktion häufig Vorträge über Wein. **Deutschland:** *Jochen Kuchenbecker* wurde als Koch ausgebildet. 10 Jahre arbeitete er als Lebensmittel-Photograph in vielen Ländern, bevor er in Hamburg sein eigenes Restaurant eröffnete. *Anne Brakemeier* lebt in Hamburg und hat in vielen deutschen Zeitschriften kulinarische Beiträge veröffentlicht. Sie ist Mitautorin von drei Kochbüchern. **Italien:** *Massimo Alberini* lebt und arbeitet sowohl in Mailand als auch in Venedig. Er ist ein bekannter Kochjournalist, dessen besonderes Interesse der Geschichte der Kochkunst gilt. Er hat 18 Bücher verfaßt, darunter *4000 Anni a Tavola, 100 Ricette Storiche* und *La Tavola all'Italiana.* **Niederlande:** *Hugh Jans* aus Amsterdam übersetzt seit 25 Jahren Kochbücher und kulinarische Artikel. Er hat auch eigene Bücher veröffentlicht, darunter *Bistro Koken, Koken in een Kasserol* und *Vrij Nederlands Kookboek;* seine Rezepte erscheinen in vielen niederländischen Zeitschriften. **USA:** *Carol Cutler,* die in Washington, D.C., lebt, hat mehrere Kochbücher verfaßt, darunter das mit einem Preis ausgezeichnete *The Six-Minute Soufflé and Other Culinary Delights. Julie Dannenbaum* leitet seit vielen Jahren eine Kochschule in Philadelphia und hat zwei Kochbücher und zahlreiche Zeitschriftenartikel verfaßt. *Judith Olney* erhielt ihre Ausbildung in England und Frankreich. Sie ist Verfasserin von zwei Kochbüchern. *Robert Shoffner* arbeitet seit 1975 als Wein- und Lebensmittelredakteur beim *Washingtonian*-Magazin.

Bei der Vorbereitung dieses Bandes leisteten folgende Mitarbeiter von Time-Life Bücher wertvolle Hilfe: *Maria Vincenza Aloisi, Joséphine du Brusle* (Paris); *Janny Hovinga* (Amsterdam); *Elisabeth Kraemer* (Bonn); *Ann Natanson* (Rom); *Bona Schmid* (Mailand).

INHALT

Ein Genuß für Auge und Gaumen

Terrinen, Pasteten und Gelees bieten die Möglichkeit, aus gewöhnlichen Zutaten außergewöhnliche Gerichte zuzubereiten, die appetitlich aussehen und köstlich schmecken. Sie sind als Blickfang kalter Büfetts ebenso geeignet wie als erster Gang eines großen Menüs, als leichte Hauptmahlzeit oder – beispielsweise Wildpasteten – als krönender Abschluß des Fleischgangs nach einem Braten.

Terrinen verdanken ihren Namen den Steingutformen, französisch *terrines* genannt, in denen sie traditionell gegart werden. Terrinen bestehen aus Fleisch, Fisch oder Gemüse, die mit anderen Zutaten gebunden und gewürzt werden. Sie bestehen entweder nur aus einer sogenannten Füllmasse – einer Mischung aus gehacktem Fleisch oder püriertem Fisch und aromatischen Zutaten – oder aus einer Kombination von Füllmasse und festen Bestandteilen: in Streifen geschnittenem zartem Fleisch, grobgehackten Nüssen oder anderen geeigneten Zutaten. Fleischterrinen erhalten ihr intensives Aroma dadurch, daß man die Zutaten vor dem Garen würzt und mariniert, die gegarte Terrine noch einige Tage stehenläßt, damit sich ihr Aroma voll entfaltet, und sie schließlich gut gekühlt serviert. Gemüse- und Fischterrinen sind nicht so gehaltvoll wie Fleischterrinen; ihr Vorzug liegt in der Frische und der zarten Beschaffenheit ihrer Zutaten.

Für besondere Anlässe kann man Terrinen mit Teig umhüllen und so in Pasteten verwandeln. Wenngleich sich diese von einer Terrine nur durch das Vorhandensein einer Teighülle unterscheidet, so wird der Begriff „Pastete" doch häufig fälschlicherweise für Terrinen verwendet – zum Beispiel für die Bauern-Terrine aus grobgehacktem Fleisch, die gewöhnlich als *pâté de campagne* bezeichnet wird.

Unter den mit Gelee zubereiteten Gerichten sind Galantinen die bei weitem eindrucksvollsten. Der Ursprung des Wortes „Galantine" ist nicht geklärt. Einige meinen, daß der Begriff ursprünglich für eine Geleespeise verwendet wurde; andere vermuten einen Zusammenhang mit dem altfranzösischen Wort für „Henne" (*galline* oder *geline*). Für eine klassische Galantine wird ein Hähnchen oder ein Puter entbeint, gefüllt und in stark gelantinehaltiger Brühe gargezogen. Aber auch andere entbeinte und gefüllte Fleischstücke wie Schweinskopf oder Spanferkel werden als Galantinen bezeichnet. Die Füllung für eine Galantine besteht aus der gleichen Kombination von Füllmasse und festen Zutaten, wie sie für Terrinen und Pasteten verwendet wird. Galantinen werden nach dem Garen noch mit Gelee überzogen und phantasievoll garniert.

In diesem Band wird eine Vielzahl von Terrinen, Pasteten, Gelees und Galantinen vorgestellt. Auf den folgenden Seiten werden grundlegende Methoden, die für die Zubereitung der meisten Gerichte wichtig sind, beschrieben – die Herstellung von gelatinehaltigen Brühen; die Vorbereitung und Verwendung von fettem Speck; verschiedene Arten, Fleisch für Füllmassen zu hacken; und die Zubereitung einfacher Garnierungen. Nach diesem einführenden Teil folgen drei Kapitel, in denen die Zubereitung von Fleisch-, Gemüse- und Fischterrinen anschaulich dargestellt wird, ein Kapitel über die Herstellung von Pasteten und ein Kapitel, in dem Anleitungen für die Zubereitung von Galantinen und Fleischgerichten mit Gelee gegeben werden. Im zweiten Teil des Buches findet man traditionelle und moderne Rezepte aus vielen verschiedenen Quellen.

Viele dieser Gerichte haben eine lange Tradition. Bauern-Terrinen und Fleischklöße, Schweinefleischpasteten und Sülzen – Fleischstückchen in Gelee – gehören seit Jahrhunderten zur ländlichen Küche. In solchen Gerichten können auch minderwertige Fleischteile eines Schweines verwendet werden. Rezepte für Fleisch- und Fischpasteten sind schon in Kochbüchern aus dem Mittelalter und der Renaissance zu finden. In einem Kochbuch des Küchenchefs Guillaume Tirel, aus dem 14. Jahrhundert, der unter dem Namen „Taillevent" bekannt ist, findet man beispielsweise eine Aalpastete, die der auf Seite 58 beschriebenen auffallend ähnlich ist.

In früheren Zeiten legte man größeren Wert auf die Haltbarkeit der Pastetenteige als auf ihren Wohlgeschmack. Im 18. Jahrhundert war es in England üblich, seinen Freunden und Verwandten zu Weihnachten Pasteten zu schicken, deren Füllung aus kleinen und großen ineinandergesteckten Geflügelarten bestand. Die stabile Teighülle diente dann als Verpackung für das Geflügelpaket (S. 66). In Frankreich wurde der Pastetenteig im Laufe der Zeit verfeinert und die Füllungen abwechslungsreicher gestaltet. Ein typisches Beispiel dafür ist die auf Seite 68 gezeigte gehaltvolle Wildpastete, unter deren kissenförmiger Blätterteighülle sich mehrere Lagen heller und dunkler Fleischsorten und Füllmassen verbergen.

Welchen Wein man zu einer Terrine, Pastete oder Galantine reicht, hängt ganz von der Beschaffenheit des jeweiligen Gerichts ab. Zu der lockeren Konsistenz und dem schlichten Aroma von Gemüseterrinen paßt ein leichter, frischer Weißwein, zum Beispiel ein Muscadet. Zu Fischterrinen wählt man bevorzugt weichere, vollmundigere Weine, beispielsweise Burgunder oder Hermitage, einen ausgereiften weißen Graves oder – zu dem kräftigen Geschmack von Aal – sogar einen leichten Sauternes oder einen gekühlten jungen Rotwein, wie etwa einen Chinon aus der Touraine. Zu einer Bauern-Terrine paßt am besten ein einfacher, etwas herber Wein – ein Corbières oder auch ein weißer, trockener Frascati.

Manchmal ist bei der Wahl des Weines außer der Zusammensetzung des jeweiligen Gerichts auch zu berücksichtigen, an welcher Stelle in einem Menü er gereicht werden soll. Gewöhnlich beginnt man ein Menü mit Weißwein und läßt dann Rotwein folgen. Wenn beispielsweise *foie gras* als erster Gang serviert wird, ist ihr klassischer Begleiter ein Sauternes. Wird *foie gras* allerdings in einem Menü erst später gereicht, ist ein großer Rotwein ebensogut geeignet. Ähnlich verhält es sich mit einem Gericht aus Wild und Trüffeln: Zu Beginn eines Menüs kann es mit einem ausgezeichneten Weißwein – etwa einem Puligny-Montrachet oder einem Meursault – serviert werden; als späterer Gang verdient sein köstliches Aroma die Gesellschaft eines Côte de Nuits-Chambertin oder Musigny.

Kräftige Brühen und klare Gelees

Galantinen sowie viele Terrinen und Pasteten verdanken ihr schönes Aussehen und ihr herrliches Aroma nicht zuletzt einem festen, glänzenden Gelee. Ein solches Gelee – auch Aspik genannt – dient als Überzug für Galantinen und Terrinen und füllt in Pasteten den Raum zwischen Fleischmasse und Teighülle aus, während es bei Sülzen die einzelnen Fleischstücke bindet.

Soll das Gelee sehr fest werden, muß es aus einer stark gelatinehaltigen Brühe (Rezepte S. 171 und 172) hergestellt werden. Für eine Fleischbrühe, die als Gelee zu Fleisch- oder Gemüsegerichten gereicht werden soll, läßt man gelatinehaltige Fleischsorten und aromatische Gemüse mehrere Stunden in Wasser simmern, so daß die Gelatine und das Aroma aus Fleisch und Knochen frei werden. Besonders gelatinehaltig sind Kalbsfüße und -haxe, Schwarte, Haxe und Füße vom Schwein sowie Flügelspitzen und abgezogene Füße vom Huhn.

Für Fischgerichte verwendet man vorzugsweise ein Gelee, das aus Fischbrühe besteht. Die Brühe kann aus den Gräten, Köpfen und sonstigen Resten jedes beliebigen mageren Fisches zubereitet werden. Fette Fischsorten wie Hering und Makrele sind nicht geeignet, weil sie einen ausgeprägten Eigengeschmack haben. Da Gräten sehr weich sind, geben sie ihr Aroma und ihre Gelierstoffe schon innerhalb einer halben Stunde ab; wenn man die Brühe länger simmern läßt, wird sie bitter.

Die meisten Fische, mit Ausnahme von Seeteufel und Steinbutt, enthalten wenig eigene Gelierstoffe, so daß zusätzlich Gelatine (in Pulverform oder als Blattgelatine im Handel) zur Brühe gegeben werden muß, damit sie fest wird. Allerdings empfiehlt es sich, etwas weniger Gelatine zu verwenden, als in der Gebrauchsanweisung angegeben ist, da im Fisch bereits Gelierstoffe enthalten sind; andernfalls wird das Gelee zu fest.

Die Zubereitung von klarem Gelee erfordert größte Sorgfalt. Wenn man das Fleisch oder den Fisch zum Simmern bringt, werden Proteine freigesetzt, die die Brühe trüben. Bei schwacher Hitze setzen sich diese Trübstoffe an der Oberfläche als Schaum ab, der abgeschöpft werden muß. Die Brühe darf nicht aufkochen. Sollte sie trotzdem nicht klar sein, fügt man geschlagenes Eiweiß und zerkleinerte Eierschale hinzu (Arbeitsgang 4, rechts); die Trübstoffe verbinden sich mit dem Eiweiß und bilden so eine feste Masse, die entfernt werden kann, indem man die Brühe durch ein Sieb gießt.

Natürliche Gelatine aus Knochen und Fleisch

1 **Die Zutaten vorbereiten.** Die Kalbsfüße der Länge nach halbieren. Die Schweineschwarte in Stücke schneiden. Damit die Brühe nicht zu trüb wird, Kalbsfüße und Schweineschwarte 5 Minuten blanchieren, abtropfen lassen und mit kaltem Wasser abspülen. Dann in einem großen Topf auf ein Drahtgitter legen. Weitere gelatinehaltige Fleischstücke wie Kalbshaxe und Hühnerflügelspitzen hinzufügen.

2 **Den Schaum abschöpfen.** So viel kaltes Wasser in den Topf gießen, daß alle Zutaten bedeckt sind. Bei schwacher Hitze zum Simmern bringen; den entstehenden Schaum abschöpfen. Ein Glas kaltes Wasser dazugießen, damit die Brühe nicht aufkocht. Wiederholt abschäumen. Sobald die Flüssigkeit den Siedepunkt fast wieder erreicht hat, erneut kaltes Wasser dazugießen.

Ein Gelee aus Fischbrühe

1 **Die Zutaten zusammenstellen.** Fischköpfe, -gräten und -reste – hier Köpfe und Gräten von Wittling, Seezunge und Meeräsche – bereitstellen. Die Kiemen entfernen und restliches Blut mit kaltem Wasser abspülen. Die Fischköpfe und -gräten in einem großen Topf auf ein Drahtgitter legen (oben). Ein *bouquet garni,* in Scheiben geschnittene Möhren, Zwiebeln und eine Prise Salz hinzufügen.

2 **Die Brühe simmern lassen.** Die Zutaten mit kaltem Wasser bedecken. Bei schwacher Hitze zum Simmern bringen; dabei entstehenden Schaum abschöpfen. Den Topf nicht ganz mit dem Deckel schließen. Die Temperatur herunterschalten und die Brühe 15 Minuten simmern lassen. Trockenen Weißwein dazugießen. Die Brühe wieder zum Simmern bringen und noch 15 Minuten garen.

3 **Aromatische Zutaten hinzufügen.** Eine Stange Porree, eine Stange Bleichsellerie, ein Bund Petersilie, ein Lorbeerblatt und einen Stengel Thymian zu einem *bouquet garni* binden. Mit Zwiebeln – davon eine mit Nelken besteckt –, einer nicht abgezogenen Knoblauchzwiebel und geschälten Möhren zur Brühe geben. Eine Prise Salz hinzufügen. Zum Simmern bringen und abschäumen.

4 **Die Brühe simmern lassen.** Einen Deckel so auflegen, daß der Topf nicht ganz bedeckt ist. Die Brühe bei sehr schwacher Hitze 8 Stunden simmern lassen. Einen Durchschlag mit mehreren Lagen feuchtem Nesseltuch auslegen. Die Brühe durch den Durchschlag in eine Schüssel gießen. Auf Raumtemperatur abkühlen lassen und die Brühe über Nacht in den Kühlschrank stellen.

5 **Das Gelee entfetten.** Am nächsten Tag die feste Fettschicht an der Oberfläche des Gelees mit einem Löffel abheben. Anschließend die Oberfläche mit einem Tuch, das zuvor in heißes Wasser getaucht und gut ausgedrückt wird, abtupfen, um sämtliche Fettspuren zu entfernen. Das Gelee hält sich im Kühlschrank 2 bis 3 Tage; wenn es alle 2 Tage aufgekocht wird, sogar 1 Woche.

3 **Gelatine hinzufügen.** Einen Durchschlag mit einer doppelten Lage feuchtem Nesseltuch auslegen. Die Brühe durch den Durchschlag in einen tiefen Kochtopf gießen. Etwas Gelatinepulver mit Wasser verrühren und einige Minuten quellen lassen. Dann etwas heiße Brühe hinzufügen, um die Gelatine aufzulösen. Die Mischung zur Brühe geben (oben) und gründlich unterrühren.

4 **Die Brühe klären.** Eigelb und Eiweiß trennen und das Eiweiß leicht schlagen. Die Eierschale zerkleinern. Schale und Eiweiß zur Brühe geben und bei starker Hitze schlagen, bis der Siedepunkt fast wieder erreicht ist. Sobald sich das Eiweiß am Topfrand sammelt, den Topf von der Kochstelle nehmen. Der Schaum soll sich 1 bis 2 Minuten setzen. Noch zweimal simmern lassen.

5 **Die Brühe durch ein Sieb gießen.** Ein feinmaschiges Sieb mit mehreren Lagen feuchtem Nesseltuch auslegen. Die Brühe hineingießen und durch das Nesseltuch filtern. Abkühlen lassen. Dann das Fett an der Oberfläche vollständig entfernen. Die Brühe im Kühlschrank aufbewahren. Sie hält sich 2 bis 3 Tage. Man kann sie auch in kleinen Mengen in Plastikbeuteln einfrieren.

Fetter Speck: eine unentbehrliche Grundlage

Terrinen, Pasteten und Galantinen müssen immer eine ausreichende Menge Fett enthalten, damit sie so gehaltvoll und saftig werden, wie es für sie typisch ist. Frischer fetter Schweinespeck ist für diese Gerichte, die normalerweise kalt serviert werden, besonders gut geeignet. Im Gegensatz zu Rinder- oder Lammfett behält kalter gegarter Schweinespeck eine feste, glatte Struktur und seine weiße Farbe.

Dünne Scheiben fetten Specks oder Schweinsnetz (unten) können zum Auslegen der Formen für Terrinen und Pasteten verwendet werden; auf diese Weise werden die Gerichte gehaltvoller. Dicke Speckstreifen (Arbeitsgang 2, Kasten gegenüberliegende Seite rechts) werden häufig zum Spicken von magerem Fleisch oder zusammen mit anderen Zutaten als appetitliche Garnierung verwendet. In Würfel geschnittener Speck (Arbeitsgang 3, Kasten) kann zu jeder Hackfleischmasse gegeben werden; entweder hackt man ihn zusammen mit dem Fleisch fein, oder man gibt die Würfel zu der Fleischmasse, so daß das fertige Gericht eine gröbere Struktur erhält.

Will man den Speck selbst in Scheiben schneiden, sollte er vorher gut gekühlt werden, damit er sich besser schneiden läßt. Frisches Schweinsnetz wird mit Wasser abgespült; gepökeltes oder fleckiges, unangenehm riechendes Schweinsnetz sollte vor der Weiterverarbeitung gewässert werden.

Mit Schweineflomen, die zu Schmalz ausgelassen werden, kann man die Haltbarkeit gegarter Terrinen verlängern. Beim Auslassen von Flomen trennt sich das reine Fett von dem fleischigen Bindegewebe. Gießt man das zerlassene Schmalz über eine fertige Terrine, bildet sich eine luftundurchlässige Schicht, die ein schnelles Verderben des Gerichts verhindert.

Eine Form mit Speck auslegen

1 **Speck in Scheiben schneiden.** Ein Stück gekühlten fetten Speck mit der Schwarte nach unten legen; den Speck an einer Seite gegen ein Holzbrett drücken. Ein Messer mit langer Klinge waagerecht halten und den Speck in dünne Scheiben schneiden; dabei vom Körper weg arbeiten.

2 **Eine Form auslegen.** Die einzelnen Speckscheiben gegen Boden und Innenwand der Form drücken (oben). Einige Scheiben Speck zurückbehalten, um damit die Oberfläche der Terrine zu bedecken.

Eine Form mit Schweinsnetz auslegen

1 **Gepökeltes Schweinsnetz wässern.** Das Schweinsnetz in lauwarmes Wasser legen. Falls es unangenehm riecht, etwas Essig oder Zitronensaft ins Wasser geben.

2 **Das Schweinsnetz trockentupfen.** Nach 15 Minuten das Schweinsnetz aus dem Wasser nehmen. Behutsam auf Küchenkrepp ausbreiten und mit Küchenkrepp trockentupfen.

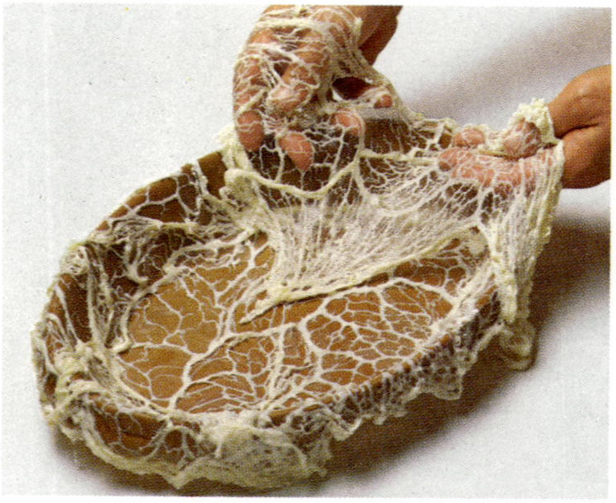

3 **Eine Form auslegen.** Ein großes Stück Schweinsnetz so in die Form legen, daß es über den Rand der Form hängt und später über die Fleischmasse geschlagen werden kann.

Schweineflomen auslassen

1 **Wasser hinzufügen.** Schweineflomen – in diesem Fall vom Rücken, vom Bauch und aus der Nierengegend – in etwa 2 cm große Würfel schneiden und in einen schweren Topf geben. So viel kaltes Wasser dazugießen, daß der Boden des Topfes bedeckt ist.

2 **Die Flomen auslassen.** Die Flomen im offenen Topf bei schwacher Hitze etwa 4 Stunden auslassen, bis die Flüssigkeit völlig klar ist. Häufig umrühren, damit die Flomen nicht ansetzen und ihr Fett gleichmäßig abgeben.

3 **Das Fett durch ein Sieb geben.** Ein Sieb mit mehreren Lagen feuchtem Nesseltuch auslegen, über eine Schüssel legen und das Fett hineingießen. Das Fett abkühlen lassen und mit Alufolie bedecken. Im Kühlschrank hält es sich 2 Monate, im Gefriergerät 3 Monate. Die festen Bestandteile – Grieben genannt – als Garnierung für eine Suppe aufbewahren.

4 **Das Schmalz verwenden.** Die erforderliche Menge Schmalz in eine schwere Pfanne geben und bei schwacher Hitze zerlassen. Das zerlassene Schmalz mit einer Schöpfkelle auf eine abgekühlte, gegarte Terrine geben, so daß sie ganz bedeckt ist. Wenn sich das Schmalz beim Abkühlen zusammenzieht, noch mehr Schmalz zerlassen und die entstandenen Lücken damit füllen.

Streifen und Würfel

1 **Die Schwarte entfernen.** Gekühlten Speck mit der Schwarte nach unten auf die Arbeitsfläche legen. An einer Seite mit einem langen, scharfen Messer einschneiden und den Schnitt waagerecht an der Schwarte entlangführen.

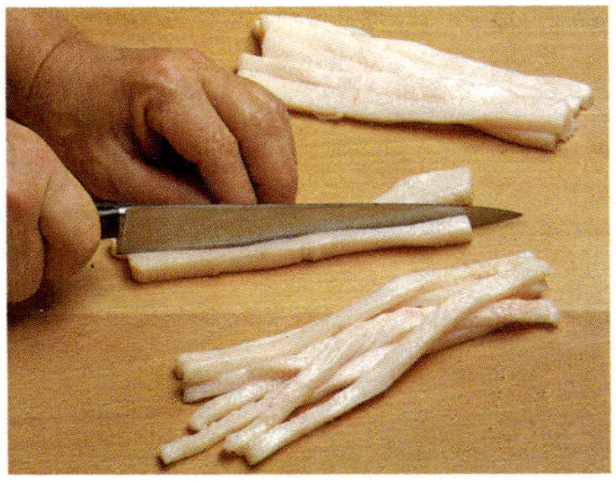

2 **In Streifen schneiden.** Den Speck mit einer Hand festhalten; dabei die Finger biegen, damit die Fingerspitzen vor der Messerklinge geschützt sind. Den Speck in 5 mm breite Streifen schneiden.

3 **In Würfel schneiden.** Mehrere Speckstreifen zu einem Bündel zusammennehmen und mit einer Hand festhalten. Dann die Streifen im Abstand von 5 mm quer in gleichmäßige Würfel schneiden.

Verschiedene Methoden, Fleisch zu hacken

Mischungen aus gehacktem und manchmal auch püriertem Fleisch, fettem Speck und aromatischen Zutaten bilden die Grundlage für die meisten Gerichte, die in diesem Buch gezeigt werden. Mit diesen Hackfleischmassen werden Terrinen, Pasteten und Galantinen zubereitet. Füllmassen können aus einer oder mehreren verschiedenen Fleischsorten bestehen; beispielsweise läßt sich mit dem Fleisch von Schwein, Kalb, Hähnchen oder Puter der etwas strengere Geschmack von Enten-, Hasen- oder Wildgeflügelfleisch mildern. Oft wird auch Schweine- oder Geflügelleber hinzugefügt, damit die Füllmassen gehaltvoller und aromatischer werden.

Das Fleisch kann für grobe oder feine Füllmassen auf verschiedene Weise zerkleinert werden. Vorzugsweise hackt man es von Hand, weil bei dieser Methode am wenigsten Fleischsaft verlorengeht. Mit zwei scharfen, schweren Messern gleicher Größe und gleichen Gewichts läßt sich dieser Vorgang am besten ausführen.

Fleisch kann zum Zerkleinern auch durch einen Fleischwolf gedreht werden (ganz unten, rechts); diese Methode ist zwar zeitsparend und einfach, doch das Fleisch, das auf diese Weise gehackt wird, ist trockener als von Hand gehacktes. Zu einem Fleischwolf gehören verschiedene Scheiben mit unterschiedlich großen Löchern. Zum Grobhacken schneidet man das Fleisch in Stücke und dreht es durch die Scheibe mit den großen Löchern; für eine feinere Struktur wird das Fleisch zuerst durch die grobe Scheibe, danach durch die mit den kleineren Löchern gedreht.

Von Hand gehacktes oder durch den Fleischwolf gedrehtes Fleisch kann anschließend im Mörser zu einer glatten Paste zerdrückt werden; schneller läßt sich dieser Arbeitsgang erledigen, wenn man in Stücke geschnittenes Fleisch in einer Küchenmaschine püriert (Arbeitsgang 1, ganz unten).

Eine Füllmasse braucht keine einheitliche Konsistenz zu haben; es wirkt sogar schöner, wenn sie verschiedene Strukturen aufweist. So kann man z. B. einen Teil des Fleisches von Hand grobhacken und den Rest in der Küchenmaschine pürieren. In Würfel geschnittener fetter Speck und in Streifen oder Würfel geschnittenes zartes Fleisch können zusätzlich zur Hackfleischmasse gegeben werden, damit ihre Struktur noch abwechslungsreicher ist.

Mit Hackmessern arbeiten

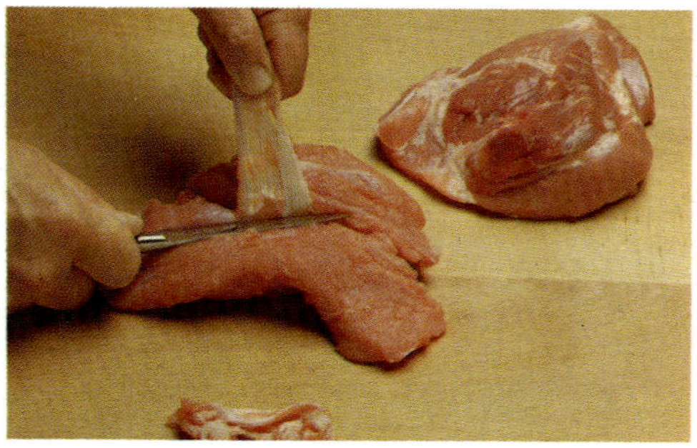

1 **Fleisch parieren.** Fleisch – in diesem Fall Kalb- und Schweinefleisch – in große Stücke schneiden. Mit einem kleinen Messer Häute und Bindegewebe entfernen; die Häute beim Präparieren möglichst straff halten.

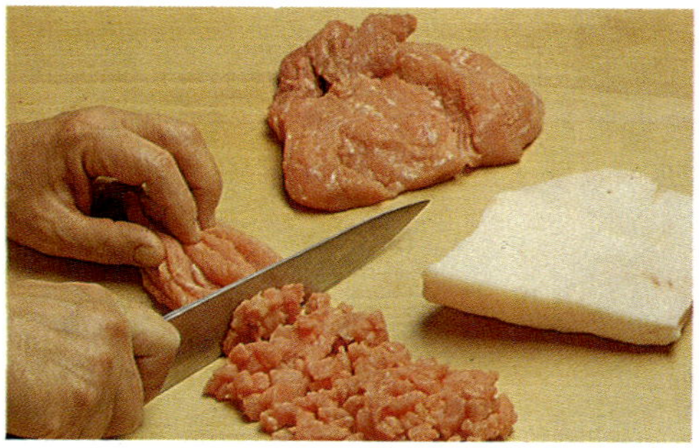

2 **Fleisch und Speck in Würfel schneiden.** Das Fleisch in 1 cm breite Streifen schneiden. Mehrere Streifen zu einem Bündel zusammennehmen und quer in Würfel schneiden. Vom Speck vorher die Schwarte abschneiden.

3 **Fleisch und Speck hacken.** Zwei gleiche Messer über das Brett halten und, locker aus dem Handgelenk arbeitend, abwechselnd in die Fleisch-Speck-Mischung fallen lassen, bis sie gleichmäßig weiß gesprenkelt ist.

Pürieren in einer Küchenmaschine

1 **Fleisch und Speck pürieren.** Vom Fleisch und Speck die Schwarte und das Bindegewebe, von der Leber die grünen Flecken abschneiden. Fleisch und Speck in 2 bis 3 cm große Würfel schneiden und pürieren.

2 **Das Püree durch ein Sieb streichen.** Das Püree – jeweils 1 EL zur Zeit – in ein Trommelsieb geben und mit einem Plastikschaber oder einem Spatel hindurchstreichen. Mehrmals die faserigen Teile entfernen.

Durch den Wolf drehen

Fleisch feinhacken. Vom Fleisch und Speck die Schwarte und das Bindegewebe abschneiden. Fleisch und Speck in 2 cm große Würfel schneiden, dann durch einen Fleischwolf drehen (oben).

Die Zubereitung von Füllmassen

Außer dem gehackten Fleisch enthalten Füllmassen noch andere Zutaten; auf diese Weise können Aroma und Struktur der jeweiligen Hackfleischmassen vielfältig abgewandelt werden.

Hackfleischmassen sollten gut gewürzt sein, da die Terrinen, Pasteten und Galantinen, die man damit zubereitet, normalerweise kalt serviert werden – und kalte Gerichte immer stärker gewürzt werden müssen als heiße. Geeignet sind eine ganze Reihe verschiedener aromatischer Zutaten – zum Beispiel Kräuter wie Thymian, Majoran und Bohnenkraut, Gewürze wie Muskat und Nelken, Tafelweine oder Dessertweine wie Sherry oder Madeira und Spirituosen wie Weinbrand oder Anislikör.

Farbe, Struktur und Aroma einer Hackfleischmasse können mit grobgehackten Pistazien, ganzen grünen Pfefferkörnern, Trüffelstücken und feingehackten Trüffelschalen verändert werden. Bei konservierten Trüffeln sollte man die Konservierungsflüssigkeit ebenfalls verwenden, da sie wertvolle Aromastoffe enthält.

Eine Hackfleischmasse erhält eine besonders feine Struktur, wenn man eine *farce gratin* – sautierte Hühnerleber, die durch ein Sieb gestrichen wird (rechts, Rezept S. 171) – hinzufügt. Mit sautierter Leber wird eine rohe Hackfleischmasse wesentlich fester als mit roher Leber, die beim Pürieren sofort flüssig wird. Eine mit einer *farce gratin* zubereitete Hackfleischmasse ist für Galantinen und Pasteten, die ohne Form gebacken werden (S. 62), besonders gut geeignet, da diese Gerichte eine sehr feste rohe Füllung verlangen, die während des Garens ihre Form behält.

Zum Binden der Zutaten werden häufig Eier verwendet; durch die Zugabe von Weißbrotbröseln wird die Hackfleischmasse lokkerer. Die Brösel werden oft mit etwas gelatinehaltiger Brühe vermischt und dann zu einer dicken Paste – einer Panade (unten rechts) – eingekocht. Die Brühe in der Panade macht die Hackfleischmasse aromatischer und bindet die Zutaten, wenn sie beim Abkühlen zu Gelee erstarrt. Außerdem hat diese Methode den Vorteil, daß nur sehr wenig Brühe in die Hackfleischmasse gelangt, denn durch zuviel Flüssigkeit wird die Masse zu locker und hält nicht zusammen.

Jede Hackfleischmasse erhält ein intensiveres Aroma, wenn man sie zugedeckt für mehrere Stunden an einen kühlen Platz stellt, bevor die Terrine zubereitet wird. Eier, Weinbrand und Weißbrotbrösel sollte man erst kurz vor dem Garen hinzufügen.

Ein geschmeidiges Hühnerleberpüree

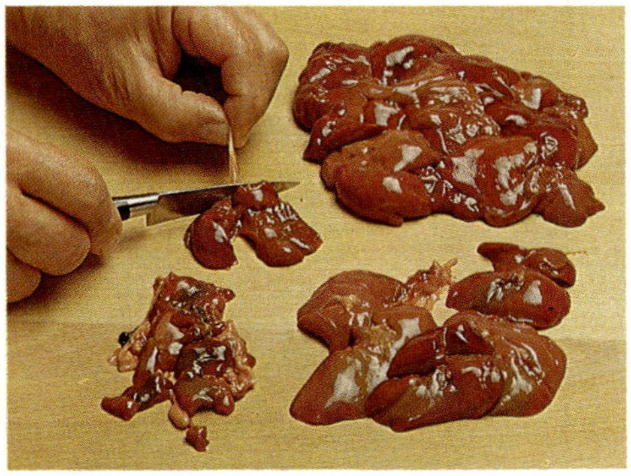

1 **Die Leber vorbereiten.** Die grünen Flecken mit einem kleinen Messer abschneiden. Das Bindegewebe zwischen Daumen und Zeigefinger nehmen, nach oben ziehen und sorgfältig mit dem Messer abtrennen (oben).

2 **Die Leber flambieren.** Feingehackte Schalotten bei schwacher Hitze 5 Minuten in Butter sautieren. Die Leber hinzufügen und die Temperatur heraufschalten. Nach 2 Minuten Weinbrand über die Leber gießen, anzünden und weiterbraten, bis die Flammen erlöschen.

3 **Die Leber pürieren.** Die flambierte Hühnerleber mit Fett und Fleischsaft in einen Mörser geben und mit einem Stößel zu einem glatten Püree verarbeiten (oben).

4 **Das Püree durch ein Sieb streichen.** Ein Trommelsieb über einen Teller stellen und das Püree – jeweils 1 EL zur Zeit – mit einem Plastikschaber hindurchdrücken. Das Püree von der Siebunterseite auf den Teller schaben.

Eine Panade aus Brühe und Weißbrotbröseln

Weißbrotbrösel und Brühe vermischen. Von altbackenem Weißbrot die Rinde abschneiden. Das Brot zu feinen Bröseln verarbeiten; hierfür eine Reibe oder eine Küchenmaschine verwenden. Etwas Brühe (Rezept S. 172) in einem Topf erhitzen und die Brotbrösel hineinstreuen. Die Mischung bei mittlerer Temperatur rühren, bis eine dicke, glatte Panade entsteht.

Eine sahnige Füllung für leichte Gerichte

Eine Mousseline – ein Püree aus zartem Fleisch oder Fisch, mit Eiweiß gebunden und mit Sahne angereichert (rechts; Rezept S. 171) – ist eine sehr schmackhafte Füllmasse für Terrinen, Pasteten und Galantinen. Besonders gehaltvoll wird eine Mousseline, wenn man zu der Grundmischung eine Eierpanade gibt, eine glatte Paste aus Mehl und Eigelb, die zusammen mit Milch und Butter gegart wird (unten; Rezept S. 170). Aufgrund ihres milden Geschmacks und ihrer glatten Struktur eignen sich sowohl die einfache als auch die gehaltvolle Mousseline vorzüglich für Gerichte mit Fisch, Gemüse oder zartem Kalbsbries.

Das für eine Mousseline verwendete Fleisch oder der Fisch wird in einem Mörser zerdrückt (Arbeitsgang 2, rechts) oder in einer elektrischen Küchenmaschine püriert (Arbeitsgang 4, gegenüberliegende Seite unten). In jedem Fall sollte man das Püree anschließend durch ein Sieb passieren, damit es vollkommen glatt ist. Das Eiweiß wird nach dem Pürieren zum Fleisch oder Fisch gegeben, die Sahne erst nach dem Passieren. Zutaten und Küchengeräte sollten möglichst kühl sein, damit eine feste Masse entsteht, die viel Sahne aufnehmen kann.

Ein glattes Püree auf Eis schlagen

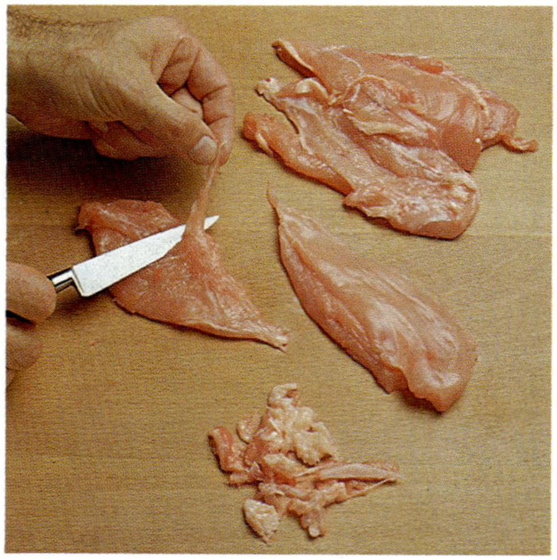

1 **Das Fleisch oder den Fisch parieren.** Zartes Fleisch – in diesem Fall Hühnerbrust (oben) – von Fett, Sehnen und Bindegewebe befreien bzw. von Fischfilets Haut- und Grätenreste entfernen. Das Fleisch oder den Fisch grobhacken oder in 1 cm große Würfel schneiden.

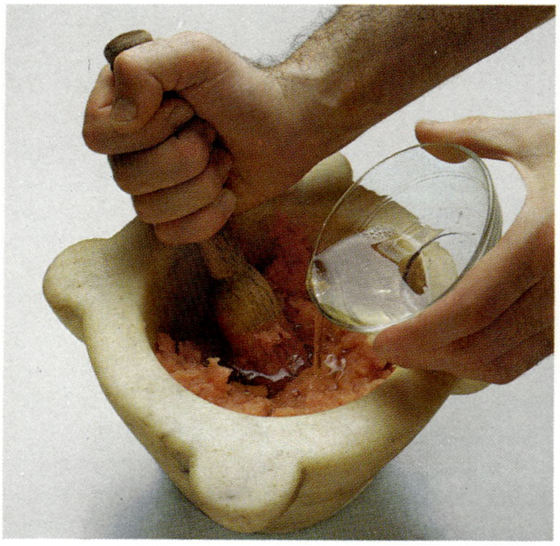

2 **Eiweiß hinzufügen.** Das Fleisch oder den Fisch in einem Mörser oder einer Küchenmaschine zu einem glatten Püree verarbeiten. Mit Salz, Pfeffer und einer kleinen Prise Muskat würzen. Nach und nach Eiweiß dazugeben und mit dem Püree verrühren, bis sich die Zutaten gut verbunden haben.

Eine Mousseline mit Panade anreichern

1 **Die Panade vorbereiten.** Milch zum Kochen bringen, von der Kochstelle nehmen und etwas abkühlen lassen. Mehl zusammen mit Salz, Pfeffer und Muskat in eine Schüssel sieben. Eigelb und Eiweiß trennen und das Eigelb in die Mitte der Schüssel geben. Von innen nach außen arbeitend, unter das Mehl mischen. Zerlassene Butter und die heiße Milch hinzufügen und gut verrühren.

2 **Die Panade garen.** Die Mischung in einen kleinen Topf geben. Unter ständigem Rühren mit einem Schneebesen (oben) bei mittlerer Temperatur so lange garen, bis die Panade dick zu werden beginnt.

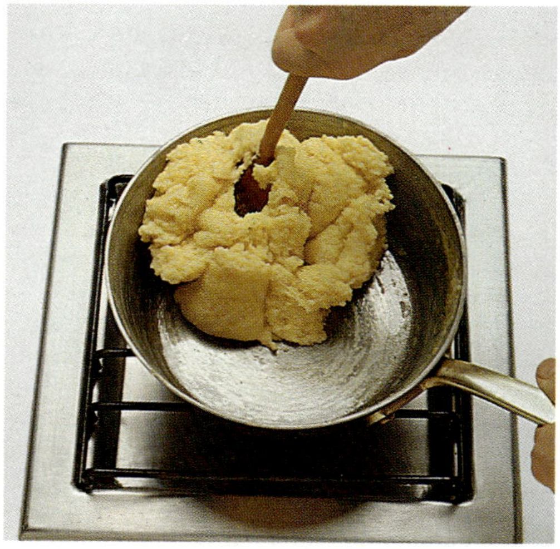

3 **Die Panade fertigstellen.** Die Panade unter ständigem Rühren mit einem Holzlöffel weitergaren, bis sie sich vom Rand des Topfes löst (oben). Die Panade auf einen großen Teller geben, zu einer gleichmäßigen, dünnen Schicht verstreichen und abkühlen lassen.

3 **Das Püree durch ein Sieb streichen.** Das Püree mit einem Teigschaber aus Plastik durch ein Trommelsieb streichen und in einer Schüssel aus Metall auffangen. Klarsichtfolie auf die passierte Mischung legen und andrücken, damit das Püree luftdicht abgeschlossen ist. Die Schüssel in eine größere, mit zerstoßenem Eis gefüllte Schüssel stellen und für mindestens 1 Stunde in den Kühlschrank stellen.

4 **Die Sahne dazugeben.** Die Schüsseln aus dem Kühlschrank nehmen. Etwas Sahne zum Püree geben (oben) und mit einem Holzlöffel gut unterrühren. Dann etwa ein Viertel der Sahne unter kräftigem Rühren mit dem Püree vermischen. Das Püree wieder mit Klarsichtfolie bedecken und für weitere 30 Minuten in den Kühlschrank stellen.

5 **Die Zutaten vermischen.** Noch mehrmals kleine Mengen Sahne hinzufügen und gut mit dem Püree vermischen. Die Mischung kräftig schlagen, sobald sie weich genug ist. Nach jeder Zugabe von Sahne das Püree wieder in den Kühlschrank stellen. Wenn die Sahne aufgebraucht ist, die Mousseline mit Salz abschmecken, wieder mit Klarsichtfolie bedecken und in den Kühlschrank stellen.

4 **Den Fisch oder das Fleisch pürieren.** Weißfleischigen Fisch – in diesem Fall Wittling – abziehen und entgräten bzw. Hühnerbrust oder anderes zartes Fleisch von Sehnen und Bindegewebe befreien. Den Fisch oder das Fleisch in etwa 3 cm große Stücke schneiden (oben) und in einer Küchenmaschine pürieren. Nach und nach Eiweiß dazugeben und die Zutaten pürieren, bis die Mischung glatt ist.

5 **Das Püree mit der Panade vermischen.** Das Püree in eine Rührschüssel geben, die abgekühlte Panade hinzufügen und gut vermischen. Dann in kleinen Portionen durch ein Trommelsieb in eine Schüssel aus Metall streichen. Mit Klarsichtfolie bedecken und die Schüssel in eine größere, mit zerstoßenem Eis gefüllte Schüssel stellen. Für mindestens 1 Stunde in den Kühlschrank stellen.

6 **Sahne hinzufügen.** Die Schüsseln aus dem Kühlschrank nehmen. Nach und nach Sahne zu der Mischung geben und unterrühren. Wieder mit Folie bedecken und für weitere 30 Minuten in den Kühlschrank stellen. Die restliche Sahne in kleinen Mengen unterrühren. Sobald die Mischung weich genug ist, mit einem Holzlöffel schlagen. Nach jeder Zugabe von Sahne in den Kühlschrank stellen.

Ein Trio farbiger Garnierungen

Garnierungen für Terrinen, Pasteten und Galantinen können ebenso abwechslungsreich zusammengestellt werden wie die Gerichte selbst. Für kräftig gewürzte Fleischgerichte reicht ein Löffel gehacktes Gelee (S. 6) als Beilage, und zu Sülzen paßt sauer eingelegtes Gemüse am besten. Das feinere Aroma von Fleisch und Gemüsen kann durch eine einfache Sauce hervorgehoben werden.

Hier werden einige Beilagen für kalte Fisch- und Gemüsegerichte gezeigt. Sie können aus einer Mayonnaise, einer geleehaltigen Mousse oder einer einfachen Vinaigrette zubereitet werden (Rezepte S. 174 und 175).

Mayonnaise, eine Emulsion aus Eigelb und Öl (Arbeitsgänge 1 und 2, unten), ist die gehaltvollste dieser Saucengrundlagen. Damit sich das Eigelb gut mit dem Öl verbindet, sollten alle verwendeten Zutaten und Geräte Raumtemperatur haben. Außerdem sollte das Öl zu Anfang tropfenweise hinzugefügt werden; mit Hilfe eines eingekerbten Korkens kann man die Menge genau dosieren. Die Mayonnaise läßt sich außerdem mit Zutaten wie gehackten Kapern, Gewürzgurken und Kräutern in eine pikante Sauce tartare (unten) verwandeln oder mit frischen Kräutern und blanchierter, ausgedrückter und gehackter Brunnenkresse (Arbeitsgang 1 und 2, gegenüberliegende Seite oben) zu einer grünen Mayonnaise verarbeiten.

Für eine Mousse mit glatter Struktur vermischt man zerlassenes Gelee mit aromatischen Zutaten wie der hier abgebildeten Brunnenkresse. Bevor das Gelee fest wird, hebt man geschlagene Sahne darunter, damit die Mischung gehaltvoller und lockerer wird. Statt Brunnenkresse kann man auch nach Belieben pürierten Sauerampfer oder pürierte Tomaten verwenden.

Pürierte Tomaten werden auch zu einer Vinaigrette gegeben; so erhält die Sauce eine leuchtende Farbe und einen kräftigen Geschmack. Eine Tomaten-Vinaigrette paßt ausgezeichnet zu Gemüseterrinen, besonders zu solchen, die mit einer milden Mousseline zubereitet werden (S. 44).

Im Gegensatz zu Gemüseterrinen, die gewöhnlich kalt gegessen werden, serviert man Fischterrinen häufig heiß und reicht dazu eine heiße Sauce, zum Beispiel eine Fisch-*velouté* oder eine *beurre blanc,* die aus Butter, Wein, Essig und Schalotten zubereitet wird (Rezepte S. 174).

Eine pikante Mayonnaise

1 **Eigelb und Eiweiß trennen.** Jedes Ei aufschlagen. Das Eiweiß durch die Finger in eine Schüssel rinnen lassen. Das Eigelb in eine größere Schüssel geben und diese auf ein feuchtes Tuch stellen.

2 **Olivenöl hinzufügen.** Salz und Pfeffer zum Eigelb geben und mit einem Schneebesen schlagen, bis die Mischung hell und glatt ist. Essig oder Zitronensaft dazugeben. Unter ständigem Schlagen tropfenweise Öl hinzufügen. Sobald die Mischung dicker wird, das Öl in dünnem Strahl dazugießen; dabei schlagen, bis die Mischung weiche Spitzen bildet.

3 **Aromatische Zutaten hacken.** Frische Kräuter – in diesem Fall werden Estragon, Kerbel, Schnittlauch und Petersilie verwendet –, Kapern und Gewürzgurken feinhacken.

4 **Die Sauce tartare mischen.** Die gehackten aromatischen Zutaten zu der Mayonnaise geben (oben links). Rühren, bis alle Zutaten gut miteinander vermischt sind (oben rechts). Die Sauce tartare entweder sofort servieren oder zugedeckt in den Kühlschrank stellen; sie hält sich bis zu 3 Tagen. Die Sauce vor dem Servieren noch einmal gut durchrühren.

Eine Sauce aus Brunnenkresse und Gelee

1 **Brunnenkresse blanchieren.** Von Brunnenkresse die Stiele entfernen und die Blätter behutsam waschen. Reichlich Wasser in einem großen Topf zum Kochen bringen. Die Blätter hineingeben und 1 Minute blanchieren.

2 **Die Brunnenkresse ausdrücken.** Die Brunnenkresse in ein Sieb oder einen Durchschlag geben, abtropfen lassen und mit kaltem Wasser abspülen. Die Brunnenkresse ausdrücken (oben), um überschüssige Flüssigkeit zu entfernen, und feinhacken.

3 **Pürieren.** Gelierte Fleisch- oder Fischbrühe (S. 6) zerlassen und in eine Metallschüssel gießen. Die Brunnenkresse durch ein Sieb streichen (oben) und zu der Brühe geben.

4 **Auf Eis rühren.** Sahne leicht schlagen, bis sie cremig ist und sich noch gießen läßt. Die Metallschüssel mit der Brühe und der Brunnenkresse in eine mit Eis gefüllte Schüssel stellen. Rühren, bis die Mischung fest wird.

5 **Die Sahne unterheben.** Die Schüssel vom Eis nehmen. Die leicht geschlagene Sahne unter die Brühe-Brunnenkresse-Mischung heben. Mit Salz und Pfeffer würzen.

6 **Servieren.** Die Brunnenkresse-Mousse in eine Servierschüssel geben und glattstreichen. Die Mousse zugedeckt in den Kühlschrank stellen. Wenn sie fest ist, in der Schüssel servieren.

Eine würzige Tomaten-Vinaigrette

1 **Tomaten hacken.** Jede Tomate um den Stielansatz herum kegelförmig mit einem kleinen scharfen Messer einschneiden und den Kegel herausheben. Die Tomaten grobhacken, dann in ein Sieb geben und pürieren.

2 **Eine Vinaigrette herstellen.** Grobkörniges Salz in einem Mörser zerstoßen und Pfeffer hinzufügen. Zitronensaft dazugießen und rühren, bis sich das Salz aufgelöst hat. Anschließend Olivenöl dazugeben (oben).

3 **Das Tomatenpüree hinzufügen.** Das Tomatenpüree löffelweise zu der Vinaigrette geben und rühren, bis die Mischung glatt ist. Die Sauce in eine Sauciere füllen; vor dem Servieren noch einmal gut umrühren.

1

Fleischterrinen

Ein Bouquet von Aromen

Sanftes Garen im Wasserbad
Eine Terrine mit Gewichten beschweren
Würziges Fleisch durch Marinieren
Ein Geleeüberzug als Garnierung
Zubereitung empfindlicher Innereien
Fachmännisches Entbeinen von Geflügel

Fleischterrinen sind sorgfältig abgestimmte Mischungen aus rohem Fleisch und aromatischen Zutaten, die gewöhnlich in einer Steingutform gegart werden. Diese gehaltvollen, saftigen Gerichte können mit vielen verschiedenen Fleischsorten zubereitet werden. So ist das zarte Fleisch von Kalb und Kaninchen oder das dunklere, kräftigere Fleisch von Hase und Wildgeflügel ebenso geeignet wie Bries, Hirn, Leber und andere Innereien. In vielen Fällen wird Schweinefleisch zu der Füllmasse gegeben, da sein mildes Aroma und sein festes weißes Fett gut zu anderen Fleischsorten passen und mit vielen verschiedenen Kräutern, Gewürzen und anderen aromatischen Zutaten harmonieren.

Die einfachsten Terrinen bestehen lediglich aus einer Hackfleischmasse – einer Kombination von feingehacktem Fleisch und fettem Speck, der entweder grobgehackt oder zu einem glatten, cremigen Püree verarbeitet wird. Die Hackfleischmasse wird häufig mit anderen Zutaten vermischt – zum Beispiel mit feingehackten Gemüsen, grobgehackten Nüssen oder größeren zarten Fleischstücken. Geflügel oder Wild ist für diese Art Terrine besonders gut geeignet. Bei einigen Gerichten dient die Hackfleischmasse in erster Linie als Schutzhülle für empfindliche Zutaten, zum Beispiel für eine ganze *foie gras* (S. 30). Einige Terrinen enthalten überhaupt kein gehacktes Fleisch, sondern werden aus größeren Fleischstücken zubereitet, die aufeinandergeschichtet und festgedrückt werden (S. 26).

Fast alle Terrinen werden auf die gleiche Weise gegart. Die Form wird mit Fett ausgelegt oder ausgestrichen, damit das Fleisch saftig bleibt. Normalerweise verwendet man dünne Scheiben frischen fetten Speck oder Schweinsnetz; sehr flüssige Massen dagegen, wie das Hühnerleberpüree auf S. 28, werden einfach in eine Form gegeben, die zuvor mit reichlich Butter ausgestrichen wurde. Damit Fleischterrinen innen und außen gleichmäßig garen, stellt man sie im allgemeinen zugedeckt in ein Wasserbad – eine Methode, bei der die Hitze langsam und gleichmäßig in das Gericht eindringen kann. Eine Ausnahme stellen die Bauern-Terrinen dar: Sie werden der direkten Backofenhitze ausgesetzt, damit sie eine knusprige Oberfläche erhalten (S. 18).

Nach dem Garen sollte man die meisten Fleischterrinen drei oder vier Tage stehenlassen, damit sich ihr Aroma voll entfalten kann.

Eine Terrine aus *foie gras*, der Leber einer speziell gemästeten Gans, wird zum Servieren in Scheiben geschnitten. Die mit Trüffeln besteckte Leber wurde in Portwein und Cognac mariniert und anschließend in eine glatte Hackfleischmasse gehüllt, damit sie während des Garens nicht trocken wird. Zum Abkühlen beschwert man die Terrine mit Gewichten; das dabei austretende gelbe Fett wird als Schutzschicht auf die Oberfläche der Terrine gegossen.

Eine herzhafte Bauern-Terrine

Die einfachste Art, eine Terrine zuzubereiten, besteht darin, daß man rohes, grobgehacktes Fleisch und gehackten Speck mit Eiern, Semmelbröseln und verschiedenen aromatischen Gewürzen zusammengibt. Wird die Hackfleischmasse in Schweinsnetz eingeschlagen, mit einem Gitter aus fettem Speck bedeckt und in einer flachen Form gebacken, erhält sie an der Oberfläche eine knusprige braune Kruste.

Hauptbestandteil einer herzhaften Bauern-Terrine sollte immer eine ausreichende Menge mageres Fleisch sein; gleichzeitig sollte sie so viel Fett enthalten, daß sie gehaltvoll und saftig wird. Auf zwei Teile mageres Fleisch rechnet man einen Teil Speck – darin ist der Speck zum Auslegen der Form und zum Bedecken der Terrine bereits enthalten. Wenn man sich ungefähr an diese Angaben hält, wird die Terrine weder zu fett noch zu trocken.

Die hier gezeigte Fleischterrine (Rezept S. 98) besteht aus Schweinefleisch – Schulter, Bauch, frischem fettem Speck und Leber – und Kalbfleisch aus dem oberen Teil der Keule (Arbeitsgang 1). Durch die Leber wird die Masse weich und glatt. Das Kalbfleisch, das wegen seiner zarten Beschaffenheit und seines milden Geschmacks dazugegeben wird, kann durch Hähnchen- oder Puterfleisch ersetzt werden; man kann die Terrine auch nur mit Schweinefleisch zubereiten. Die Masse wird mit Ei gebunden und durch Weißbrotbrösel gelockert.

Terrinen werden normalerweise kalt serviert und sollten stärker gewürzt werden als Gerichte, die heiß gegessen werden. Gut geeignet sind aromatische Zutaten wie Zwiebeln und Knoblauch, Kräuter, Gewürze, Wein und andere alkoholische Getränke. Die gezeigte Terrine wird mit in Butter sautierten Zwiebeln, einer *persillade* – einer Mischung aus zerdrücktem Knoblauch und Petersilie –, getrockneten Kräutern, Muskat, Cayennepfeffer und Weinbrand gewürzt. Man kann den Geschmack der Terrine durch andere Zutaten abwandeln: Der Weinbrand kann durch Madeira, Sherry, Portwein oder Pastis ersetzt werden, und anstelle von Muskat oder Cayennepfeffer – oder auch zusätzlich – kann man nach Belieben Ingwerpulver, Koriander, Wacholderbeeren oder Muskatblüte verwenden.

Wird die Terrine ohne Deckel gegart, bildet der Speck durch die Hitze eine appetitliche braune Kruste. Nach dem Garen sollte die Terrine über Nacht in den Kühlschrank gestellt werden. Terrinen werden noch aromatischer, wenn man sie vor dem Servieren 3 bis 4 Tage ruhen läßt.

1 **Das Fleisch vorbereiten.** Von Schweinebauch, Schweineschulter und fettem Speck mit einem scharfen Messer die Schwarte abtrennen; von Bauch und Schulter das Bindegewebe entfernen. Blutige Teile vom Speck abschneiden. Von einem Stück Kalbfleisch – hier ist es eine Scheibe aus der Keule – das Bindegewebe entfernen. Das Fleisch und den Speck in 2,5 cm breite Streifen, dann in Würfel schneiden. Von Schweineleber Fett, Bindegewebe und grüne Flecken abschneiden (oben); die Leber in Würfel schneiden. Fleisch, Speck und Leber durch die grobe Scheibe des Fleischwolfs drehen oder mit zwei gleich schweren Messern hacken (S. 10).

5 **Die Masse abschmecken.** Eine kleine Menge von der Fleischmasse abnehmen und braten (oben); den Geschmack prüfen und gegebenenfalls mit Salz nachwürzen. Dabei sollte berücksichtigt werden, daß kalte Gerichte prinzipiell kräftiger gewürzt sein müssen als solche, die warm gegessen werden.

6 **Die Fleischmasse in die Form geben.** Eine große feuerfeste Form – hier wird eine Steingutform verwendet – so mit Schweinsnetz auslegen, daß es über den Rand der Form hängt. Danach die Masse in die Form geben und mit den Händen so formen, daß die Oberfläche leicht gewölbt ist (oben).

2 **Zwiebeln sautieren.** Zwiebeln abziehen und feinhacken. Butter in einem Topf bei schwacher bis mittlerer Hitze zerlassen. Die Zwiebeln hinzufügen und unter gelegentlichem Rühren 10 bis 15 Minuten sautieren, bis sie weich, aber nicht braun sind. Knoblauch und grobkörniges Salz in einem Mörser zu einer glatten Paste zerstoßen. Feingehackte Petersilie mit den Fingern unter die Paste mischen.

3 **Die Zutaten zusammenstellen.** Von altbackenem Brot die Rinde abschneiden; das Brot in einer Küchenmaschine zermahlen. Die Brösel mit dem Fleisch, dem Speck, den Zwiebeln, der *persillade,* den Eiern, Pfeffer, Muskat, Cayennepfeffer und getrockneten Kräutern – Majoran, Bohnenkraut, Oregano und Thymian – in eine große Schüssel geben. Etwas Weinbrand dazugießen (oben).

4 **Die Hackfleischmasse herstellen.** Die Zutaten gut vermischen; zu diesem Zweck die Masse mehrmals mit den Händen durchkneten (oben). Ist die Masse zu feucht, noch mehr Weißbrotbrösel dazugeben und die Masse noch mehrmals kräftig durchkneten.

7 **Mit Speck bedecken.** Frischen fetten Speck in 1 cm breite Streifen schneiden und in einem Gittermuster auf die Fleischmasse legen. Das überhängende Schweinsnetz darüberschlagen (oben); gegebenenfalls noch mehr Schweinsnetz verwenden, um die gesamte Oberfläche der Terrine damit zu bedecken.

8 **Die Terrine backen.** Die Terrine etwa 1 ½ Stunden bei 180° C (Gasherd Stufe 2 – 3) backen. Für die Garprobe mit einem Spieß in die Mitte der Fleischmasse stechen; die Terrine ist gar, wenn ein klarer Saft austritt und die Spitze des Spießes ziemlich heiß ist. Die Oberfläche der Terrine sollte braun und das Gittermuster noch erkennbar sein.

9 **Die Terrine servieren.** Die Terrine abkühlen lassen und über Nacht in den Kühlschrank stellen. Damit sich das Aroma noch besser entfalten kann, die Terrine mit Klarsichtfolie bedecken und 3 bis 4 Tage im Kühlschrank ruhenlassen. Vor dem Servieren die Klarsichtfolie entfernen und die Terrine in etwa 1 cm dicke Scheiben schneiden (oben). □

Variationen eines einfachen Themas

Für eine Terrine mit gleichmäßiger Struktur kann jede beliebige Füllmasse in einem Gefäß mit Deckel – am besten eignet sich eine Steingutform – auf einem Drahtgitter im Wasserbad gegart werden. Für das Wasserbad oder *bain-marie* nimmt man einen Topf, der so groß und tief ist, daß die Steingutform hineinpaßt. Er wird zum Teil mit kochendheißem Wasser gefüllt und dann entweder in den Backofen oder auf eine Kochstelle gesetzt. Wenn man die Terrine auf der Kochstelle gart, sollte man einen Deckel auf den Topf legen.

Das Wasser sorgt dafür, daß die Füllmasse langsam und gleichmäßig gart. Damit sich an der Oberfläche der Masse keine Kruste bildet, deckt man sie mit Alufolie ab oder legt einen Deckel auf. Die Form sollte während der gesamten Garzeit zu zwei Dritteln in Wasser stehen; falls das Wasser während des Garens zu schnell verdampft, muß das Gefäß mit kochendheißem Wasser wieder aufgefüllt werden.

Nach dem Garen läßt man die Terrine abkühlen; dabei kann man sie mit einem Gewicht beschweren, damit sie fest wird und sich zum Servieren leichter aufschneiden läßt. Verwendet man jedoch ein zu schweres Gewicht, so wird der Saft aus der Masse herausgepreßt und die Terrine wird trocken. Es ist ratsam, eine Terrine in einer $1^1/_4$ l fassenden Form mit nicht mehr als 1 kg zu beschweren. Um das Gewicht gleichmäßig zu verteilen, legt man ein Holzbrett auf die Oberfläche der Terrine und verteilt darauf in gleichen Abständen die einzelnen Gewichte. Ein passendes Holzbrett, das immer wieder verwendet werden kann, läßt sich leicht herstellen: Man sägt ein Stück Holz so zurecht, daß es genau in die Form hineinpaßt, und schleift die Kanten mit Sandpapier. Die rechts abgebildete Terrine wird mit einer Hackfleischmasse aus Schweinefleisch, frischem fettem Speck, Schweine- und Hühnerleber (Rezept S. 170) zubereitet; Spinat, Bleichsellerie, Zwiebel und gehackte frische Kräuter geben ihr zusätzlich Farbe und Aroma. Die Masse kann nach Belieben mit anderen Blattgemüsesorten – wie Mangold oder Endivie – oder mit gehackten Innereien – wie Herz, Lunge oder Milz – abgewandelt werden.

Hackfleischmasse kann auch zu kleinen Klößen geformt werden. Für die hier gezeigten Fleischklöße wird eine Masse aus Fleisch und Gemüse verwendet. In Schweinsnetz eingeschlagen und ohne Deckel gegart, bildet sich auf den Fleischklößen eine goldbraune Kruste (Kasten gegenüberliegende Seite, Rezepte S. 90–91).

1 **Den Spinat vorbereiten.** Die Stiele entfernen und die Blätter gründlich waschen; dabei das Wasser mehrmals erneuern. In einem großen Topf reichlich Salzwasser bei starker Hitze zum Kochen bringen. Die Spinatblätter hineingeben und 1 Minute blanchieren. In einem Durchschlag abtropfen lassen und abspülen. Überschüssige Flüssigkeit mit der Hand ausdrücken (oben). Den Spinat hacken.

2 **Den Bleichsellerie blanchieren.** Von zwei oder drei kleinen Selleriestangen aus der Mitte einer Staude die Blätter und beschädigte oder fleckige Teile abschneiden. Die Stangen waschen und in kochendem Wasser etwa 3 Minuten blanchieren. Dann mit einem Schaumlöffel aus dem Topf heben (oben). In etwa 5 mm breite Streifen schneiden. Die Streifen quer in Würfel schneiden.

5 **Die Terrine im Wasserbad garen.** Die Oberfläche mit einer Lage Speck bedecken; dafür die überhängenden Scheiben verwenden oder weitere Scheiben hinzufügen. Die Form mit Alufolie bedecken, einen Deckel auflegen und in einem großen Topf auf ein Drahtgitter stellen (oben). Den Topf in den auf 180° C (Gasherd Stufe 2 – 3) vorgeheizten Backofen stellen. So viel kochendheißes Wasser in den Topf gießen, daß die Steingutform zu zwei Dritteln darin steht. Die Terrine etwa $1^1/_2$ Stunden garen. Sie ist gar, wenn die Spitze eines dünnen Spießes, mit dem man in die Mitte der Terrine sticht (kleines Photo), sich heiß anfühlt.

3 **Die Hackfleischmasse zubereiten.** Schweinefleisch, Kalbfleisch, fetten Speck, Schweine- und Hühnerleber grobhacken. Eine Zwiebel hacken und in Butter sautieren, bis sie weich ist. Fleisch, Gemüse, zwei Eier, feingehackten Knoblauch, gehackte Petersilie, getrocknetes Basilikum, getrockneten Thymian und gemahlene Gewürze – hier Pfeffer, Muskat, Nelken und Ingwer – vermischen.

4 **Die Form füllen.** Eine Steingutform mit dünnen Scheiben fettem Speck auslegen (S. 8). Wenn die Scheiben lang sind, die Enden über den Rand der Form hängen lassen. Die vorbereitete Masse hineingeben und so aufhäufen, daß sie den Rand des Gefäßes überragt, da sie während des Garens schrumpft. Ein Tuch auf die Arbeitsfläche legen und die Form daraufstoßen, damit sich der Inhalt setzt.

6 **Die Terrine beschweren.** Die Form auf eine Platte oder auf ein Tablett stellen. Die Alufolie nicht entfernen. Ein Holzbrett, das genau in die Form hineinpaßt, auf die Terrine legen und gleichmäßig mit Küchengewichten oder Konservendosen beschweren.

7 **Die Terrine servieren.** Die Terrine einige Stunden abkühlen lassen. Dann die Gewichte und das Holzbrett entfernen, nicht aber die Alufolie. Über Nacht oder, noch besser, für 3 bis 4 Tage in den Kühlschrank stellen. Vor dem Servieren die Alufolie abnehmen und die Terrine in etwa 1 cm dicke Scheiben schneiden. Nach Belieben vor dem Servieren auch die weißen Speckränder entfernen. □

Saftige Fleischklöße

1 **Fleischklöße formen.** Eine Hackfleischmasse mit Spinat und Bleichsellerie zubereiten (Arbeitsgang 1 bis 3, links). Jeweils eine Handvoll davon zu Klößen formen. Schweinsnetz in Quadrate von etwa 15 cm Seitenlänge schneiden (S. 8) und jeden Kloß in ein Stück einschlagen (oben). Die Klöße dicht nebeneinander in eine flache Form legen und den Boden mit Wasser bedecken.

2 **Die Fleischklöße garen.** Die Fleischklöße ohne Deckel im vorgeheizten Backofen bei 230° C (Gasherd Stufe 4 – 5) etwa 25 Minuten garen. Anschließend noch etwa 5 Minuten unter einen heißen Grill stellen, damit sie braun werden. Heiß servieren oder über Nacht in den Kühlschrank stellen, so daß sich ihr Aroma voll entfalten kann, und kalt servieren.

Geflügelverwertung ohne Reste

Eine Terrine mit abwechslungsreicher Struktur läßt sich ganz einfach herstellen, indem man eine Hackfleischmasse mit festen Zutaten vermischt; rohe und gegarte Fleischstücke, in Würfel geschnittener fetter Speck (S. 9), grobgehackte Nüsse und Trüffelstücke sind nur einige von vielen möglichen Zutaten. Für die hier gezeigte Terrine werden marinierte Entenbruststükke, in Würfel geschnittener luftgetrockneter Schinken und fetter Speck sowie abgezogene Pistazien mit einer Füllmasse vermischt, die mit Weinbrand und Madeira aromatisiert wird (Rezept S. 112).

Geflügel und Niederwild wie Kaninchen, Hase oder Rebhuhn eignen sich für Terrinen mit unterschiedlichen Strukturen sehr gut, da alles Fleisch und sogar die Knochen bei der Zubereitung verwendet werden können. Das zarte Fleisch von Brust und Rücken schneidet man in große Stücke, das zähere Fleisch und die Innereien werden zusammen mit den anderen Zutaten für die Füllmasse durch den Fleischwolf gedreht. Die Knochen läßt man in einer gelatinehaltigen Brühe simmern, bis sie ihr Aroma abgegeben haben. Dann kocht man die Brühe ein und gibt sie anschließend über die Terrine.

Es ist erstaunlich einfach, das rohe Fleisch von den Geflügel- oder Wildknochen abzulösen, wenn man ein kleines scharfes Messer verwendet und immer dicht am Knochen entlangschneidet. Das zarte Brustfleisch läßt sich ebenfalls leicht vom Knochen lösen; allerdings sollte man behutsam damit umgehen, da es leicht reißt. Weniger Sorgfalt ist beim Ablösen des übrigen Fleisches erforderlich: Es wird anschließend feingehackt und unter die Füllmasse gemischt.

Die Füllmasse für die Terrine kann ganz nach Belieben von grober oder feiner Beschaffenheit sein. Für eine gröbere Masse wird das Fleisch von Hand gehackt. Für eine glattere Struktur püriert man es in einer Küchenmaschine oder zerdrückt es in einem Mörser. Anschließend kann man es noch durch ein Sieb streichen. Auch die Füllmasse selbst kann verschiedene Strukturen aufweisen, wenn man einen Teil des Fleisches grobhackt und den Rest zu einem glatten Püree verarbeitet.

Die gegarte Terrine sollte vor dem Servieren noch mindestens 3 Tage ruhen, damit sich ihr Aroma voll entfalten kann. Wenn die obere Speckschicht durch zerlassenes Schweineschmalz (S. 9) ersetzt wird, kann man die Terrine über einen längeren Zeitraum aufbewahren. Unter der schützenden Schmalzschicht kann ihr Aroma reifen, und sie hält sich 2 Wochen.

1 **Die Schenkel abtrennen.** Die Haut zwischen Rumpf und einem Oberschenkel mit einem scharfen Messer durchschneiden. Dann den ganzen Schenkel vom Rumpf weg nach außen biegen, bis die Gelenkkugel aus der Pfanne springt. Das Bindegewebe am Gelenk und das darunterliegende Fleisch durchschneiden (oben). Den anderen Schenkel auf die gleiche Weise abschneiden.

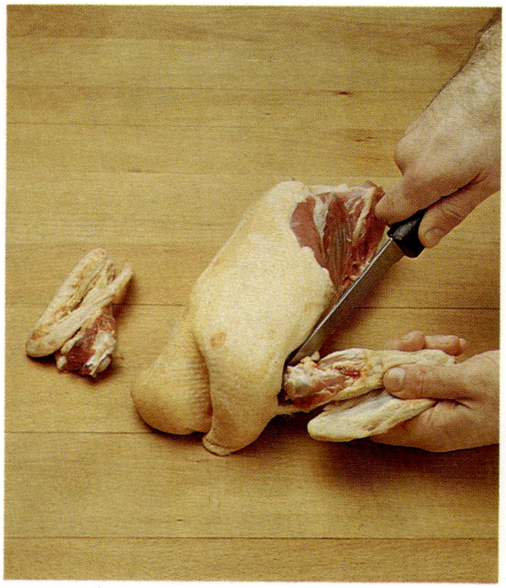

2 **Die Flügel abtrennen.** Mit den Fingern Kugel und Pfanne des einen Flügelgelenks unter der Haut ertasten. Den Flügel vom Rumpf wegziehen und zwischen Gelenkkugel und -pfanne einschneiden. Dann die Haut auf der Unterseite des Flügels durchschneiden, um den Flügel vom Rumpf abzutrennen. Den Arbeitsgang beim zweiten Flügel wiederholen.

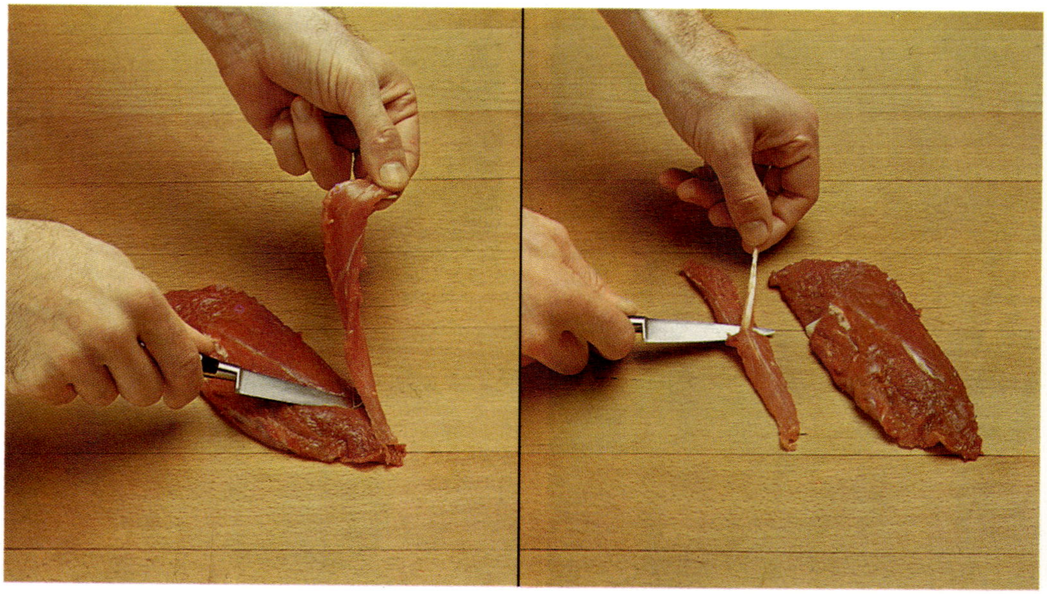

5 **Die Sehne entfernen.** Mit den Fingern oder einem kleinen Messer vorsichtig das große und das kleine Filet, aus denen sich jede Brusthälfte zusammensetzt, voneinander trennen (oben links). Um die Sehne zu entfernen, die das kleine Filet der Länge nach durchzieht, ihre Spitze lösen. Dann die Sehne mit den Fingern anheben und das Messer zwischen Sehne und Filet entlangführen (oben rechts); auf diese Weise die Sehne aus dem Filet herauslösen. Die dünne Haut von der Oberfläche der Brust entfernen.

3 **Die Brust lösen.** Die Brust direkt neben dem vorstehenden Knochen in der Mitte des Brustbeins der Länge nach einschneiden. Das Bindegewebe zwischen Fleisch und Knochen durchtrennen – dabei die Messerklinge dicht am Knochen entlangführen – und das Fleisch abschaben. Die eine Brusthälfte am Halsende lösen. Dann die Messerklinge so dicht wie möglich an den Rippen entlangführen und das Brustfleisch vom Rumpf abtrennen. Die andere Brusthälfte ebenso lösen.

4 **Die Haut abziehen.** Wenn sich die Haut leicht lösen läßt, diese mit den Fingern vom Brustfleisch abziehen. Andernfalls jede Brusthälfte mit der Haut nach unten legen und das Bindegewebe zwischen Fleisch und Haut einschneiden. Das Fleisch mit einer Hand nach oben ziehen und das Gewebe durchschneiden; dabei die Messerklinge immer dicht an der Haut entlangführen.

6 **Das Brustfleisch in Würfel schneiden.** Das Fleisch in 1 cm breite Streifen, dann in 1 cm große Würfel schneiden und in trockenem Weißwein, Olivenöl, getrocknetem Thymian, Majoran, Oregano, Bohnenkraut, zerriebenem Lorbeerblatt, Salz und Pfeffer marinieren. Mit Klarsichtfolie bedecken und für einige Stunden in den Kühlschrank stellen.

7 **Das Fleisch der Schenkel parieren.** Die Haut von einem Schenkel abziehen. Den Schenkel am unteren Ende des Knochens festhalten und das Fleisch mit einem kleinen scharfen Messer abschaben (oben links). Das Bindegewebe entfernen. Dann die Sehne auslösen; dazu das Sehnenende mit einer Hand anheben und das Fleisch nach und nach mit dem Messer abschaben (oben rechts). Alle Nervenstränge vom Fleisch lösen und entfernen. ▶

8 **Die Knochen zur Brühe geben.** Fleischbrühe mit *bouquet garni*, Lorbeerblatt, Möhre, einer mit 2 Nelken besteckten Zwiebel und den Entenknochen in einen Topf geben. Zum Kochen bringen; den Schaum abschöpfen. Einen Deckel halb auflegen und 2½ bis 3 Stunden simmern lassen. Durch ein mit feuchtem Nesseltuch ausgelegtes Sieb gießen. Anschließend das Fett abschöpfen.

9 **Die Brühe einkochen.** Die Brühe wieder in den Topf geben, halb auf die Kochstelle setzen und wieder zum Kochen bringen; die fettige Haut abschöpfen (oben). Die Temperatur heraufschalten und die Brühe unter gelegentlichem Rühren auf die Hälfte einkochen. Dann in einen kleinen Topf gießen, weiter einkochen und mit der dickflüssigen Brühe eine Panade zubereiten (S. 11).

10 **Die Füllmasse herstellen.** Das Fleisch von den Schenkeln und Flügeln mit Kalbfleisch, fettem Speck und Hühnerleber sowie Herz, Leber und Lunge der Ente durch den Fleischwolf drehen. In Würfel geschnittenen Schinken und fetten Speck, Eier, Panade und Weinbrand, Madeira, Gewürze und getrocknete Kräuter hinzufügen.

14 **Die Steingutform füllen.** Eine Steingutform mit Scheiben von fettem Speck auslegen (S. 8). Die Füllmasse hineingeben und die Oberfläche glattstreichen. Ein gefaltetes Tuch auf die Arbeitsfläche legen. Die Form zwei- oder dreimal daraufstoßen, damit sich der Inhalt setzt. Zwei Lorbeerblätter auf die Oberfläche legen und die Terrine mit Speckscheiben bedecken.

15 **Die Terrine garen.** Die Form mit Alufolie bedecken. Die Terrine in einem Wasserbad (S. 20) im vorgeheizten Backofen bei 180° C (Gasherd Stufe 2–3) 1½ bis 3 Stunden garen; die Garzeit richtet sich nach der Höhe der Terrine. Sie ist gar, wenn ein Spieß, mit dem man in die Mitte der Terrine sticht, sich heiß anfühlt.

16 **Den Speck entfernen.** Die Steingutform auf einen Teller stellen. Ein Holzbrett auf die Terrine legen und mit Gewichten beschweren (S. 21). Die Terrine über Nacht in den Kühlschrank stellen. Anschließend die Gewichte entfernen. Die Terrine 3 bis 4 Tage im Kühlschrank stehenlassen. Den Speck abziehen, damit die Terrine noch appetitlicher aussieht (oben).

11 **Die Zutaten vermischen.** Die Zutaten der Füllmasse sorgfältig vermischen; dazu die Masse so lange durchkneten, bis alles gut miteinander vermischt ist und die Masse eine einheitliche Konsistenz hat (oben).

12 **Die Pistazien abziehen.** Reichlich Wasser in einem Topf zum Kochen bringen. Die Pistazien hineingeben und 1 Minute blanchieren. Abtropfen lassen und zwischen zwei Tüchern kräftig reiben, damit sich die Häute lösen (oben). Die restlichen Häute mit den Fingern abziehen. Die Pistazien nach Belieben grobhacken.

13 **Die Füllmasse fertigstellen.** Die in Würfel geschnittene Entenbrust abtropfen lassen und zur Füllmasse geben. Die Pistazien hinzufügen und sorgfältig untermischen; dabei darauf achten, daß das Brustfleisch nicht zerdrückt wird. Eine kleine Menge Füllmasse garen (S. 18) und anschließend mit reichlich Salz abschmecken.

17 **Mit Schmalz überziehen.** Mit einer Schöpfkelle zerlassenes Schweineschmalz (S. 9) auf die Terrine geben, damit sie luftdicht abgeschlossen ist (oben). Durch die Schmalzschicht geschützt, hält sich die Terrine im Kühlschrank bis zu 2 Wochen; während dieser Zeit kann sich das Aroma noch besser entwickeln.

18 **Die Terrine servieren.** Die Terrine aus dem Kühlschrank nehmen und in 1 cm dicke Scheiben schneiden. Vor dem Servieren von jeder Scheibe die Schmalzschicht und die Speckumrandung entfernen. ☐

Interessante Effekte durch geschichtete Zutaten

Eine Terrine, deren Zutaten man in Lagen aufeinanderschichtet, weist ein dekoratives Muster auf, wenn sie in Scheiben geschnitten wird. Die Terrine kann aus Hackfleischlagen und festen Zutaten zusammengestellt werden. Man kann aber auch ganz auf eine Hackfleischmasse verzichten und statt dessen zwei oder mehr in Scheiben geschnittene Fleischsorten verwenden. Die festen Bestandteile sollten immer in Längsrichtung der Form angeordnet werden.

Bei der Auswahl und Anordnung der Zutaten sollte man neben ihrem Aroma auch ihre Farbe berücksichtigen. Dünne weiße Streifen aus fettem Speck (S. 9) eignen sich ebenso gut wie rote Streifen aus Schinken oder gekochter Zunge, um die Terrine farblich aufzulockern; schwarze Trüffelstücke heben sich gut von einer helleren Hackfleischmasse ab. In der Abbildung rechts sind Stücke von marinierter Entenbrust von einer Hackfleischmasse umgeben, die durch Zugabe von Pistazien gesprenkelt ist (Rezept S. 112). Die unten gezeigte Terrine aus hellem Kalbfleisch und dunklem durchwachsenem Speck – abwechselnd in die Form geschichtet – zeigt im Aufschnitt ein reizvolles Streifenmuster (Rezept S. 97).

Bei einer geschichteten Terrine aus magerem Fleisch und Hackfleischmasse sollte man darauf achten, daß die erste und die letzte Lage aus Hackfleischmasse bestehen. Das darin enthaltene Fett verhindert, daß das magere Fleisch zu trocken wird; außerdem verbindet es die verschiedenen Zutaten zu einem festen Ganzen. Entsprechend sollten die erste und die letzte Lage der unten abgebildeten Kalbfleisch-Speck-Terrine aus durchwachsenem Speck bestehen. Dadurch erübrigt sich auch das Auslegen der Form mit fettem Speck, und das magere Kalbfleisch wird durch eine schützende Fettschicht umhüllt.

Da die Kalbfleisch-Speck-Terrine keine Hackfleischmasse enthält, die die festen Bestandteile verbindet, muß diese Terrine – und Terrinen mit vergleichbarer Zusammensetzung – während des Abkühlens mit Gewichten beschwert werden. Außerdem sollte sie gut gekühlt werden.

Sorgfältig zusammengestellte Terrinen wie diese sehen noch eindrucksvoller aus, wenn sie vor dem Servieren mit Gelee (S. 6) überzogen werden. Dies sollte jedoch erst einen Tag vor dem Servieren geschehen, da sich Gelee höchstens 2 bis 3 Tage hält.

Ein effektvolles Fleischmosaik

1 **Schichten.** Entenbrustfleisch in Streifen schneiden und marinieren. Restliches Entenfleisch hacken und mit gehacktem Kalbfleisch, fettem Speck, Hühnerleber, Schinken, Pistazien, Panade (S. 11), Madeira, Eiern, Weinbrand, Kräutern, Gewürzen und Salz vermischen. Eine Steingutform mit fettem Speck auslegen (S. 8). Hackfleischmasse und Entenbrust aufeinanderschichten.

Eine Terrine mit lebhaftem Streifenmuster

1 **Die Form auslegen.** Durchwachsenen Speck in dünne Scheiben schneiden und Schwarte und Knorpel entfernen. Eine Steingutform mit den Speckscheiben auslegen (S. 8); die Scheiben in Längsrichtung anordnen und gegen die Wände und den Boden der Form drücken, so daß sie fest daran haften.

2 **Schichten.** Dünne Scheiben mageres Kalbfleisch zwischen Klarsichtfolie legen und flachklopfen. Zwiebel und Petersilie feinhakken und mit Pfeffer vermischen. Eine Lage Kalbfleisch auf den Speck geben und mit etwas Zwiebel-Petersilie-Mischung bestreuen. Weitere Lagen Speck, Kalbfleisch und Zwiebel-Petersilie-Mischung aufeinanderschichten; mit Speck abschließen.

3 **Wein hinzufügen.** Ein Lorbeerblatt und etwas Thymian auf die oberste Schicht legen. Trockenen Weißwein dazugießen (oben). Die Form mit Alufolie bedecken und auf einem Drahtgitter in ein Wasserbad stellen. Die Terrine im vorgeheizten Backofen bei 180° C (Gasherd Stufe 2 – 3) 1 1/2 Stunden garen.

2 **Mit Gelee überziehen.** Ein Lorbeerblatt auflegen. Die Terrine mit fettem Speck und dann mit Alufolie bedecken. In einem Wasserbad (S. 20) garen. Mit Gewichten beschwert über Nacht kühlen. Alufolie und Speckscheiben entfernen und mit einem feuchten Tuch alle Fettspuren entfernen. Dann die Terrine mit zerlassenem Gelee (S. 7) überziehen.

3 **Die Terrine servieren.** Die Terrine für einige Stunden oder über Nacht in den Kühlschrank stellen, so daß das Gelee fest wird. In Scheiben schneiden und mit dem Geleeüberzug servieren (oben). □

4 **Die Terrine beschweren.** Die Terrine auf eine Platte stellen. Ein passendes Holzbrett auf die Alufolie legen und zwei oder drei Gewichte darauf verteilen (oben). Die beschwerte Terrine über Nacht in den Kühlschrank stellen. Die Gewichte entfernen und die Terrine bis zum Servieren im Kühlschrank stehenlassen, da sie sich kalt besser in Scheiben schneiden läßt (rechts). □

Zarte Struktur durch Hühnerleber

Für die Zubereitung von Terrinen mit besonders feiner, glatter Struktur ist Hühnerleber hervorragend geeignet. Sie läßt sich leicht von Hand oder auch in einer Küchenmaschine zu einem Püree verarbeiten. Das Püree wird besonders glatt, wenn man es anschließend noch durch ein Sieb streicht.

Bei der hier gezeigten Terrine wird die Leber durch eine Panade aus Brühe und Weißbrotbröseln gelockert; Rindermark und Sahne machen sie gehaltvoller, und Knoblauch, Kräuter, Cayennepfeffer und Weinbrand verleihen ihr ein würziges Aroma (Rezept S. 100). Die Eier, die man zu dieser dickflüssigen Masse gibt, werden – ebenso wie die Leber – während des Garens fest.

Wenn die Lebermasse in einer Form gegart wird, die gut mit Butter ausgestrichen ist und auf deren Boden zusätzlich ein gefettetes Pergamentpapier gelegt wird, läßt sich die Terrine vor dem Servieren leicht stürzen. Nachdem man die Terrine aus dem Backofen genommen hat, löst sie sich vom Rand der Form. In lauwarmem Zustand kann man sie dann mühelos auf eine Servierplatte gleiten lassen. Stellt man sie in den Kühlschrank, wird sie fest und läßt sich anschließend gut in Scheiben schneiden.

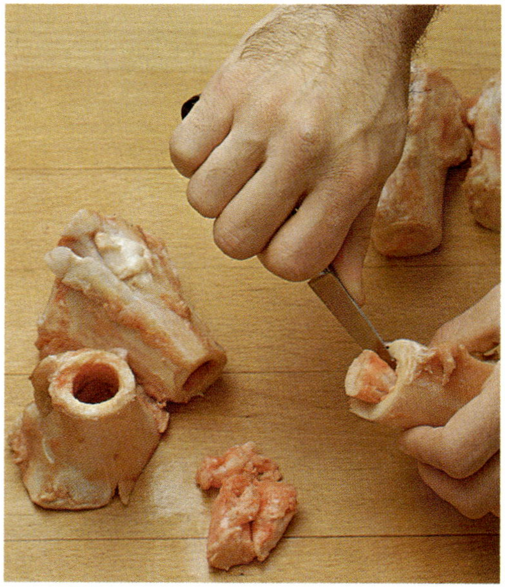

1 **Rindermark aus dem Knochen lösen.** Einen Rinderknochen vom Fleischer in 10 cm lange Stücke sägen lassen. Die Spitze eines Messers zwischen Mark und Knochen schieben und das Mark herauslösen (oben).

2 **Die Leber pürieren.** Bindegewebe und grüne Flecken von der Hühnerleber entfernen. Eine feste Panade aus Brühe und Weißbrotbröseln zubereiten (S. 11). Knoblauch in einem Mörser zu einer Paste zerstoßen und unter die Panade mischen. Die Leber zusammen mit der Panade, dem Mark, Salz und Pfeffer, Cayennepfeffer und getrockneten gemischten Kräutern in einer Küchenmaschine pürieren.

6 **Die Form füllen.** Die Masse in die Form geben (oben) und mit Alufolie bedecken. In ein Wasserbad stellen, heißes Wasser hineingießen und die Terrine im vorgeheizten Backofen bei 180° C (Gasherd Stufe 2 – 3) etwa 1 Stunde garen, bis sie sich fest anfühlt.

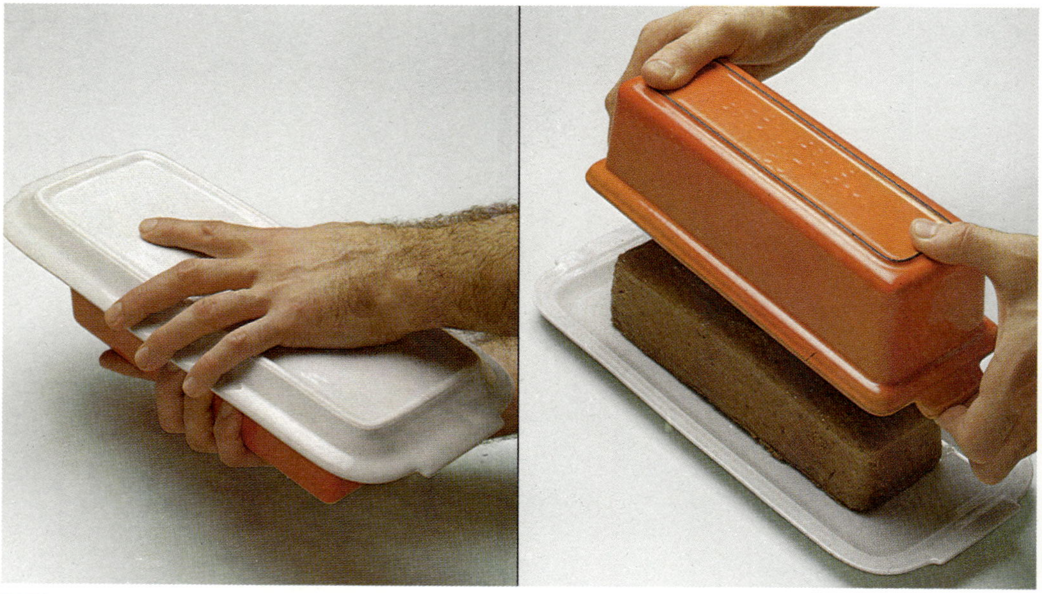

7 **Die Terrine stürzen.** Sobald die Terrine nur noch lauwarm ist, die Fleischmasse mit einem Messer vom Rand der Form lösen. Eine Servierplatte umgedreht auf die Form legen. Servierplatte und Form zusammen umdrehen. Die Form von der Terrine abheben (oben) und das Pergamentpapier von der Oberfläche der Terrine abziehen.

3 **Das Püree durch ein Sieb streichen.** Das Püree mit einem Stößel durch ein Sieb in eine Schüssel passieren, um alle Bindegewebereste zu entfernen (oben). Das Püree von der Unterseite des Siebes abschaben.

4 **Eier und Sahne hinzufügen.** Eier, Sahne und Weinbrand unter das passierte Püree schlagen (oben). Den Geschmack prüfen und gegebenenfalls noch Salz hinzufügen; dabei beachten, daß kalte Gerichte prinzipiell kräftiger gewürzt werden müssen als heiße.

5 **Eine feuerfeste Form vorbereiten.** Eine rechteckige feuerfeste Form mit reichlich Butter ausstreichen. Ein Stück Pergamentpapier von der Größe des Bodens hineinlegen und ebenfalls mit Butter bestreichen.

8 **Die Terrine kalt stellen und servieren.** Die Terrine mit Klarsichtfolie luftdicht abdecken (oben). Über Nacht in den Kühlschrank stellen. Am nächsten Tag 1 Stunde vor dem Servieren aus dem Kühlschrank nehmen. Die Klarsichtfolie entfernen, die Terrine in dicke Scheiben schneiden (rechts) und servieren. □

Foie gras: eine unvergleichliche Delikatesse

Foie gras, die übergroße sogenannte Stopfleber von speziell zu diesem Zweck gemästeten Gänsen oder Enten, zählt zu den edelsten Delikatessen der Welt. Kenner preisen ihren einzigartigen Geschmack und ihre feste, aber dennoch überaus zarte Konsistenz.

Eine *foie gras* kann bis zu 2 kg schwer sein. Sie ist sehr fetthaltig und daher sehr empfindlich. Um zu verhindern, daß ihre feine Struktur beschädigt wird, sollte man nur die frei an der Oberfläche liegenden Adern und Außenhäute entfernen. Die Liebhaber dieser Delikatesse sind unterschiedlicher Meinung über die Zubereitung von *foie gras.* Einige sind der Ansicht, die Leber sollte gewässert oder in Milch gelegt werden, um das Blut herauszuziehen; andere verzichten auf eine derartige Vorbehandlung.

Man kann *foie gras* zerdrücken oder hakken und Füllmassen damit eine besonders glatte Konsistenz verleihen. Wer eine *foie gras* jedoch in ihrer ganzen Einmaligkeit genießen möchte, sollte sie im Stück garen. In der hier gezeigten Anleitung wird eine ganze *foie gras* mit Trüffelspalten besteckt, in Portwein und Cognac mariniert, von einer glatten Hackfleischmasse umgeben und in einer Steingutform gegart (Rezept S. 102).

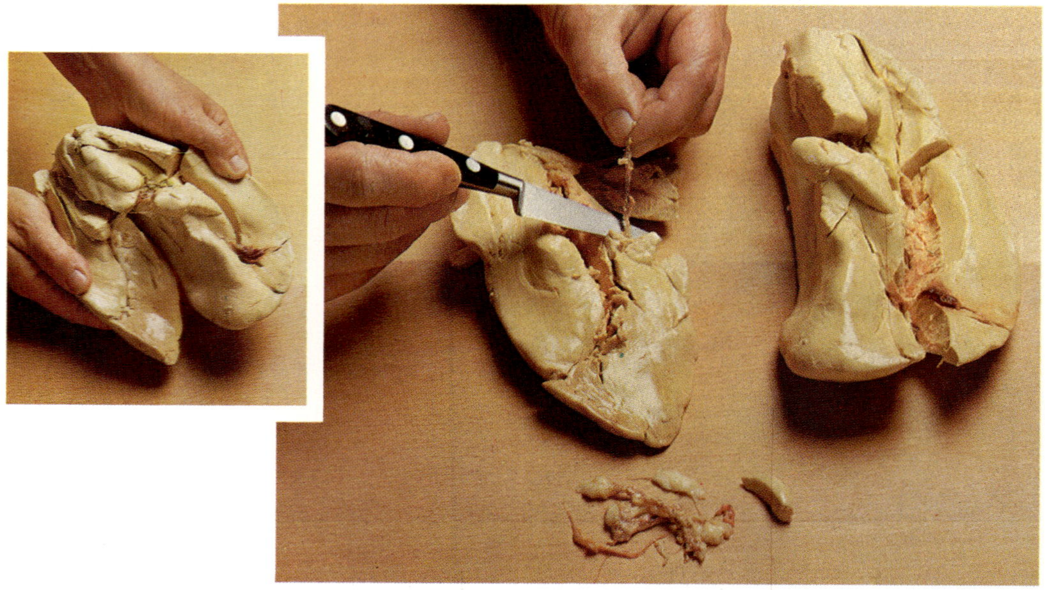

1 **Die Leber parieren.** Die Leber – hier eine Gänsestopfleber – mit den Händen in Hälften zerteilen, um Nervenstränge und Adern freizulegen. Alle Außenhäute, die sich ohne Schwierigkeiten abziehen lassen, entfernen. Mit der Spitze eines kleinen Messers alle freiliegenden Adern und Nervenstränge herauslösen (oben); außerdem alle grünen Flecken abschneiden. Die beim Parieren anfallenden Leberreste aufbewahren. Die beiden Leberhälften mindestens 2½ Stunden oder über Nacht wässern, um das Blut herauszuziehen. Anschließend mit einem Tuch trockentupfen.

5 **Die Steingutform füllen.** Eine Steingutform mit fettem Speck auslegen (S. 8) und zu einem Drittel mit Hackfleischmasse füllen. Eine Vertiefung eindrücken und die Leberhälften hineinlegen. Die Form mit Hackfleischmasse füllen und die Oberfläche glattstreichen. Ein Tuch auf die Arbeitsfläche legen und die Form daraufstoßen. Dann zwei Lorbeerblätter auf die Terrine legen.

6 **Die Terrine garen.** Eine Scheibe fetten Speck auf die Oberfläche legen und die Form mit Alufolie fest verschließen. Auf einem Drahtgitter im Wasserbad bei 180°C (Gasherd Stufe 2–3) etwa 1 Stunde garen, bis klarer Saft austritt. Zum Abkühlen auf einen Teller stellen. Ein Holzbrett auf die Oberfläche legen und mit etwa 1 kg beschweren.

7 **Mit dem eigenen Fett überziehen.** Nach dem Abkühlen die Gewichte entfernen und die Terrine in den Kühlschrank stellen. Am nächsten Tag die obere Speckschicht sowie die Lorbeerblätter entfernen und die Oberfläche mit einem in heißes Wasser getauchten Tuch abtupfen. Das Fett bei schwacher Hitze zerlassen und die Terrine damit überziehen.

2 **Die Leber mit Trüffeln bestecken.** In einem Mörser Muskatblüte, Cayennepfeffer, Piment und geriebene Muskatnuß mit Salz und Pfeffer zerstoßen. Die Trüffeln schälen und in Spalten schneiden; die Schalen aufbewahren. Die Leberhälften mit einer Messerspitze mehrmals einschneiden. In die kleinen Einschnitte etwas Gewürzmischung geben und jeweils ein Stück Trüffel hineinstecken.

3 **Die Leber marinieren.** Die Leberhälften in eine Schüssel legen, in die sie gerade hineinpassen. Etwas Cognac hinzufügen und so viel Portwein dazugießen, daß die Leber fast bedeckt ist. Wenn konservierte Trüffeln verwendet werden, die Konservierungsflüssigkeit zur Marinade geben. Die Schüssel mit Klarsichtfolie bedecken und an einem kühlen Platz 2 bis 3 Stunden stehenlassen.

4 **Die Hackfleischmasse zubereiten.** Eine Hackfleischmasse aus Schweinefleisch, Kalbfleisch, fettem Speck, gebratener Hühnerleber und Eiern zubereiten (Rezept S. 170). Die Trüffelschalen feinhacken, die beim Parieren angefallenen Leberreste zerdrücken und beides zur Hackfleischmasse geben. 3 bis 4 EL Marinadenflüssigkeit hinzufügen und alle Zutaten gut miteinander vermischen.

8 **Die Terrine servieren.** Sobald das Fett abgekühlt ist, die Terrine mit Alufolie bedecken. Für mindestens 3 Tage in den Kühlschrank stellen. Die Terrine hält sich im Kühlschrank bis zu 2 Wochen, wenn sie nicht angeschnitten wird. In Scheiben schneiden und mit dem delikaten gelben Fettüberzug servieren (rechts); dazu geröstete Weißbrotscheiben reichen. □

Die ganze Köstlichkeit von Kalbsbries

Bries, die Thymusdrüse von Kalb oder Lamm, verleiht Fleischterrinen ein delikates Aroma, eine glatte Struktur und ein cremefarbenes Aussehen. Damit es in seiner ganzen Köstlichkeit zur Geltung kommt, wird das Bries hier ganz gelassen und von einer Hackfleischmasse umgeben, die seine helle Farbe ergänzt und die während des Garens dafür sorgt, daß es saftig bleibt.

Vor der Zubereitung muß man das Bries wässern, damit das Blut herausgespült wird; dabei sollte das Wasser mehrmals erneuert werden. Anschließend blanchiert man das Bries kurz in simmerndem Wasser, so daß das weiche Fleisch fest wird und sich die äußere Haut löst. Wenn es nach dem Blanchieren so weit abgekühlt ist, daß man es anfassen kann, läßt sich die äußere Haut leicht abziehen. Hier wird das vorbereitete Bries in Hälften geschnitten; es paßt dann gut in eine lange, schmale Steingutform und ist nach dem Anschneiden der Terrine in den einzelnen Scheiben gleichmäßig verteilt.

Ganz gleich, ob das Bries zerteilt oder ganz gelassen wird – man sollte es in jedem Fall mit Gewichten beschweren, damit es fest wird und eine gleichmäßigere Form erhält. Danach kann es ohne weitere Vorbereitung auf einer Füllmasse angerichtet werden. Man kann seinen Geschmack allerdings noch verbessern, wenn man es zuvor mit aromatischen Gemüsen in Fleischbrühe schmort. Die Schmorflüssigkeit kann anschließend durch ein Sieb gegossen, eingekocht und mit Semmelbröseln vermischt zu der Hackfleischmasse gegeben werden.

Die Hackfleischmasse, in die das Bries eingebettet wird, sollte ein sehr feines Aroma haben. Auf 750 g Bries rechnet man 1 kg Hackfleischmasse. In diesem Fall wird Schweine- und Kalbfleisch mit Hühnerleber in einer Küchenmaschine zu einem glatten Püree verarbeitet und mit in Würfel geschnittener Zunge und gehackten Morcheln vermischt. Wer eine gröbere Struktur wünscht, kann die Mischung auch mit Messern hacken und durch den Fleischwolf drehen. Die Hackfleischmasse kann auch mit anderen festen Zutaten – wie gehacktem Schinken, gehackten Trüffelschalen und gehacktem Spinat, der zuvor blanchiert und ausgedrückt wird – kombiniert werden; so entsteht ein reizvoller Farbkontrast zum hellen Bries in der Mitte der Terrine.

1 **Ein Bries blanchieren.** Das Bries in einer Schüssel mit kaltem Wasser 2 bis 3 Stunden wässern; das Wasser ein- bis zweimal erneuern. Anschließend das Bries in einen Topf geben, mit frischem Wasser bedecken und zum Kochen bringen. Bei schwacher Hitze 5 bis 6 Minuten simmern lassen. Zum Abkühlen in kaltes Wasser legen (oben).

2 **Die Haut abziehen.** Fett und Knorpel mit den Fingern vollständig entfernen. Die äußere Haut mit den Fingern oder mit Hilfe eines Messers abziehen (oben); dabei darauf achten, daß die Haut, die die einzelnen Teile miteinander verbindet, nicht beschädigt wird. Das Bries in zwei Hälften schneiden.

6 **Morcheln vorbereiten.** 20 g getrocknete Morcheln für etwa 1 Stunde in kaltes Wasser legen, bis sie weich sind. Die Stielenden mit einem scharfen Messer entfernen und die Morcheln anschließend feinhacken (oben). In einem schweren Topf bei schwacher Hitze Butter zerlassen. Die Morcheln hinzufügen und mit einem Holzlöffel 4 bis 5 Minuten rühren, bis die Flüssigkeit verdampft ist.

7 **Die Hackfleischmasse zubereiten.** Eine glatte Masse aus Kalb- und Schweinefleisch und roher Hühnerleber herstellen (Rezept S. 170). Panade und Morcheln hinzufügen und mit Salz, Pfeffer, Cayennepfeffer und Muskat würzen. Die Masse mit Eiern binden und etwas Madeira dazugießen; gut durchkneten. 125 g in Würfel geschnittene Zunge behutsam daruntermischen.

3 **Das Bries flachdrücken.** Ein Tuch auf ein Tablett legen. Das Bries daraufgeben und mit einem zweiten Tuch bedecken. Darauf ein Holzbrett oder ein zweites Tablett legen. Das Brett mit Gewichten – wie hier – oder mit Konservendosen beschweren und das Bries anschließend für 2 bis 3 Stunden an einen kühlen Platz stellen, bis es fest ist.

4 **Das Bries schmoren.** In einem Topf Butter zerlassen. Feingehackte Möhren, Zwiebeln, Bleichsellerie, ein Lorbeerblatt, eine Prise getrocknete Kräuter und Salz hinzufügen und bei schwacher Hitze 30 Minuten garen. Die Brieshälften auf die Gemüse legen, knapp mit Fleischbrühe (S. 6) bedecken und zugedeckt 45 Minuten simmern lassen.

5 **Die Schmorflüssigkeit einkochen.** Die Brieshälften aus dem Topf heben. Die Schmorflüssigkeit durch ein Sieb in einen kleinen Topf gießen. Mit einem Stößel den Saft aus den Gemüsen drücken. Den Topf halb auf die Kochstelle setzen und die Flüssigkeit auf etwa 15 cl einkochen; dabei die Fetthaut abschöpfen. Weißbrotbrösel einrühren, so daß eine feste Panade (S. 11) entsteht.

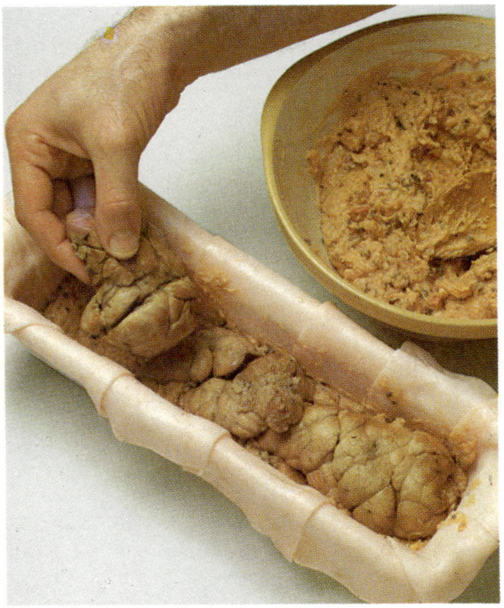

8 **Die Terrine zusammenstellen.** Eine Kastenform aus Steingut mit fettem Speck auslegen (S. 8) und zu einem Drittel mit Hackfleischmasse füllen. Die Brieshälften in die Masse drücken und mit der restlichen Hackfleischmasse bedecken. Ein gefaltetes Tuch auf die Arbeitsfläche legen und die Form daraufstoßen. Ein Lorbeerblatt auflegen und die Terrine anschließend mit fettem Speck bedecken.

9 **Die Terrine garen und servieren.** Die Form mit Alufolie bedecken. Die Terrine auf einem Drahtgitter in ein Wasserbad stellen (S. 20) und im vorgeheizten Backofen bei 180° C (Gasherd Stufe 2 – 3) 1¼ Stunden garen, bis der austretende Saft klar ist. Anschließend mit Gewichten beschweren (S. 21) und in den Kühlschrank stellen. Wenn man sie nach 4 Tagen anschneidet, kann sich ihr Aroma voll entfalten. Die Terrine vor dem Servieren in 1 cm dicke Scheiben schneiden (kleines Photo). □

Hirn: eine delikate Komponente

Mit Hirn lassen sich Terrinen von äußerst zarter und lockerer Beschaffenheit herstellen. Für eine Terrine mit glatter Konsistenz (rechts; Rezept S. 110) wird das Hirn in rohem Zustand püriert. Wer eine gröbere Struktur (unten) bevorzugt, sollte das Hirn ganz lassen und blanchieren, damit es fest wird. Anschließend wird es zusammen mit aromatischen Zutaten geschmort und dann in Würfel geschnitten (Rezept S. 109).

Ganz gleich, wie man das Hirn zubereitet – man muß zuerst die dünne Außenhaut entfernen und das Hirn dann wässern, damit das Blut vollständig herausgespült wird. Nachdem es püriert oder in Würfel geschnitten worden ist, wird es mit Ei gebunden. Alle weiteren Zutaten sollten das Hirn farblich und geschmacklich ergänzen. Rechts bilden in Würfel geschnittene Zunge und gehackte Frühlingszwiebeln einen Gegensatz zur glatten Struktur des Pürees; gehackte Pistazien geben dem unten abgebildeten Gericht Farbe.

Terrinen mit Hirn können heiß serviert werden; dazu paßt eine *velouté* oder eine Tomatensauce (Rezepte S. 174 und 175). Man kann sie aber auch über Nacht in den Kühlschrank stellen und kalt servieren.

Eine cremige Terrine mit reizvollen Farbtupfern

1 **Das Hirn abziehen.** Das Hirn einige Minuten in kaltes Wasser legen, damit sich die Außenhaut löst. Die Haut mit Zeigefinger und Daumen fassen, anheben (oben) und abziehen; dabei das Hirn wiederholt in Wasser tauchen. Anschließend das Hirn 1 Stunde wässern und das Blut herausspülen; dabei das Wasser mehrmals erneuern.

2 **Das Hirn pürieren.** Das gesäuberte Hirn zusammen mit Eiern und einer Knoblauchzehe in einer Küchenmaschine pürieren. Das Püree mit Salz, weißem Pfeffer und Muskat würzen. Weißbrotkrumen und heiße Milch zu einer dicken Paste verrühren. Die Paste anschließend zum Püree geben (oben), ein Stückchen Butter hinzufügen und noch einmal pürieren.

Ein marmorierter Hirnkuchen

1 **Das Hirn blanchieren.** Das Hirn abziehen und wässern (Arbeitsgang 1, oben). So viel Wasser in einen großen Topf geben, daß das Hirn bedeckt ist, wenn man es hineinlegt. Salz und Essig hinzufügen und zum Kochen bringen. Die Temperatur herunterschalten und das Hirn in den Topf geben. 5 Minuten simmern lassen; aus dem Topf heben und abtropfen lassen.

2 **Das Hirn schmoren.** Das Hirn mit den Händen in Hälften teilen. Olivenöl bei niedriger Temperatur in einer Bratpfanne erhitzen. Feingehackte Zwiebel, Petersilie und Schnittlauch unter gelegentlichem Rühren etwa 5 Minuten sautieren, ohne daß sie braun werden. Dann das Hirn hinzufügen und Weißwein angießen (oben). Etwa 10 Minuten schmoren, bis die Flüssigkeit verdampft ist.

3 **Das Hirn in Würfel schneiden.** Eier in einer großen Schüssel verquirlen. Pistazien blanchieren, abziehen (S. 25) und grobhacken. Das Hirn mit einem Schaumlöffel aus der Bratpfanne heben; Zwiebel und Kräuter aufbewahren. Das Hirn anschließend mit einem scharfen Messer in Würfel von etwa 2 cm Kantenlänge schneiden (oben).

3 **Die Terrine fertigstellen.** Eine Steingutform mit Butter ausstreichen. Die weißen Teile von Frühlingszwiebeln feinhacken und gekochte Zunge in kleine Würfel schneiden. Das pürierte Hirn in eine Schüssel geben, Zunge und Frühlingszwiebel hinzufügen und gut verrühren. Die Form mit der Mischung füllen, mit Alufolie bedecken und auf ein Drahtgitter in einem Wasserbad stellen.

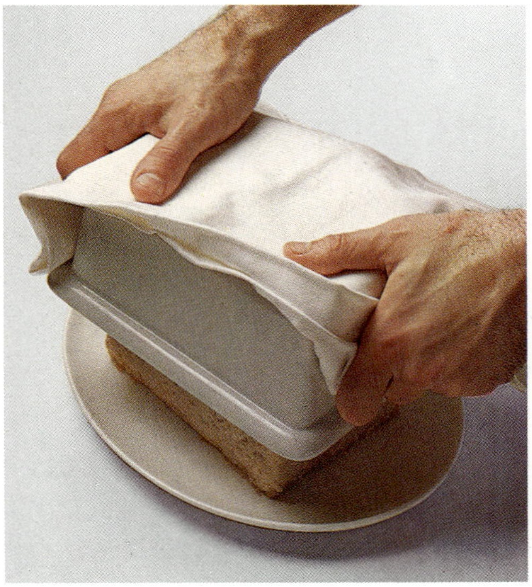

4 **Die Terrine stürzen.** Im vorgeheizten Backofen bei 170° C (Gasherd Stufe 2) etwa 55 Minuten garen. Die Terrine aus dem Backofen nehmen und etwas abkühlen lassen. Mit einem Messer von der Innenwand der Form lösen. Eine Platte umgedreht auf die Oberfläche legen. Platte und Form zusammen umdrehen und die Form abheben (oben).

5 **Die Terrine servieren.** Die gestürzte Terrine vollständig abkühlen lassen; dann in Klarsichtfolie einschlagen und für mindestens 3 Stunden in den Kühlschrank stellen. Vor dem Servieren die Folie entfernen und die Terrine in Scheiben schneiden; nach Belieben mit schwarzen Oliven garnieren. □

4 **Die Terrine zusammenstellen.** Eine Steingutform oder eine Souffléform mit Butter ausstreichen. Hirn, grobgehackte Pistazien (S. 25) und den Inhalt der Pfanne zu den Eiern geben und mit den Händen vermischen. Dann die Mischung in die Form gießen (oben). Die Terrine auf einem Drahtgitter in einem Wasserbad im vorgeheizten Backofen bei 170° C (Gasherd Stufe 2) etwa 55 Minuten garen.

5 **Die Terrine servieren.** Die Terrine aus dem Backofen nehmen und etwas abkühlen lassen. Auf ein Holzbrett oder eine Platte stürzen (Arbeitsgang 4, oben) und vor dem Servieren wie einen Kuchen in Scheiben schneiden; nach Belieben mit Salatblättern garnieren. □

Eine ungewöhnliche Hülle für Füllungen

Es ist gar nicht so schwierig, Geflügel zu entbeinen, ohne die Haut dabei zu beschädigen. Die so entstehende Tasche kann mit einer Hackfleischmasse gefüllt und in einer Steingutform gegart werden. Wird eine Gans oder – wie hier – eine Ente verwendet, macht das Fett des Geflügels die Hackfleischmasse saftig und gibt ihr zusätzliches Aroma. Wenn Sie ein Hähnchen verwenden, sollten Sie ein älteres Tier nehmen, da es mehr Fett enthält.

Damit die Haut ganz bleibt, werden die Knochen durch die Öffnung am Hals entfernt. Mit Hilfe eines kleinen, sehr scharfen Messers kann man das Fleisch und die Haut vorsichtig von den Knochen lösen und dann – wie einen Strumpf – zurückrollen. Das Fleisch kann an der Haut belassen oder abgelöst und zur Hackfleischmasse gegeben werden. Anschließend wird die Haut wieder nach außen gestülpt und gefüllt.

Die hier verwendete Hackfleischmasse besteht aus Schweinefleisch, fettem Speck, Hühnerleber sowie Fleisch und Leber der Ente; Weinbrand und Gewürze machen sie aromatischer (Rezept S. 111). Damit das gefüllte Geflügel eine kompakte Form erhält, sollte es in einer ovalen Steingutform gegart werden, in die es gerade hineinpaßt.

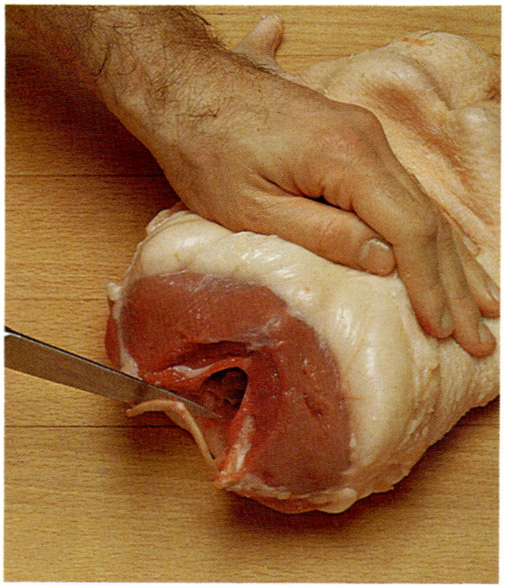

1 **Den Gabelknochen freilegen.** Die Flügelspitzen kurz oberhalb der Gelenke abschneiden. Die dicken Gelenkknochen am Ende der Keulen ebenfalls abtrennen. Die Haut vom Hals bis zu den Flügeln herunterziehen. Mit einem kleinen, scharfen Messer das Fleisch um den Gabelknochen herum so tief einschneiden, daß er freiliegt. Den Gabelknochen vom Schultergelenk abbrechen.

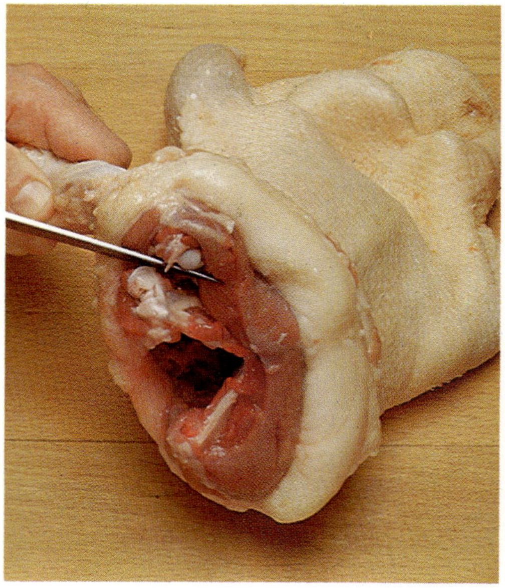

2 **Die Flügel lösen.** Einen Flügel so weit umbiegen, bis die kräftigen Sehnen sichtbar werden, die den Flügelknochen mit Schlüsselbein und Schulterblatt verbinden. Die Sehnen durchschneiden. Anschließend den anderen Flügel auf die gleiche Art lösen.

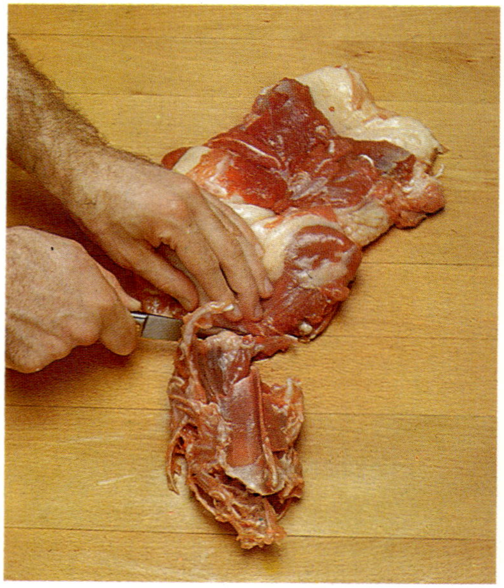

6 **Das Gerippe entfernen.** Den Schenkel so weit nach außen biegen, daß die Gelenkkugel aus der Pfanne springt. Die Schenkelknochen wie die Flügelknochen (Arbeitsgang 4) entfernen. Das restliche Fleisch vom Gerippe lösen und das Gerippe am Sterz abtrennen (oben). Alle übrigen kleinen Knochen aus dem Fleisch herauslösen.

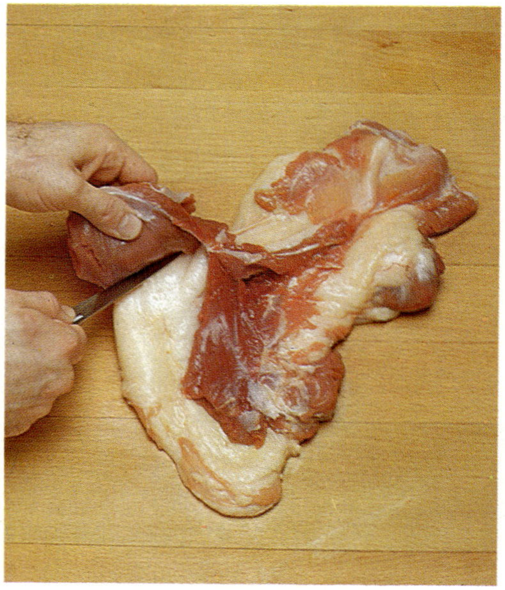

7 **Das Fleisch ablösen.** Das Bindegewebe zwischen dem Fleisch und der direkt unter der Haut liegenden Fettschicht mit einem scharfen Messer durchtrennen und das abgelöste Fleisch abheben (oben). Die Haut wenden und das Fleisch von der Unterseite lösen. Dann die Haut wieder umstülpen, so daß die Fettschicht wieder innen ist.

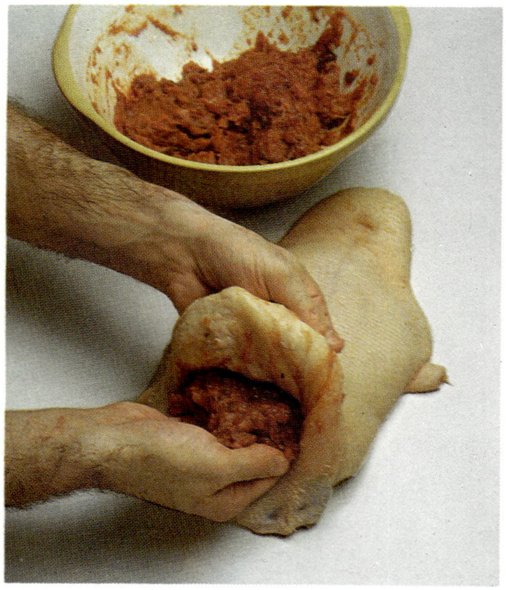

8 **Die Entenhaut füllen.** Entenfleisch, mageres Schweinefleisch, fetten Speck, Hühnerleber und die Entenleber hacken (S. 10). Das gehackte Fleisch mit Weinbrand, Gewürzen, Salz, Pfeffer und Eiern gut vermischen. Die Haut mit der Hackfleischmasse füllen (oben) und die Halshaut über die Öffnung schlagen. Die gefüllte Entenhaut in eine Form legen, in die sie gerade eben hineinpaßt.

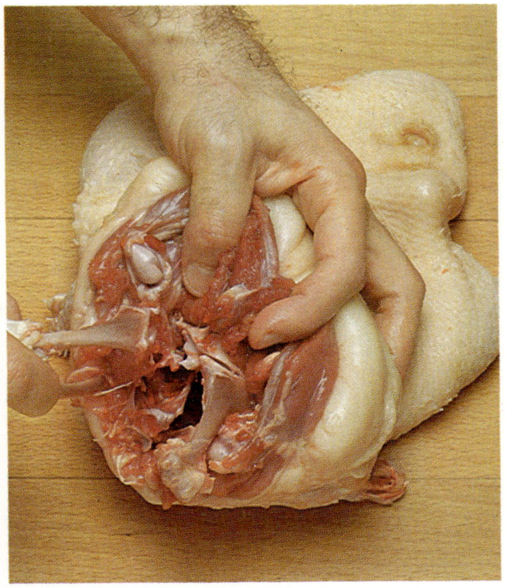

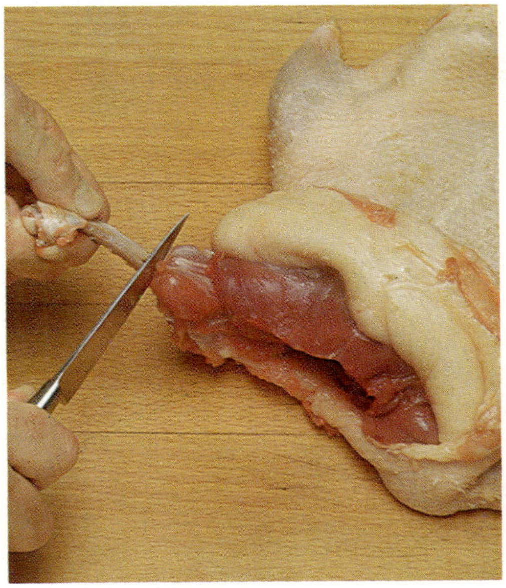

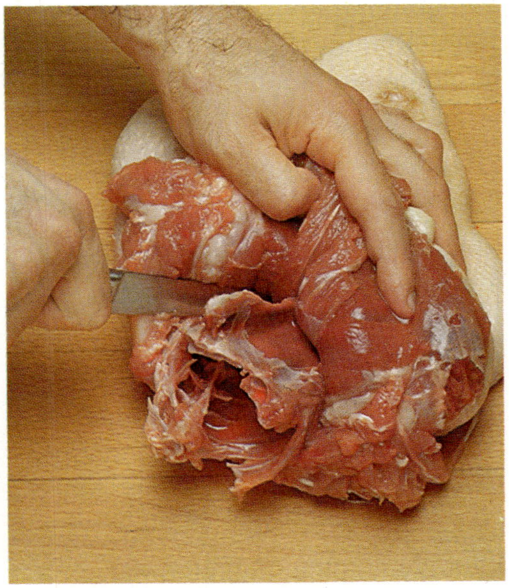

3 **Die Schlüsselbeine freilegen.** Die Schlüsselbeine mit den Fingern ertasten. Das Fleisch mit dem Messer von den Knochen abschaben und beide Schlüsselbeine vom Brustbein abbrechen; die beiden Schlüsselbeine sind jetzt nur noch mit je einem Schulterblatt verbunden. Das Fleisch von den Schulterblättern abschaben, dann Schlüsselbein und Schulterblatt zusammen auslösen (oben).

4 **Die Flügelknochen auslösen.** Den Flügelknochen an dem Verbindungsstück, das in Arbeitsgang 2 freigelegt worden ist, festhalten. Das Fleisch am oberen Ende des Knochens abschneiden. Das restliche Fleisch mit dem Messer abschaben (oben); der Knochen tritt dann allmählich aus seiner Tasche aus Haut und Fleisch heraus. Den anderen Knochen auf dieselbe Weise herauslösen.

5 **Das Gerippe freilegen.** Das Fleisch rings um den Flügelansatz nach unten ziehen, um das obere Ende von Rippen, Brustbein und Rückgrat freizulegen. Dann das Fleisch mit den Fingern vom Brustbein und von den Rippen lösen; gegebenenfalls die Spitze des Messers zur Hilfe nehmen (oben). Wenn das Fleisch von der Bauchseite abgelöst ist, das Fleisch vom Rücken abschaben.

9 **Die Ente garen und servieren.** Die Ente nach Belieben mit Scheiben von fettem Speck bedecken. Die Form verschließen. Die Ente in einem Wasserbad im vorgeheizten Backofen bei 180° C (Gasherd Stufe 2 – 3) 1½ bis 3 Stunden garen. Die Ente mit Gewichten beschweren (S. 21) und abkühlen lassen. Die Enten-Terrine vor dem Servieren 3 bis 4 Tage im Kühlschrank stehenlassen. □

2

Gemüseterrinen

Frische und Farbe aus dem Garten

Vorbereiten und Vorgaren von Gemüsen
Harmonie in Aroma und Struktur
Füllmassen aus pürierten Hülsenfrüchten
Zutaten in die Form schichten
Mousselines in vielen Farben

Terrinen, die hauptsächlich aus Gemüse bestehen, zeichnen sich dadurch aus, daß sie frisch und leicht im Geschmack sind und eine ansprechende Farbe haben. Im Gegensatz zu Fleischterrinen, deren Zutaten roh verarbeitet werden, gart man die Gemüse gewöhnlich durch Kochen, Sautieren oder Schmoren in Butter vor. Sie werden mit Ei oder einer mit Ei vermischten Füllmasse gebunden. Durch Zugabe einer dicken Paste aus gegarten Hülsenfrüchten – zum Beispiel aus weißen Bohnen – wird eine mit Ei gebundene Masse fester.

Gemüseterrinen bieten viele Möglichkeiten für phantasievolle Kombinationen von Zutaten. Man kann zwei, drei oder auch mehr verschiedene Gemüsesorten mit beliebigen anderen Zutaten vermischen und daraus eine Terrine mit kontrastierenden Strukturen herstellen. Man kann die Gemüse aber auch abwechselnd mit einer Füllmasse aufeinanderschichten. Je nachdem, welche Gemüse verwendet werden und welche Effekte man erzielen möchte, kann man die Gemüse pürieren, grobhacken, in gleich große Stücke schneiden oder ganz lassen. Eine einfache, aber köstliche Terrine entsteht beispielsweise, wenn man ein Sauerampferpüree in eine Mischung aus gehackten Zucchini und zerdrückter Zwiebel einbettet (S. 40). Wenn die einzelnen Gemüse, die man für eine Gemüseterrine verwenden will, auf unterschiedliche Weise vorbereitet werden, so erhält man eine Gemüseterrine, in der sich die verschiedenen Formen und Strukturen zu einer interessanten Mischung verbinden (S. 42). Für eine besonders dekorative Terrine kann man farblich kontrastierende Gemüsesorten unter eine Fisch- oder Hähnchen-Mousseline mischen oder abwechselnd mit zwei oder mehreren Mousselines verschiedener Färbung aufeinanderschichten (gegenüberliegende Seite und S. 44).

Gemüseterrinen werden gewöhnlich kalt serviert. Als Garnierung eignen sich Saucen von kräftiger Färbung, die pikant genug sind, um sich vom Geschmack der Terrine abzuheben, diesen aber auch nicht überdecken – beispielsweise eine grüne Mayonnaise oder eine helle Tomaten-Vinaigrette (Rezepte S. 175). Im Gegensatz zu Fleischterrinen werden Gemüseterrinen durch längeres Aufbewahren nicht aromatischer; vielmehr kommen ihre frischen Zutaten am besten zur Geltung, wenn man sie einen Tag nach der Zubereitung serviert.

Eine Lage in Reihen angeordneter Brokkoli-Röschen wird behutsam mit einer abschließenden Schicht Hähnchen-Mousseline bedeckt. Darunter sind Lagen von Möhrenstreifen, grünen Bohnen, halbierten Zucchini, in Scheiben geschnittenen Artischocken und in Hälften geschnittenen Morcheln aufeinandergeschichtet, die jeweils durch gleich große Portionen Mousseline voneinander getrennt sind. Durch die gleichmäßige Hitze in einem Wasserbad wird die Mousseline zu einer festen Creme, die die einzelnen Zutaten, hier Gemüse, zusammenhält.

Das richtige Vorbereiten von Gemüsen

Viele Gemüseterrinen bestehen einfach nur aus zwei oder drei verschiedenen Gemüsesorten, die – gehackt, püriert oder gerieben – mit Kräutern, Eiern und Semmelbröseln vermischt werden. Durch langsames Garen im Wasserbad werden die Eier fest und binden die Mischung, ohne jedoch das frische Aroma und die Konsistenz der verwendeten Gemüse zu beeinträchtigen. Bei der hier gezeigten Terrine (Rezept S. 128) ist ein herbes Sauerampferpüree in eine Mischung aus gehackten Zucchini und pürierten Zwiebeln eingebettet. Man kann auch Champignons anstelle von Zucchini, Porree anstelle von Zwiebeln und ein Püree aus Spinat anstatt des Sauerampfers verwenden.

Da Terrinen nur so lange gegart werden, bis die Eier fest sind, muß man die Gemüsesorten vorgaren. Gemüse mit hohem Wasseranteil wie Zucchini oder Champignons müssen zuvor sautiert werden, damit die überschüssige Flüssigkeit entweicht. Festere Gemüsesorten wie Möhren, grüne Bohnen oder Zuckererbsen werden zuerst blanchiert und dann sautiert, damit das Wasser verdampft und sich ihr Aroma besser entfaltet. Zwiebeln und Porree sollten bei schwacher Hitze in Butter oder Olivenöl gegart werden.

1 **Zwiebeln und Zucchini putzen.** Spitzen und Wurzelansätze der Zwiebeln mit einem scharfen Messer abschneiden und die äußeren Schalen und die darunterliegenden dünnen Häute abziehen. Jede Zwiebel in dünne Scheiben schneiden. Die Stielansätze und Spitzen der Zucchini entfernen und jede Zucchini in etwa 3 mm dicke Scheiben schneiden (oben).

5 **Die Gemüse würzen.** Kräuter – hier Estragon und Minze – feinhacken und in die Schüssel geben; einige Kräuter zum Garnieren der Terrine zurückbehalten. Eier in die Zucchini-Zwiebel-Masse rühren. In einer zweiten Schüssel Semmelbrösel und Milch zu einer dickflüssigen Paste verarbeiten. Die Paste zum Gemüse geben (oben), Salz, Pfeffer sowie Muskat hinzufügen und gut vermischen.

6 **Sauerampfer in Streifen schneiden.** Die Stiele und die harten Mittelrippen der Sauerampferblätter entfernen. Die Blätter in kaltem Wasser waschen, anschließend mit den Händen herausheben und zwischen den gespreizten Fingern abtropfen lassen. Dann mehrere Blätter aufeinanderlegen und in dünne Streifen schneiden (oben).

7 **Den Sauerampfer garen.** Butter bei schwacher Hitze zerlassen. Keinen Topf aus Aluminium oder Gußeisen verwenden, da Sauerampfer mit diesen Metallen chemisch reagiert. Die Sauerampferstreifen unter gelegentlichem Rühren etwa 10 Minuten garen, bis die überschüssige Flüssigkeit verdampft ist.

2 **Die Zucchini sautieren.** Etwas Olivenöl in eine Bratpfanne geben und die Zucchinischeiben portionsweise bei starker Hitze etwa 5 Minuten darin sautieren, bis sie weich sind. Häufig rühren und die Pfanne rütteln, damit die Zucchini nicht ansetzen (oben). Falls erforderlich, noch mehr Öl hinzufügen.

3 **Die Zucchini hacken.** Die Zucchinischeiben auf ein Hackbrett häufen. Die Schneide eines großen Messers senkrecht über die Zucchini halten. Mit der freien Hand auf die Spitze der Messerklinge drücken und das Messer in Auf- und Ab-Bewegungen über die Zucchini führen; die Spitze des Messers ist der Drehpunkt. Auf diese Weise die Zucchini grobhacken (oben) und in eine große Schüssel geben.

4 **Die Zwiebeln pürieren.** Olivenöl in eine Bratpfanne geben und bei niedriger Temperatur erhitzen. Die Zwiebelscheiben unter gelegentlichem Rühren etwa 40 Minuten darin garen, bis sie weich, aber nicht braun sind. Die Pfanne von der Kochstelle nehmen und die Zwiebeln mit einer großen Gabel zu einem groben Püree zerdrücken. Die pürierten Zwiebeln zu den Zucchini geben.

8 **Die Form füllen.** Eine Steingutform mit Butter ausstreichen. Ein Stück Pergamentpapier auf einer Seite mit Butter bestreichen. Mit der gefetteten Seite nach oben in die Form legen. Die Hälfte der Zucchini-Zwiebel-Masse hineingeben und das Sauerampferpüree darauf verteilen. Das Püree mit der restlichen Masse bedecken (oben). Mit Butter bestrichene Alufolie auf die Terrine legen.

9 **Die Terrine stürzen.** Die Form auf einem Drahtgitter in ein Wasserbad stellen und die Terrine bei 170° C (Gasherd Stufe 2) etwa 1 1/4 Stunden garen. Abkühlen lassen und über Nacht in den Kühlschrank stellen. Die Terrine mit einem Messer vom Rand der Form lösen. Eine Platte umgekehrt auf die Form legen, umdrehen, die Form abheben und das Pergamentpapier abziehen (oben).

10 **Die Terrine servieren.** Die Terrine in dicke Scheiben schneiden. Als Beilage eine Schüssel Joghurt reichen, der nach Belieben mit Kräutern oder mit einer Tomaten-Vinaigrette (S. 15) verrührt wird. ☐

Festigkeit durch ein Püree aus Hülsenfrüchten

Ein Püree, das aus gegarten Hülsenfrüchten, wie zum Beispiel weißen Bohnen oder Kidneybohnen, hergestellt wird, ist hervorragend geeignet, einer Terrine mit verschiedenen vorgegarten Gemüsen Festigkeit und Geschmeidigkeit zu geben. Werden die verwendeten Zutaten teilweise gehackt oder püriert und teilweise ganz belassen, weist das fertige Gericht eine interessante Vielfalt in Farbe und Struktur auf.

Die hier gezeigte Terrine (Rezept S. 128) enthält neben einer *duxelles* – einer Mischung aus sautierten Champignons, Zwiebeln und Petersilie – blanchierten, gehackten Spinat, pürierten Sauerampfer, in Würfel geschnittene Möhren und in Stücke geschnittene grüne Bohnen. Kleine, fast gar gekochte Nudeln bilden einen reizvollen Kontrast zu der Struktur der Gemüse und heben sich reliefartig von der ansonsten dunklen Farbe der Terrine ab.

Für diese Terrine kann man nahezu jedes Gemüse verwenden, das zuvor weichgegart und dem überschüssige Flüssigkeit entzogen wurde. Mangoldblätter, die blanchiert, ausgedrückt und gehackt werden, sind als Zutat ebenso geeignet wie kurz blanchierte, in Butter geschwenkte Zuckererbsen.

1 **Bohnen pürieren.** Die eingeweichten Bohnen in einen Topf geben und doppelt soviel kaltes Wasser hinzufügen. Eine Möhre, eine mit einer Nelke besteckte Zwiebel und ein *bouquet garni* dazugeben. Zum Kochen bringen und zugedeckt 2 Stunden garen. Abtropfen lassen; die aromatischen Zutaten entfernen. Die Bohnen in einem Passiersieb pürieren.

2 **Eine Duxelles zubereiten.** Eine Zwiebel abziehen und feinhacken. Butter in einer Pfanne bei schwacher Hitze zerlassen. Die Zwiebel in etwa 20 Minuten glasig dünsten. Champignons feinhacken, dazugeben und die Temperatur heraufschalten. So lange sautieren, bis die Pilze keine Flüssigkeit mehr abgeben. Zitronensaft und gehackte Petersilie hinzufügen; danach mit Salz und Pfeffer würzen.

5 **Die Nudeln garen.** Reichlich Wasser in einen großen Topf geben, Salz und etwas Öl hinzufügen und bei starker Hitze zum Kochen bringen. Die Nudeln – in diesem Fall Hörnchennudeln – in den Topf geben und umrühren, damit sie nicht ansetzen. Etwa 7 Minuten kochen lassen, bis die Nudeln weich, aber noch bißfest sind. Abtropfen lassen.

6 **Brot und Knoblauch vermischen.** Knoblauch in einem Mörser zu einer Paste zerdrücken. Von altbackenem Weißbrot die Rinde abschneiden und das Brot einige Minuten in Wasser einweichen. Das Brot ausdrücken und mit dem Knoblauch im Mörser vermischen.

7 **Die Zutaten zusammengeben.** Das Bohnenpüree, die *duxelles*, Möhren, grüne Bohnen, die Brot-Knoblauch-Paste, weiche Butter, Eier und Nudeln in eine Rührschüssel geben. Spinat, Sauerampfer und Kräuter – hier werden Bohnenkraut, Majoran und Thymian verwendet – hinzufügen. Gut vermischen und mit Salz und Cayennepfeffer würzen.

3 **Die Gemüse vorbereiten.** Von Sauerampfer und Spinat die Stiele entfernen und die Blätter waschen. Den Sauerampfer in Streifen schneiden. Den Spinat blanchieren, unter kaltem Wasser abspülen, ausdrücken und feinhacken (S. 20). Die Möhren putzen und der Länge nach durchschneiden; das zähe holzige Innere entfernen. Die Möhren zu einem Bündel zusammennehmen und quer in Würfel schneiden. Von grünen Bohnen die Enden abschneiden. Mehrere auf einmal zu einem Bündel zusammennehmen und in etwa 3 cm lange Stücke schneiden (oben). Den Sauerampfer in Butter sautieren, bis er zu einem Püree zerfallen ist (S. 40).

4 **Möhren und Bohnen blanchieren.** Gesalzenes Wasser in einem Topf zum Kochen bringen. Die Möhren hineingeben und etwa 10 Minuten garen, bis sie gerade weich sind. Die Möhren herausnehmen und abtropfen lassen (oben links). Reichlich Wasser erhitzen, bis es sprudelnd kocht, dann die grünen Bohnen hinzufügen und 2 bis 8 Minuten blanchieren, bis sie kräftig grün und noch bißfest sind. Die Bohnen mit einem Schaumlöffel aus dem Topf nehmen und abtropfen lassen (oben rechts).

8 **Die Form füllen.** Eine Steingutform mit Butter ausstreichen und die Masse hineingeben (oben). Die Form auf die mit einem Tuch bedeckte Arbeitsfläche stoßen, damit sich die Mischung setzt. Die Form mit Alufolie abdecken, in ein Wasserbad stellen und im vorgewärmten Backofen bei 180° C (Gasherd Stufe 2 – 3) 1 ½ Stunden garen. Zum Abkühlen mit Gewichten beschweren (S. 21).

9 **Die Terrine servieren.** Die Gewichte entfernen und die Terrine zugedeckt über Nacht in den Kühlschrank stellen. Am nächsten Tag herausnehmen und etwa 1 Stunde bei Raumtemperatur stehenlassen. Vor dem Servieren in Scheiben schneiden (oben). Nach Belieben grüne Mayonnaise oder eine Tomaten-Vinaigrette (Rezepte S. 175) dazu reichen. □

Eine Komposition in Regenbogenfarben

Eine ausgesprochen dekorative Terrine entsteht, wenn vorgegartes Gemüse von unterschiedlicher Form und Farbe in eine sahnige Mousseline eingebettet wird. Die Gemüse können – wie hier – in Reihen angeordnet und aufeinandergeschichtet werden; auf diese Weise kommt ein effektvolles Muster zustande. Für eine weniger aufwendige Terrine schneidet man die Gemüse in Würfel und mischt sie einfach unter die Mousseline.

Die Gemüse sollten sich von der hellen Mousseline abheben; die hier gezeigte Terrine (Rezept S. 127) besteht aus halbierten Zucchini, ganzen grünen Bohnen, Möhrenstreifen, Brokkoliröschen, in Scheiben geschnittenen Artischockenböden und halbierten Morcheln, doch sind Streifen von schwarzen Trüffeln, abgezogene und in Streifen geschnittene rote, gelbe und grüne Paprikaschoten oder Zuckererbsen ebenso gut geeignet.

Man kann auch die Mousseline selbst mit verschiedenen Zutaten kombinieren, um ihr Farbe zu geben – mit Safranpulver läßt sie sich gelb, mit pürierten Tomaten rosa und mit püriertem Sauerampfer oder gehackter Brunnenkresse grün färben. Man kann auch gefärbte und ungefärbte Mousselines abwechselnd aufeinanderschichten.

1 **Die Gemüse vorbereiten.** Getrocknete Morcheln etwa 1 Stunde in kaltem Wasser einweichen. Die Stielenden abschneiden, dann jede Morchel der Länge nach in Scheiben schneiden und auf Küchenkrepp abtropfen lassen. Kleine Zucchini an den Enden abschneiden und der Länge nach halbieren. Von grünen Bohnen Spitze und Stielansatz entfernen. Möhren schälen und in Streifen schneiden. Brokkoli in Röschen zerteilen und die Stiele abschneiden (oben). Die Gemüse getrennt blanchieren, bis sie gerade gar sind – Zucchini und Brokkoliröschen etwa 3 Minuten, die Bohnen 2 bis 8 Minuten und die Möhren 10 Minuten; die Gemüse abtropfen lassen.

5 **Das Gemüse in die Form schichten.** Eine rechteckige Steingutform mit Butter ausstreichen. Den Boden der Form mit Pergamentpapier auslegen; das Papier fest andrücken und mit Butter bestreichen. Die grüne Mousseline in die Form geben und mit den Möhrenstreifen belegen (oben); das Gemüse nicht zu fest in die Mousseline drücken, damit die einzelnen Schichten deutlich erkennbar bleiben.

6 **Die Morcheln hinzufügen.** Die Möhren mit einer dünnen Schicht weißer Mousseline bedecken; darauf die Zucchini in Längsrichtung anordnen. Die Zucchini ebenfalls mit einer dünnen, glatten Schicht Mousseline bedekken und darauf die Morcheln geben (oben). Die Form abwechselnd mit den restlichen Gemüsen und der Mousseline füllen.

7 **Die Terrine fertigstellen.** Die letzte Gemüseschicht – in diesem Fall Brokkoliröschen – mit einer Lage Mousseline bedecken (oben). Alufolie mit Butter bestreichen und die Terrine damit verschließen. Die Form in ein Wasserbad stellen und die Terrine im vorgeheizten Backofen bei 150° C (Gasherd Stufe 1) etwa 30 Minuten garen, bis sie fest ist.

2 **Artischockenböden vorbereiten.** Von jeder Artischocke zunächst den Stiel, dann die zähen Außenblätter abbrechen. Die obere Hälfte jeder Artischocke mit einem Messer aus Edelstahl abschneiden (oben) und entfernen. Das zähe, dunkelgrüne Äußere jedes Artischockenbodens abschälen. Die Artischockenböden mit Zitronensaft beträufeln, damit sie sich nicht verfärben.

3 **Das Heu entfernen.** Leicht gesalzenes Wasser in einem Topf zum Kochen bringen. Die Artischockenböden hineingeben und 15 bis 35 Minuten garen. Die Artischockenböden herausnehmen und mit der Unterseite nach oben auf Küchenkrepp abtropfen lassen. Das faserige Heu mit einem Teelöffel herausheben (oben), dann die Artischockenböden in 1 cm dicke Scheiben schneiden.

4 **Eine Mousseline zubereiten.** Hähnchenfleisch – wie hier – oder Fisch pürieren und mit Eiweiß und Sahne zu einer Mousseline verarbeiten (S. 12). Brunnenkresse blanchieren und ausdrücken (S. 15), feinhacken und in einem Mörser zerdrücken. Etwa ein Siebtel der Mousseline zur Brunnenkresse geben und rühren, bis sie grün gesprenkelt ist. Die restliche Mousseline beiseite stellen.

8 **Die Terrine servieren.** Die Terrine abkühlen lassen, dann über Nacht in den Kühlschrank stellen. Die Folie entfernen. Die Terrine mit einem langen Messer aus der Form lösen, dann auf eine Platte stürzen und das Pergamentpapier entfernen. In Scheiben schneiden (oben) und mit einer Tomaten-Vinaigrette und etwas Kresse servieren (rechts). □

3
Fischterrinen
Kulinarische Genüsse aus Flüssen und Meeren

Fisch filetieren
Schichten aus Pürees
Das Fleisch von Schaltieren auslösen
Gerollte Fischfilets
Eine schmackhafte Garnierung

Fischterrinen eignen sich wegen ihrer zarten Konsistenz und ihres feinen Aromas hervorragend als erster Gang in der Speisenfolge, bevor man zu herzhafteren Fleisch- oder Wildgerichten übergeht. Für Fischterrinen kann man viele Arten von Fisch und Schaltieren verwenden, vorausgesetzt, daß sie ganz frisch sind. Fische sollten klare Augen haben, Schaltiere beim Einkauf noch leben.

Alle in diesem Kapitel gezeigten Terrinen bestehen aus rohem Fisch, der sich leicht zu einem Püree verarbeiten läßt. Die pürierte Fischmasse wird mit Eiern gebunden und mit anderen Zutaten vermischt: Mit Sahne läßt sich dann zum Beispiel eine samtige Struktur erzielen, Kräuter und Gewürze sorgen für eine bestimmte Geschmacksrichtung, gehackte Pistazien für eine farbliche Veränderung. Köstlich schmeckt eine Mousseline, die aus püriertem Fisch, Eiweiß und Sahne zubereitet wird; die Mischung wird fester – und auch preiswerter –, wenn man eine Panade aus Mehl, Eigelb und Butter dazugibt.

Einige Fischterrinen bestehen ausschließlich aus pürierten oder feingehackten Zutaten. Für die Terrine auf S. 48 wird eine cremige Mischung aus pürierten Erbsen in eine gleichfalls cremige Mischung aus püriertem Lachs eingebettet. Eine in Struktur, Farbe und Aroma abwechslungsreiche Terrine läßt sich aus einer pürierten Fischmasse sowie Fisch- und Schaltierstücken zusammenstellen. Für einige Terrinen werden ganze Fischfilets verwendet, in die eine Fischmasse eingehüllt werden kann. Wenn man ein besonders raffiniertes Gericht zubereiten will, rollt man die Filets um eine Fischmasse und umgibt sie außerdem mit verschiedenen Mousselines (S. 52–55).

Fischterrinen werden wie die meisten Fleischterrinen bei schwacher Hitze in einem Wasserbad gegart, allerdings ist die Garzeit bei Fisch kürzer. Fischterrinen werden entweder direkt aus der Form serviert oder gestürzt und mit Aspik überzogen. Der Geschmack kommt noch besser zur Geltung, wenn die Terrine mit einer Sauce tartare, einer Mayonnaise oder mit einer gelierten und mit Brunnenkresse oder Tomate aromatisierten Mousse garniert wird. Mit einer Fisch-*velouté* oder *beurre blanc* als Beilage schmecken Fischterrinen auch heiß sehr gut. Fischterrinen halten sich höchstens zwei oder drei Tage und sollten möglichst bald nach ihrer Zubereitung gegessen werden.

Eine mit Seezungenfilets ausgelegte Form wird mit einer Mousseline aus Wittling gefüllt, die mit Pistazien und Safran aromatisiert wurde. Anschließend legt man weitere Seezungenfilets auf die Mousseline und schlägt die überhängenden Filets über die Füllung, so daß sie ganz eingehüllt ist. Nach dem Garen wird die Terrine gestürzt und mit Aspik überzogen.

Farbeffekte durch kontrastierende Pürees

Eine ebenso einfache wie schmackhafte Terrine läßt sich aus einem cremigen Fischpüree zubereiten, das mit Eiern gebunden und mit Sahne angereichert wird. Während des Garens stocken die Eier, und die Masse verwandelt sich in eine samtige Mousse, die fest genug ist, um zum Servieren in Scheiben geschnitten werden zu können.

Diese Fischmasse kann noch durch eine zweite Mousse ergänzt werden – besonders geeignet ist eine sowohl geschmacklich als auch farblich kontrastierende Masse aus grünem Gemüse, wie zum Beispiel Sauerampfer, Brunnenkresse oder Erbsen.

Hier wird eine mit Sauerampfer, Schnittlauch und Kräutern vermischte Erbsen-Mousse zwischen zwei Schichten Lachs-Mousse eingebettet. Das auf diese Weise entstehende Muster aus breiten orangefarbenen und grünen Streifen wird sichtbar, wenn man die Terrine zum Servieren aufschneidet (Rezept S. 135).

Das schmackhafte Fleisch von Lachsen verleiht der Terrine ein ausgezeichnetes Aroma, doch auch weniger edle Fische – wie zum Beispiel Wittling – sind für diese Zubereitungsart geeignet. Damit Gerichte mit weißfleischigem Fisch farblich interessanter wirken, kann man das Püree mit Safran oder Pistazien vermischen.

Nach dem Filetieren (Arbeitsgänge 1 und 2) püriert man den Fisch in einer elektrischen Küchenmaschine oder im Mörser mit einem Stößel. Das Gemüse kann entweder in einem Passiersieb püriert oder in die Küchenmaschine gegeben werden; auf jeden Fall sollte man das Püree anschließend durch ein feinmaschiges Sieb streichen, um Schalen und Häute zu entfernen.

Die Pürees wie auch die Eier und die Sahne, die dazugegeben werden, sollten gut gekühlt sein, damit sie fest werden und sich leichter verarbeiten lassen. Jedes Püree sollte mit der gleichen Anzahl Eier – hier werden für jede Mischung drei verwendet – und mit einem oder zwei Löffeln Sahne verrührt werden. Die beiden Mousses sollten eine etwa gleiche Konsistenz haben, damit sie sich nicht in der Form vermischen. Ist eine der beiden Massen zu schwer, fügt man noch etwas Sahne hinzu.

Die Terrine kann heiß als erster Gang oder als leichtes Hauptgericht mit einer Fisch-*velouté* serviert werden (Rezept S. 174). Soll die Terrine kalt gegessen werden, läßt man sie abkühlen, bedeckt sie mit Klarsichtfolie und stellt sie über Nacht in den Kühlschrank. Die Terrine kann mit grüner Mayonnaise oder einer Sauce tartare serviert werden.

1 **Den Lachs filetieren.** Den Lachs – hier wird ein Stück vom Schwanz verwendet – auf ein Holzbrett legen. Am Rückgrat entlangschneiden, bis es freigelegt ist. Mit einem Messer an der freigelegten Gräte entlangschaben, um das obere Filet abzulösen (oben); das Filet am Schwanzende abschneiden. Das untere Filet auf die gleiche Weise ablösen.

2 **Ein Filet abziehen.** Ein Filet mit der Hautseite nach unten legen. Am Schwanzende etwa 1 cm Fleisch abschneiden, so daß ein kleiner Hautlappen stehenbleibt. Diesen mit dem Daumen gegen das Brett drücken und das Filet mit einem Messer von der Haut lösen; dabei vom Körper weg arbeiten (oben). Das zweite Filet genauso abziehen.

5 **Eier und Sahne hinzufügen.** Sauerampfer, Petersilie und Schnittlauch waschen, trockentupfen und feinhacken. Die gehackten Kräuter zum Erbsenpüree geben. Eier, Sahne, Salz und Pfeffer hinzufügen. Die Zutaten mit einem Holzlöffel schlagen (oben), bis sie gut vermischt sind, oder die Zutaten in eine elektrische Küchenmaschine geben.

6 **Die Form füllen.** Eine feuerfeste Form mit Butter ausstreichen und die Hälfte der Lachs-Mousse hineingeben. Die Erbsen-Mousse darauf verteilen (oben) und mit der restlichen Lachs-Mousse bedecken. Die Oberfläche mit einem Spatel glattstreichen und mit gefetteter Alufolie bedecken, damit die Mousse nicht austrocknet. Die Form auf einem Drahtgitter in ein Wasserbad stellen.

3 **Eine Lachs-Mousse herstellen.** Die Lachsfilets in 2 bis 3 cm große Stücke schneiden und – wie hier – in einer Küchenmaschine pürieren oder das Fleisch grobhacken und in einem Mörser zerdrücken. Eier, Paprika, Salz, Pfeffer und Sahne (oben) zum Püree geben; die Zutaten entweder in der Küchenmaschine vermischen oder in einer Schüssel schlagen.

4 **Die Erbsen pürieren.** Grüne Erbsen enthülsen und die Schoten entfernen. Leicht gesalzenes Wasser in einem großen Topf zum Kochen bringen, dann die Erbsen hineingeben. Die Hitze so regulieren, daß die Flüssigkeit simmert, und die Erbsen etwa 10 Minuten garen, bis sie weich sind. Die Erbsen in einen Durchschlag geben und abtropfen lassen, dann unter fließendem kaltem Wasser abspülen. Ein Passiersieb mit grobem Einsatz auf eine große Rührschüssel setzen. Die Erbsen hineingeben und pürieren (oben links). Anschließend das Püree mit einem Holzstößel durch ein Sieb passieren, um alle Häute zu entfernen (oben rechts).

7 **Garen und servieren.** Die Terrine im vorgeheizten Backofen bei 190° C (Gasherd Stufe 3) etwa 1 Stunde garen. Sie ist gar, wenn die Oberfläche fest ist und die Masse sich etwas vom Rand der Form gelöst hat. Wenn die Terrine kalt serviert werden soll, über Nacht zugedeckt in den Kühlschrank stellen. Vor dem Servieren in Scheiben schneiden; nach Belieben grüne Mayonnaise dazu reichen. □

Ein Fischpüree mit Meeresfrüchten

Aus Meeresfrüchten, die in Stücke geschnitten werden, und einem glatten Fischpüree läßt sich eine sehr schmackhafte Terrine zubereiten, die besonders ansprechend aussieht, wenn sie in Scheiben geschnitten wird. Die Zutaten können miteinander vermischt oder – wie hier – abwechselnd aufeinandergeschichtet werden. Damit sich das Muster in jeder Scheibe wiederholt, werden die Stücke in Längsrichtung der Form in Reihen angeordnet. Die erste und die letzte Schicht sollten dabei aus Fischpüree bestehen, damit die Terrine zusammenhält und die Meeresfrüchte nicht trocken werden.

Das hier verwendete Fischpüree wird aus rohem weißfleischigem Fisch hergestellt, mit Weißbrot gelockert, mit Sahne angereichert und mit Eiern gebunden. Soll die Masse besonders locker und luftig sein, trennt man Eigelb und Eiweiß und hebt das geschlagene Eiweiß unter die Masse.

Für die festen Bestandteile kann man jede beliebige Sorte Fisch oder Schaltiere verwenden. In diesem Fall sind es Sägegarnelen, Kammuscheln und Lachs. Falls erhältlich, kann man gedämpfte Miesmuscheln hinzufügen und der Terrine damit zusätzliches Aroma verleihen (Rezept S. 133).

1 **Ein Püree herstellen.** Abgezogene Filets von weißfleischigem Fisch – hier Wittling – in 2 bis 3 cm große Stücke schneiden. Die Stücke in einer Küchenmaschine pürieren oder hacken und in einem Mörser mit einem Stößel zu Püree verarbeiten. Das Püree in kleinen Portionen mit einem Plastikschaber durch ein Trommelsieb aus Nylon streichen (oben).

2 **Das Püree verfeinern.** Eigelb und Eiweiß trennen (S. 14) und das Eigelb zum Fischpüree geben; das Eiweiß beiseite stellen. Kräuter – hier Petersilie, Schnittlauch, Kerbel und Estragon – feinhacken und zum Püree geben (oben). Die Zutaten mit einem Holzlöffel schlagen, bis eine glatte Masse entsteht. Weinbrand, Salz, Pfeffer und Gewürze hinzufügen und gut unterrühren.

6 **Die Schalen der Muscheln öffnen.** Nacheinander jede Kammuschel mit der flachen Schalenhälfte nach oben in einem Tuch festhalten. Die Klinge eines kleinen, scharfen Messers zwischen beide Schalenhälften stecken und am Schalenrand entlangfahren, um den inneren Muskel zu durchtrennen. Die Schalen aufbrechen und die obere abheben.

7 **Das Muschelfleisch lösen.** Die Messerklinge unter den grauen Außenrand des Fleisches schieben und die Muschel lösen. Das Muschelfleisch mit den Fingern herausheben und den weißen Muskel und die orangefarbene Corail von den anderen Organen trennen (oben). Muskel und Corail für die Terrine verwenden. Den grauen Rand gründlich waschen und für eine Brühe aufbewahren.

8 **Die Muscheln sautieren.** Butter in einer Pfanne bei mittlerer Hitze zerlassen. Sobald sie schäumt, Muskeln und Corail hinzufügen, etwa 2 Minuten sautieren; dabei ständig rühren oder die Pfanne rütteln. Weinbrand angießen. Ein brennendes Streichholz gegen die Zutaten halten und die Muscheln flambieren. Sobald die Flamme erlischt, die Pfanne von der Kochstelle nehmen.

3 **Eingeweichtes Brot hinzufügen.** Von einem Stück Weißbrot die Rinde entfernen und das Brot in eine kleine Schüssel mit Milch tauchen. Das mit Milch getränkte Brot mit den Händen gut ausdrücken und zur Fischmasse geben (oben). Weiche Butter hinzufügen und die Masse kräftig schlagen. Wenn sich alle Zutaten gut verbunden haben, etwas Sahne unterrühren, damit die Masse weicher wird.

4 **Den Eischnee unterheben.** Eiweiß in einer großen Schüssel – vorzugsweise aus Kupfer – schlagen, bis es weiche Spitzen bildet. Etwa ein Drittel davon zu der Füllmasse geben und mit den Händen oder einem Spatel unterheben, damit sie lockerer wird. Dann den restlichen Eischnee unterheben (oben).

5 **Die Sägegarnelen vorbereiten.** Etwas Zitronensaft in einen Topf mit leicht gesalzenem Wasser geben. Das Wasser zum Kochen bringen. Die ungeschälten, rohen Garnelen dazugeben und etwa 3 Minuten simmern, dann in einem Durchschlag abtropfen lassen. Die Köpfe abbrechen und die Schalen vom Schwanzende entfernen. Köpfe und Schalen für eine Brühe aufbewahren.

9 **Die Zutaten aufeinanderschichten.** Eine rechteckige Steingutform mit Schweinsnetz auslegen (S. 8). Die Fischmasse und die Meeresfrüchte – hier Garnelenschwänze, halbierte Kammuscheln und in Streifen geschnittenen Lachs, der zuvor filetiert und abgezogen wurde (S. 48) – bereitstellen. Den Boden der Form mit einer 1 cm dicken Schicht Fischmasse bedecken. Darauf eine Lage Meeresfrüchte in Reihen anrichten (oben). Weitere Lagen Füllmasse und Meeresfrüchte aufeinanderschichten; mit Fischmasse abschließen. Die Oberfläche der Terrine mit Schweinsnetz bedecken und die Form mit Alufolie oder einem Deckel verschließen.

10 **Die Terrine garen und servieren.** Die Terrine auf einem Drahtgitter in einem Wasserbad im vorgeheizten Backofen bei 180° C (Gasherd Stufe 2 – 3) etwa 1 Stunde garen. Für die Garprobe die Alufolie entfernen und mit dem Finger auf die Oberfläche der Terrine drücken. Sie ist gar, wenn sie sich fest anfühlt. Die Terrine aus dem Wasserbad nehmen und abkühlen lassen. Mit Klarsichtfolie bedecken und über Nacht in den Kühlschrank stellen. Vor dem Servieren anschneiden und die Scheiben mit einem Spatel auf Teller heben. Nach Belieben eine Brunnenkresse-Mousse (Rezept S. 174) dazu reichen. □

Eine zarte Umhüllung aus Fischfilets

Durch die Zusammenstellung von schmalen, biegsamen Fischfilets und einer oder verschiedenen Füllmassen lassen sich appetitlich aussehende und phantasievolle Gerichte zubereiten. Man kann beispielsweise eine Steingutform mit mehreren, einander überlappenden Filets auslegen und eine Füllmasse damit umgeben; hier bilden Seezungenfilets die Hülle für eine Mousseline (S. 12), die mit Safran und Pistazien gefärbt ist. Auf andere Weise zusammengestellt, läßt sich mit den gleichen Zutaten ein noch wirkungsvollerer Effekt erzielen: Eine Reihe aufgerollter Fischfilets bildet eine Röhre, die mit einer gefärbten – hier einer grünen – Mousseline gefüllt und in eine weitere, andersfarbige Mousseline eingebettet ist (S. 55).

Sowohl Filets als auch Füllmassen bieten etliche Möglichkeiten für phantasievolle Variationen. Statt nur eine Fischsorte zu verwenden, kann man Filets von unterschiedlicher Färbung miteinander kombinieren. Legt man beispielsweise eine Form abwechselnd mit Seezungen- und Lachsfilets aus, ergibt sich ein ansprechendes Muster aus hellorangefarbenen und weißen Streifen um die Füllmasse herum. Die Füllmasse kann durch Zugabe von anderen Zutaten abgewandelt werden; dazu eignen sich gehackte Kräuter, Trüffelreste, kleine Lachswürfel, grobgehackte Sägegarnelen oder gehackte und in Butter gedünstete Morcheln. Nach Belieben kann man einer hellen Mousseline Farbe verleihen, indem man Gemüse – wie blanchierten, gehackten Spinat oder pürierte Tomaten – hinzufügt. Die Mousseline kann aber auch durch eine andere Mischung ersetzt werden. Statt der auf S. 55 verwendeten Brunnenkresse-Mousseline, die das grüne Innere der Terrine bildet, kann man z. B. pürierten und mit Eigelb und Semmelbröseln gebundenen Sauerampfer nehmen.

In welcher Weise man diese Terrinen serviert, hängt ganz davon ab, wie die Zutaten zusammengestellt sind. Die Mousseline mit einem grünen Kern in der Mitte sieht außen sehr schlicht aus. Ihr optischer Reiz kommt erst zur Geltung, wenn sie in Scheiben geschnitten ist; sie kann daher direkt aus der Form serviert werden. Die von Filets umhüllte Mousseline hingegen sieht am eindrucksvollsten aus, wenn sie gestürzt wird. Erst dann werden die Umrisse der Fischfilets sichtbar. Ein glänzender Geleeüberzug läßt die Terrine noch appetitlicher aussehen. Verrührt man das lauwarme Gelee mit 2 bis 3 EL Madeira oder Sherry, wird es noch aromatischer.

1 **Seezunge abziehen.** Die Seezunge mit der dunklen Hautseite nach oben legen. An der Verbindungsstelle von Schwanz und Körper die Haut einschneiden, so daß man sie anfassen kann. Den Schwanz fest herunterdrücken. Die Haut zum Kopf hin abziehen (oben). Wenn sie bis zum Kiefer abgezogen ist, den Fisch umdrehen, am Kopf festhalten und die Haut bis zum Schwanz abziehen.

5 **Eine Steingutform auslegen.** Eine lange, schmale Steingutform mit reichlich Butter ausstreichen. Die Seezungenfilets mit den dünnen Häutchen nach oben quer in die Form legen, so daß sie einander überlappen; dabei die Enden über den Rand der Form hängen lassen. Die Filets behutsam an die Innenwände drücken. Die kleinsten Filets zum Bedecken der Füllmasse aufbewahren.

6 **Die Füllmasse zubereiten.** Eine Fisch-Mousseline (Rezept S. 171) herstellen. 60 g Pistazien abziehen und grobhacken (S. 25). 1/2 TL Safranpulver in etwas heißem Wasser auflösen und zur Mousseline geben. Die Mousseline mit einem Schneebesen schlagen, bis sie gleichmäßig gefärbt ist (oben). Die Pistazien hinzufügen und nochmals kräftig schlagen.

7 **Die Steingutform füllen.** Die Mousseline gleichmäßig in der Form verteilen. Die Oberfläche mit einem Spatel glattstreichen. Ein gefaltetes Tuch auf die Arbeitsfläche legen und die Form daraufstoßen, damit sich der Inhalt setzt. Die aufbewahrten Filets so zurechtschneiden, daß sie quer auf die Oberfläche passen. Die Mousseline anschließend mit den Filetstücken bedecken (oben).

2 **Die Seezunge filetieren.** Den Fisch mit einem sehr scharfen, biegsamen Messer entlang dem Rückgrat vom Kopf bis zum Schwanz einschneiden. Die Klinge am Kopfende flach zwischen Filet und Brustgräten ansetzen und das linke Filet auslösen (oben). Dann das rechte Filet auf die gleiche Weise auslösen. Zum Filetieren der Unterseite den Fisch umdrehen und den Arbeitsgang wiederholen.

3 **Die Filets parieren.** Die Filets in eine Schüssel mit kaltem Wasser legen, damit Blutreste entfernt werden und das Fleisch schön weiß ist. Nach 15 Minuten herausnehmen und auf Küchenkrepp abtropfen lassen. Die Filets mit der Klinge eines breiten Messers flachdrükken. Dann die Ränder der Filets parieren.

4 **Die Filets einschneiden.** Die Filets mit ihren Häutchen nach oben legen. Da sich diese Häutchen während des Garens zusammenziehen und die Filets sich dadurch verformen würden, jedes Häutchen an drei oder vier Stellen mit möglichst flachen, diagonal verlaufenden Einschnitten versehen (oben).

8 **Die Terrine garen.** Die überhängenden Filetenden nach innen schlagen und die Terrine mit Pergamentpapier bedecken, das zuvor mit Butter bestrichen wird. Die Steingutform auf einem Drahtgitter in ein Wasserbad stellen. Im vorgeheizten Backofen bei 170° C (Gasherd Stufe 2) etwa 50 Minuten garen, bis die Masse fest ist und sich elastisch anfühlt.

9 **Den Saft abtropfen lassen.** Die Terrine aus dem Wasserbad nehmen und abkühlen lassen, bis sie lauwarm ist. Ein Drahtgitter auf die Form legen. Über einem Tablett Form und Drahtgitter zusammen rasch umdrehen (oben); auf dem Tablett sammelt sich der abtropfende Saft. Dann die Terrine mit Hilfe des Drahtgitters wieder umdrehen.

10 **Die Terrine stürzen.** Das Drahtgitter entfernen. Eine Platte umgedreht auf die Terrine legen und beides zusammen umdrehen. Die Form abheben (oben). Mit Küchenkrepp den ausgetretenen Saft auf der Platte und auf der Oberfläche der Terrine abtupfen. Die Terrine in Klarsichtfolie einschlagen und über Nacht in den Kühlschrank stellen. ▶

11 **Die Terrine mit Gelee überziehen.** Eine gelatinehaltige Fischbrühe herstellen (S. 6) und abkühlen lassen. Wenn sie lauwarm ist, 2 bis 3 Löffel Dessertwein einrühren. Etwas Brühe in eine kleine Metallschüssel geben und auf Eis stellen. Rühren, bis sie eine sirupartige Konsistenz annimmt. Die Schüssel vom Eis nehmen und die Oberfläche und die Seiten der Terrine rasch mit einer dünnen Geleeschicht überziehen (oben).

12 **Den Überzug fertigstellen.** Die Terrine für 10 Minuten kalt stellen. Dann noch mehrmals mit Gelee überziehen. In einer zweiten kleinen Schüssel gehackte Petersilie mit etwas flüssigem Gelee vermischen. Die Schüssel auf Eis stellen und die Mischung rühren, bis sie geliert. Die Mischung auf die Oberfläche der Terrine geben. Anschließend die Terrine noch zwei- oder dreimal mit klarem Gelee überziehen.

13 **Die Terrine servieren.** Die Terrine kann serviert werden, sobald das Gelee fest ist; nach Belieben kann man sie – wie hier – mit einer *chiffonade* aus zarten Salatblättern garnieren. Die Terrine mit einem scharfen Messer in 1 cm dicke Scheiben schneiden (links). Die Scheiben mit einem breiten Spatel auf die einzelnen Teller legen und zu jeder Portion etwas Gelee reichen. □

Geometrie in Grün und Weiß

1 **Eine Brunnenkresse-Füllung zubereiten.** Fünf Bunde Brunnenkresse blanchieren, unter kaltem Wasser abspülen und feinhacken. Eine Fisch-Mousseline (Rezept S. 171) zubereiten und etwa ein Fünftel davon zusammen mit der Brunnenkresse in eine zweite Schüssel geben (oben). Ein Eigelb und einige frische Weißbrotkrumen hinzufügen und gut verrühren. Die Masse passieren und kalt stellen.

2 **Die Filets anrichten.** Aufgelöstes Safranpulver und gehackte Pistazien unter die restliche Mousseline schlagen. Eine mit reichlich Butter ausgestrichene Steingutform mit der Hälfte der Masse füllen. Mit einem Löffelrücken der Länge nach eine Vertiefung in die Masse drücken. Fischfilets vorbereiten (Arbeitsgang 1 bis 4, S. 52 – 53) und mit den dünnen Häutchen nach oben quer hineinlegen.

3 **Die Füllung hineingeben.** Die Brunnenkresse-Füllung so auf den Filets verteilen, daß in der Mitte eine Rolle von 2 bis 3 cm Durchmesser entsteht. Mit einem Messer glattstreichen und in eine schöne, runde Form bringen.

4 **Die Terrine fertigstellen.** Die Enden der Filets über die Füllung schlagen. Dann die restliche Mousseline in die Form geben. Pergamentpapier mit Butter bestreichen und die Terrine damit bedecken. Im Wasserbad bei 170° C (Gasherd Stufe 2) etwa 50 Minuten garen.

5 **Servieren.** Die Terrine abkühlen und den Saft abtropfen lassen (Arbeitsgang 9, S. 53). Die Terrine mit Klarsichtfolie bedecken und über Nacht kalt stellen. Direkt aus der Form servieren; dazu eine Sauce tartare oder grüne Mayonnaise (Rezept S. 175) reichen.

4

Pasteten

Eine goldbraune Kruste

Formen mit Teig und Speck auslegen
Fester Mürbeteig für saftige Füllungen
Blitzblätterteig als Krönung
Standfester Krustenteig
Pasteten ohne Form backen
Intensiveres Aroma durch Vorgaren
Eine Vielfalt von Strukturen

Eine halbierte Gänsepastete wird zum Servieren in Scheiben geschnitten; dabei kommen die kontrastierenden Fleisch- und Hackfleischschichten unter einer Hülle aus Krustenteig zum Vorschein. Für die Pastete wurde ein entbeintes Hähnchen mit einer Ochsenzunge gefüllt und in eine entbeinte Gans gesteckt; der Hohlraum zwischen den beiden Geflügeln wurde mit Hackfleischmasse ausgefüllt. Die in Teig gehüllte Gans gibt der Füllung während der langen Garzeit Festigkeit.

Mit einer Teighülle lassen sich alle Terrinen in Pasteten verwandeln. Solche Pasteten sind für festliche Mahlzeiten geeignet, weil man ihnen ein besonders ansprechendes Aussehen geben kann. Durch eine Eiglasur erhält der Teig eine kräftige, goldbraune Farbe; die Teigdecke kann mit Ornamenten aus Teigresten verziert werden, oder man backt die Pastete in einer Form mit Muster.

Normalerweise wird eine Pastete aus rohem Teig und einer rohen Füllung zubereitet, die zusammen im Backofen gar werden. Da die Füllung während des Garens schrumpft, der Teig jedoch hoch aufgeht, entsteht ein Hohlraum, der mit zerlassenem und mit Wein vermischtem Gelee ausgefüllt werden kann. Man läßt die Pastete über Nacht abkühlen und gießt dann die Flüssigkeit durch Löcher in der Teigdecke.

Da sich weder der Teig noch das Gelee lange aufbewahren lassen, sollte man eine Pastete servieren, sobald das Gelee fest ist – am besten einen Tag nach ihrer Fertigstellung. Dies gilt besonders für Fisch- und Gemüsepasteten. Eine Fleischpastete dagegen läßt man nach dem Garen am besten drei oder vier Tage stehen, damit sich ihr Aroma voll entfalten kann. Wer daher eine Pastete, deren Fleischmasse voll ausgereift ist, servieren möchte, gart die Hackfleischmasse zunächst in einer Steingutform und läßt sie ruhen. Dann wird sie mit Teig umhüllt und ein zweites Mal gegart (S. 68–71).

Eine feuchte Füllung kann leicht auslaufen, wenn der Teig zu zerbrechlich ist. Krustenteig – ein sehr fester, zäher Teig, der aus Mehl und zerlassenem Schmalz oder zerlassener Butter zubereitet wird (S. 64) – läßt sich zu einem freistehenden Behälter formen, der sich sogar für sehr feuchte Füllungen eignet. Ein Teig aus Mehl, gekühlter Butter und Eiern ist nicht so fest, hat aber einen delikateren Geschmack und eine feinere Krume. Hüllt man eine feste Füllung in ihn ein, so kann die Pastete ohne Form gebacken werden (S. 62); wird der Teig jedoch mit einer weicheren Masse gefüllt, zum Beispiel mit einer Mousseline oder mit pürierter Leber, sollte die Pastete in eine Metallform gegeben werden (S. 58). Blätterteig enthält einen hohen Anteil an Butter; damit er blättrig aufgeht, muß er wiederholt gefaltet werden. Da er sehr zerbrechlich ist, verwendet man ihn am besten für bereits vorgegarte Füllungen oder als dekorativen Teigdeckel.

Ein in der Form gebackener Mürbeteig

Ein mit Eiern angereicherter Butter-Mürbeteig eignet sich ausgezeichnet als Umhüllung für Pasteten. Durch die Butter wird der Teig aromatisch und knusprig, und die Eier geben ihm so viel Festigkeit, daß man eine Füllmasse darin einhüllen kann.

Für einen Mürbeteig nimmt man gewöhnlich einen Teil Butter auf zwei Teile Mehl. Damit der Teig nicht zu hart wird, sollte die Butter sehr kalt sein und entweder mit zwei Messern in das Mehl geschnitten oder mit den Fingerspitzen schnell hineingerieben werden. Die Mehl-Butter-Mischung wird mit Eiern gebunden; sollte der Teig dann noch zu trocken sein, fügt man etwas Wasser hinzu. Anschließend sollte er kurz geknetet werden, damit sich der im Mehl enthaltene Kleber entwickeln kann; auf diese Weise wird der Teig etwas elastischer und kann die Füllung besser halten.

Hier wird der Teig in eine auseinandernehmbare Metallform gelegt, damit die Pastete ein schönes, regelmäßiges Aussehen erhält. Nach dem Backen nimmt man die Form einfach auseinander.

Wenn eine Kastenform verwendet wird, rollt man den Teig zu einer Platte aus, legt ihn locker über die Form und drückt ihn gegen die Innenwände (Arbeitsgänge 8 bis 10, gegenüberliegende Seite). Auf diese Weise lassen sich Nahtstellen im Teigmantel vermeiden, und die Füllung kann nicht auslaufen. Wendet man dieselbe Methode bei einer ovalen Form (S. 60) an, bilden sich in den Ecken dicke Teigfalten. Es empfiehlt sich daher, den Teig so in der Mitte zusammenzulegen, daß eine Tasche entsteht, die den Umrissen der Form besser entspricht.

Nach dem Auslegen bedeckt man den Teig mit dünnen Scheiben fettem Speck; die Füllung wird dadurch gehaltvoller und kann auch nicht durchsickern. Dann wird die Form gefüllt; hier werden eine Fisch-Mousseline und Aalfilets abwechselnd aufeinandergeschichtet (Rezept S. 151), doch jede andere Füllung ist ebenso geeignet. Anschließend bedeckt man die Füllung mit einer Teigdecke und schneidet ein Loch hinein, damit der Dampf entweichen kann.

Während des Backens schrumpft die Füllung, so daß unter der Teigdecke ein Hohlraum entsteht. Er kann, wenn die Pastete abgekühlt ist, mit zerlassenem Gelee ausgefüllt werden, das man durch das Loch in der Teigdecke gießt und das einen interessanten Kontrast zu der Füllung bildet.

1 **Den Teig zubereiten.** Butter kalt stellen, bis sie fest ist. Mehl und Salz in eine Rührschüssel sieben. Die Butter in kleine Würfel schneiden, in die Schüssel geben und mit zwei Messern in kreuzweisen Schnittbewegungen im Mehl verteilen (oben), bis die Mischung wie grobe Semmelbrösel aussieht. Oder die Butter mit den Fingerspitzen ins Mehl reiben.

5 **Den Aal filetieren.** Den Hautzipfel mit einem zweiten Tuch anfassen und den Aal abziehen. Den Kopf abschneiden. Den Aal an der Bauchseite der Länge nach aufschneiden; die Eingeweide entfernen. Den Aal abspülen, dann direkt über dem Rückgrat der Länge nach einschneiden (oben). Das Rückgrat von dem darunterliegenden Filet abschneiden. Die Filets anschließend halbieren.

6 **Den Aal marinieren.** Butter in einer Pfanne erhitzen und die Filets darin etwa 3 Minuten sautieren. Feingehackte Schalotten und Champignons hinzufügen. Die Filets wenden und mit gehackter Petersilie bestreuen. Noch 3 bis 4 Minuten garen, dann in eine flache Schüssel geben. Trockenen Weißwein, Cognac, Olivenöl, Salz und Pfeffer hinzufügen und die Filets 1 Stunde marinieren.

7 **Sardellenbutter zubereiten.** Sardellenfilets in einem Mörser zerdrücken (oben). Weiche Butter hinzufügen und die Zutaten mit dem Stößel zu einer festen Paste verarbeiten. Die Paste mit einem Teigschaber durch ein Sieb streichen, damit sie glatt wird.

2 **Mit Eiern anreichern.** Eier in die Schüssel geben und mit einer Gabel so lange verrühren (oben), bis sie gleichmäßig im Teig verteilt sind. Kaltes Wasser löffelweise hinzufügen, bis der Teig zusammenhält.

3 **Den Teig kneten.** Den Teig mit den Händen zusammennehmen und zu einer Kugel formen (oben). Auf eine Arbeitsfläche legen. Mit dem Handballen zusammendrücken und dabei strecken. Wieder übereinanderschlagen und um 90° drehen. Diesen Vorgang drei- oder viermal wiederholen, bis der Teig geschmeidig ist. In Klarsichtfolie wickeln und mindestens 1 Stunde in den Kühlschrank legen.

4 **Einen Aal töten.** Da Aale nach dem Töten schnell verderben, kauft man sie am besten lebend. Einen Aal hinter dem Kopf mit einem Tuch festhalten und durch einen Schlag gegen den Tisch betäuben. Den Kopf mit einem Messer einstechen. Den Kopf mit einem Tuch festhalten und die Haut hinter den Kiemen rund um den Körper durchtrennen. Einen Hautzipfel mit einer Zange ablösen.

8 **Den Teig ausrollen.** Länge, Breite und Höhe einer auseinandernehmbaren Kastenform ausmessen. Drei Viertel des Teiges auf einer kühlen, mit Mehl bestreuten Arbeitsfläche zu einem etwa 8 mm dicken Rechteck ausrollen. So schneiden, daß er an der Längsseite mehr als einmal die Länge und zweimal die Höhe und an der Breitseite mehr als einmal die Breite und zweimal die Höhe der Form mißt.

9 **Die Form auslegen.** Die Form mit Butter ausstreichen. Den zugeschnittenen Teig mit beiden Händen hochnehmen und locker in die Form legen (oben), so daß Boden und Wände gleichmäßig mit dem Teig bedeckt sind.

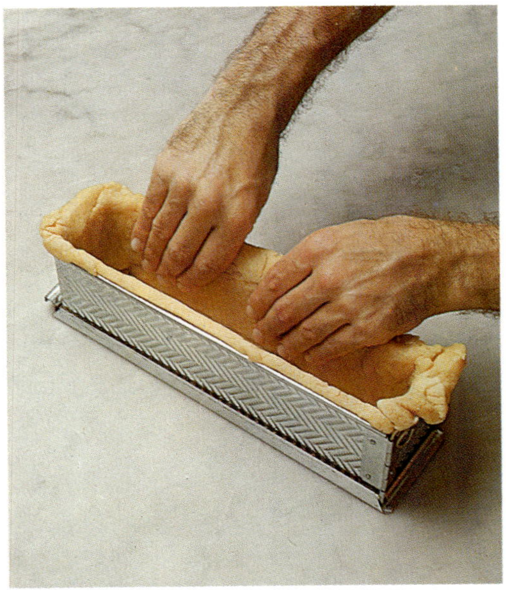

10 **Den Teig andrücken.** Den Teig behutsam gegen Boden und Wände der Form drücken, so daß der Teig das Muster der Form erhält. Darauf achten, daß der Teig gleichmäßig dick ist und keine Risse und Löcher hat. Überhängenden Teig abschneiden, so daß der Teig mit dem Rand der Form abschließt. Teigreste aufbewahren. ▶

11 **Mit fettem Speck auslegen.** Fetten Speck (S. 8) kalt stellen und dann in Scheiben schneiden, die in die Form passen (oben). Die Form mit dem Speck auslegen. Fest andrücken, so daß Boden und Wände mit einer dünnen Lage Speck bedeckt sind.

12 **Die Form füllen.** Die Aalfilets auf Küchenkrepp abtropfen lassen. Eine Fisch-Mousseline (S. 12) zubereiten und mit der Sardellenbutter und etwas Marinadenflüssigkeit vermischen. Eine Schicht Mousseline auf den Boden der Form geben. Dann abwechselnd Aalfilets und Mousseline einschichten (oben), bis die Form gefüllt ist; mit einer Schicht Mousseline abschließen.

13 **Die Füllung bedecken.** Ein Tuch auf eine Arbeitsfläche legen und die Form daraufstoßen. Fetten Speck in Scheiben schneiden und die Füllung damit bedecken. Den restlichen Teig ausrollen und so schneiden, daß er auf die Form paßt. Die Teigränder mit Wasser bestreichen (oben), die Teigdecke auf die Füllung legen und an den Rändern fest andrücken.

Eine ovale Form auslegen

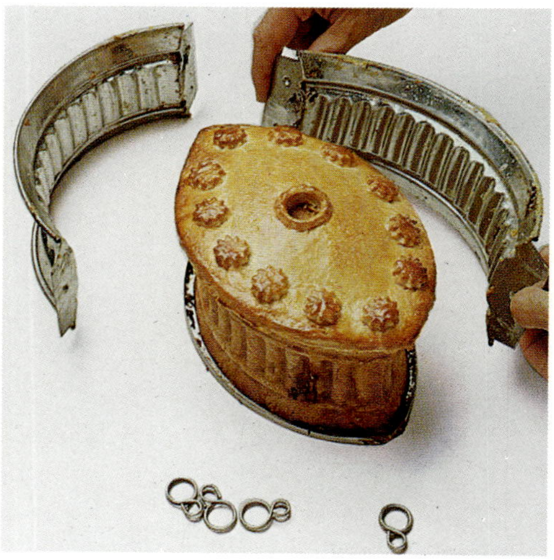

1 **Den Teig zusammenlegen.** Drei Viertel des Teiges auf eine kühle, mit Mehl bestreute Arbeitsfläche legen und zu einem 8 mm dicken Rechteck ausrollen, dessen eine Seite etwas mehr als die Länge und dessen andere Seite etwas mehr als dreimal die Breite der Form mißt. Die Teigränder an den Längsseiten mit Wasser bestreichen, aufeinanderlegen (oben) und fest zusammendrücken.

2 **Die Form auslegen.** Die Form so mit der Teigtasche auslegen, daß die versiegelten Teigränder die Ecken ausfüllen, die durch die gebogenen Wände gebildet werden (oben). Den Teig fest gegen Boden und Wände der Form drücken, dann mit fettem Speck belegen. Ebenso füllen, bedecken, mit Eigelb bestreichen und backen wie die rechteckige Pastete (Arbeitsgänge 12 bis 15, oben).

3 **Die Pastete stürzen.** Die Pastete nach dem Backen abkühlen lassen, bis sie lauwarm ist. Die Klammern, mit denen die Form zusammengehalten wird, entfernen und die Wände vorsichtig abnehmen (oben). Die Pastete mit einem Spatel vom Boden der Form lösen und auf eine Platte heben. Kalt stellen und mit zerlassenem Gelee füllen (Arbeitsgang 17, gegenüberliegende Seite).

14 **Den Teig bestreichen.** Ein Eigelb und einige Tropfen Wasser verquirlen und die Teigdecke damit bestreichen (oben). Aus den Teigresten mit Ausstechformen oder einem Messer Verzierungen herstellen. Ein rundes Loch in die Teigdecke schneiden, das so groß ist, daß man einen kleinen Trichter hineinstecken kann; die Teigverzierungen um das Loch herum anordnen.

15 **Backen.** Ein Muster in die Ränder der Teigdecke drücken, dann den Teig ein zweites Mal mit Ei bestreichen. Ein Rohr in das Loch stecken, damit es seine Form behält. Die Form auf ein Backblech stellen und die Pastete im Backofen bei 190° C (Gasherd Stufe 3) 15 Minuten backen; die Hitze auf 180° C (Gasherd Stufe 2 – 3) reduzieren und noch 1 Stunde backen.

16 **Die Pastete stürzen.** Die Pastete mit Alufolie oder Pergamentpapier bedecken, falls sie zu schnell braun wird. Die gebackene Pastete abkühlen lassen, bis sie lauwarm ist. Das Rohr entfernen. Die Form auf eine Platte stellen und den Boden herausziehen, dann die Wände abnehmen. Die Pastete über Nacht in den Kühlschrank stellen.

17 **Mit Gelee ausfüllen.** Etwas Fischgelee (S. 6) zerlassen und abkühlen lassen, bis es lauwarm ist; Madeira oder Sherry hinzufügen. Einen Trichter in das Loch in der Teigdecke stecken. Die Flüssigkeit in den Hohlraum unter der Teigdecke geben. Die Pastete für mindestens 4 Stunden in den Kühlschrank stellen. □

Ein dekorativer Deckel aus Blitzblätterteig

Blätterteig ist noch lockerer und knuspriger als Mürbeteig und wird daher gern als Umhüllung für besonders festliche, delikate Pasteten verwendet. Der Teig (Rezept S. 173) enthält normalerweise zu gleichen Teilen Mehl und Butter; die Butter wird in Stücken hinzugefügt. Nach dem Mischen wird der Teig wiederholt ausgerollt und gefaltet, so daß die Butter flachgedrückt wird und sich zwischen den papierdünnen Teiglagen verteilt. Im Backofen verwandelt sich die im Teig enthaltene Feuchtigkeit in Dampf; durch den Dampfdruck und die im Teig enthaltene Luft wird der Teig zu einem blättrigen Gebäck aufgetrieben.

Blätterteig muß ungehindert aufgehen können. In einer Form (S. 58) wird er nicht blättrig. Man verwendet ihn häufig für frei geformte Pasteten, doch ist ein mit Eiern angereicherter Mürbeteig für diesen Zweck eigentlich besser geeignet, da gefüllter Blätterteig am Boden und an den Seiten nicht so gut aufgeht. Hier wird das Problem dadurch gelöst, daß die Füllung in Mürbeteig gehüllt und nur für den Teigdeckel Blätterteig verwendet wird; auf diese Weise kann er ungehindert aufgehen und bildet auf der Pastete eine dekorative Krone.

1 **Den Teig zubereiten.** Mehl und Salz in eine Schüssel geben, gekühlte Butterwürfel mit zwei Messern rasch in das Mehl schneiden, bis etwa die Hälfte der Butter in nußgroße Stücke geschnitten ist. Wasser mit einer Gabel unterrühren. Den Teig zu einer Kugel formen, in Klarsichtfolie einschlagen und für 30 Minuten in das Gefriergerät legen. Den Teig zu einem Rechteck ausrollen.

2 **Den Teig falten.** Die Schmalseiten des Teigrechtecks zur Mitte einschlagen, dann den Teig in der Mitte falten, so daß vier Schichten aufeinanderliegen. Das Teigpaket um 90 Grad drehen, so daß die Faltkanten links und rechts liegen, dann erneut zu einem Rechteck ausrollen. Den Teig noch einmal falten, in Klarsichtfolie einschlagen und wieder für 30 Minuten in das Gefriergerät legen.

6 **Die Füllung vervollständigen.** Die Hackfleischmasse zu einem Rechteck formen, so daß etwa ein Drittel der Speckscheiben davon bedeckt ist. Die Hälfte der marinierten Fleisch- und Speckstreifen auf der Füllmasse anrichten (oben). Mit einer Lage Hackfleisch bedecken und die restlichen Fleisch- und Speckstreifen daraufgeben. Mit einer Lage Hackfleischmasse abschließen.

7 **Den Teig über die Füllung schlagen.** Die Füllung glattstreichen; sie sollte nach oben hin etwas schmaler werden. Fetten Speck gegen die beiden Schmalseiten drücken. Die Speckscheiben über die Füllung schlagen, so daß sie ganz davon bedeckt ist. Dann den Teig über die Füllung schlagen (oben); die Teigränder so zurechtschneiden, daß sie in der Mitte gerade aneinanderstoßen.

8 **Die Pastete versiegeln.** Den an den Seiten überstehenden, gefalteten Teig dünn ausrollen, damit die Teigschicht auf der Pastete nicht zu dick wird (oben). Die Teigenden sollten etwa so lang sein, daß sie aneinanderstoßen, wenn man sie um die Pastete schlägt. Die Oberfläche und die Schmalseiten der Pastete mit Wasser bestreichen. Die Teigenden nach oben umschlagen.

3 **Ausrollen.** Den Teig so auf die Arbeitsfläche legen, daß die Faltkanten links und rechts liegen. Zweimal zu einem Rechteck ausrollen und wieder falten. Dann den Teig in Klarsichtfolie einschlagen und in das Gefriergerät legen. Nach 30 Minuten den Vorgang wiederholen; den Teig zwischendurch um 90 Grad drehen. In den Kühlschrank legen.

4 **Ein Backblech mit Mürbeteig belegen.** Einen Mürbeteig zubereiten (Rezept S. 173). Den Teig zu einem 5 mm dicken Quadrat von 60 cm Seitenlänge ausrollen. Den Teig locker um ein langes Nudelholz wickeln, damit er, ohne zu zerreißen, auf das Backblech gelegt werden kann. Das Backblech muß an zwei gegenüberliegenden Seiten randlos sein. Den Teig auf dem Backblech entrollen (oben).

5 **Die Füllung hinzufügen.** Eine Füllmasse zubereiten – diese hier besteht aus Schweine- und Kalbfleisch, gebratener Hühnerleber und Semmelbröseln (Rezept S. 170). Streifen von magerem Schinken, fettem Speck und Kalbfleisch in Kräutern und Cognac marinieren. Den Teig mit gekühlten Scheiben fettem Speck belegen. Ein Drittel der Hackfleischmasse in die Mitte geben (oben).

9 **Den Teigdeckel auflegen.** Den Blätterteig 5 mm dick ausrollen und so zurechtschneiden, daß er auf die Pastete paßt. Mit Wasser bestreichen und auflegen. Die Pastete mit Ei und Wasser bestreichen; die Ränder des Blätterteigdeckels nicht bestreichen. Löcher in den Teigdeckel stechen und mit Teigringen verzieren. Die Pastete noch einmal bestreichen, dann für 20 Minuten kalt stellen.

10 **Backen und servieren.** Im vorgeheizten Backofen bei 220° C (Gasherd Stufe 4 – 5) 15 Minuten backen, dann die Hitze auf 170° C (Gasherd Stufe 2) reduzieren und noch 1 1/2 Stunden backen. Gegebenenfalls mit Alufolie bedecken. Über Nacht abkühlen lassen, mit zerlassenem Gelee füllen, weitere 4 Stunden kalt stellen und servieren. □

Ein fester Teig für frei geformte Pasteten

Ein Teig, der mit in heißem Wasser zerlassenem Fett zubereitet wird, läßt sich ausgezeichnet zu einem Behälter für Füllungen formen, solange er noch warm ist. Nach dem Abkühlen ist der Krustenteig (Rezept S. 173) besonders fest, weil das Fett sich sehr gut mit dem Mehl verbindet.

Für die Zubereitung des Teiges werden zuerst Butter oder Schweineschmalz zusammen mit Wasser erhitzt. Dann gießt man die heiße Flüssigkeit über die trockenen Zutaten. Die Konsistenz der Mischung ist mit frischem Ton vergleichbar. Wenn der Teig abgekühlt, aber immer noch weich ist, drückt man ihn gegen ein Gefäß.

Jedes Gefäß mit geraden Wänden ist dafür geeignet. Damit der Teig nicht an dem Gefäß haftet, werden die Außenwände mit Fett bestrichen und mit Mehl bestreut. Der Teig wird in lauwarmem Zustand gegen das Gefäß gedrückt. Anschließend läßt man ihn kalt und fest werden.

Dann steckt man ein Tuch hinein und tränkt es mit heißem Wasser. Dadurch schmilzt nach 1 Minute das Fett, mit dem das Gefäß außen bestrichen ist, und es kann ohne Schwierigkeiten aus der Teighülle herausgleiten. Nun kann man die Teigform füllen (Rezept S. 141).

1 **Das Fett in Wasser zerlassen.** Butter oder – wie hier – Schweineschmalz in Würfel schneiden und zusammen mit kaltem Wasser in einen Topf geben (oben). Das Wasser bei mittlerer Hitze zum Kochen bringen. Sobald der Siedepunkt erreicht ist, den Topf sofort von der Kochstelle nehmen. So lange rühren, bis die Flüssigkeit klar ist.

2 **Fett und Wasser zum Mehl geben.** Mehl und Salz in eine große Schüssel sieben. Nach Belieben Puderzucker hinzufügen, damit der Teig etwas süß schmeckt und schön braun wird. In die Mitte der trockenen Zutaten eine Vertiefung drücken. Die heiße Flüssigkeit hineingießen (oben) und von der Mitte aus verrühren, bis die Zutaten gut verbunden sind.

5 **Das Gefäß entfernen.** Einige Lagen Pergamentpapier um den Teig legen und mit Küchengarn binden. Den Teig für mindestens 30 Minuten in den Kühlschrank stellen, bis er ziemlich fest geworden ist. Anschließend ein Tuch in das Gefäß stecken und etwas heißes Wasser dazugießen. Nach 1 Minute das Gefäß mit leichten Drehbewegungen vorsichtig aus der Teighülle ziehen (oben).

6 **Die Teigform füllen.** Mageres Schweinefleisch und fetten Speck durch den Fleischwolf drehen. Feingehackte Zwiebel, Salz, Pfeffer und Muskat hinzufügen. Äpfel schälen, in 5 mm dicke Scheiben schneiden und in Zitronensaft schwenken. Schweinefleischmasse und Apfelscheiben in die Teigform schichten; mit Schweinefleisch abschließen. Trockenen Apfelwein angießen.

7 **Die Pastete bedecken.** Die oberste Schicht der Füllung zu einer Kuppel formen. Für die Decke den restlichen Teig zu einer 1 cm dicken runden Platte ausrollen. Den Rand der Teigform mit verquirltem Ei bestreichen (oben). Die Teigdecke auflegen. Teigdecke und Teigform am Rand fest zusammenpressen und wellenförmig eindrücken. Die Teigdecke mit verquirltem Ei bestreichen.

3 **Den Teig abkühlen lassen.** Den Teig etwas abkühlen lassen und mit den Händen zusammennehmen. Die Schüssel mit einem Tuch bedecken und den Teig stehenlassen, bis er sich fest anfühlt, aber noch formbar ist.

4 **Den Teig formen.** Ein hohes Glasgefäß mit Schweineschmalz bestreichen und mit Mehl bestreuen. Vier Fünftel des Teiges auf ein Backblech geben und mit den Händen zu einer runden Platte formen. Den Teig in der Mitte flachdrücken, so daß er etwa 1 cm dick ist, und das Gefäß daraufstellen. Den Teig mit den Händen dagegendrücken (oben links). Allmählich bis zu der gewünschten Höhe hocharbeiten (oben rechts); dabei darauf achten, daß die Teigschicht immer gleich dick ist. Den Teig nicht ganz bis zum Rand des Gefäßes hochziehen. Glattstreichen und einen Rand formen.

8 **Verzieren.** Ein Loch in die Teigdecke schneiden und rundherum mit Teigstückchen verzieren. Nochmals mit verquirltem Ei bestreichen und ein Pappröhrchen in das Loch stecken. Die Pastete bei 190° C (Gasherd Stufe 3) etwa 1 1/4 Stunden backen.

9 **Servieren.** Das Pergamentpapier entfernen, die Pastete an den Seiten mit Ei bestreichen und noch 15 Minuten backen. Kalt stellen. Zerlassenes Gelee in die Pastete gießen und kalt stellen. Portionsweise servieren. □

Zwei Geflügel unter einer Decke

Man kann eine geschichtete Pastete auf ganz ungewöhnliche Art zubereiten, indem man zwei ganze entbeinte Geflügel von unterschiedlicher Größe ineinandersteckt und mit Teig bedeckt, der sich nach dem Backen in eine knusprige Kruste verwandelt. Viele Arten von Geflügel lassen sich auf diese Weise kombinieren, so z. B. Rebhuhn oder Wachtel mit Hähnchen und Fasan oder Ente mit einem größeren Geflügel wie Puter.

Das Innere der Pastete kann aus Hackfleischmasse oder – wie hier – aus gepökelter, vorgegarter Ochsenzunge bestehen, die in das kleinere Geflügel gegeben wird. Sie hebt sich deutlich von dem hellen Hähnchenfleisch und dem dunkleren Gänsefleisch ab (Rezept S. 144). Es entstehen noch zusätzliche Schichten, wenn man den Hohlraum zwischen dem kleineren und dem größeren Geflügel mit Hackfleischmasse ausfüllt.

Die Gans wird in Krustenteig gehüllt. Wer einen gehaltvolleren Teig bevorzugt, kann statt dessen auch Mürbeteig oder Blitzblätterteig verwenden (Rezepte S. 173). Man rollt den Teig zu zwei Platten aus und legt die eine auf ein Backblech. Das gefüllte Geflügel wird daraufgelegt und mit der zweiten Teigplatte bedeckt; anschließend drückt man die Teigränder zusammen.

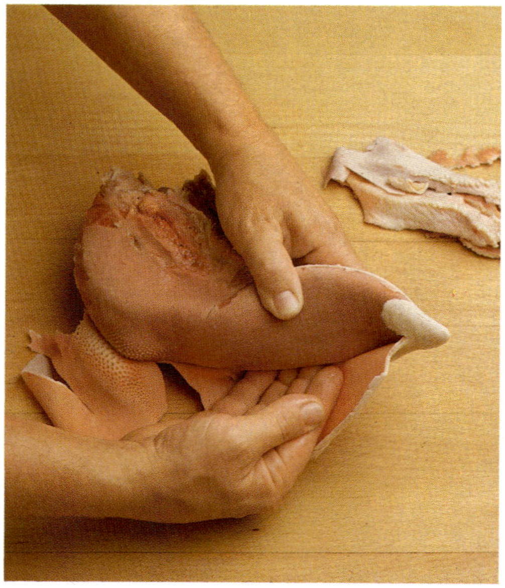

1 **Die Zunge vorbereiten.** Eine gepökelte Ochsenzunge etwa 3 Stunden in kaltes Wasser legen. In einen Topf geben und mit frischem Wasser bedecken. Zum Kochen bringen, dann die Zunge 6 bis 8 Stunden garziehen lassen. In der Garflüssigkeit abkühlen lassen. Knochen an der Unterseite auslösen. Die Haut abziehen (oben). Anschließend die Zunge dekorativ zurechtschneiden.

2 **Das Geflügel marinieren.** Eine Gans und ein Hähnchen durch den Hals entbeinen, dabei die Innenseite nach außen wenden (S. 36). Mit dem Brustfleisch nach oben auf ein Tablett legen. Mit Salz, Pfeffer und getrockneten Kräutern bestreuen und mit Weinbrand beträufeln. Zugedeckt marinieren.

6 **Die Gans in Teig hüllen.** Einen Krustenteig zubereiten (S. 64) und abkühlen lassen, bis er geschmeidig ist. Nach Belieben den Teig auf einem Tablett ausbreiten, damit er schneller abkühlt. Große, flache Teigstücke gegen Oberfläche und Seiten der Gans drücken, bis sie mit einer gleichmäßigen, etwa 2 cm dicken Teigschicht bedeckt ist (oben); den Teig an den Rändern gut zusammendrücken.

7 **Mit Folie bedecken.** Die Gans so auf ein Backblech legen, daß die Seite, die noch nicht mit Teig bedeckt ist, nach oben weist. Damit der Teig an den Seiten während des Backens nicht zusammenfällt, bedeckt man ihn mit mehreren Lagen Alufolie (oben). Die Folie anschließend mit Küchengarn umwickeln, damit sie nicht verrutscht.

8 **Die Pastete garnieren.** Die Gans vollständig mit Teig bedecken; die Ränder an Seiten und Oberfläche wellenförmig zusammendrücken. Eigelb mit etwas Wasser verquirlen und die Oberfläche damit bestreichen. Ein Loch in die Teigdecke schneiden. Einen Teigring um das Loch legen und die Teigdecke mit Blättern aus Teigresten verzieren (oben). Teigring und -blätter mit Eigelb bestreichen.

3 **Das Hähnchen füllen.** Eine Hackfleischmasse zubereiten (Rezept S. 170). Geflügellebern, -herzen und -mägen durch den Fleischwolf drehen und mit der Hackfleischmasse vermischen. Die Zunge mit der Füllmasse bestreichen. Das marinierte Hähnchen umstülpen, so daß die Hautseite nach außen weist, und die Zunge durch die Halsöffnung hineingeben.

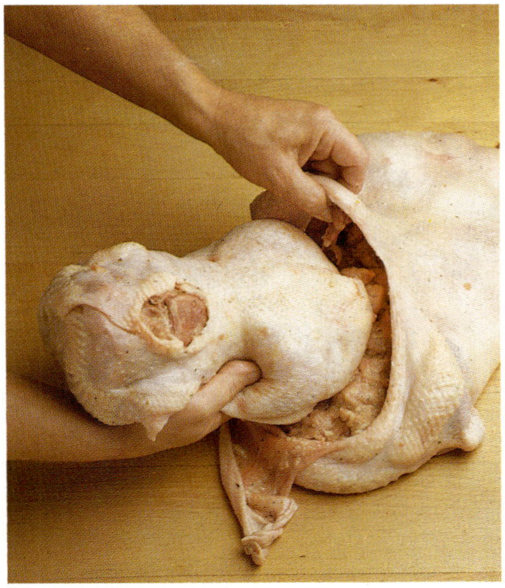

4 **Die Gans füllen.** Die Gans ebenfalls umstülpen, so daß die Hautseite nach außen weist; Keulen und Flügel nach innen gestülpt lassen. Die Innenseite der Gans mit einer Schicht Hackfleischmasse bestreichen, dann das Hähnchen hineingeben (oben). Eventuelle Hohlräume mit Hackfleischmasse füllen.

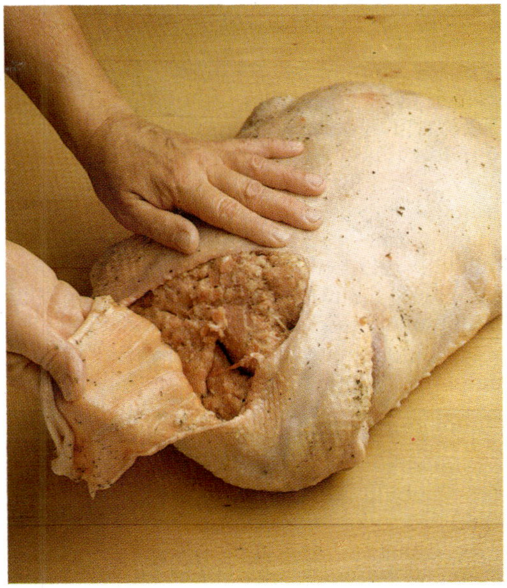

5 **Die Füllung bedecken.** Die Außenseite der Gans mit den Händen glattstreichen, damit sie eine gleichmäßige Form erhält. Den Hautlappen am Hals (oben) über die Füllung schlagen, so daß die Gans vollständig bedeckt ist. Die gefüllte Gans anschließend zum Festwerden in den Kühlschrank legen.

9 **Backen und servieren.** Die Pastete im vorgeheizten Backofen bei 200° C (Gasherd Stufe 3 – 4) 15 Minuten backen, dann die Hitze auf 170° C (Gasherd Stufe 2) reduzieren und die Pastete noch 4 Stunden garen. Nach etwa 45 Minuten mit Alufolie bedecken. Nach 3 Stunden die Folie entfernen; Seiten und Oberfläche wieder mit verquirltem Ei bestreichen. Die Pastete abkühlen lassen, dann über Nacht in den Kühlschrank stellen. □

Eine ausgereifte Terrine unter lockerer Kruste

Fleisch, das für eine Terrine oder Pastete verwendet wird, erhält ein intensives Aroma, wenn man es nach dem Garen noch mehrere Tage reifen läßt. Eine Pastete dagegen sollte am besten einen Tag nach der Fertigstellung serviert werden, da sich der Teigmantel und das Gelee nicht sehr lange halten. Dennoch ist es möglich, ein Gericht zuzubereiten, das sowohl die Vorteile einer hübsch verzierten Pastete als auch die einer schmackhaften Fleischterrine aufweist. Für ein solches Gericht gart man die Fleischmasse als Terrine vor und läßt sie einige Tage in der Form stehen, bevor sie in Teig gehüllt und gebacken wird.

Diese Methode empfiehlt sich besonders dann, wenn man eine sehr große Pastete backen will. Eine Pastete, die mit einer großen Menge roher Füllmasse zubereitet wird, verliert beim Garen oft ihre kompakte Form, weil die Backofenhitze nicht schnell genug eindringen kann, um die Füllung fest werden zu lassen. Dagegen gelingt die Pastete sicher, wenn man die Füllmasse in einer Steingutform vorgart. Die feste Terrine läßt sich dann mühelos in Teig hüllen und backen, ohne daß sie ihre Form verliert.

Jede Füllmasse ist für diese Zubereitungsart geeignet, doch bietet es sich bei einer größeren Pastete geradezu an, viele verschiedene Zutaten zu verwenden und kunstvoll aufeinanderzuschichten. Die hier und auf den beiden folgenden Seiten abgebildete Pastete – „Kissen der schönen Aurora" (Rezepte S. 148–149) – ist ein kompliziertes Gebilde, für das eine dunkle und eine helle Hackfleischmasse mit Streifen von zartem Fleisch zusammengestellt wird; geeignet sind helle Zutaten wie Bries und Hähnchen und dunklere Fleischsorten wie Hase, Rebhuhn und Wildente. Die mit Trüffeln vermischten Fleischstreifen werden in verschiedene Marinaden gegeben, damit ihr Aroma intensiver wird. Die zäheren Fleischteile der verwendeten Tiere werden gehackt und zu den Hackfleischmassen gegeben.

Die gegarte Terrine läßt man einige Tage stehen, damit sich das Aroma besser entwikkelt. Dann wird sie gestürzt und in Teig gehüllt; man kann auch einen leichteren Teig, wie den hier verwendeten Blitzblätterteig, nehmen. Die Pastete wird so lange gegart, bis der Teig durchgebacken ist. Während des Backens geht der Teig auf und löst sich von der Füllung, so daß ein Hohlraum entsteht, der mit Gelee ausgefüllt werden kann; das Gelee kann mit den Wild- und Geflügelknochen zubereitet und mit Wein aromatisiert werden. Nach Belieben garniert man die Pastete mit gehacktem Gelee.

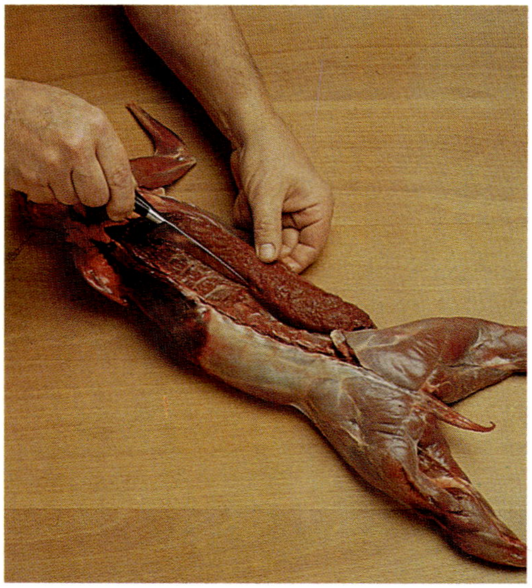

1 **Einen Hasen filetieren.** Einen abgezogenen und ausgenommenen Hasen mit der Bauchseite nach unten legen. An einer Seite des Rückgrats einen langen Einschnitt machen, der vom oberen Teil der Keulen bis zu den Schultern reicht. Das Fleisch vom unteren Teil einer Brustkorbhälfte trennen (oben), um eines der beiden Lendenfilets auszulösen. Das Filet an Schulter und Keule abschneiden. Das andere Filet ebenso auslösen.

2 **Die kleineren Filets auslösen.** Den Hasen wenden und die Leber herausziehen. Den Hasen über eine Schüssel halten und die Magenhaut durchschneiden; das Blut auffangen. Anschließend Herz und Lunge auslösen, dabei weiter das Blut auffangen. Die Nieren herausziehen. Innereien und Blut aufbewahren. Mit einem Messer das Bindegewebe an beiden Seiten des Rückgrats durchschneiden und die kleineren Filets auslösen.

6 **Das helle Fleisch in Streifen schneiden.** Das Brustfleisch eines Hähnchens auslösen, in 1 cm breite Streifen schneiden (Arbeitsgänge 4 und 5, oben) und in eine Schüssel geben. Das restliche Hähnchen beiseite legen. Kalbsbries wässern, blanchieren, parieren und beschweren. Mit den anderen hellen Fleischsorten – hier Schweinefilet, Kalbsfilet und gekochter Schinken – in 1 cm breite Streifen schneiden (oben) und in die Schüssel geben.

7 **Das Fleisch marinieren.** Trüffeln schälen; die Schalen aufbewahren. Die Trüffeln in Streifen schneiden und zu den hellen und dunklen Fleischstreifen geben. Das dunkle Fleisch in Madeira, Olivenöl, Salz und Pfeffer, das helle Fleisch in Pastis, Weißwein, Zitronensaft, gehackten Schalotten, Olivenöl, Salz, Pfeffer und Kräutern schwenken. Zugedeckt 24 Stunden marinieren; mehrmals wenden.

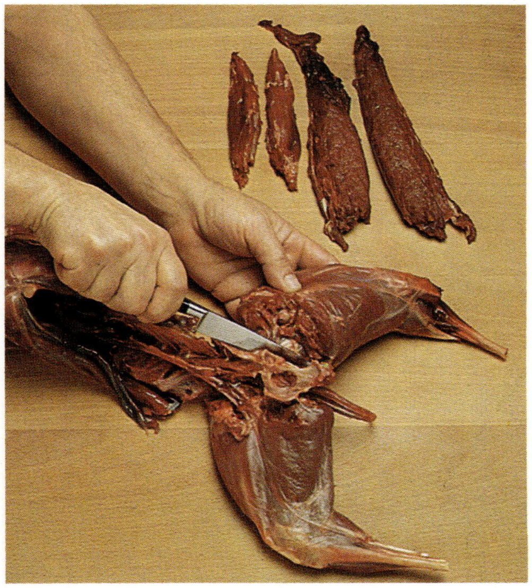

3 **Die Hinterkeulen abtrennen.** Eine Keule nach hinten biegen und das Fleisch am Gelenk zwischen Oberschenkel und Rumpf einschneiden, so daß Gelenkkugel und -pfanne freigelegt sind. Die Keule weiter umbiegen, so daß die Kugel aus der Pfanne springt, dann die Keule vom Rumpf abschneiden (oben). Das zarte Fleisch an beiden Keulen ablösen. Die Vorderkeulen und das restliche Fleisch der Hinterkeulen aufbewahren.

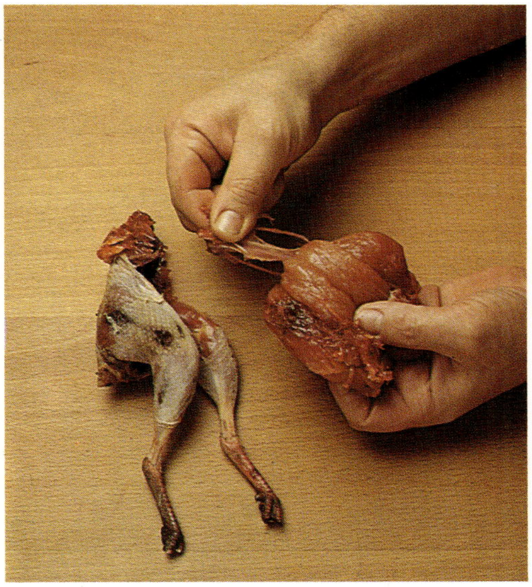

4 **Rebhühner zerlegen.** Mit einem Messer Brust und Flügel vom Rückgrat abschneiden. Die Haut von jeder Brust abziehen; das Brustfleisch mit den Fingern (oben) oder mit der Spitze eines kleinen Messers entbeinen. Rücken, Keulen, Flügel, Haut und Knochen aufbewahren. Eine Wildente ebenso zerlegen und das Brustfleisch entbeinen.

5 **Das dunkle Fleisch vorbereiten.** Das zarte Fleisch von Haut und Sehnen befreien. Das Brustfleisch von Rebhühnern und Wildente in etwa 1 cm breite Streifen schneiden. Filets und Oberschenkelfleisch vom Hasen in ebenso breite Streifen schneiden (oben). Das in Streifen geschnittene Hasen- und Rebhuhnfleisch in eine Schüssel geben.

8 **Die Hackfleischmasse zubereiten.** Mageres Schweinefleisch und fetten Speck hacken (S. 10). Feingehackte Trüffelschalen hinzufügen. Hühnerleber pürieren und mit einer Panade, Knochenmark und Eiern verrühren (Rezept S. 100). Das Püree zur Hackfleischmasse geben (oben); Salz, Pfeffer, Kräuter und Gewürze hinzufügen. Durchkneten, damit die Zutaten gut miteinander vermischt werden, und auf zwei Schüsseln verteilen.

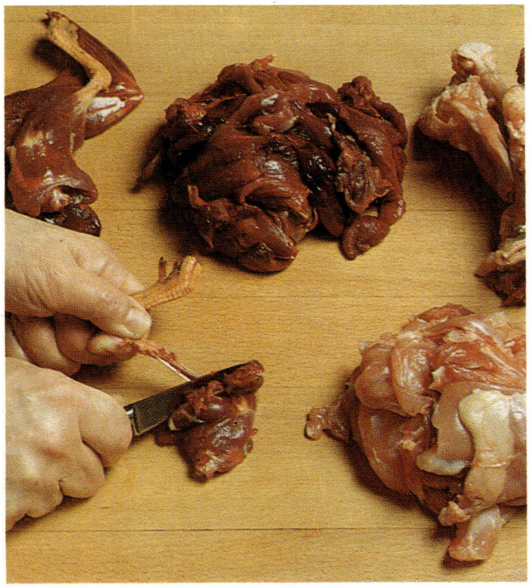

9 **Die Hackfleischmassen anreichern.** Keulenfleisch abschaben; Knochen aufbewahren. Bindegewebe von Fleisch und aufbewahrten Innereien abschneiden. Wildfleisch und -innereien hacken, mit dem Hasenblut zu der einen Hälfte Hackfleischmasse geben und gut mischen. Hähnchenfleisch und -innereien sowie Schweinefleisch-, Kalbfleisch- und Schinkenreste hacken, in die andere Schüssel geben und gut miteinander vermischen.

10 **Die Brühe aromatisieren.** Eine gelatinehaltige Fleischbrühe zubereiten (S. 6). Alle Knochen auf einem Drahtgitter in einen Topf legen. Die Fleischbrühe hinzufügen (oben), zum Kochen bringen und abschäumen, dann im halb geschlossenen Topf bei schwacher Hitze 4 Stunden simmern lassen. Durch ein Sieb gießen, abkühlen lassen, entfetten und – falls nötig – mit Eiweiß und Eierschalen klären (S. 7). ▶

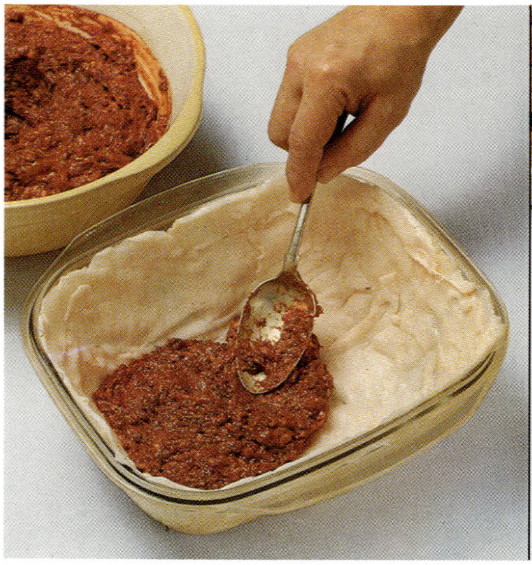

11 **Die Hackfleischmassen würzen.** Die Marinade von den dunklen Fleischstreifen abgießen und zur dunklen Hackfleischmasse geben; beiseite stellen. Die helle Hackfleischmasse mit abgezogenen, gehackten Pistazien und der Marinade von den hellen Fleischstreifen vermischen (oben). Weinbrand zu beiden Hackfleischmassen geben und den Geschmack prüfen (S. 18); gegebenenfalls noch Salz hinzufügen.

12 **Fleisch und Hackfleischmasse aufeinanderschichten.** Boden und Wände einer großen feuerfesten Form mit fettem Speck auslegen (S. 8). Eine 1 cm dicke Schicht dunkle Hackfleischmasse hineingeben und mit dem Löffelrücken glattstreichen (oben links). Darauf helle Fleischstreifen in Längsrichtung der Form symmetrisch anordnen (oben rechts).

15 **Den Teig ausrollen.** Einen Blitzblätterteig herstellen (S. 62). Ein Drittel des Teiges zu einem 5 mm dicken Rechteck ausrollen, dessen Seiten 10 cm länger sind als die Seiten der Terrine. Den Teig auf ein Backblech legen und die Terrine in die Mitte geben. Den restlichen Teig zu einem größeren Rechteck ausrollen und mit Hilfe eines Nudelholzes auf die Terrine legen.

16 **Die Teigränder andrücken.** Die obere Teigplatte andrücken und einen 2 cm breiten Rand stehenlassen. Den Teigboden so zurechtschneiden, daß der Rand 2,5 cm breiter ist. Die Oberseite des Teigbodenrandes und den Rand der Teigdecke mit verquirltem Ei bestreichen. Den überstehenden Rand des Bodens hochschlagen und mit einer Gabel eindrücken.

17 **Die Pastete backen.** Den oberen Teigrand wellenförmig eindrücken. Den Teig mit Ei bestreichen. Die Pastete für 20 Minuten in den Kühlschrank stellen. Fünf Löcher von 1 cm Durchmesser in die Teigdecke schneiden und Pappröllchen hineinstecken. Im vorgeheizten Backofen bei 220° C (Gasherd Stude 4 – 5) 10 Minuten backen, dann die Hitze auf 190° C (Gasherd Stufe 3) reduzieren und noch 1 1/2 Stunden backen.

13 **Die Terrine garen.** Eine Schicht helle Hackfleischmasse hinzufügen und glattstreichen (oben links). Eine Lage dunkle Fleischstreifen darauf verteilen (oben rechts). In dieser Reihenfolge die Zutaten in die Form schichten; mit einer Lage heller Hackfleischmasse abschließen. Scheiben von fettem Speck auf die Oberfläche legen. Die Terrine mit Alufolie bedecken, dann auf einem Drahtgitter in ein Wasserbad stellen (S. 20) und im Backofen bei 170° C (Gasherd Stufe 2) 3 bis $3^{1}/_{2}$ Stunden garen. Die Terrine ist gar, wenn die Spitze eines Spießes, mit dem man in die Mitte sticht, sich heiß anfühlt. Die Terrine aus dem Wasserbad nehmen und mit Gewichten beschweren (S. 21).

14 **Die Terrine stürzen.** Nach dem Abkühlen die Gewichte entfernen und die Terrine für drei bis vier Tage in den Kühlschrank stellen. Den Speck von der Oberfläche entfernen. Die Terrine mit einem Messer von der Form lösen und die Form umgedreht auf ein Tablett stellen. Ein Küchentuch in heißes Wasser tauchen, ausdrücken und auf die Form legen. Die Form abheben. Den Speck und alles Gelee entfernen.

18 **Die Pastete kalt stellen und servieren.** Die Pappröhrchen entfernen. Sobald die Pastete abgekühlt ist, lauwarmes, mit Wildknochen und Wein aromatisiertes Gelee in jedes Loch gießen. Die Pastete über Nacht in den Kühlschrank stellen. Die Pastete der Länge nach halbieren, damit das Muster der Füllung am besten zur Geltung kommt, dann jede Hälfte quer in Scheiben schneiden. Auf einer Platte anrichten. Gelee auf ein Tuch geben, in Würfel schneiden und die Pastete damit garnieren. □

5

Galantinen und Gelees

Vom rustikalen Gericht zum Galadiner

Garen in gelatinehaltiger Fleischbrühe
Glänzende Überzüge aus Gelee
Fleisch mit Nesseltuch binden
Ein Spanferkel entbeinen
Eine geleehaltige feine Sauce
Gefüllter Schweinskopf

Eine Schweinskopf-Galantine, die früher auch aus Wildschweinköpfen zubereitet wurde, ist der Blickfang jedes kalten Büfetts (S. 86). Der Schweinskopf wurde teilweise entbeint, mit einer Hackfleischmasse gefüllt und anschließend 8 Stunden gegart. Die mit Safran bestrichene goldbraune Haut unter einem glänzenden Überzug aus Gelee bildet einen reizvollen Kontrast zu der Garnierung aus grünem Apfel, frischer Brunnenkresse und in Scheiben geschnittener Terrine.

Galantinen und Geleespeisen zählen zu den köstlichsten und einladendsten kalten Gerichten. Wie Terrinen und Pasteten werden sie häufig mit einer Hackfleischmasse hergestellt; auch die Zubereitungsmethode ist ähnlich, so werden zum Beispiel die Zutaten so aufeinandergeschichtet, daß beim Aufschneiden ein attraktives Muster zu sehen ist. Allerdings werden sie nicht im Backofen gegart, sondern auf der Kochstelle in reichlich Flüssigkeit gargezogen. Nach dem Garen kann das Fleisch mit Gelee überzogen werden.

Mit Gelee zubereitete Fleischgerichte sollten im Kühlschrank aufbewahrt und auf jeden Fall innerhalb von zwei oder drei Tagen serviert werden, da sich das Gelee nicht lange hält.

Einige gargezogene Gerichte sind sehr einfach zuzubereiten. Dazu gehört marinierte Leber, wie zum Beispiel die edle *foie gras* oder die schlichtere Schweineleber. Die Schweineleber wird gespickt, damit sie saftig bleibt; die *foie gras* wird mit Trüffelstücken besteckt. Dann wird die Leber in Schweinsnetz oder in ein Nesseltuch eingeschlagen und bei schwacher Hitze gegart; nach dem Garen überzieht man sie mit Gelee, das zuvor mit etwas Wein aromatisiert wurde.

Galantinen kann man unter anderem aus Geflügel, Spanferkel oder Schweinskopf zubereiten, die mit einer Hackfleischmasse gefüllt werden. Für eine Geflügel-Galantine (S. 78) wird das Geflügel vollständig entbeint, dann werden die Haut und das daran haftende Fleisch um eine Füllung gerollt. Wenn die Galantine mit Spanferkel oder Schweinskopf zubereitet wird, sollten nicht alle Knochen ausgelöst werden, damit die ursprüngliche Form des Tieres erhalten bleibt.

Alle diese Gerichte müssen bei sehr schwacher Hitze gargezogen werden, damit das Fleisch saftig bleibt und innen wie außen gleichmäßig gart. Die Hitze muß so reguliert werden, daß die Garflüssigkeit niemals kocht. Um zu vermeiden, daß die Temperatur der Garflüssigkeit 80° C übersteigt, bringt man am besten ein Thermometer an der Innenwand des Topfes an und kontrolliert es in regelmäßigen Abständen. Bei einigen Gerichten, wie zum Beispiel bei Sülze (S. 74), sollten Fleisch und Knochen bei einer etwas höheren Temperatur gegart werden, damit die Gelatine freigesetzt wird. Aber auch hier muß darauf geachtet werden, daß die Garflüssigkeit nicht zum Kochen kommt.

Sülze: Fleischstücke in Aspik

Wenn gelatinehaltige Fleischstücke einige Stunden in Wasser simmern, ergibt die Garflüssigkeit eine gehaltvolle Brühe. Gießt man diese Brühe – mit Essig und Gewürzen aromatisiert – über die entbeinten Fleischstücke, so erstarrt sie beim Erkalten zu klarem Gelee, in dem das Fleisch eingeschlossen ist. Das Ergebnis ist eine Sülze mit reizvoll kontrastierenden Strukturen – eine appetitliche und nahrhafte kalte Speise.

Sülzen können aus vielen verschiedenen Fleischsorten zubereitet werden; besonders gut eignen sich die preiswerten gelatinehaltigen Teilstücke vom Rind und vom Schwein, die man gewöhnlich für Brühe verwendet. Die hier gezeigte Sülze wird aus Schweinskopf und Schweinsfüßen hergestellt. Sie können auch durch andere preiswerte Teilstücke wie Ochsenmaul und -beinscheibe, Kalbskopf, Kalbsfüße oder Schweineschwarten ergänzt oder ersetzt werden (Rezepte S. 157–161). Wenn ein Kopf verwendet wird, sollte man ihn vom Fleischer in gleich große Stücke zerteilen lassen, damit er gleichmäßig gart. Das Hirn kann für ein anderes Gericht aufbewahrt werden. Das Fleisch für die Sülze sollte man erst nach dem Garen entbeinen, da es sich dann wesentlich leichter von den Knochen lösen läßt.

Um den Geschmack von Schweinefleisch zu verbessern, kann man es vor dem Garen einsalzen und über Nacht stehenlassen; auf diese Weise verliert es auch seinen süßlichen Geschmack. Da das Salz dem Fleisch Flüssigkeit entzieht, entsteht eine Salzlake. Lake und überschüssiges Salz werden vor der Weiterverarbeitung abgespült. Die Garflüssigkeit wird mit aromatischen Zutaten und Weißwein oder Apfelwein gewürzt. Salz sollte man erst zur Brühe geben, wenn sie eingekocht ist (Arbeitsgang 5), da sie durch das Schweinefleisch möglicherweise schon ausreichend Salz enthält.

Das Fleisch sollte einige Stunden bei schwacher Hitze simmern, damit die Gelatine freigesetzt wird. Die Temperatur muß während des Garens sehr niedrig sein, da das Fleisch sonst trocken und zäh wird.

Vor dem Servieren schneidet man die Sülze in Scheiben, so daß die in Gelee eingeschlossenen Fleischstücke gut zur Geltung kommen. Nach Belieben kann Senf oder – wie hier – Essiggemüse zur Sülze gereicht werden (Arbeitsgang 9).

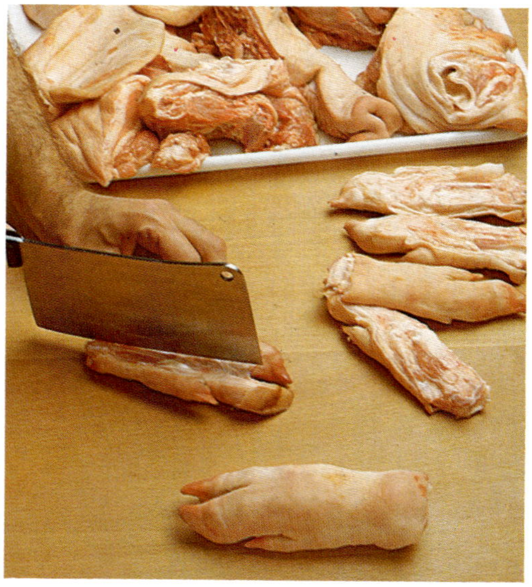

1 **Die Schweinsfüße zerteilen.** Einen Schweinskopf vom Fleischer in mehrere Stücke zerteilen und Augen und Hirn entfernen lassen. Die Borsten mit einem kleinen Messer entfernen; restliche Borsten über einer offenen Flamme absengen. Die Ohren mit einem kleinen Messer säubern. Die Fleischstücke abspülen. Die Schweinsfüße der Länge nach halbieren.

2 **Das Fleisch salzen.** Den Boden einer großen glasierten Schüssel mit einer Schicht grobkörnigem Salz bedecken. Die Schweinskopfstücke und die halbierten Schweinsfüße mit grobkörnigem Salz einreiben (oben) und in die Schüssel legen. Zwischen die Lagen Salz streuen, so daß alle Fleischstücke gut bedeckt sind. Die Schüssel bedecken und über Nacht an einem kühlen Platz stehenlassen.

6 **Das Fleisch von den Knochen ablösen.** Mit Hilfe eines kleinen Messers und der Finger die Knochen an der Zungenwurzel auslösen und die Haut abziehen. Die Ohren ganz lassen. Das Fleisch und die Schwarte von den restlichen Knochen ablösen (oben).

7 **Aromatische Zutaten hinzufügen.** Das Fleisch in 2 bis 3 cm große Stücke schneiden und in eine große Schüssel geben. Frisch gemahlenen Pfeffer, gemahlene Muskatblüte und Cayennepfeffer hinzufügen und etwas Muskatnuß über das Fleisch reiben. Etwas Weinessig dazugießen. Den Topf rütteln, so daß die Fleischstücke gleichmäßig mit den Gewürzen und dem Essig überzogen sind.

3 **Das Fleisch in den Topf geben.** Überschüssiges Salz und Lake von den Fleischstücken abspülen. Ein Drahtgitter in einen großen Kochtopf legen (oben), um ein Ansetzen des Fleisches zu vermeiden. Das Fleisch hineingeben und mit Wasser bedecken. Bei schwacher Hitze zum Kochen bringen; dabei den aufsteigenden Schaum abschöpfen.

4 **Garen.** Geschälte Möhren, abgezogene Zwiebeln (eine mit zwei Nelken besteckt), nicht abgezogene Knoblauchzwiebel, Pimentkörner und ein *bouquet garni* aus Porree, Bleichsellerie, Petersilie, Thymian und einem Lorbeerblatt hinzufügen. Weißwein dazugießen und die Brühe wieder zum Kochen bringen; abschäumen. Das Fleisch im halboffenen Topf 4 Stunden garen.

5 **Entfetten.** Das Fleisch in eine Schüssel geben. Die übrigen Zutaten aus der Brühe entfernen. Fett abschöpfen. Ein Sieb mit feuchtem Nesseltuch auslegen. Die Brühe durch das Sieb in eine Schüssel gießen; wieder in den Topf geben. Halb auf die Kochstelle setzen und entstehende Haut abschöpfen. Die Brühe einkochen, bis eine kleine Menge davon im Kühlschrank geliert.

8 **Brühe über das Fleisch geben.** Die eingekochte Brühe noch einmal durch ein mit Nesseltuch ausgelegtes Sieb gießen und gegebenenfalls noch etwas Salz hinzufügen. Die Fleischstücke in eine Kastenform geben und mit einer Schöpfkelle so viel Brühe hinzufügen, daß das Fleisch gut bedeckt ist.

9 **Die Sülze servieren.** Die Sülze über Nacht in den Kühlschrank stellen. Vor dem Servieren die Fettschicht auf der Oberfläche des Gelees mit einem Teelöffel oder der Spitze eines Messers entfernen und die Sülze in Scheiben schneiden. Als Beilage Essiggemüse reichen (oben). □

Marinierte Leber in schimmernder Hülle

Leber läßt sich zu einem besonders köstlichen und eindrucksvollen Gericht verarbeiten, wenn man sie zuerst mariniert, dann in einer gelatinehaltigen Brühe garziehen läßt und anschließend mit der Garflüssigkeit, die dann geliert, überzieht (Rezept S. 169–170). Diese Zubereitungsart ist für die delikate *foie gras* (rechts) ebenso geeignet wie für die herzhaftere Schweineleber (unten). Allerdings verlangen die beiden Leberarten unterschiedlich lange Garzeiten: Die feine *foie gras* wird nur sehr kurz gegart, damit sie rosafarben und saftig bleibt, während Schweineleber länger garen muß, damit sie ihren durchdringenden Geschmack verliert.

Eine *foie gras* enthält genügend eigenes Fett; vor dem Garen wird sie lediglich in Schweinsnetz eingeschlagen, damit sie nicht trocken wird. Schweineleber dagegen ist nicht annähernd so fetthaltig wie eine *foie gras* und sollte daher mit gewürzten Speckstreifen gespickt werden; auf diese Weise wird sie aromatischer und ist auch nach der relativ langen Garzeit noch saftig. Damit sie eine ansprechende Form erhält, sollte sie in Schweinsnetz oder – wie hier – in ein Nesseltuch eingeschlagen werden.

Foie gras mit Gelee überziehen

1 **Foie gras vorbereiten.** Eine *foie gras* in einzelne Segmente zerteilen, dann behutsam parieren (S. 30). Für 2 ½ Stunden in kaltes Wasser legen. Trockentupfen. Kleine Schlitze in die Leber schneiden und gemahlene Gewürze und Trüffelstücke hineingeben. Die *foie gras* 2 bis 3 Stunden in Cognac und Portwein marinieren; in Schweinsnetz einschlagen (S. 8).

2 **Garziehen lassen.** Gelatinehaltige Fleischbrühe (S. 6) zum Kochen bringen. Die Leber in einen Topf geben, der so groß ist, daß sie gerade hineinpaßt, und mit der Marinade begießen, dann mit der kochenden Brühe vollständig bedecken. Die Leber bei schwacher Hitze und im halb geöffneten Topf 15 bis 18 Minuten garziehen lassen. Abkühlen lassen und auf eine Platte legen.

Saftige Schweineleber durch Spicken

1 **Speckstreifen in eine Nadel klemmen.** Fetten Speck kalt stellen, dann in 5 mm breite Streifen schneiden (S. 9). Die Streifen in gemahlenen getrockneten Kräutern, Salz und Pfeffer wenden. Die Klammer der Spicknadel öffnen, einen Speckstreifen mit dem einen Ende hineinlegen und festklemmen (oben).

2 **Die Leber spicken.** Die Schweineleber parieren, so daß sie eine ansprechende Form hat; grüne Flecken und Bindegewebe entfernen. Die Leber in Abständen von 2 cm spicken (oben). Die Speckstreifen an den Enden jeweils bis auf 1 cm abschneiden.

3 **Einschlagen.** Aus Weißwein, in Scheiben geschnittenen Schalotten, einer quer in Hälften geschnittenen Knoblauchzwiebel, Thymian, Pimentkörnern, Petersilienstengeln und Lorbeerblättern eine Marinade herstellen. Die Leber zugedeckt über Nacht im Kühlschrank marinieren. So in ein Nesseltuch einschlagen, daß die Speckstreifen quer verlaufen (oben). Die Enden des Tuchs zusammenbinden.

3 **Mit gelatinehaltiger Brühe überziehen.** Das Fett von der Brühe abschöpfen, dann die Brühe durch ein mit Nesseltuch ausgelegtes Sieb in eine Schüssel gießen. Gegebenenfalls mit Eiweiß klären (S. 7). Die Brühe wieder in den Topf geben und bei hoher Temperatur erhitzen. So lange einkochen, bis eine kleine Menge, die man auf eine Untertasse gibt und kalt stellt, nach 10 Minuten geliert ist. Die Brühe abkühlen lassen. Die Leber aus dem Schweinsnetz wickeln, abtupfen und in eine Schüssel legen. Eine Metallschüssel auf Eis stellen. Brühe hineingeben und umrühren. Die Brühe über die Leber geben, sobald sie zu gelieren beginnt (oben).

4 **Die Leber servieren.** Die mit einer Schicht Gelee überzogene *foie gras* für einige Minuten in den Kühlschrank stellen. Wieder herausnehmen und mit einer weiteren Schicht Gelee überziehen. Diesen Arbeitsgang so oft wiederholen, bis die *foie gras* dick mit Gelee überzogen ist. Die restliche Brühe kalt stellen, dann auf ein Küchentuch stürzen und mit einem Messer behutsam grobhacken. Zum Servieren einen Löffel in heißes Wasser tauchen und damit einzelne Portionen der *foie gras* ausstechen (oben). Jede Portion zusätzlich mit etwas gehacktem Gelee garnieren. □

4 **Garziehen lassen.** Die Leber in einen kleinen Topf geben und die Marinade hinzufügen. So viel gelierte Fleischbrühe erhitzen und dazugießen, daß die Leber bedeckt ist (S. 6); Cognac hinzufügen. Bei schwacher Hitze zum Kochen bringen; den Schaum abschöpfen. Die Leber im etwas geöffneten Topf 2 Stunden garziehen lassen. Die Leber in der Flüssigkeit abkühlen lassen.

5 **Die Brühe durch ein Sieb gießen.** Ein Sieb mit feuchtem Nesseltuch auslegen, dann die Brühe durch das Sieb in einen zweiten Topf gießen (oben). Einige Minuten stehenlassen, dann das Fett abschöpfen. Die Brühe wieder erhitzen und einkochen; überprüfen, ob sie geliert (Arbeitsgang 3, oben). Abschmecken und gegebenenfalls nachwürzen; durch ein Sieb gießen, falls sie noch trüb ist.

6 **Die Leber servieren.** Das Küchengarn durchschneiden, die Leber aus dem Tuch wickeln und mit Küchenkrepp trockentupfen. Die Leber in eine kleine Steingutform legen und mit der eingekochten Brühe überziehen. Über Nacht in den Kühlschrank stellen. Am nächsten Tag das Fett von der Geleeoberfläche mit Küchenkrepp entfernen. Die Leber in Scheiben schneiden und servieren (oben). □

Ein Geflügelpaket voller Überraschungen

Aus jedem Geflügel oder Wildgeflügel läßt sich eine schmackhafte Galantine zubereiten. Nach dem Entbeinen kann das Geflügel – hier ist es ein Hähnchen – mit einer Hackfleischmasse und anderen aromatischen Zutaten gefüllt werden. Anschließend wird es gerollt, in Brühe gargezogen und nach dem Abkühlen mit Gelee überzogen und garniert. Vor dem Servieren wird die Galantine in Scheiben geschnitten; sie sieht dann noch appetitlicher aus (Rezept S. 153).

Zum Entbeinen schneidet man das Geflügel am Rückgrat entlang ein; wenn die Knochen ausgelöst sind, breitet man es auf der Arbeitsfläche aus, so daß eine flache Lage aus Haut und Fleisch entsteht. Man sollte darauf achten, daß die Haut nicht beschädigt wird, da sonst die Füllung austritt. Es empfiehlt sich daher, die Messerklinge dicht an die Knochen zu halten und vorsichtig zu schneiden.

Die Zutaten für die Füllung sollten so ausgewählt werden, daß sich eine sowohl farblich als auch geschmacklich ansprechende Mischung ergibt. In diesem Fall wird das Hähnchen mit einer Hackfleischmasse und verschiedenen festen Zutaten schichtweise gefüllt. Das flach ausgebreitete Geflügel wird mit einer Lage Hackfleisch bedeckt, und diese wiederum wird mit Fleisch- und Speckstreifen belegt. Die Hackfleischmasse läßt sich abwechslungsreich zusammenstellen: Hier werden Pistazien und feingehackte Trüffeln dazugegeben, so daß die Masse schwarz und grün gesprenkelt ist. Für die festen Zutaten bieten sich ebenfalls viele Möglichkeiten an. In diesem Fall werden neben einer Reihe Trüffelhälften auf beiden Seiten Zungen-, Schinken- und Speckstreifen angeordnet, die, wenn das Hähnchen gerollt ist, ein kreisförmiges Mosaik bilden.

Vor dem Garen schlägt man das gerollte Hähnchen in ein Nesseltuch ein; das Aroma der Brühe kann durch das Tuch in die Galantine eindringen. Sie wird noch aromatischer, wenn man sie nach dem Garen in der Flüssigkeit abkühlen läßt. Anschließend beschwert man die Rolle mit einem Gewicht, damit die Füllung fester wird; außerdem wird die Rolle dadurch etwas flachgedrückt und erhält eine stabile Standfläche.

Man kann die Brühe, die als Garflüssigkeit verwendet wurde, zu Gelee erstarren lassen und die Galantine damit überziehen. Eine farbige Garnierung läßt die Galantine noch appetitlicher aussehen; hier wird sie mit einem Blumenmuster aus Blütenblättern von Ringelblumen, Estragonblättern und Tomate verziert.

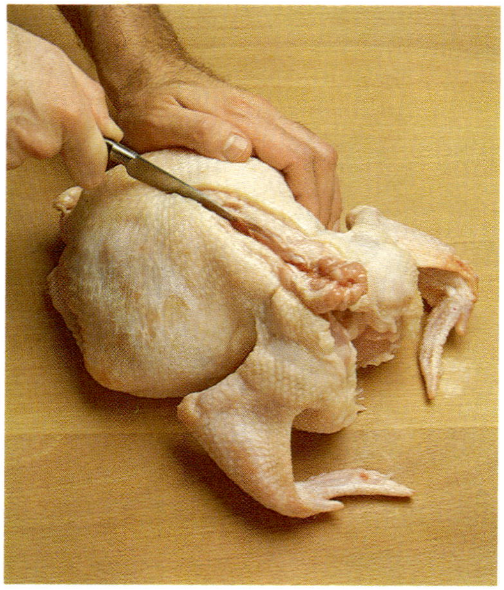

1 **Am Rückgrat entlang einschneiden.** Das Geflügel – hier wird ein Hähnchen verwendet – mit der Brust nach unten auf ein Holzbrett legen. Die Haut am Rückgrat entlang mit einem scharfen Messer bis auf den Knochen einschneiden; dabei am Hals beginnen und den Schnitt bis zum Sterz führen.

2 **Das Fleisch freilegen.** Das Fleisch an einer Seite des Gerippes dicht am Rückgrat einschneiden. Das Bindegewebe zwischen Fleisch und Knochen durchtrennen. Das Schulterblatt mit dem daran haftenden Fleisch vom Gerippe abschneiden. Beim Schneiden Haut und Fleisch mit der anderen Hand vom Gerippe wegziehen, so daß das nächste Stück Bindegewebe zum Vorschein kommt.

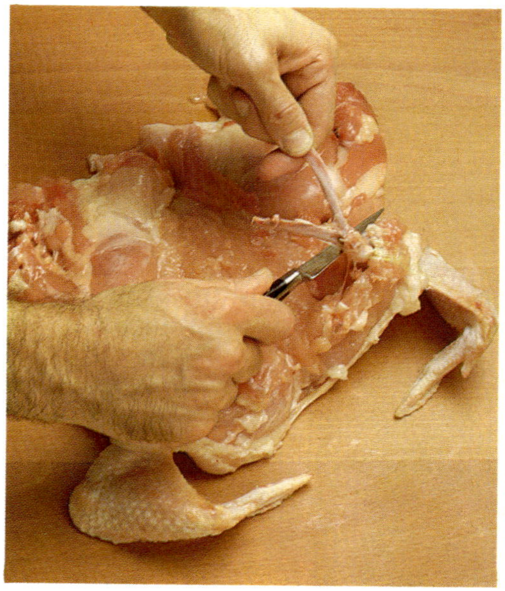

6 **Die Schlüsselbeine auslösen.** Den Gabelknochen und die daranhängenden Schulterblätter und Schlüsselbeine an beiden Seiten mit den Fingern ertasten. Die Schlüsselbeine und Schulterknochen mit einem Messer auslösen. Den Gabelknochen entfernen (oben).

7 **Die Flügel abschneiden.** Einen Flügel gegen die Arbeitsfläche drücken und den oberen Knochen kurz über dem Gelenk, das ihn mit der Flügelspitze verbindet, durchtrennen. Das Fleisch von der Innenseite her vom Knochen schneiden und den Knochen herausziehen; Haut und Fleisch nach innen gestülpt lassen. Kleine Knochensplitter entfernen. Den anderen Flügel ebenso abschneiden.

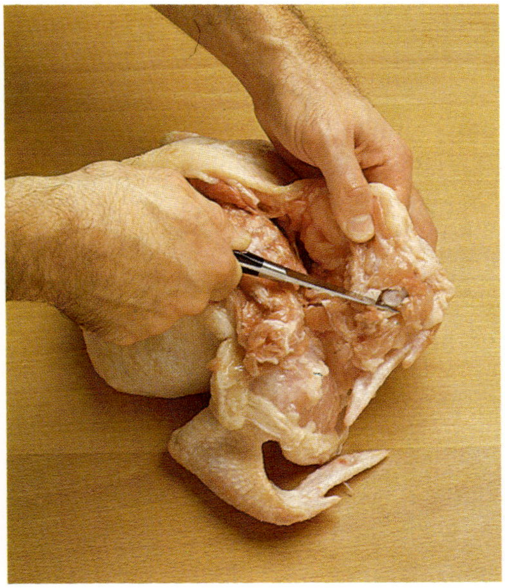

3 **Flügel und Schenkel lösen.** Einen Flügel fest in die Hand nehmen und nach außen biegen, so daß der Kugelknochen aus der Gelenkpfanne springt. Zwischen Kugel und Pfanne die Haut durchtrennen (oben). Den Oberschenkelknochen ebenso lösen; dabei den Schnitt durch das Kugelgelenk führen, das den Oberschenkel mit dem Rumpf verbindet.

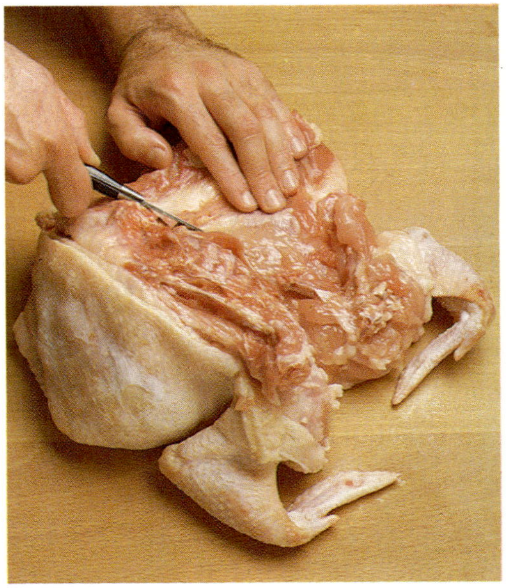

4 **Das Brustfleisch vom Knochen lösen.** Das Fleisch auf der Brustseite von oben nach unten vom Gerippe schneiden; dabei vom Hals zum Sterz arbeiten und die Messerklinge dicht an das Gerippe halten. Am Brustknochen darauf achten, daß die Haut nicht beschädigt wird, da zwischen Haut und Knochen an dieser Stelle kein Fleisch sitzt.

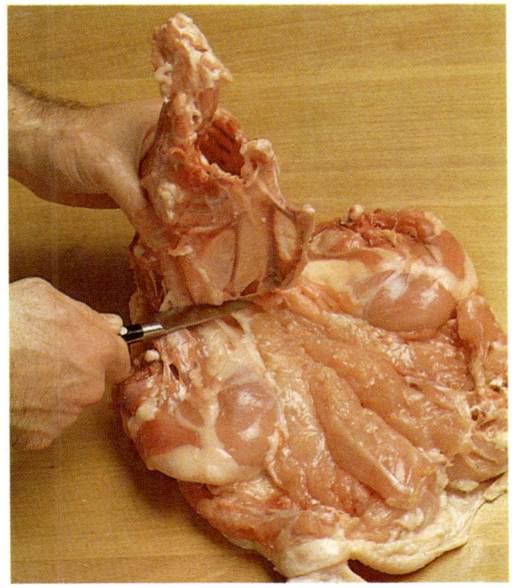

5 **Das Gerippe herausheben.** Fleisch und Haut an der anderen Seite des Hähnchens ebenso vom Gerippe lösen (Arbeitsgänge 2 bis 4). Den Gabelknochen am Hals ertasten, vom Brustbein wegdrücken. Unterhalb des Gerippes am Brustknochen entlangschneiden (oben), ohne die Haut zu beschädigen. Das Gerippe herausheben; den Sterz vom Fleisch abtrennen und mit dem Gerippe entfernen.

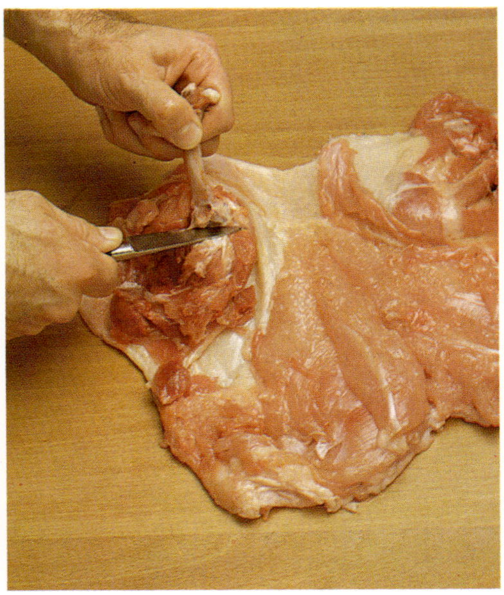

8 **Die Schenkelknochen entfernen.** Die Kugel am Oberschenkelknochen abschneiden. Den Knochen mit einer Hand an der Spitze festhalten und das anhaftende Fleisch von der Innenseite des Hähnchens her ablösen. Das Gelenk zwischen Ober- und Unterschenkel durchtrennen (oben). Den Unterschenkelknochen herausziehen. Die Knochen des anderen Schenkels ebenso entfernen.

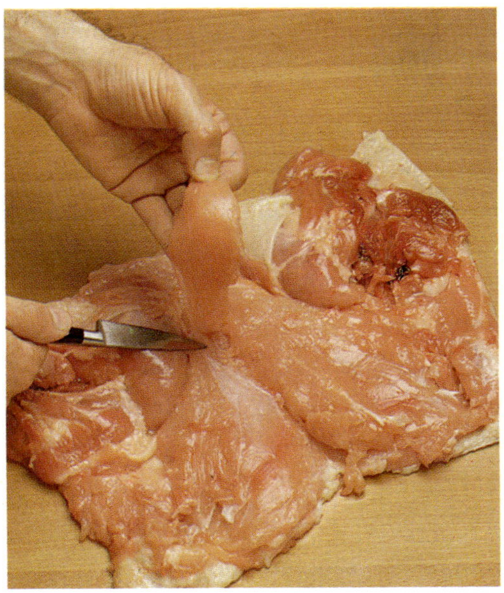

9 **Das Fleisch parieren.** Damit das Hähnchenfleisch gleichmäßig verteilt werden kann, das Fleisch von den dickeren Schenkel- und Flügelpartien abschneiden und beiseite legen. Die beiden schmalen, zarten Filets heraustrennen und ebenfalls beiseite legen (oben). Von dem abgeschnittenen Fleisch Sehnen und Bindegewebe entfernen.

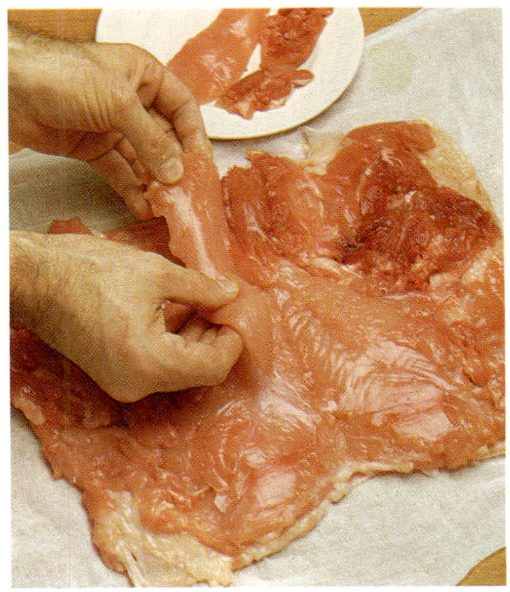

10 **Das Fleisch verteilen.** Ein rechteckiges Nesseltuch von 90 mal 60 cm in der Mitte falten, so daß es 45 mal 60 cm mißt. Das Tuch auf die Arbeitsfläche legen und das Hähnchen mit der Hautseite nach unten darauf ausbreiten. Das ausgelöste Hähnchenfleisch so darauf verteilen, daß eine gleichmäßige Schicht entsteht. ▶

11 **Füllen.** Eine Hackfleischmasse zubereiten (Rezept S. 170). Zunge, fetten Speck und Schinken in 1 cm breite Streifen schneiden. Trüffeln schälen und in gleich große Stücke schneiden; die gehackten Trüffelreste zu der Hackfleischmasse geben. Die Hälfte der Hackfleischmasse auf dem Hähnchen verteilen, dann die Zungen-, Speck- und Schinkenstreifen darauf anordnen.

12 **Das Hähnchen rollen.** Die restliche Hackfleischmasse auf den Streifen verteilen. Die in Hälften geschnittenen Trüffeln auf der Fleischmasse in einer Reihe in der Mitte anordnen. Das Tuch an einer Seite hochnehmen und das Hähnchen zur Mitte hin einschlagen; die andere Seite des Hähnchens ebenfalls zur Mitte hin einschlagen, so daß eine Rolle entsteht.

13 **In Nesseltuch einschlagen.** Die Hautlappen an Hals- und Sterzende des Hähnchens über die Enden der Rolle legen. Das gerollte Hähnchen in das Nesseltuch einschlagen. Das Tuch an den Enden zusammendrehen und mit Küchengarn binden; überstehenden Stoff abschneiden.

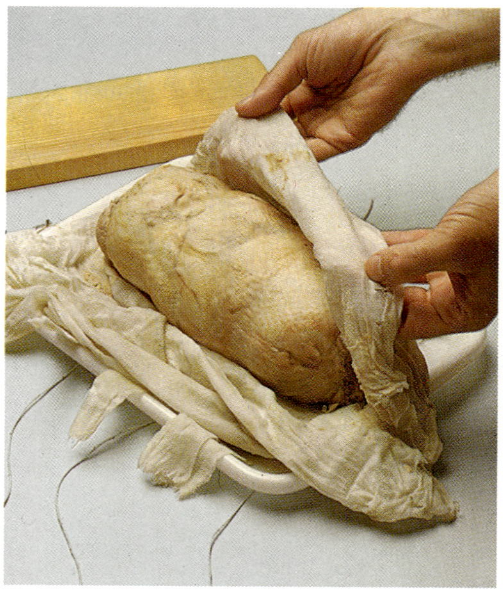

17 **Das Nesseltuch entfernen.** Am nächsten Tag die Platte aus dem Kühlschrank nehmen und das Gewicht entfernen. Das Küchengarn durchschneiden und das Holzbrett entfernen. Garn und Stoffstreifen ebenfalls durchschneiden und die Galantine behutsam aus dem Nesseltuch wickeln (oben). Alle Fettspuren von der Hähnchenhaut abwischen.

18 **Mit Gelee überziehen.** Ein Drahtgitter auf eine Platte legen und die Galantine darauflegen. Alles Fett von der Brühe abschöpfen. Die Brühe erhitzen; wenn sie gerade lauwarm ist, Madeira hinzufügen. Etwas Brühe in eine Schüssel geben; die Schüssel in eine größere Schüssel mit Eis stellen. Die Brühe rühren, bis sie geliert, dann die Galantine damit überziehen.

19 **Garnieren.** Die Galantine mehrmals mit Brühe überziehen; zwischendurch immer wieder in den Kühlschrank stellen. Estragonblätter einige Sekunden in kochendem Wasser blanchieren, dann trockentupfen. Jedes Blatt in Gelee tauchen, dann die Galantine mit den Estragonblättern, mit Blütenblättern von Ringelblumen (oben) und mit einem Stück Tomate garnieren.

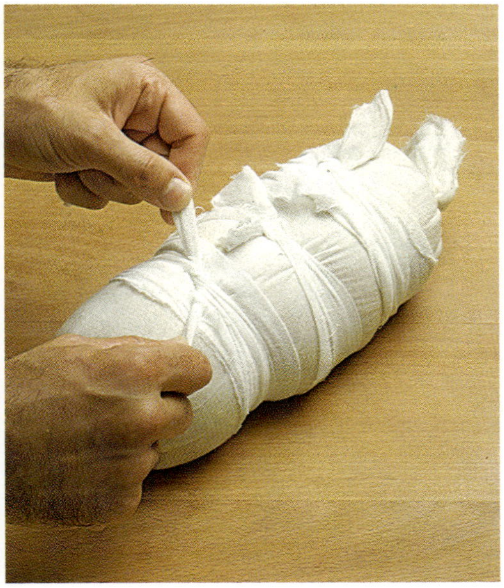

14 **Die Rolle binden.** Damit die Rolle zusammenhält, ohne daß sie eingedrückt wird, verwendet man am besten drei 45 cm lange Stoffstreifen. Die Rolle in der Mitte mit einem Streifen Nesseltuch umwickeln und den Streifen verknoten. Die anderen Streifen links und rechts von der Mitte um die Rolle binden.

15 **Garziehen lassen.** Die Rolle auf ein Drahtgitter in einen Topf legen. Gelatinehaltige Fleischbrühe (S. 6) zum Kochen bringen, dann über die Rolle geben, bis sie ganz bedeckt ist. Die Brühe bei mittlerer Hitze wieder zum Kochen bringen; die Rolle im halb geöffneten Topf bei schwacher Hitze 1 3/4 Stunden simmern lassen.

16 **Die Galantine beschweren.** Die Galantine in der Brühe abkühlen lassen, bis sie lauwarm ist, dann herausnehmen und auf eine Platte geben. Ein Holzbrett auf die Rolle legen und mit Küchengarn festbinden (oben). Ein 1 kg schweres Gewicht auf das Brett legen und die Rolle in den Kühlschrank stellen. Die Brühe durch ein Sieb gießen, falls sie noch nicht klar ist, und kalt stellen.

20 **Die Galantine servieren.** Die garnierte Galantine mit Gelee überziehen und bis zum Servieren in den Kühlschrank stellen. Mit zwei Spateln auf eine Servierplatte heben. Einen Teil der Galantine in Scheiben schneiden, damit die Füllung sichtbar wird. Gehacktes Gelee (S. 77) um die Galantine geben und zu jeder Portion etwas davon servieren. ☐

Mühelos zu tranchieren: eine Spanferkel-Galantine

Eine Spanferkel-Galantine, für die man ein teilweise entbeintes Spanferkel füllt, garziehen läßt und mit einer *sauce chaud-froid* überzieht, ist besonders für festlichere Anlässe hervorragend geeignet.

Am besten beginnt man mit der Vorbereitung bereits zwei Tage vor dem Servieren. Zunächst wird das Spanferkel teilweise entbeint. Damit es seine natürliche Form behält, werden die Schädel-, Schenkel- und Schwanzknochen nicht ausgelöst; die Brustknochen, die Rippen, das Rückgrat und die Beckenknochen werden dagegen entfernt, da sich die Galantine beim Servieren dann leichter tranchieren läßt. Das entbeinte Spanferkel wird mit grobkörnigem Salz und mit Kräutern eingerieben und über Nacht stehengelassen; auf diese Weise erhält das Fleisch ein besseres Aroma und verliert seinen süßlichen Geschmack. Am nächsten Tag wird das Spanferkel gefüllt und anschließend 8 Stunden gargezogen; danach läßt man es über Nacht abkühlen, um es am folgenden Tag vor dem Servieren mit der Glasur zu überziehen.

Als Füllung eignet sich fast jede Fleischmasse; die hier verwendete Hackfleischmasse aus Kalbfleisch, Schweinefleisch und Leber (Rezept S. 170) wird mit Spinat angereichert. Für ein 6 kg schweres Spanferkel, das als erster Gang oder Teil eines Büfetts für etwa 40 Portionen reicht, braucht man 2,5 kg Hackfleischfüllung.

Das Spanferkel wird durch eine Öffnung an der Bauchseite gefüllt und anschließend mit Küchengarn und einer Dressiernadel zugenäht. Danach schlägt man es in ein Nesseltuch ein, damit es während der langen Garzeit seine Form behält. Um der Galantine Halt zu geben, legt man sie auf den Einsatz eines großen Fischkessels und umwickelt beides mit einer weiteren Lage Nessel. Insgesamt werden etwa 4 m Nessel benötigt. Das in Nessel eingeschlagene Spanferkel wird in den Fischkessel gelegt, mit Wasser bedeckt und bei schwacher Hitze gargezogen; die Wassertemperatur sollte 80° C nicht überschreiten.

Da der Fischkessel sehr groß ist, muß man ihn auf zwei Kochstellen setzen, um eine gleichmäßige Verteilung der Hitze zu erzielen; legt man noch feuerfeste Unterlagen unter den Kessel, läßt sich die Temperatur leichter kontrollieren.

Die *sauce chaud-froid*, die auf S. 85 gezeigt wird (Rezept S. 174), ist eine *velouté* mit gelierter Brühe und Sahne. Mit der cremig glänzenden Sauce lassen sich eventuelle Makel und Risse in der Oberfläche der Spanferkel-Galantine überdecken.

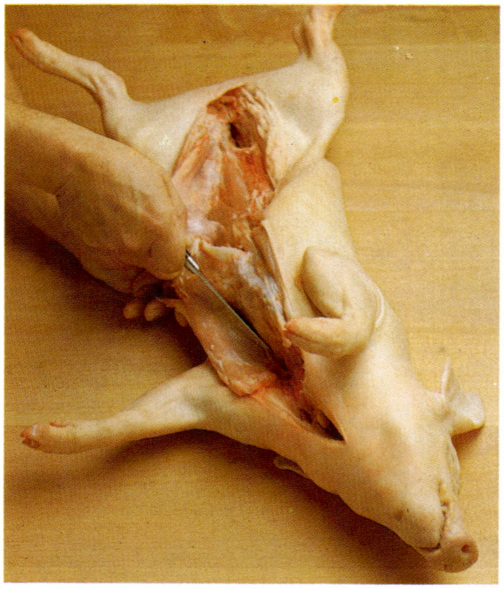

1 **Das Spanferkel aufschneiden.** Noch vorhandene Borsten abschaben oder absengen. Ohren, Schnauze und Füße mit einem kleinen Messer und mit Küchenkrepp säubern. Das Ferkel innen und außen mit einem Tuch abtupfen. Dann die Bauchöffnung bis zum Hals aufschneiden. Auf einer Seite das Fleisch vom Brustbein und den Bauchrippen losschneiden und abschaben (oben).

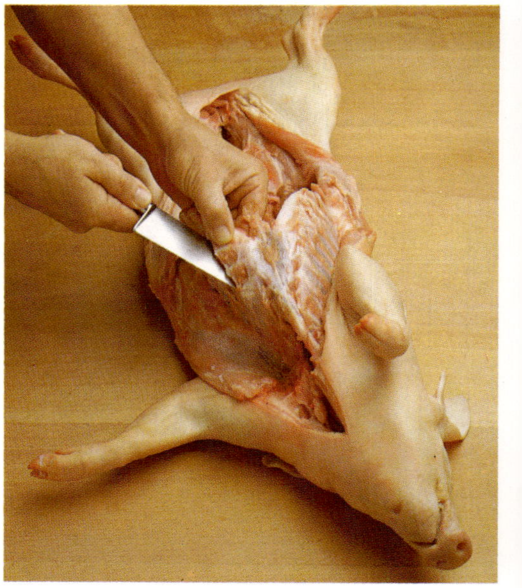

2 **Das Brustbein entfernen.** Das Fleisch auf der anderen Seite des Brustbeins abschneiden. Den Knorpel zwischen Bauch- und Rückenrippen auf einer Seite durchtrennen (oben). Den Knorpel auf der gegenüberliegenden Seite des Brustkorbs ebenfalls durchschneiden und das Brustbein und die Bauchrippen auslösen.

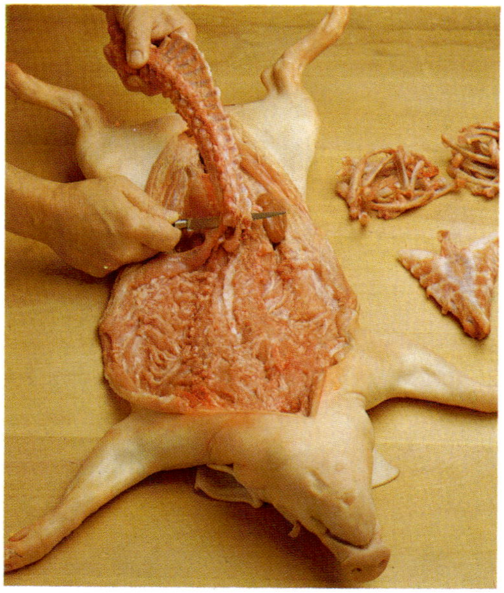

6 **Die mittlere Wirbelsäule entfernen.** Die Wirbelsäule mit einer Hand nach oben ziehen und das Bindegewebe, durch das es mit dem Rücken verbunden ist, durchschneiden. Die Wirbelsäule bis zum Ende des Brustkorbs auslösen, dann durchschneiden (oben) und anschließend entfernen. Die nebeneinanderliegenden Nieren heraustrennen und für ein anderes Gericht aufbewahren.

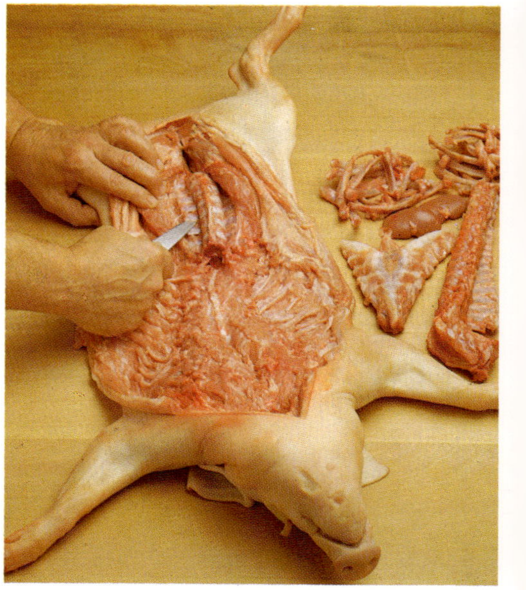

7 **Die untere Wirbelsäule auslösen.** Zwischen dem mageren Kernfleisch und der Wirbelsäule entlangschneiden, um den unteren Teil der Wirbelsäule auszulösen; gegebenenfalls Bindegewebe durchtrennen. Das Fleisch vom restlichen Teil der Wirbelsäule abschneiden und die Wirbelsäule auslösen.

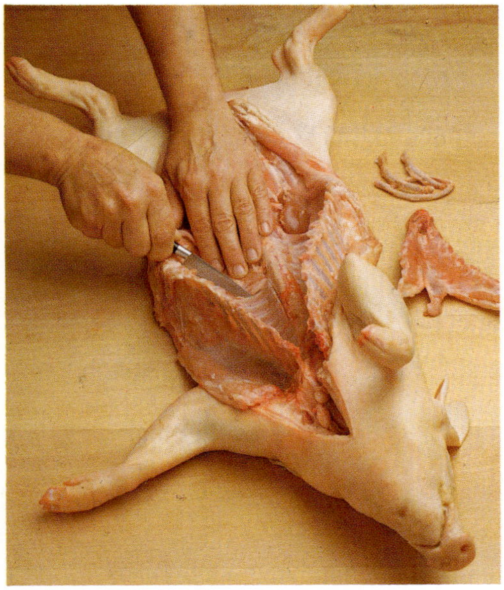

3 **Zwischen den Rippen einschneiden.** Das Fleisch an beiden Seiten jeder Rippe einschneiden; das Messer nur leicht drücken, damit das Fleisch nur so tief eingeschnitten ist, wie jede Rippe dick ist (oben). Den Knorpel zwischen Rippen und Rückgrat an beiden Seiten durchschneiden.

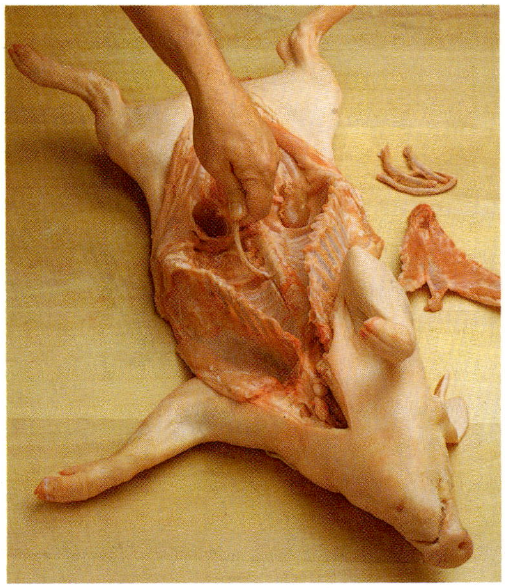

4 **Die Rückenrippen herausdrehen.** Am unteren Ende des Brustkorbs beginnend, eine Rippe anheben und das Messer darunterschieben, um sie von dem darunterliegenden Fleisch zu trennen. Die Rippe herausdrehen (oben). Die restlichen Rippen an beiden Seiten des Rückgrats auf die gleiche Weise entfernen.

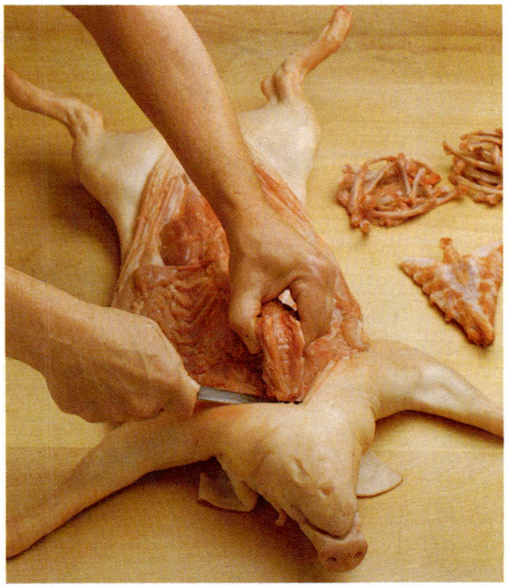

5 **Den oberen Teil des Rückgrats lösen.** Am Hals beginnend, das Bindegewebe an beiden Seiten der Wirbelsäule bis zu den Nieren durchschneiden, um das Fleisch von den hervorstehenden Knochen zu trennen. Mit den Fingern ertasten, wo die Wirbelsäule mit dem Schädel verbunden ist. Die Wirbelsäule anheben und den Knorpel zwischen Wirbelsäule und Schädel durchschneiden.

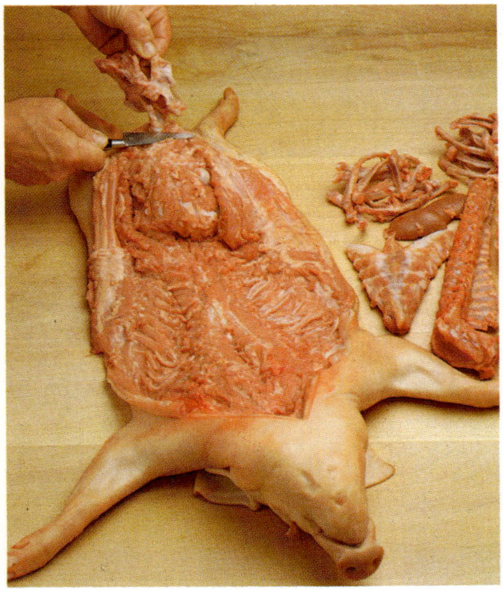

8 **Den Beckenknochen entfernen.** Um den Beckenknochen herumschneiden. Die Sehnen zwischen Oberschenkel- und Beckenknochen durchschneiden, den Schenkel gegebenenfalls nach hinten biegen. Wenn der Beckenknochen freiliegt, die kleinen Wirbel zwischen Schwanz und Rückgrat entfernen. Die Schwanzknochen nicht auslösen. Das Spanferkel auf den Bauch legen.

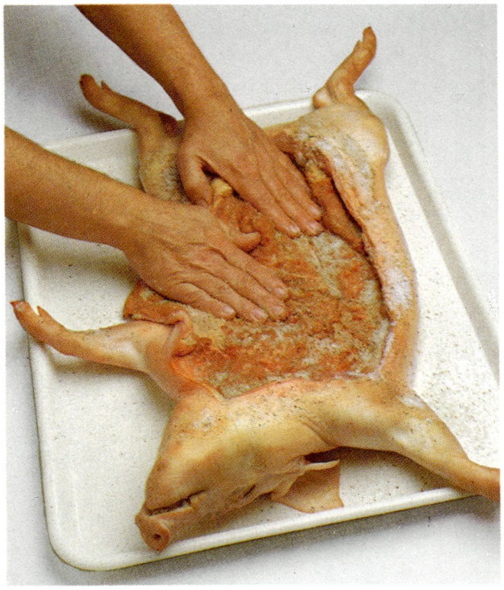

9 **Das Spanferkel einsalzen.** Die Schwarte des Spanferkels mit grobkörnigem Salz und Kräutern – in diesem Fall Thymian, Majoran, Oregano und Bohnenkraut – einreiben. Das Spanferkel mit dem Rücken auf ein Tablett legen. Salz und Kräuter in die Bauchhöhle streuen und in das Fleisch reiben (oben). Über Nacht an einen kühlen Platz stellen. Am nächsten Tag abspülen und trockentupfen.

10 **Das Spanferkel füllen.** Eine Hackfleischfüllung zubereiten; die hier verwendete besteht aus Kalbfleisch, Schweinefleisch, Leber und Spinat (S. 20). Das Spanferkel mit der Masse füllen; die Füllung nicht zu fest drücken. Küchengarn in eine Dressiernadel fädeln und am Ende mit einem Knoten versehen. Den ersten Stich in der Mitte der Öffnung machen (oben). ▶

11 **Das Spanferkel zunähen.** Die Bauchöffnung zusammenhalten, damit die Schwarte des Spanferkels beim Nähen nicht reißt. Das Spanferkel zum Kopf hin im Abstand von 2 cm zunähen; dabei den Faden nach jedem Stich durch die vorherige Schlinge ziehen (oben). Den Faden am Hals verknoten. Dann den unteren Teil der Bauchöffnung von der Mitte aus zunähen.

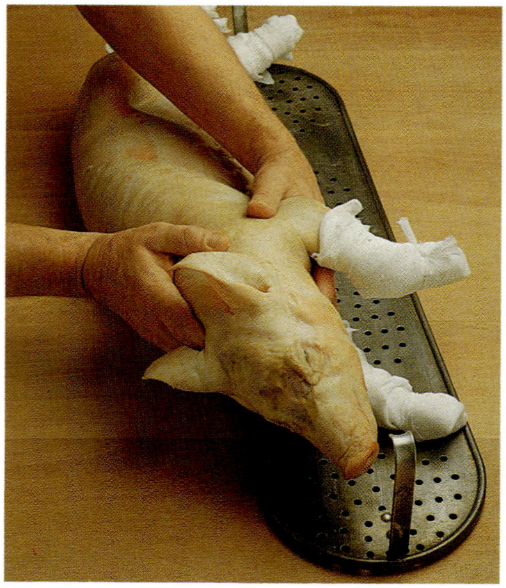

12 **Auf einen Fischkesseleinsatz legen.** 1 m Nessel der Länge nach in vier Streifen schneiden. Einen Streifen um jedes Vorder- und Hinterbein schlagen, so daß sie ganz in Nessel gehüllt sind. Dann jedes Bein mit schmalen Stoffstreifen umwickeln, damit der Nessel nicht verrutscht. Das Spanferkel mit der Bauchseite nach unten auf den Einsatz eines Fischkessels legen (oben).

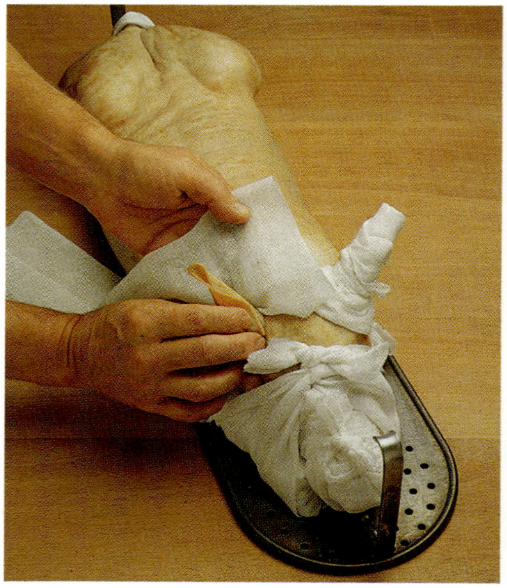

13 **Das Spanferkel einschlagen.** Mehrere Lagen Nessel um die Schnauze des Spanferkels wickeln. Die Schnauze auf die Vorderbeine legen, dann einen doppelten Streifen um Schnauze und Vorderbeine wickeln. Den Schwanz mit einem Streifen Nessel umwickeln. Die Ohren nach innen rollen und mit Nessel festbinden; mit schmalen Streifen umwickeln.

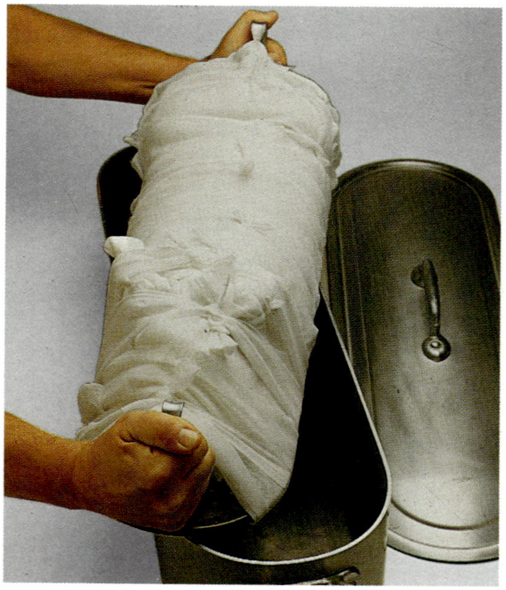

14 **Garziehen lassen.** Das Spanferkel und den Einsatz vollständig einschlagen. Nesselstreifen um den eingewickelten Kopf binden. Die Ohren nach hinten biegen und umwickeln. Das Spanferkel in den Fischkessel legen (oben) und mit Wasser bedekken. Das Wasser erhitzen, bis es simmert, dann das Spanferkel im halb geöffneten Kessel 8 Stunden garziehen lassen.

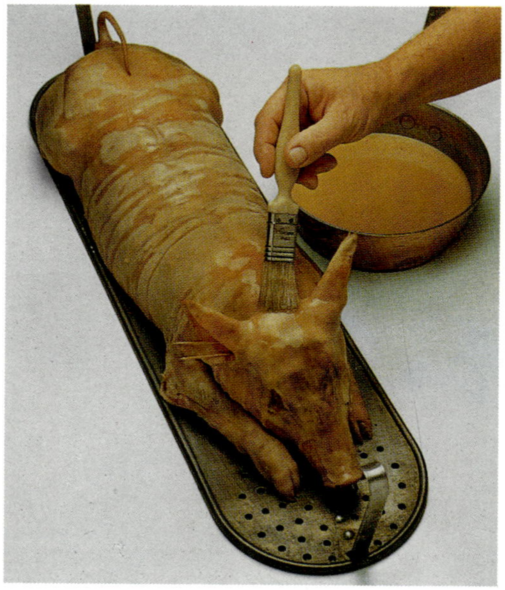

15 **Mit Sauce überziehen.** Die Garflüssigkeit abgießen. Die Ohren freilegen, ohne den Nessel zu entfernen, und mit Spießen abstützen. Das Spanferkel wieder in den Kessel legen, den Kessel auf Eis stellen und über Nacht abkühlen lassen. Auswickeln. Alles Fett abwischen. Die Spieße durch Holzstäbchen ersetzen. Das Spanferkel mit Sauce überziehen (Kasten rechts).

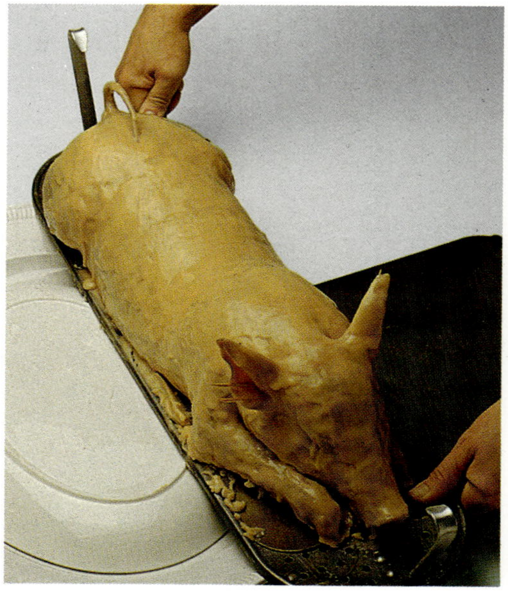

16 **Auf eine Platte legen.** Das Tier in den Kessel legen und diesen auf Eis stellen. Mehrmals überziehen, bis es gut mit Sauce bedeckt ist; zwischendurch auf Eis legen. Eine längliche Schüssel umgedreht auf eine größere Platte legen und den Einsatz daraufstellen. Das Spanferkel mit Hilfe eines Spatels und eines Backblechs auf die umgedrehte Schüssel gleiten lassen (oben).

17 **Die Galantine servieren.** Das Spanferkel mit gehackter Petersilie bestreuen und mit gehacktem Gelee garnieren (S. 77). Zum Tranchieren das Messer hinter den Schultern ansetzen und in der Mitte des Rückens einschneiden. Dann das Spanferkel auf einer Seite hinter der Schulter quer einschneiden; diesen Teil mit Hilfe eines Spatels auf eine Arbeitsfläche legen und anschließend in Scheiben schneiden (oben). Das Fleisch am Hinterbein tranchieren. Dann die andere Seite des Spanferkels ebenso aufschneiden. Die Vorderbeine abschneiden und tranchieren; das Fleisch der Schnauze und die Ohren des Spanferkels ebenfalls servieren. □

Sauce chaud-froid

1 **Eine Velouté zubereiten.** Butter bei schwacher Hitze zerlassen. Mehl hinzufügen und verrühren; 3 bis 4 Minuten garen. Gelatinehaltige Fleischbrühe darunterschlagen. Den Topf halb von der Kochstelle ziehen und die Haut entfernen.

2 **Gelee und Sahne hinzufügen.** Die Sauce bei starker Hitze einkochen; dabei mit dem Schneebesen schlagen. Festes Gelee löffelweise dazugeben (oben); nach jeder Zugabe die Sauce weiter einkochen. Nach und nach Sahne unterrühren.

3 **Über Eis rühren.** Die Sauce weiter einkochen; dabei ständig rühren. Von der Kochstelle nehmen und in eine Schüssel mit Eis stellen. Die Sauce unter ständigem Rühren abkühlen lassen (oben); sobald sie fest zu werden beginnt, vom Eis nehmen.

Der Mittelpunkt einer festlichen Tafel

Eine Schweinskopf-Galantine ist ein ebenso ansehnliches wie schmackhaftes Gericht. Traditionsgemäß mit einem Apfel in der Schnauze und einem Geleeüberzug garniert, wird der gefüllte, gargezogene Kopf zu einem Augen- und Gaumenschmaus.

Man benötigt einen Schweinskopf, der etwa 10 cm unterhalb der Ohren abgetrennt wird – er sollte mindestens drei Halswirbel haben –, damit er eine geeignete Form und eine gute Standfläche hat. Der abgeschnittene Schweinskopf wird als „Kopf mit Kragen" oder „Keilerkopf" bezeichnet – ein Ausdruck, der an die Zeiten erinnert, da man dieses Gericht noch aus einem Wildschweinkopf zubereitete.

Die Kopfknochen werden bis auf Ober-und Unterkiefer ausgelöst. Nach dem Entbeinen wird der Schweinskopf gefüllt, so daß er wieder seine ursprüngliche Form erhält.

Für das Entbeinen sollte man sich viel Zeit nehmen und sorgfältig arbeiten; dabei sollte das Messer dicht an den Knochen gehalten werden, damit die Schwarte nicht beschädigt wird. Am oberen Teil des Kopfes und in der Augengegend muß man besonders vorsichtig sein, weil sich an diesen Stellen kein Fleisch befindet. Nach dem Entbeinen schneidet man das Fleisch von der Kopfschwarte ab. Fleisch und Schwarte werden zur Geschmacksverbesserung eingesalzen und stehengelassen; dann wird das Fleisch feingehackt und zu der Füllung gegeben.

Für einen kleinen, etwa 5 kg schweren Kopf benötigt man ungefähr 3 kg Füllmasse. Jede Hackfleischmasse ist für diesen Zweck geeignet. Hier wird der Kopf mit der gleichen Masse gefüllt, wie sie auch für die Bauern-Terrine auf S. 18 verwendet wird. Überschüssige Füllmasse kann man als Terrine zubereiten (S. 20), in Scheiben schneiden und als Garnierung verwenden.

Der gefüllte Kopf wird in Nessel eingeschlagen und mit Nesselstreifen umwickelt. Küchengarn ist ungeeignet, da es das Fleisch eindrückt und das Aussehen des Kopfes beeinträchtigt. Man gart den Schweinskopf bei sehr schwacher Hitze, damit das Fleisch saftig bleibt. Bei zu hoher Temperatur können Ohren und Schnauze sich vom Kopf ablösen, bevor das restliche Fleisch gar ist. Zur besseren Kontrolle der Wassertemperatur, die 80° C nicht überschreiten soll, kann man ein Thermometer an der Innenwand des Topfes anbringen.

Der gargezogene Schweinskopf wird mit Safran bestrichen und mit gelatinehaltiger Brühe überzogen, die zu einem goldbraunen, glänzenden Überzug erstarrt.

1 **Den Schweinskopf säubern.** Restliche Borsten mit einem scharfen Messer abschaben oder über einer Flamme absengen. Die Wimpern mit einer Pinzette auszupfen. Ohren und Nasenlöcher innen säubern. Den Schweinskopf abspülen und trockentupfen.

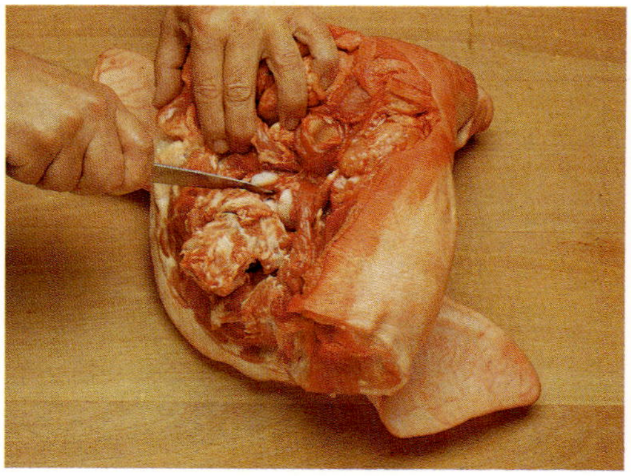

2 **Die Halswirbel entfernen.** Den Kopf auf die Stirn legen. Die Halswirbel ertasten. Das Fleisch an den hervorstehenden Wirbelenden abschaben. An der Verbindungsstelle von Nacken und Schädel das Bindegewebe durchschneiden; die Halswirbel entfernen.

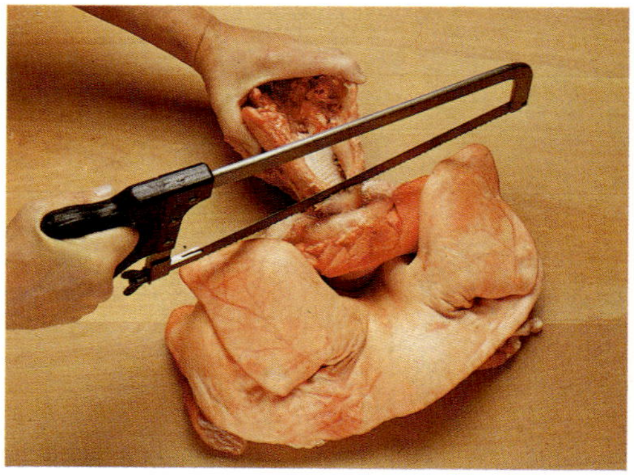

6 **Die Schnauze durchsägen.** Das Fleisch an Schnauze und Unterkiefer abschaben, dabei die vorderen 6 cm der Schnauze ganz lassen, damit die Form des Kopfes erhalten bleibt. Kiefer und Schnauze so durchsägen, daß die vorderen 7 cm Knochen stehenbleiben.

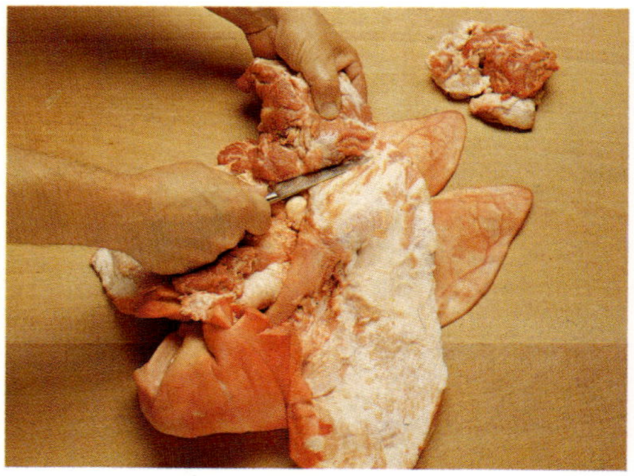

7 **Die Schwarte parieren.** Fleisch, Fett, Nervenstränge und Nackendrüsen an der Innenseite der Schwarte abschneiden. Die dünne Fettschicht, die sich direkt unter der Schwarte befindet, nicht entfernen. Die Schwarte mit einem Fleischklopfer bearbeiten.

11 **Die Schnauze in Nessel einschlagen.** Die Schnauze in mehrere Lagen Nesseltuch einschlagen, dann mit einem Nesselstreifen behutsam umwickeln und binden, damit der Stoff nicht verrutscht (oben).

12 **Die Schnauze abdichten.** Gegen die Innenseite der Schnauze eine große Scheibe fetten Speck legen (S. 8), so daß die Füllung nicht auslaufen kann.

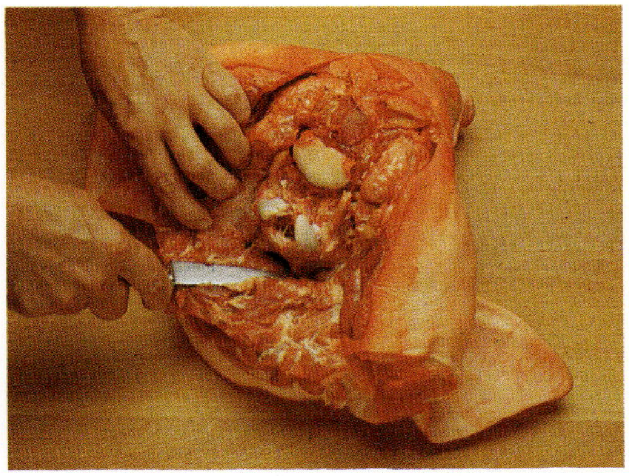

3 **Das Fleisch am Schädel ablösen.** Die Kieferknochen mit den Fingern ertasten. Das Fleisch mit einem kleinen, scharfen Messer vom Schädel schneiden; dabei die Messerklinge dicht an den Knochen halten und um den Schädel herum arbeiten (oben).

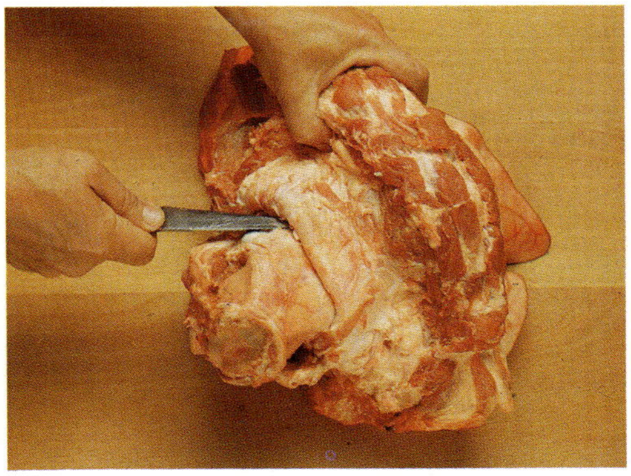

4 **Die Kopfschwarte abziehen.** Den Kopf auf das Kinn legen und die Schwarte bis zu den Augen nach unten abziehen. Die Gehörgänge, die die Ohren mit dem Schädel verbinden, durchtrennen. Um die Augenhöhlen herumschneiden; die Augen im Schädel lassen.

5 **Die Zunge entfernen.** Die Schwarte in ihre ursprüngliche Lage bringen. Den Kopf so legen, daß die Schnauze nach oben weist. Die Schnauze öffnen und die Haut unter der Zunge durchtrennen. Den Kopf auf die Stirn legen, die Zunge herausschneiden.

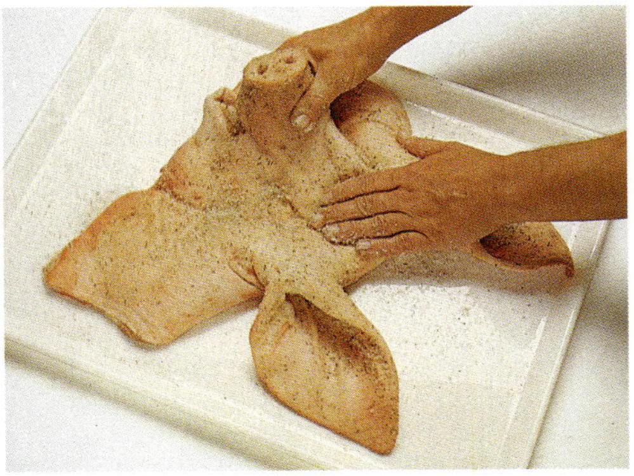

8 **Die Kopfschwarte einsalzen.** Die Schwarte für 1 Stunde in gesalzenes Wasser legen, dann mit Küchenkrepp trockentupfen. Auf ein Tablett legen und innen und außen mit Salz und getrockneten Kräutern einreiben. Über Nacht an einen kühlen Platz stellen.

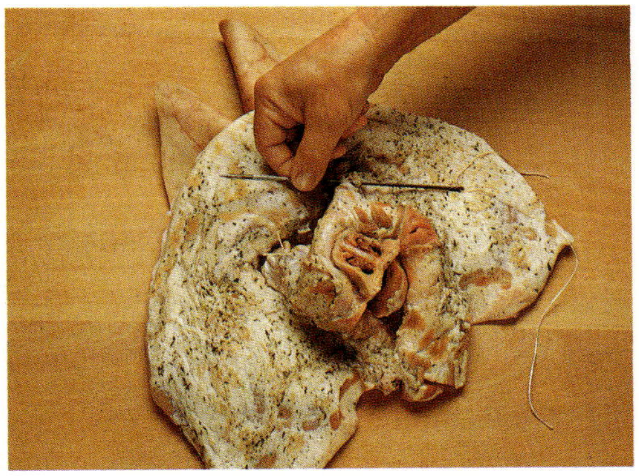

9 **Die Augen zunähen.** Die Kopfschwarte gründlich mit kaltem Wasser abspülen, um überschüssiges Salz zu entfernen; mit Küchenkrepp trockentupfen. Die Lider durch das Bindegewebe auf der Innenseite mit Küchengarn zunähen; die Lider nicht durchstechen.

10 **Die Schnauze offen halten.** Die Kopfschwarte mit Zitronensaft einreiben, damit sie weiß wird. Damit die Schnauze während des Garens offen bleibt, einen etwa 10 cm langen Markknochen hineinstellen.

13 **Den Schweinskopf füllen.** Eine Hackfleischmasse zubereiten (Rezept S. 170). Das von den Knochen und der Schwarte abgelöste Fleisch hacken und hinzufügen. Einige Handvoll Füllung auf die Speckscheibe in der Schnauze geben.

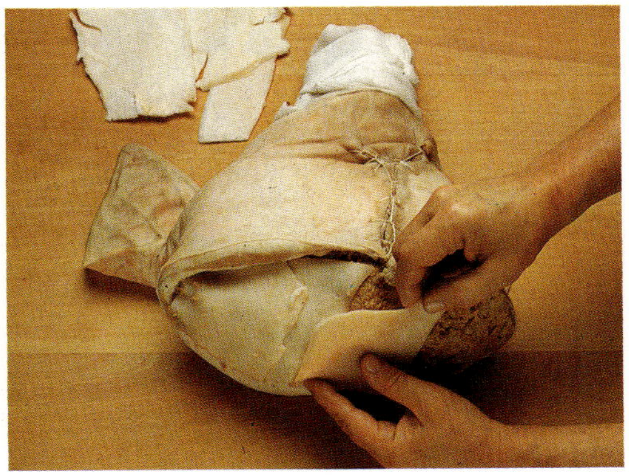

14 **Die Füllung mit Speck bedecken.** Die Halsöffnung mit Küchengarn zunähen. Dann den Kopf weiter füllen; freiliegende Füllung mit einigen Scheiben fettem Speck bedecken. Den fetten Speck zwischen Füllung und Haut stecken.

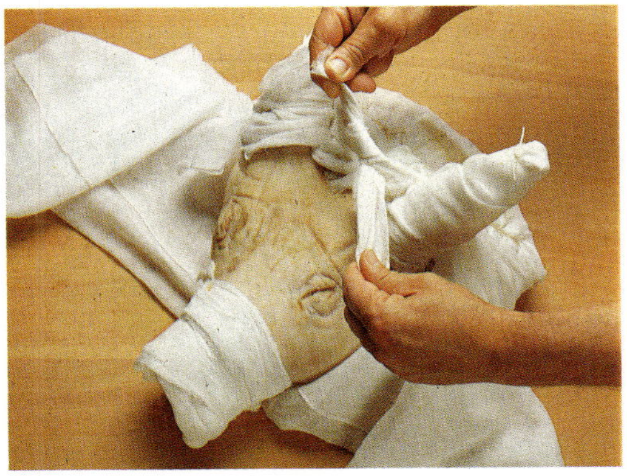

15 **In Nessel hüllen.** Die Ohren einrollen und in Nessel einschlagen. Ein Stück Nessel auf den mit Speck bedeckten Teil des Kopfes legen und hinter den Ohren festbinden. Den Kopf in mehrere Lagen Nessel einschlagen und die Enden vernähen. ▶

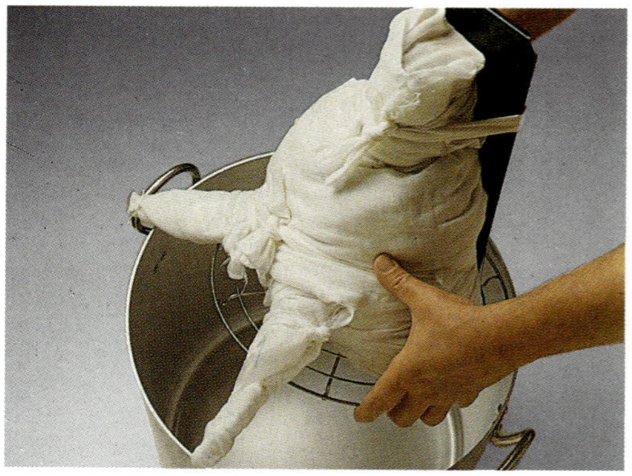

16 **Den Kopf in den Topf geben.** Den Kopf mit der Schnauze nach oben auf ein Drahtgitter legen und daran festnähen. Einen flachen Gegenstand gegen die Unterseite der Schnauze stellen und die Schnauze mit Nessel daran festbinden.

17 **Den Kopf garen.** Den Kopf mit Wasser bedecken; eine Handvoll Salz dazugeben. Eine feuerfeste Unterlage unter den Topf legen und den Kopf 8 Stunden garen lassen; von Zeit zu Zeit heißes Wasser nachfüllen. Den Kopf abkühlen lassen.

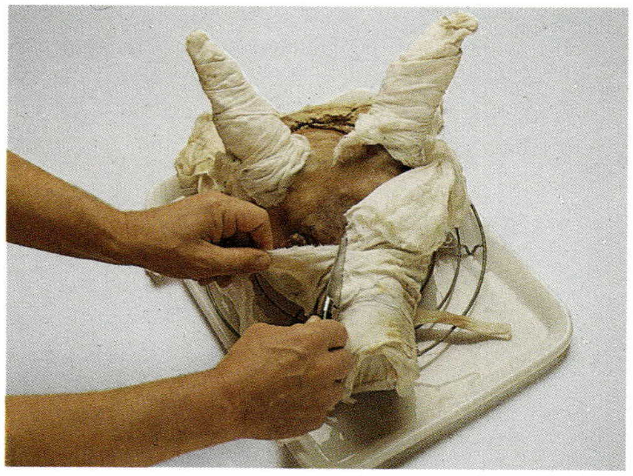

18 **Den Nessel entfernen.** Den Kopf losbinden. Das Drahtgitter auf ein Tablett stellen und den Kopf mit den Ohren nach oben darauflegen. Die Ohren mit Spießen abstützen. Den Kopf über Nacht kalt stellen. Sorgfältig aus dem Nessel wickeln.

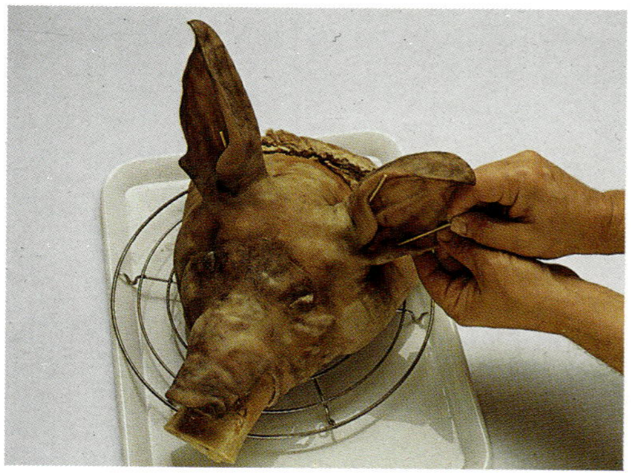

19 **Den Kopf abtupfen.** Küchenkrepp in heißes Wasser tauchen und damit alles Fett vom Kopf abtupfen. Die Ohren behutsam entrollen und mit Holzspießen abstützen (oben). Etwas Safranpulver in einigen Eßlöffeln heißem Wasser auflösen.

20 **Überziehen.** Kopf und Ohren mit Safran bestreichen. Den Kopf für 30 Minuten kalt stellen. Gelatinehaltige Fleischbrühe herstellen (S. 6) und einkochen, bis sie sirupartig ist. Den Kopf mehrmals damit überziehen; zwischendurch kühlen.

21 **Die Galantine aufschneiden.** Ein Brett auf eine Platte geben und den Kopf darauflegen. Die Speckscheiben an der Hinterseite des Kopfes entfernen und die Füllung glattschneiden. Den Markknochen durch einen Apfel ersetzen, der mit einem Holzstäbchen gehalten wird. Den Kopf mit Brunnenkresse und Terrine garnieren. Den Kopf hinten und an den Seiten diagonal in Scheiben schneiden. □

Rezepte

Aus der Kochbuchliteratur und Überlieferungen aus vielen Ländern haben die Herausgeber und Berater dieses Bandes die folgenden Rezepte ausgewählt. Die Auswahl reicht von einfachen Gemüseterrinen über üppige Wildpasteten bis zu raffinierten Galantinen. Die Sammlung umspannt einen Zeitraum von fünf Jahrhunderten und enthält Rezepte von 111 Autoren. Viele Rezepte stammen von anerkannten Meisterköchen, aber es wurden auch Rezepte von weniger bekannten Autoren ausgewählt. Sie sind Kochbüchern entnommen, die heute nur noch schwer zugänglich sind, da sie nicht mehr verlegt werden und zum größten Teil nur noch in Privatsammlungen stehen. Viele von ihnen werden erstmalig in deutscher Sprache veröffentlicht. Einige Rezepte entstammen nationalen Kochtraditionen, die schon viele Jahrhunderte alt sind; andere wiederum sind so modern wie die *nouvelle cuisine*.

In früheren Zeiten haben viele Autoren in ihren Rezepten keine genauen Zutatenmengen, Garzeiten und Gartemperaturen angegeben; diese sind hier mit Bedacht ergänzt worden. Außerdem wurden einer Reihe von Rezepten zusätzlich Erläuterungen und Hinweise – durch kursive Schrift gekennzeichnet – vorangestellt. Veraltete Ausdrücke wurden durch moderne ersetzt; doch um den Originalcharakter der Rezepte zu bewahren und eine möglichst authentische Rezeptsammlung zu erhalten, sind die Texte der Autoren so wenig wie möglich verändert worden. Einige Arbeitsanleitungen wurden erweitert; sollten sie in einigen Fällen dennoch nicht ausführlich genug erscheinen, braucht der Leser nur das entsprechende Kapitel im ersten Teil des Buches aufzuschlagen, wo alle Zubereitungsmethoden in Wort und Bild erklärt werden. Küchentechnische Ausdrücke und nicht allgemein bekannte Zutaten werden am Ende des Buches im kombinierten Register und Glossar erklärt.

Die Rezeptsammlung ist aus praktischen Gründen ebenso aufgebaut wie der erste Teil des Buches. Die Standardrezepte für Füllmassen, Teige, Brühen und Saucen erscheinen am Ende der Rezeptsammlung. Einige Autoren verwenden den Begriff „Pastete“ für Gerichte, bei denen es sich genaugenommen um Terrinen handelt. Der Originaltitel wurde in jedem Fall unverändert übernommen, das Rezept jedoch dem Abschnitt „Terrinen“ zugeordnet. Die in manchen Rezepten enthaltenen Serviervorschläge sind selbstverständlich nur als Anregung gedacht und können nach Belieben abgewandelt werden. Man kann in etwa davon ausgehen, daß eine Pastete oder Terrine von 1 kg als Hauptgericht für sechs Personen, als erster Gang in einem Menü für zwölf Personen ausreicht; allerdings handelt es sich dabei nur um Durchschnittswerte, die sich verändern, wenn eine Mischung außergewöhnlich gehaltvoll ist oder die übrigen Gänge des Menüs besonders leicht oder schwer sind.

In den Zutatenlisten werden zunächst die Hauptzutaten genannt. Die übrigen Zutaten folgen in der Reihenfolge, in der sie bei der Zubereitung des Gerichts verwendet werden. Bei allen in Löffeln angegebenen Mengen ist der gestrichen volle Löffel gemeint.

Fleischterrinen

Schweinefleisch-Hackbraten mit Spinat und Wirsing

Caillette Valentinoise

	Ergibt 2 kg
1 kg	Fleisch vom Schweinskopf ohne Knochen
500 g	Schweineleber
500 g	Filetkotelettstück ohne Knochen vom Schwein
	Salz und frisch gemahlener Pfeffer
3	Knoblauchzehen
250 g	Spinat
1	kleiner Wirsingkohl, in Viertel geschnitten, der Strunk entfernt
1	Stengel Petersilie
1	Ei
	Geriebene Muskatnuß
125 g	Schweinsnetz, blanchiert
30 g	Butter
1	dünne quadratische Scheibe frischer fetter Speck von 3 cm Seitenlänge
1	kleiner Stengel getrockneter Salbei

Das Schweinskopffleisch in einen Topf geben, mit Wasser bedecken und Salz, Pfeffer und 1 Knoblauchzehe hinzufügen. Zum Kochen bringen und etwa 2 Stunden simmern lassen, bis das Fleisch weich ist. Das Fleisch aus der Garflüssigkeit nehmen.

Spinat und Wirsingkohl in der Garflüssigkeit garen, bis sie weich sind. Für den Kohl beträgt die Garzeit etwa 15 Minuten, für den Spinat 5 Minuten. Die Gemüse abtropfen lassen und ausdrücken. Die Garflüssigkeit beiseite stellen.

Das gegarte Fleisch und die Gemüse zusammen mit der Leber und dem Filetkotelettstück hacken. Die restlichen Knoblauchzehen zusammen mit der Petersilie hacken und zur Fleischmasse geben. Das Ei hinzufügen und mit Salz, Pfeffer und Muskat würzen; gut vermischen. Das Schweinsnetz in einer großen Schüssel ausbreiten. Die Fleischmasse daraufgeben. Die Ränder des Schweinsnetzes um die Fleischmasse schlagen.

45 cl Garflüssigkeit in eine Auflaufform geben. Butter hinzufügen und die umhüllte Fleischmasse so in die Form legen, daß die Ränder des Schweinsnetzes unten liegen. Die Speckscheibe darauflegen und mit dem Salbeizweig befestigen. Ohne Deckel im vorgeheizten Backofen bei 190° C (Gasherd Stufe 3) 1 Stunde garen; nach 30 Minuten Garzeit das Fleisch regelmäßig mit Bratensaft und der restlichen Garflüssigkeit begießen. Darauf achten, daß der Hackbraten nicht austrocknet. Dieses Gericht kann heiß oder kalt serviert werden.

PAUL BOUILLARD
LA CUISINE AU COIN DU FEU

Schweinefleisch-Terrine aus Northumberland

Northumbrian Mitton of Pork

	Ergibt 1 kg
750 g	Bratwurstmasse
6 bis 8 EL	gehackte gemischte frische Kräuter (Petersilie, Thymian, Kerbel, Schnittlauch, Majoran, etwas Salbei)
Etwa 350 g	frischer durchwachsener Speck, in Scheiben geschnitten
	Salz und frisch gemahlener Pfeffer

Etwas von der Wurstmasse braten und probieren, ob sie ausreichend gewürzt ist; gegebenenfalls nachwürzen. Die Bratwurstmasse zu kleinen, flachen Klößen formen und in der Kräutermischung wenden.

Eine Puddingform mit Fett ausstreichen und mit Speckscheiben auslegen, dann eine Schicht Fleischklöße hineingeben und mit Speck belegen. So weiterschichten, bis die Zutaten aufgebraucht sind; jede Schicht mit etwas Salz und Pfeffer würzen. Alufolie auf die Oberfläche legen und die Terrine mit einem Gewicht beschweren, damit die Schichten während des Garens zusammengedrückt werden. Die Form in eine mit Wasser gefüllte Backform mit Wasser stellen und die Terrine im vorgeheizten Backofen bei 180° C (Gasherd Stufe 2–3) etwa 1 Stunde garen; 15 Minuten vor Ende der Garzeit Folie und Gewicht entfernen. Nach Belieben überschüssiges Fett abgießen (allerdings hält sich die Terrine länger, wenn man das Fett nicht abgießt).

Die Terrine wird häufig heiß serviert, sie schmeckt aber auch kalt sehr gut. Zum Abkühlen mit einem Gewicht beschweren.

SIMONE SEKERS
PÂTÉS, TERRINES AND POTTED MEATS

Fleischklöße nach Ardèche-Art

Caillettes de l'Ardèche

	Ergibt 1 kg
500 g	Bratwurstmasse
500 g	Mangold, blanchiert
100 g	Spinat, blanchiert
1	Stange Bleichsellerie, blanchiert
150 g	Schweineleber
	Salz und frisch gemahlener Pfeffer
	Quatre épices
	Getrockneter Thymian
	Getrocknetes Basilikum
125 g	Schweinsnetz

Die blanchierten Gemüse und die Leber zusammen hacken. Bratwurstmasse dazugeben, mit Salz, Pfeffer, *quatre épices,* Thymian und Basilikum würzen und alle Zutaten vermischen. Aus der Masse kleine Klöße formen und diese in kleine Stücke Schweinsnetz einschlagen. In eine mit Butter ausgestrichene feuerfeste Form geben und im vorgeheizten Backofen bei 220° C (Gasherd Stufe 4–5) etwa 20 Minuten garen.

EUGÉNIE BRAZIER
LES SECRETS DE LA MÈRE BRAZIER

Gayettes

Ergibt 1,25 kg

250 g	Schweineleber, in Würfel geschnitten
250 g	Kalbslunge, in Würfel geschnitten
300 g	Schweineniere, in Würfel geschnitten
300 g	Bratwurstmasse
100 g	Hühnerleber, feingehackt
	Salz und frisch gemahlener Pfeffer
1	Knoblauchzehe
1	Schalotte, gehackt
3 EL	gehackte Petersilie
1	Trüffel, in Würfel geschnitten (nach Belieben)
125 g	Schweinsnetz, in Quadrate geschnitten

Schweineleber, Kalbslunge und Schweineniere mit Salz, Pfeffer, Knoblauch, Schalotte, Petersilie und Trüffel in eine Schüssel geben. Zugedeckt 10 bis 12 Stunden marinieren. Grobhacken; Bratwurstmasse und Hühnerleber hinzufügen. Die Masse zu Fleischklößen formen und jeden Fleischkloß in Schweinsnetz einschlagen. Eine Backform mit Fett ausstreichen, die Fleischklöße hineinlegen und im vorgeheizten Backofen bei 180° C (Gasherd Stufe 2–3) 1½ Stunden garen. Kalt servieren.

70 MÉDECINS DE FRANCE
LE TRÉSOR DE LA CUISINE DU BASSIN MÉDITERRANÉEN

Schweinefleisch-Terrine

Terrine de Porc

Ergibt 1,5 kg

1,25 kg	Schweinebauch, feingehackt
250 g	Schweineleber, feingehackt
1	Zwiebel, feingehackt
2	Knoblauchzehen, feingehackt
2	Zweige Rosmarin oder 2 TL getrockneter Rosmarin
1	Ei
2 EL	Weinbrand
	Salz und frisch gemahlener schwarzer Pfeffer
1	Schweinsfuß, gespalten

Das gehackte Fleisch und die Leber mit Zwiebel, Knoblauch und den Blättern von einem Rosmarinzweig vermischen. Wenn getrockneter Rosmarin verwendet wird, diesen sehr fein zwischen den Fingern zerreiben und die 2 TL auf einmal hinzufügen. Das Ei zusammen mit dem Weinbrand schlagen und die Mischung zu der Fleischmasse geben. Reichlich Salz und Pfeffer hinzufügen und alle Zutaten gut vermischen. Von dieser Fleischmasse eine kleine Menge abnehmen und braten, um festzustellen, ob sie ausreichend gewürzt ist.

Die Masse in eine Form aus Steingut oder anderem feuerfesten Material füllen. Den Schweinsfuß und gegebenenfalls den zweiten Rosmarinzweig in die Mitte drücken. In einem Wasserbad im vorgeheizten Backofen bei 220° C (Gasherd Stufe 4–5) garen. Nach 15 Minuten die Temperatur auf 190° C (Gasherd Stufe 3) herunterschalten und noch 1 bis 1½ Stunden garen, bis der Saft klar und die Fleischmasse so zusammengeschrumpft ist, daß sie sich vom Rand der Form löst.

Die Form aus dem Backofen nehmen, den Schweinsfuß und den Rosmarinzweig entfernen und die Oberfläche glattstreichen. Die Terrine mit einem Gewicht beschweren und abkühlen lassen.

Die Terrine vor dem Servieren mindestens 1 Tag an einem kühlen Platz stehenlassen.

HELGE RUBINSTEIN
FRENCH COOKERY

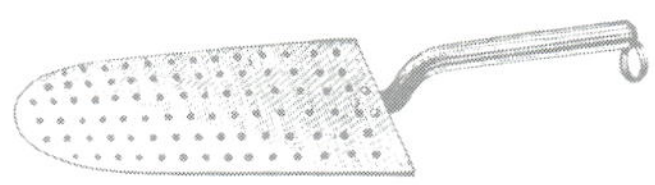

Terrine mit Basilikum

La Terrine au Basilic

Ergibt 750 g

250 g	mageres Schweinefleisch ohne Knochen, gehackt
250 g	Kalbfleisch ohne Knochen, gehackt
250 g	Kalbsleber, in 2 cm große Würfel geschnitten
	Salz und frisch gemahlener Pfeffer
8 cl	Tresterbranntwein oder Weinbrand
8 cl	Olivenöl
1 TL	Thymian
5	Stengel Basilikum, die Blätter abgestreift
2	Lorbeerblätter

Das Schweinefleisch mit dem Kalbfleisch vermischen und mit Salz und Pfeffer würzen. Die Leberwürfel mit Tresterbranntwein oder Weinbrand, Öl und Thymian vermischen und mindestens 2 Stunden marinieren.

Den Boden einer Steingutform mit einer 2 cm hohen Schicht Hackfleischmasse bedecken. Darauf der Reihe nach eine Lage Basilikumblätter, eine Lage Leberwürfel, wieder Basilikumblätter und wieder Hackfleischmasse in die Form schichten. In dieser Reihenfolge fortfahren und mit Hackfleischmasse abschließen. Die Lorbeerblätter darauflegen.

Die Terrine in einem Wasserbad im vorgeheizten Backofen bei 200° C (Gasherd Stufe 3–4) 45 Minuten bis 1 Stunde garen. Abkühlen lassen und anschließend in den Kühlschrank stellen. Mit Butter und schwarzen Oliven kalt servieren.

FLORENCE DE ANDREIS
LA CUISINE PROVENÇALE D'AUJOURD'HUI

Terrine aus verschiedenen Fleischsorten

Terrine d'Albas

Ergibt 4 kg

1	Kaninchen, entbeint, in kleine Würfel geschnitten
500 g	mageres Kalbfleisch, in kleine Würfel geschnitten
500 g	Schweinefleisch (Filetkotelettstück oder Schulter) ohne Knochen, in kleine Würfel geschnitten
500 g	Hühnerleber, in kleine Würfel geschnitten
2 kg	frischer fetter Speck, in kleine Würfel geschnitten
4	Eier
100 g	Salz
	Frisch gemahlener Pfeffer
1 EL	Thymian
1	Lorbeerblatt, zerrieben
1/8 l	Armagnac oder Cognac

Alle Zutaten mischen und gründlich verkneten. In eine Steingutform geben und über Nacht in den Kühlschrank stellen.

Am nächsten Tag den Backofen auf 200° C (Gasherd Stufe 3–4) vorheizen und die Terrine hineinstellen. Nach 30 Minuten die Temperatur auf 180° C (Gasherd Stufe 2–3) herunterschalten. Die Terrine insgesamt 7 Stunden garen. Für die Garprobe mit einem Spieß in die Mitte stechen; die Terrine ist gar, wenn ein klarer Saft austritt. Kalt servieren.

HENRI PHILIPPON
CUISINE DU QUERCY ET DU PÉRIGORD

Terrine mit Schinken, Schweinefleisch und Kalbfleisch

Terrine of Ham, Pork and Veal

Ergibt 1,5 kg

500 g	Schinken, in Würfel geschnitten
500 g	Schweinefleisch, feingehackt
500 g	Kalbfleisch, feingehackt
1	Knoblauchzehe, gehackt
6	Wacholderbeeren
Je 1/2 TL	Thymian und Majoran
1/2 TL	gemahlene Muskatblüte
	Salz und frisch gemahlener schwarzer Pfeffer
10 cl	Weißwein
2 EL	Weinbrand
125 g	durchwachsener Speck, zuerst in dünne Scheiben, dann in 5 cm breite Streifen geschnitten
1 oder 2	Lorbeerblätter

Schinken, Schweine- und Kalbfleisch, Knoblauch, Wacholderbeeren, Kräuter, Gewürze, viel Pfeffer und etwas Salz in eine Schüssel geben und vermischen. Wein und Weinbrand dazugießen und 1 bis 2 Stunden stehenlassen. Den Boden einer flachen Steingutform mit Speckstreifen auslegen. Die Masse in die Form geben, mit Speckstreifen bedecken und die Lorbeerblätter in die Mitte legen. Die Terrine in ein zur Hälfte mit Wasser gefülltes feuerfestes Gefäß stellen und im vorgeheizten Backofen bei 150° C (Gasherd Stufe 1) 2½ bis 3 Stunden garen, bis die Masse fest ist und sich vom Rand der Form gelöst hat. Abkühlen lassen. Mit geröstetem Weißbrot und einem frischen Salat servieren.

ELIZABETH DAVID
CLASSICS: SUMMER COOKING

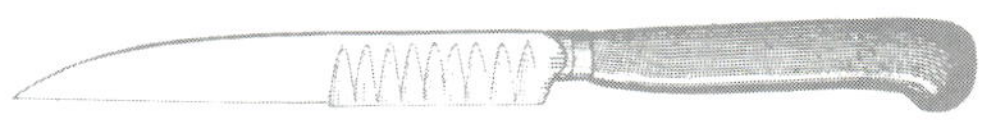

Terrine nach Art des Hauses

Terrine Maison

Ergibt 2 kg

500 g	mageres Kalbfleisch ohne Knochen, davon eine Hälfte in dünne Streifen, die andere Hälfte in Würfel geschnitten
500 g	Schweinebauch, der magere Teil in Würfel geschnitten, das Fett feingehackt
1	Schinkenendstück, das magere Fleisch in Würfel geschnitten, der Schinkenspeck feingehackt
10	Hühnerlebern, gehackt
3/4 l	trockener Weißwein
10 cl	Cognac
30 g	Salz
	Frisch gemahlener Pfeffer
	Geriebene Muskatnuß
2	Eier
100 g	Mehl
	Frischer fetter Speck, in Scheiben geschnitten
100 g	*foie gras*, in Scheiben geschnitten
1	Trüffel, in Scheiben geschnitten
	Zerlassenes Schweineschmalz

Das Fleisch mit Ausnahme der Kalbfleischstreifen zusammen mit Wein, Cognac und Gewürzen in eine Schüssel geben und 24 Stunden marinieren. Dann die Eier und das Mehl hinzufügen und alles gut miteinander verkneten.

Eine Steingutform mit Speckscheiben auslegen. Abwechselnd Fleischmasse und Kalbfleischstreifen einschichten, bis der Topf zur Hälfte gefüllt ist. Dann *foie gras* und Trüffelscheiben so darauf anrichten, daß nach dem Aufschneiden jede Portion in der Mitte ein Stück Trüffel und *foie gras* enthält. Anschließend wieder abwechselnd Fleischmasse und Kalbfleischstreifen einschichten, bis die Form gefüllt ist. Die Terrine mit Speckscheiben bedecken und in einem Wasserbad im vorgeheizten Backofen bei 150° C (Gasherd Stufe 1) etwa 3 Stunden garen.

Nach dem Abkühlen die Terrine mit zerlassenem Schweineschmalz überziehen. An einem kühlen Platz aufbewahren.

EUGÉNIE BRAZIER
LES SECRETS DE LA MÈRE BRAZIER

Kalb- und Schweinefleisch in Gelee

Terrine of Veal and Pork

	Ergibt 1 kg
500 g	Kalbfleisch, grobgehackt
500 g	Schweinefleisch, grobgehackt
175 g	frischer durchwachsener Speck, grobgehackt
2	Knoblauchzehen, gehackt
½ TL	Thymian
	Gemahlene Muskatblüte
	Salz und frisch gemahlener schwarzer Pfeffer
⅛ l	Weißwein
60 cl	Gelee (S. 172), aus Kalbs- oder Schweinsfüßen zubereitet, zerlassen
1	Lorbeerblatt

Fleisch, Speck, Knoblauch, Thymian, Gewürze und Wein vermischen. In eine Steingutform geben und mit zerlassenem Gelee knapp bedecken. Das Lorbeerblatt darauflegen, die Steingutform mit Alufolie bedecken oder einen Deckel auflegen, in ein Wasserbad stellen und im vorgeheizten Backofen bei 180° C (Gasherd Stufe 2–3) 2 Stunden garen. Nach dem Abkühlen mit dem restlichen Gelee bedecken.

ELIZABETH DAVID
CLASSICS: SUMMER COOKING

Kalbfleisch-Schinken-Terrine

Ternera Fiambre

	Ergibt 1,25 kg
500 g	Kalbfleisch, feingehackt
250 g	Kalbsleber, feingehackt
250 g	Schinken, davon 60 g feingehackt, der Rest in Scheiben geschnitten
250 g	frischer durchwachsener Speck, davon 60 g feingehackt, der Rest in Scheiben geschnitten
3	Knoblauchzehen, gehackt
1	Zwiebel, gehackt
1 EL	gehackte Petersilie
1 TL	Salz
¼ TL	frisch gemahlener schwarzer Pfeffer
½ TL	Paprikapulver
¼ TL	gemahlener Zimt
1	Ei, geschlagen
8 cl	Weinbrand
1	Lorbeerblatt

Alle feingehackten Fleischsorten gut vermischen und Knoblauch, Zwiebel, Petersilie, Salz, Pfeffer, Gewürze, Ei und Weinbrand hinzufügen. Eine Steingutform mit den Speckscheiben auslegen. Die Hackfleischmasse hineingeben und mit den Schinkenscheiben bedecken. Das Lorbeerblatt darauflegen. Die Terrine in einem Topf mit heißem Wasser im vorgeheizten Backofen bei 190° C (Gasherd Stufe 3) 1 bis 1½ Stunden garen. Dann mit einem Gewicht beschweren und abkühlen lassen. Bis zum nächsten Tag ruhenlassen. Bevor die Terrine auf eine Servierplatte gestürzt wird, die Form kurz in heißes Wasser tauchen.

MARINA PEREYRA DE AZNAR UND NINA FROUD
THE HOME BOOK OF SPANISH COOKERY

Fleischterrine auf lothringische Art

Terrine de Viande Mode Lorraine

	Ergibt 3 kg
1 kg	Schweinefilet, in 5 cm große Quadrate geschnitten
1 kg	Kalbfleisch (Oberschale), in 5 cm große Quadrate geschnitten
1 kg	Bratwurstmasse
250 g	frischer fetter Speck, in Würfel geschnitten
2	Zwiebeln, in Scheiben geschnitten
2	Knoblauchzehen, zerdrückt
2	Schalotten, in Scheiben geschnitten
1	Lorbeerblatt
1	Stengel Thymian
2 oder 3	Stengel Petersilie
1	Möhre, in Scheiben geschnitten
	Salz und frisch gemahlener Pfeffer
	Frisch geriebene Muskatnuß
3 EL	Olivenöl
35 cl	Weißwein
	Fetter Speck, in Scheiben geschnitten
	Mehl-Wasser-Paste, mit 1 EL Öl vermischt

Schweine- und Kalbfleisch in eine Steingutform geben. Zwiebeln, Knoblauch, Schalotten, Lorbeerblatt, Thymian, Petersilie und Möhre hinzufügen. Mit Salz, Pfeffer und Muskat würzen; mit Olivenöl beträufeln und den Wein dazugießen. Das Fleisch 24 Stunden marinieren, dabei gelegentlich wenden.

Eine Steingutform mit den Speckscheiben auslegen. Eine Schicht Bratwurstmasse hineingeben. Das Fleisch aus der Marinade nehmen und einen Teil davon in die Form schichten; dann eine Lage Bratwurstmasse und gewürfelten Speck darauf verteilen. In dieser Reihenfolge weitere Lagen einschichten, bis Fleisch, Bratwurstmasse und Speckwürfel aufgebraucht sind; mit Bratwurstmasse abschließen. Die Marinade durch ein Sieb gießen und über die Terrine geben. Anschließend mit Speckscheiben belegen. Den Deckel auflegen und mit der Mehl-Wasser-Paste versiegeln. Die Terrine im vorgeheizten Backofen bei 170° C (Gasherd Stufe 2) 4 Stunden garen.

48 Stunden ruhenlassen und kalt servieren.

GOMBERVAUX (HERAUSGEBER)
LA BONNE CUISINE POUR TOUS

Terrine mit Fleischsorten nach eigener Wahl

Gâteau de Viande de ce que l'On Veut

	Ergibt 4 kg
2 kg	mageres Rindfleisch ohne Knochen, oder Lamm- oder Hammelkeule ohne Knochen, oder mageres Kalbfleisch ohne Knochen, oder 1 Hase, entbeint, oder eine Mischung aus all diesen Fleischsorten
250 g	Rindertalg oder -mark, gehackt
250 g	mildgeräucherter Schinken
	Salz
	Gewürzmischung
1 EL	gehackte Petersilie
2	Frühlingszwiebeln, gehackt
250 g	Champignons, feingehackt
1/2 EL	gemahlenes getrocknetes Basilikum
8	Eigelb
10 cl	Obstbranntwein oder Weinbrand
1 kg	frischer fetter Speck, in Würfel geschnitten
250 g	frischer fetter Speck, in Scheiben geschnitten

Das Fleisch zusammen mit dem Rindertalg oder -mark und dem Schinken hacken oder durch den Fleischwolf drehen. Dann Salz, Gewürzmischung, Petersilie, Frühlingszwiebeln, Champignons und Basilikum dazugeben. Eigelb, Obstbranntwein oder Weinbrand und die Speckwürfel hinzufügen und alles gründlich verkneten, bis die Zutaten gebunden sind.

Einen großen runden Schmortopf mit Speckscheiben auslegen, die Fleischmasse hineingeben und mit den restlichen Speckscheiben bedecken. Einen Deckel auflegen und die Terrine im auf 180° C (Gasherd Stufe 2–3) vorgeheizten Backofen 4 Stunden garen; nach 1 Stunde Garzeit die Temperatur auf 130° C (Gasherd Stufe 1 bei leicht geöffneter Backofentür) herunterschalten. Die Terrine aus dem Backofen nehmen, ein Holzbrett darauflegen, mit einem Gewicht beschweren und die Terrine abkühlen lassen.

Vor dem Servieren die Terrine auf eine Platte stürzen und die Speckschicht vorsichtig abschaben, so daß die Oberfläche gleichmäßig weiß und appetitanregend aussieht.

MENON
LES SOUPERS DE LA COUR

Ländliche Terrine „Coach House"

Pâté de Campagne Coach House

Das Rezept für diese ländliche Terrine stammt aus Leon Lianides' Restaurant „Coach House" in Greenwich Village, einem Stadtteil von New York. Dort serviert man sie mit einem knappen Löffel Cumberland Sauce, einer pikanten Sauce aus Portwein, Johannisbeergelee und Zitrusfrüchten.

Wenn kein Fleischwolf zum Zerkleinern zur Verfügung steht, sollte man das Schweinefleisch und das Kalbfleisch schon feingehackt kaufen und den fetten Speck und die eingeweichten Pilze so fein wie möglich hacken.

Je länger man die Terrine stehenläßt, desto besser kann sich das Aroma entwickeln. Wenn man sie mit einer Schicht zerlassenem Schweineschmalz überzieht, dann im Kühlschrank erkalten läßt und – sobald das Schmalz fest ist – mit Alufolie abdeckt, hält sie sich 10 Tage. Soll nur ein Teil der Terrine verwendet werden, stürzt man sie, wie im Rezept beschrieben, und schabt dann von der entsprechenden Portion die Schmalzschicht ab. Anschließend streicht man das abgeschabte Schmalz auf das angeschnittene Ende, hebt die Terrine wieder in die Steingutform und stellt sie – mit Alufolie bedeckt – in den Kühlschrank.

	Ergibt 2,5 kg
500 g	Schweineschulter ohne Knochen
500 g	Kalbfleisch ohne Knochen
350 g	frischer fetter Speck
500 g	Hühnerleber, pariert
15 bis 25 g	getrocknete Champignons
4 EL	Amontillado Sherry
6	Knoblauchzehen, grobgehackt
3	Eier
4 EL	Sahne
1/8 l	Cognac
3 TL	Salz
2 TL	frisch gemahlener weißer Pfeffer
1/2 TL	gemahlener Piment
1/2 TL	gemahlener Zimt
60 g	Mehl
40 g	Pistazien, grobgehackt
350 bis 500 g	durchwachsener Speck, in Scheiben geschnitten
	Einige Stengel Petersilie oder Brunnenkresse

Die Champignons für etwa 20 Minuten in Sherry legen, bis sie gequollen sind. Schweinefleisch, Kalbfleisch und fetten Speck zusammen mit den Champignons und dem von den Champignons nicht aufgenommenen Sherry durch den Fleischwolf drehen.

Die Hühnerleber zusammen mit Knoblauch, Eiern, Sahne und Cognac in einer Küchenmaschine pürieren; dabei nach und nach etwa ein Drittel der Hackfleischmasse dazugeben.

Die Gewürze unterrühren und das Püree mit der restlichen Hackfleischmasse in einer großen Rührschüssel gründlich vermischen. Unter Rühren Mehl und Pistazien hinzufügen.

Den Boden und die Wände einer Kasten- oder Steingutform mit durchwachsenem Speck auslegen; dabei die Enden der Speckscheiben über den Rand hängen lassen. Einige Speckscheiben zum Bedecken der Terrine aufbewahren.

Die Masse langsam in die ausgelegte Form gießen. Die Form behutsam gegen die Arbeitsfläche klopfen, damit Luft entweichen kann. Die restlichen Speckscheiben auf die Oberfläche legen. Die Form mit einer doppelten Lage Alufolie fest verschließen und in ein Wasserbad mit so viel heißem Wasser stellen, daß sie zur Hälfte darin steht. Die Terrine im vorgeheizten Backofen bei 180° C (Gasherd Stufe 2–3) etwa 3 Stunden garen; gegebenenfalls heißes Wasser nachgießen. Die Alufolie abnehmen und die

Terrine noch 15 bis 20 Minuten garen, bis die Oberfläche goldbraun ist. Ein sauberes Stück Alufolie mit Öl bestreichen. Die Terrine damit bedecken und mit einem Ziegelstein oder einer kleineren, mit schweren Gegenständen gefüllten Form beschweren. Die Terrine vollständig abkühlen lassen, das Gewicht entfernen und die Terrine gut mit Alufolie abdecken. Vor dem Servieren noch für 2 Tage in den Kühlschrank stellen.

Die Terrine vor dem Servieren mit einem Messer vom Rand der Form lösen. Die Form kurz etwa 2 cm tief in heißes Wasser tauchen und die Terrine mit der goldbraunen Oberfläche nach oben auf eine Platte heben. Ganz lassen oder in Scheiben schneiden und mit Petersilie oder Brunnenkresse garnieren.

DOROTHY IVENS
PÂTÉS AND OTHER MARVELOUS MEAT LOAVES

Geflügelleber-Fleisch-Terrine

Terrine aux Foies de Volailles

	Ergibt 1,25 kg
250 g	Hühnerleber, feingehackt
250 g	Kalbsfilet, in kleine Würfel geschnitten
250 g	Schweinefilet, in kleine Würfel geschnitten
250 g	Schweinebauch, feingehackt
100 g	frischer fetter Speck, feingehackt
	Salz und frisch gemahlener Pfeffer
	Quatre épices
3	Schalotten
2	Knoblauchzehen, feingehackt
1 EL	feingehackte Petersilie
20 cl	Cognac
1	Zwiebel, feingehackt
10 cl	*crème fraîche* oder Sahne
1	Ei
125 g	Schweinsnetz

Kalbs- und Schweinefiletwürfel mit Salz, Pfeffer, einer Prise *quatre épices,* Schalotten, Knoblauch und Petersilie gut vermischen. Den Cognac dazugießen und das Fleisch 24 Stunden marinieren. Die feingehackten Zutaten vermischen und mit Salz und Pfeffer würzen. In den Kühlschrank stellen.

Am nächsten Tag die Fleischmasse mit den marinierten Fleischwürfeln vermischen, dann *crème fraîche* oder Sahne und das Ei hinzufügen. Eine runde Steingutform mit Schweinsnetz auslegen. Die Fleischmasse hineingeben und das überhängende Schweinsnetz darüberschlagen. Die Form in ein Wasserbad stellen und die Terrine im vorgeheizten Backofen bei 180° C (Gasherd Stufe 2–3) etwa 2 Stunden garen, bis die Oberfläche braun und die Fleischmasse fest ist.

Zum Abkühlen einen beschwerten Teller auf die Terrine legen.

FRANÇOIS VOEGELING
LA GASTRONOMIE ALSACIENNE

Terrine mit verschiedenen Fleischsorten und Hühnerleber

Pastel-Terrina de Carnes Variadas y Higaditos de Pollo

	Ergibt 1,5 kg
1	Hähnchenbrust (etwa 400 g), entbeint und feingehackt
150 g	durchwachsener Speck, feingehackt
350 g	mageres Schweinefleisch, feingehackt
250 g	Hühnerleber, feingehackt
3	Eier, geschlagen
4 EL	Weinbrand
1/8 l	Sahne, geschlagen
	Salz und frisch gemahlener Pfeffer
300 g	durchwachsener Speck, in dünne Scheiben geschnitten
6	Nelken
2	Lorbeerblätter
1	Stengel Thymian
	Grüner Salat oder Brunnenkresse

Die Hähnchenbrust, den feingehackten durchwachsenen Speck, das Schweinefleisch und die Hühnerleber in eine Schüssel geben. Eier, Weinbrand und Schlagsahne hinzufügen. Mit Salz und Pfeffer würzen und alles gut vermischen.

Eine Steingutform mit einigen Scheiben Speck auslegen. Die Fleischmasse hineingeben und gut andrücken. Mit dem restlichen Speck bedecken; zuvor die Nelken in die Speckscheiben stecken. Abschließend die Lorbeerblätter und den Thymianstengel auf die Speckschicht geben. Einen Deckel auflegen und die Terrine in einem Wasserbad im vorgeheizten Backofen bei 170° C (Gasherd Stufe 2) etwa 1½ Stunden garen, bis der austretende Saft klar ist. Die Terrine im ausgeschalteten Backofen abkühlen lassen, bis sie lauwarm ist. Dann aus dem Backofen nehmen, für 3 bis 4 Stunden mit einem Gewicht beschweren und vollständig abkühlen lassen.

Vor dem Servieren die Lorbeerblätter, den Thymian und die Nelken entfernen. Die Terrine mit einem Messer vom Rand der Form lösen und stürzen. Die äußere Speckschicht abziehen. Die Terrine in ziemlich dicke Scheiben schneiden und mit Salatblättern oder Brunnenkresse garnieren.

SIMONE ORTEGA
MIL OCHENTA RECETAS DE COCINA

Polnische Terrine

Pasztet Tani a Dobry

Ergibt 3 kg

1 kg	frischer fetter Speck oder Schweinebacke ohne Schwarte, in Würfel geschnitten
750 g	luftgetrockneter Schinken ohne Knochen, in Würfel geschnitten
1 kg	mageres Kalbfleisch ohne Knochen, in Würfel geschnitten
750 g	Schweineleber, in Hälften geschnitten
30 g	getrocknete Waldpilze
2	Zwiebeln, davon 1 gerieben
1	Petersilienwurzel
125 g	Knollensellerie, in einem Stück
15	rote Paprikaschoten, entkernt
20	Pfefferkörner, zerdrückt
1	Lorbeerblatt
3	altbackene Brötchen, zerbröselt
1	Muskatnuß, gerieben
5	Eier
125 g	Butter, zerlassen
	Salz und frisch gemahlener Pfeffer
	Semmelbrösel

Den Speck in einem großen Topf braten, bis er hellbraun und das Fett ausgelassen ist. Schinken, Kalbfleisch und Pilze dazugeben. Alle Zutaten gut mit Wasser bedecken und zugedeckt 1½ Stunden garen; dabei darauf achten, daß das Fleisch nicht ansetzt – es sollte immer etwa 1 l Flüssigkeit im Topf sein. Die ganze Zwiebel, Petersilienwurzel, Knollensellerie, Paprikaschoten, Pfefferkörner und Lorbeerblatt hinzufügen und die Zutaten noch etwa 30 Minuten garen, bis das Fleisch fast ganz zerfallen ist. Petersilienwurzel und Sellerie entfernen und zerbröselte Brötchen, Leber und ¼ l Wasser dazugeben. Weitere 30 Minuten garen. Dann die Fleischmischung abkühlen lassen.

Die Fleischmischung dreimal durch einen Fleischwolf drehen. Muskat, Eier, zerlassene Butter und geriebene Zwiebel hinzufügen und mit Salz und Pfeffer abschmecken. Gut vermischen und noch einmal durch den Fleischwolf drehen.

Zwei runde Backformen mit Schweineschmalz ausstreichen und mit Semmelbröseln ausstreuen. Die Fleischmasse hineingeben und mit einem Kartoffelstampfer andrücken. Die Formen gut abdecken und die Terrinen im vorgeheizten Backofen bei 230° C (Gasherd Stufe 5) 1 Stunde garen; dabei darauf achten, daß sie nicht verbrennen. Vor dem Servieren vollständig erkalten lassen.

I. PLUCIŃSKA
KSIAŻKA KUCHARSKA UDOSKONALONA

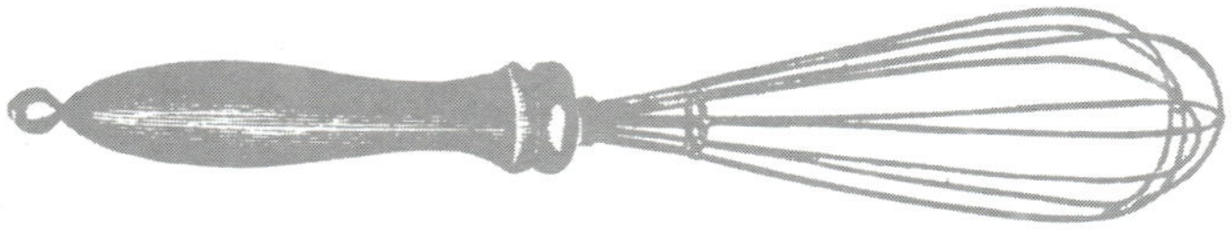

Terrine aus der Bretagne

Pâté de Courraies

Die in diesem Rezept angegebenen Mengen sind für eine große Terrine berechnet, die ein Gefäß ausfüllt, wie es gewöhnlich von Fleischern verwendet wird. Wer eine kleinere Terrine zubereiten möchte, sollte entsprechend weniger Zutaten verwenden.

Ergibt 4,5 kg

2 kg	frischer fetter Speck, grobgehackt
1 kg	Schweineleber, grobgehackt
1 kg	Schweineschulter ohne Knochen, grobgehackt
200 g	Schweineherz, grobgehackt
150 g	Schweinemilz, grobgehackt
5 oder 6	Stücke Schweineschwarte, weichgegart und grobgehackt
3	Zwiebeln, gehackt
1 EL	gehackte Petersilie
125 g	Salz
1 TL	frisch gemahlener Pfeffer
1 TL	Gewürzmischung
125 g	Schweinsnetz

Alle Fleischsorten mit den Zwiebeln und den Gewürzen so vermischen, daß sich die Gewürze gleichmäßig verteilen.

Die Masse in eine feuerfeste Form geben und mit Schweinsnetz bedecken. Im vorgeheizten Backofen bei 240° C (Gasherd Stufe 5–6) 10 Minuten garen. Dann die Temperatur auf 180° C (Gasherd Stufe 2–3) herunterschalten und noch 2½ Stunden garen.

LA CUISINE BRETONNE

Bretonische Terrine

Pâté Breton

Ergibt 1,75 kg

250 g	frische Schweineschwarte
500 g	Schweineschulter ohne Knochen
500 g	Schweineleber
500 g	frischer fetter Speck
4	Zwiebeln
10	Stengel Petersilie
	Salz und frisch gemahlener Pfeffer
1	Ei
1	Stengel Thymian
1	Lorbeerblatt
125 g	Schweinsnetz

In einem Topf Wasser zum Kochen bringen. Die Hälfte der Schweineschwarte hineingeben und 15 Minuten simmern lassen. Abtropfen lassen und feinhacken.

Schweineschulter, Leber, fetten Speck, Zwiebeln und Petersilie zusammen grobhacken. Die feingehackte Schwarte untermischen, mit Salz und Pfeffer würzen und das Ei hinzufügen.

Den Thymian, das Lorbeerblatt und die restliche Schweineschwarte auf den Boden einer flachen Auflaufform legen; die Schwarte mit der fetten Seite nach unten legen. Die Form so mit Schweinsnetz auslegen, daß die Enden über den Rand hängen.

Die Form mit der Fleischmasse füllen, die Oberfläche glattstreichen und die Enden des Schweinsnetzes darüberschlagen. Im vorgeheizten Backofen bei 170° C (Gasherd Stufe 2) ohne Deckel etwa 2 Stunden garen, bis die Oberfläche goldbraun ist und die Terrine sich vom Rand der Form gelöst hat. Die Terrine vor dem Servieren für 24 Stunden an einen kühlen Platz stellen.

CÉLINE VENCE
ENCYCLOPÉDIE HACHETTE DE LA CUISINE RÉGIONALE

Kalbfleisch-Terrine mit durchwachsenem Speck

Terrine de Body

Mit der angegebenen Pfeffermenge schmeckt die Terrine sehr scharf. Man kann die Menge nach Geschmack reduzieren.

	Ergibt 2,5 kg
1 kg	Kalbsschnitzel, in sehr dünne Scheiben geschnitten
1 kg	frischer durchwachsener Speck, die Schwarte entfernt, in sehr dünne Scheiben geschnitten
100 g	Zwiebeln, sehr fein gehackt
75 g	Petersilie, sehr fein gehackt
50 g	frisch gemahlener weißer Pfeffer
	Salz und frisch gemahlener schwarzer Pfeffer
10 cl	trockener Weißwein
1	Stengel Thymian
1/2	Lorbeerblatt

Eine rechteckige, 2,5 kg Fleisch fassende Steingutform oder zwei kleinere Formen verwenden. Boden und Wände mit Speckscheiben auslegen; die Scheiben der Länge nach nebeneinander anordnen. Eine Lage Kalbsschnitzel darauf verteilen. Zwiebeln, Petersilie und weißen Pfeffer mischen und das Fleisch damit bestreuen. Mit etwas Salz und schwarzem Pfeffer würzen.

Durchwachsenen Speck, Kalbfleisch und Gewürze weiter aufeinanderschichten, bis die Form bis zum Rand gefüllt ist; mit einer Schicht Speck abschließen. Weißwein dazugießen, den Stengel Thymian und das Lorbeerblatt auf die Oberfläche legen. Den Deckel auflegen und die Terrine im vorgeheizten Backofen bei 180° C (Gasherd Stufe 2–3) garen, bis klarer Saft austritt; eine große Terrine benötigt etwa 2½ Stunden Garzeit, die kleineren sind nach etwa 1½ Stunden gar.

Nach dem Garen ein beschwertes Brett auf die Terrine legen, damit sie während des Abkühlens etwas zusammengedrückt wird und eine festere Konsistenz erhält. Die Terrine sehr kalt servieren, damit sie beim Aufschneiden nicht zerfällt.

ACADÉMIE DES GASTRONOMES / ACADÉMIE CULINAIRE DE FRANCE
LA HAUTE CUISINE FRANÇAISE

Terrine aus Schweinefleisch und Schweineleber

Terrine of Pork and Pork Liver

	Ergibt 1 kg
250 g	Schweineschulter ohne Knochen, in Würfel geschnitten
250 g	Schweineleber, in Würfel geschnitten
250 g	frischer durchwachsener Speck, in Würfel geschnitten
10 cl	Weinbrand (nach Belieben)
	Salz und frisch gemahlener Pfeffer
	Cayennepfeffer
1	Knoblauchzehe, zerdrückt
1	Zwiebel, gehackt, oder 6 Schalotten, gehackt
2	Stengel getrockneter Thymian, davon 1 zerrieben
2	Lorbeerblätter, davon 1 zerrieben
1	Scheibe Weißbrot
1 TL	Gewürzmischung
2	Eier
250 g	frischer durchwachsener Speck, in dünne Scheiben geschnitten

Fleisch-, Leber- und Speckwürfel in eine Porzellanschüssel geben. Weinbrand nach Belieben, Salz, Pfeffer, Cayennepfeffer, Knoblauch, Zwiebel oder Schalotten und zerriebenen Thymian und Lorbeer hinzufügen. Alles vermischen, die Schüssel mit einem Tuch bedecken, einen Deckel auflegen und die Mischung mehrere Stunden oder über Nacht marinieren.

Fleisch und Leber abtropfen lassen. Die Speckwürfel in einer Pfanne braten, bis sie glasig sind und ihr Fett abgegeben haben, dann die Temperatur heraufschalten und Fleisch und Leber hinzufügen. Fleisch und Leber sollen fest, aber nicht braun werden. Den Inhalt der Pfanne samt flüssigem Fett (das für die Mischung sehr wichtig ist) in die Schüssel mit der Marinade geben, dann alles zusammen durch die feine Scheibe des Fleischwolfs drehen; zum Schluß das Brot hindurchdrehen, damit die wertvollen Fleischsäfte aufgesogen werden. Gewürzmischung und Eier zu der Hackfleischmasse geben und alles mit einem Holzlöffel gut verrühren.

Eine Steingutform (oder eine Backform) mit Speckscheiben auslegen, die Hackfleischmasse hineingeben und mit Speckscheiben bedecken. Lorbeerblatt und Thymianstengel auf die Oberfläche legen, die Form verschließen und in eine flache Schale mit Wasser stellen. Die Terrine im vorgeheizten Backofen bei 180° C (Gasherd Stufe 2–3) 1½ bis 1¾ Stunden garen.

Die Terrine aus dem Backofen nehmen und 30 Minuten stehenlassen, dann ein Holzbrett auflegen und das Brett mit einem Gewicht von 500 g beschweren. Die Terrine bis zum nächsten Tag in den Kühlschrank stellen.

Vor dem Servieren Holzbrett, Thymian und Lorbeerblatt entfernen. Entweder die Terrine in der Form lassen und mit einem Tafelmesser in Scheiben schneiden oder die Terrine stürzen, in Scheiben schneiden und auf einer mit grünem Salat und Tomatenscheiben garnierten Platte anrichten.

STANLEY FORTIN
THE WORLD BOOK OF PORK DISHES

Rustikale Terrine

Pâté Rustique

Ergibt 1 kg

500 g	Schweinefleisch, feingehackt
500 g	Kalb-, Lamm- oder Rindfleisch, feingehackt
2	Eier
1	Zwiebel, feingehackt
2 EL	zerlassenes Schweineschmalz
30 cl	trockener Weißwein
	Salz und frisch gemahlener Pfeffer
	Gewürzmischung
10 cl	Fleischbrühe (S. 172)

Die beiden Fleischsorten vermischen und durch den Fleischwolf drehen. Dann die restlichen Zutaten hinzufügen und vermischen. Eine mit Butter ausgestrichene Steingutform mit der Fleischmasse füllen. Die Terrine ohne Deckel im vorgeheizten Backofen bei 150° C (Gasherd Stufe 1) 2 Stunden garen, bis sie sich vom Rand der Form gelöst hat. Die Terrine abkühlen lassen, auf eine Platte stürzen und nach Belieben garnieren.

TANTE MARGUERITE
LA CUISINE DE LA BONNE MÉNAGÈRE

Rindfleisch-Terrine aus der Auvergne

Terrine de Bœuf Auvergnate

Ergibt 1,5 kg

1 kg	Rindfleisch (Fehlrippe) ohne Knochen, in dünne Streifen geschnitten
250 g	Zwiebeln, gehackt
30 g	Butter
	Salz und frisch gemahlener Pfeffer
300 g	Bratwurstmasse
2	Knoblauchzehen, gehackt
2 EL	gehackte Petersilie
2	Eier (nach Belieben)
	Thymian
	Quatre épices
300 g	frische Schweineschwarte
200 g	frischer fetter Speck
20 cl	Rotwein
2	Lorbeerblätter
	Mehl-Wasser-Paste

Die Zwiebeln 5 Minuten in der Butter braten, bis sie glasig sind. Das Rindfleisch mit Salz und Pfeffer würzen.

Bratwurstmasse, Zwiebeln, Knoblauch, Petersilie und nach Belieben Eier vermischen und die Mischung mit Salz, Pfeffer, Thymian und *quatre épices* würzen.

Eine Steingutform so mit Schweineschwarte auslegen, daß die Fettseite nach unten liegt. Mit einer Schicht fettem Speck bedecken. Eine Lage Bratwurstmischung, dann eine Lage Rindfleisch in die Form geben; in dieser Reihenfolge weiterschichten, bis Rindfleisch und Bratwurstmischung aufgebraucht sind. Den Wein dazugießen und die Oberfläche mit dem fetten Speck bedecken. Die Lorbeerblätter darauflegen, den Deckel der Steingutform auflegen und mit Mehl-Wasser-Paste versiegeln.

Die Terrine in einen Topf mit heißem Wasser stellen, so daß sie zur Hälfte darin steht, und im vorgeheizten Backofen bei 170° C (Gasherd Stufe 2) 3½ Stunden garen; gegebenenfalls noch etwas heißes Wasser nachgießen.

Den Deckel abnehmen, die Terrine mit einem Gewicht beschweren und abkühlen lassen, dann für 24 Stunden in den Kühlschrank stellen. Die Terrine vor dem Servieren stürzen und die Schweineschwarte entfernen.

DOMINIQUE WEBER
LES BONNES RECETTES DES PROVINCES DE FRANCE

Bauern-Terrine

Pâté de Campagne

Ergibt 2,5 kg

Je 500 g	Schweinefleisch und frischer fetter Speck, feingehackt, oder 1 kg Bratwurstmasse
500 g	mageres Kalbfleisch, feingehackt
500 g	Schweineleber, feingehackt
200 g	Weißbrotbrösel
1	große Zwiebel, feingehackt und in 30 g Butter weichgegart
3	Knoblauchzehen, mit ½ TL grobkörnigem Salz zu einer Paste zerstoßen
2 EL	gehackte Petersilie
2 TL	Gewürzmischung
1 TL	getrocknete gemischte Kräuter
1 EL	Salz
5 oder 6	Eier
10 cl	Weinbrand
125 g	Schweinsnetz
125 g	frischer fetter Speck, in dünne Streifen geschnitten

Alle Zutaten mit Ausnahme von Schweinsnetz und Speckstreifen mit beiden Händen gut vermischen.

Eine Steingutform mit Schweinsnetz auslegen; dabei die Enden des Schweinsnetzes über den Rand hängen lassen. Die Masse hineinlegen und kuppelförmig aufhäufen. Die Speckstreifen in einem Gittermuster gegen die Oberfläche drücken, die Schweinsnetzenden darüberschlagen und andrücken.

Die Terrine im vorgeheizten Backofen bei 180° C (Gasherd Stufe 2–3) etwa 1½ Stunden garen, bis ein Spieß, mit dem man in die Mitte sticht, sich heiß anfühlt.

PETITS PROPOS CULINAIRES VII

Mrs. Moretons Hühnerleber-Terrine

Mrs. Moreton's Mixture

	Ergibt 500 g
250 g	Hühnerleber, feingehackt
250 g	Bratwurstmasse vom Schwein
1	Zwiebel, feingehackt
	Salz und frisch gemahlener schwarzer Pfeffer
1	Knoblauchzehe, zerdrückt
2 oder 3	Stengel Petersilie, sehr fein gehackt
1 EL	Sherry
6	lange dünne Scheiben durchwachsener Speck, davon 2 feingehackt, Schwarte abgeschnitten

Die Leber und die Zwiebel mit der beim Feinhacken anfallenden Flüssigkeit zu der Bratwurstmasse geben und vermischen. Salz und Pfeffer, Knoblauch, Petersilie und Sherry hinzufügen und noch einmal gründlich miteinander vermischen. Den gehackten Speck ebenfalls hinzufügen.

Eine tiefe Auflaufform mit der Speckschwarte einreiben und mit den Speckscheiben auslegen. Die Lebermasse hineingeben und mit einer dreifachen Lage gut gefettetem Pergamentpapier bedecken. Die Auflaufform in ein Wasserbad stellen und die Terrine im vorgeheizten Backofen bei 180° C (Gasherd Stufe 2–3) etwa 1½ Stunden garen.

Zum Abkühlen die Terrine mit einem Gewicht beschweren und vor dem Servieren in den Kühlschrank stellen.

JOYCE DOUGLAS
OLD DERBYSHIRE RECIPES AND CUSTOMS

Terrine aus Whitby

Whitby Polony

	Ergibt 1 kg
500 g	mageres Rindfleisch ohne Knochen, feingehackt
250 g	magerer Schinken, feingehackt
250 g	feine frische Weißbrotkrumen
	Salz und frisch gemahlener schwarzer Pfeffer
	Gemahlene Muskatblüte
	Geriebene Muskatnuß
	Cayennepfeffer

Alle Zutaten vermischen; dabei darauf achten, daß die Gewürze gleichmäßig verteilt werden. Eine Steingutform mit geraden Wänden mit reichlich Butter ausstreichen, die Masse hineingeben und andrücken. Die Form fest verschließen; hierfür zwei oder drei Lagen Pergamentpapier auflegen und mit Küchengarn festbinden. Die Form in einen Topf mit kochendem Wasser stellen. 3½ Stunden garen, bis die Masse fest ist. Abkühlen lassen, dann vorsichtig auf eine Servierplatte stürzen.

MRS. ARTHUR WEBB
FARMHOUSE COOKERY

Hühnerleber-Terrine

Chicken Liver Terrine

	Ergibt 1 kg
600 g	Hühnerleber
⅛ l	Portwein
½ TL	Thymian
4	Lorbeerblätter, davon 2 zerrieben
4	Scheiben Schinken
350 g	Bratwurstmasse
3	Scheiben Weißbrot, in etwas Milch eingeweicht
18 cl	trockener Weißwein
½	Knoblauchzehe, feingehackt
	Frisch gemahlener schwarzer Pfeffer
250 g	frischer durchwachsener Speck oder durchwachsener und frischer fetter Speck, in dünne Scheiben geschnitten
30 g	Schweineschmalz, zerlassen

Die Hühnerleber in eine Schüssel geben; Portwein, Thymian und zerriebene Lorbeerblätter hinzufügen. Die Hühnerleber mindestens 2 Stunden marinieren.

Drei Viertel der Hühnerleber zusammen mit dem Schinken, der Bratwurstmasse und dem Brot durch den Fleischwolf drehen. Den Wein dazugießen und unterrühren, so daß eine ziemlich weiche Masse entsteht. Mit Knoblauch und Pfeffer würzen.

Eine Steingutform mit einigen dünnen Scheiben durchwachsenem Speck auslegen. Für ein noch feineres Aroma kann man zusätzlich in hauchdünne Streifen geschnittenen fetten Speck verwenden; die Speckstreifen zwischen zwei Lagen Pergamentpapier legen und so flach wie möglich klopfen. Die Form abwechselnd mit durchwachsenem und fettem Speck auslegen.

Die Hälfte der Lebermasse in die Form geben; die ganz belassenen Lebern darauf verteilen und mit der restlichen Masse bedecken. Mit dünnen Streifen durchwachsenem Speck und 2 Lorbeerblättern belegen.

Die Form zugedeckt in ein feuerfestes Gefäß mit kochendem Wasser stellen und die Terrine im vorgeheizten Backofen bei 190° C (Gasherd Stufe 3) 1¼ bis 1½ Stunden garen. Die Terrine aus dem Backofen nehmen und zum Abkühlen mit einem Gewicht beschweren, damit überschüssige Flüssigkeit austritt. Die abgekühlte Terrine mit etwas zerlassenem Schmalz überziehen. Vor dem Servieren für 2 bis 3 Tage in den Kühlschrank stellen.

ROBERT CARRIER
THE CONNOISSEUR'S COOKBOOK

Feine Hühnerleber-Terrine

Terrine de Foies de Volailles

Diese Füllmasse kann – ohne Sahne und Cognac – für Terrinen und Pasteten mit mehreren Schichten wie beispielsweise „Auroras Kissen“ (S. 68) verwendet werden. Wie man Mark aus einem Knochen löst, wird auf S. 28 gezeigt.

	Ergibt 1 kg
500 g	Hühnerleber
1/4 l	stark gelatinehaltige Brühe (S. 172)
90 g	altbackenes Weißbrot ohne Rinde, zerbröselt
1	kleine Knoblauchzehe, zu einer Paste zerdrückt
Etwa 150 g	Rindermark
	Salz und frisch gemahlener Pfeffer
	Cayennepfeffer
	Getrocknete gemischte Kräuter
3	Eier
1/8 l	Sahne
2 EL	Cognac

Brühe und Weißbrotbrösel in einen kleinen Topf geben und unter Rühren mit einem Holzlöffel einkochen, bis eine feste Paste entsteht. Den Knoblauch unter diese Panade mischen. Leber, Mark, Panade, Gewürze und Kräuter vermischen und durch den Fleischwolf drehen, dann die Masse – einen Schöpflöffel zur Zeit – durch ein feinmaschiges Sieb streichen; im Sieb verbliebenes Bindegewebe entfernen. Eier, Sahne und Cognac mit einem Schneebesen unter die Masse schlagen. Abschmecken.

Eine Steingutform mit Butter ausstreichen, mit Butter bestrichenes Pergamentpapier auf den Boden legen und die Masse hineingeben. Die Form in heißes, aber nicht kochendes Wasser stellen, so daß sie zu zwei Dritteln darin steht. Die Terrine mit Alufolie bedecken und im vorgeheizten Backofen bei 180° C (Gasherd Stufe 2–3) etwa 1 Stunde garen, bis sie sich in der Mitte fest anfühlt. Die Terrine abkühlen lassen, bis sie lauwarm ist, dann mit einem Messer vom Rand der Form lösen und stürzen. Luftdicht in Klarsichtfolie einschlagen. Gut gekühlt servieren.

RICHARD OLNEY
SIMPLE FRENCH FOOD

Hühnerleber-Terrine nach Hausfrauenart

Terrine Ménagère aux Foies de Volaille

	Ergibt 1 kg
500 g	Hühnerleber oder vorzugsweise 350 g Hühnerleber und 150 g Hühnerherzen, gesäubert und in Hälften geschnitten
200 g	Schweinebauch, in Würfel geschnitten
200 g	Bratwurstmasse
200 g	frischer fetter Speck, in Scheiben geschnitten
4	Lorbeerblätter
4	Stengel Thymian

	Marinade
7 EL	Armagnac
3 EL	Portwein
3 EL	Sherry
2 TL	gehackter Knoblauch
20 g	Petersilie, gehackt
1 TL	getrockneter Thymian
	Geriebene Muskatnuß
1 TL	Zucker
1 EL	Salz
	Frisch gemahlener Pfeffer

Hühnerlebern und gegebenenfalls Hühnerherzen, Schweinefleisch und Bratwurstmasse in eine Schüssel geben. Die Zutaten für die Marinade hinzufügen, mit einer Gabel gut vermischen und zum Marinieren über Nacht in den Kühlschrank stellen.

Den Backofen auf 220° C (Gasherd Stufe 4–5) vorheizen. Eine Steingutform mit Speck auslegen, dann fast bis zum Rand mit dem marinierten Fleisch und der Marinade füllen. Mit den restlichen Speckscheiben bedecken und abwechselnd die Lorbeerblätter und Thymianstengel so darauflegen, daß sie einander überlappen. In ein Wasserbad stellen und im Backofen ohne Deckel etwa 1¾ Stunden garen, bis die Oberfläche braun ist.

Die Terrine aus dem Wasserbad nehmen und 3 Stunden bei Raumtemperatur abkühlen lassen, dann über Nacht in den Kühlschrank stellen.

MICHEL GUÉRARD
DIE FEINSCHMECKER-KÜCHE

Hühnerleber-Parfait

Parfait aux Foies de Volailles

	Ergibt 1,5 kg
1 kg	Hühnerleber, pariert
	Eisgekühltes Wasser
	Salz und frisch gemahlener Pfeffer
4 EL	Cognac
1 EL	Öl
750 g	weiche Butter

Die Hühnerleber mit eisgekühltem Wasser bedecken und etwa 2 Stunden stehenlassen. Abtropfen lassen und trockentupfen. Die Leber mit einer großen Prise Salz , einer kleinen Prise Pfeffer, Cognac und Öl vermischen, in eine Steingutform geben und 2 Stunden stehenlassen.

Die Form zugedeckt in ein Wasserbad stellen. Die Hühnerleber im vorgeheizten Backofen bei 150° C (Gasherd Stufe 1) 40 Minuten garen, bis sie fest, aber innen noch rosa ist. Die Leber abkühlen lassen, dann in ein großes Sieb geben und abtropfen lassen. Acht besonders schöne Lebern beiseite legen.

Die restliche Leber durch das Sieb passieren. Dann mit einem Schneebesen die Butter unter das Püree schlagen. Weiterschlagen, bis die Masse cremig ist, und mit Salz und Pfeffer abschmecken. Die Lebermasse wieder in die Form geben, die aufbewahrten Lebern in die Mitte legen. An einem kühlen Platz oder im Kühlschrank 24 Stunden ruhenlassen. Das Parfait in Scheiben schneiden und mit geröstetem Weißbrot servieren.

FÉLIX BENOIT UND HENRY CLOS JOUVE
LA CUISINE LYONNAISE

Kräuter-Terrine mit Hühner- oder Wildleber

Terrine d'Herbes aux Foies de Volailles ou de Gibier

	Ergibt 1,5 kg
500 g	Hühner- oder Wildleber, gehackt
150 g	mildgeräucherter Schinken, gehackt
150 g	geräucherter durchwachsener Speck, gehackt
150 g	frischer Schweinebauch, gehackt
500 g	Spinat, die Stiele entfernt, 5 Minuten in gesalzenem Wasser blanchiert, abgetropft, ausgedrückt und grobgehackt
100 g	*fines herbes*
½ TL	Rosmarin oder Thymian
½	Lorbeerblatt, zerrieben
1	Knoblauchzehe, zerdrückt
1	Zwiebel, gehackt
1	Ei
	Salz und frisch gemahlener Pfeffer
¼ TL	Cayennepfeffer
¼ TL	geriebene Muskatnuß
	Quatre épices
8 cl	Cognac
	Frischer fetter Speck, in dünne Scheiben geschnitten
100 g	Mehl und 10 cl Wasser, zu einer Paste verrührt

Leber, Schinken, durchwachsenen Speck und Schweinebauch zusammen mit Spinat, Kräutern, Knoblauch und Zwiebel in eine große Schüssel geben und vermischen. Das Ei hinzufügen. Alle Gewürze und zuletzt den Cognac dazugeben.

Eine Steingutform mit Speckscheiben auslegen und die Fleisch-Kräuter-Masse hineinfüllen. Mit einer dünnen Speckscheibe belegen. Den Deckel auflegen und anschließend mit Mehl-Wasser-Paste versiegeln.

Einen flachen Topf zur Hälfte mit Wasser füllen und das Wasser zum Kochen bringen. Die Form in das Wasserbad stellen und die Terrine im vorgeheizten Backofen bei 150° C (Gasherd Stufe 1) etwa 1½ Stunden garen. Die Terrine über Nacht abkühlen und fest werden lassen.

Als Beilagen zu dieser Terrine kann man einen Salat und Gewürzgurken servieren.

L. BERTHOLLE
250 RECETTES DE SOLOGNE ET D'AILLEURS

Foie gras

Les Foies Gras

„Foie gras" – besonders fette Enten- oder Gänseleber – ist in Delikatessengeschäften erhältlich. Eine Gänseleber wiegt zwischen 800 g und 1 kg.

Banyuls ist ein stark alkoholhaltiger Dessertwein, der in Frankreich als Aperitif verkauft wird; Banyuls ist nach seinem Herkunftsort in Südfrankreich benannt.

	Ergibt 500 g
1	*foie gras* (etwa 500 g), pariert
10 cl	Sherry
2 EL	Armagnac
3 EL	gelatinehaltige Fleischbrühe (S. 172)
	Zerlassenes Gänseschmalz

	Lake
500 g	Salz
1 l	Wasser
½ TL	Salpeter
60 g	Zucker
3	Pfefferkörner
4 EL	Banyuls, Portwein oder Madeira
1	Knoblauchzehe, ungeschält, leicht zerdrückt
1	kleiner Stengel Thymian

Die Zutaten für die Lake in einen Topf geben, zum Kochen bringen und vollständig abkühlen lassen. Die Leber hineingeben und 24 Stunden darin liegen lassen, dann herausnehmen und für weitere 24 Stunden in kaltes Wasser legen.

Die Leber aus dem Wasser nehmen und abtropfen lassen. Sherry und Armagnac miteinander vermischen und die Leber darin 3 Tage marinieren.

Die Fleischbrühe in eine Steingutform gießen, die Leber hineingeben und mit dem zerlassenen Gänseschmalz bedecken. Die Form zugedeckt in einen Topf mit kochendem Wasser stellen. Die *foie gras* im vorgeheizten Backofen bei 180° C (Gasherd Stufe 2–3) 14 Minuten garen. Dabei die Hitze so regulieren, daß das Wasser nur simmert und nicht wieder aufkocht. Die Leber abkühlen lassen und kalt servieren.

ANDRÉ GUILLOT
LA GRANDE CUISINE BOURGEOISE

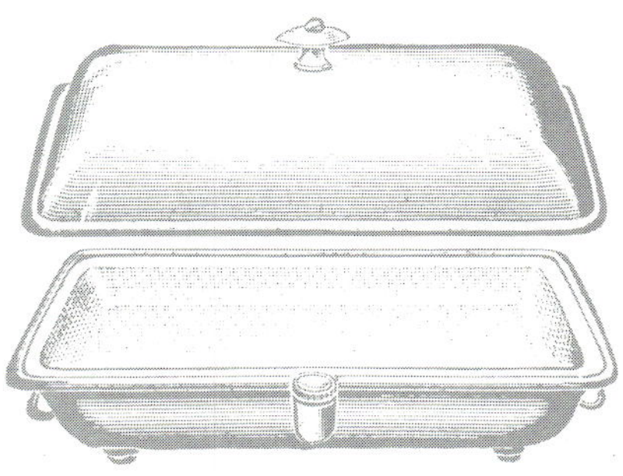

Entenleber-Mousse

Mousse de Foies de Canard

Dieses Rezept stammt von Charles Barrier, einem Küchenchef aus Tours an der Loire.

	Ergibt 3 kg
1,25 kg	Entenleber
1 kg	fester frischer fetter Speck
50 g	Salz
½ TL	Gewürzmischung
½ l	*crème fraîche* oder Sahne
15	Eigelb
15 cl	Cognac
100 g	Korinthen
100 g	Rosinen

Die Leber zusammen mit dem Speck und den Gewürzen durch die feine Scheibe des Fleischwolfs drehen oder im Mörser zu einer glatten Paste zerdrücken. Sahne, Eigelb, Cognac, Korinthen und Rosinen hinzufügen. Die Masse in drei flache Steingutformen füllen und in einem Wasserbad im vorgeheizten Backofen bei 170° C (Gasherd Stufe 2) 20 bis 25 Minuten garen, bis sie fest ist. Am nächsten Tag kalt servieren.

SIMONE MORAND
CUISINE ET GASTRONOMIE DU MAINE,
DE LA TOURAINE ET DE L'ANJOU

Entenlebercreme mit Korinthen und Sultaninen

Gâteau de Foies de Canard aux Raisins

	Ergibt 1 kg
500 g	Entenleber, pariert
4 EL	Cognac
4 TL	Salz
2 TL	frisch gemahlener weißer Pfeffer
2 TL	*quatre épices*
45 g	Korinthen
45 g	Sultaninen
4 EL	Weißwein
8 cl	Wasser
400 g	frischer durchwachsener Speck, in Würfel geschnitten
6	Eigelb
45 cl	Sahne

Die Leber in eine Schüssel geben und Cognac, Salz, Pfeffer und *quatre épices* hinzufügen. In einer zweiten Schüssel die Korinthen und Sultaninen mit dem Wein und Wasser vermischen. Beide Mischungen 4 Stunden zum Marinieren stehenlassen.

Die Lebermischung zusammen mit dem Speck durch die feinste Scheibe des Fleischwolfs drehen. Eigelb und Sahne hinzufügen und alles gut vermischen. Die Masse durch ein Sieb passieren; sie sollte ziemlich flüssig sein.

Eine ovale, höchstens 6 cm tiefe Steingutform mit Butter ausstreichen und die Masse hineingeben. Die Korinthen und Sultaninen abtropfen lassen und mit Küchenkrepp sorgfältig trockentupfen, dann auf der Lebermasse verteilen.

Den Deckel auflegen, die Form in ein Wasserbad stellen und die Lebercreme im vorgeheizten Backofen bei 180° C (Gasherd Stufe 2–3) etwa 30 Minuten garen, bis sie fest ist. Die Lebercreme abkühlen lassen, dann über Nacht in den Kühlschrank stellen. Zum Servieren einen Eßlöffel in heißes Wasser tauchen und pro Person drei Löffel Lebercreme herausheben. Dazu heiße geröstete Weißbrotscheiben reichen.

PAUL-JACQUES LÉVÊQUE (HERAUSGEBER)
LES BONNES RECETTES DE LA CUISINE TOURANGELLE

Terrine mit Foie gras und Trüffeln

Terrine de Foie Gras aux Truffes

Wie man eine Terrine mit „foie gras" zubereitet, wird auf S. 30 gezeigt. Man kann die „foie gras" auch in einer Mischung aus Cognac und Portwein marinieren, statt ausschließlich Cognac zu verwenden. Wenn man den Deckel nicht mit Mehl-Wasser-Paste versiegeln will, deckt man statt dessen die Terrine mit Alufolie ab und legt dann den Deckel auf.

	Ergibt 2 kg
1	große *foie gras*, in Hälften geschnitten und pariert, die beim Parieren anfallenden Reste aufbewahrt
	Salz
	Gewürzmischung
60 g	Trüffeln, geschält und in große Stücke geschnitten, die Schalen aufbewahrt
⅛ l	Cognac
125 g	frischer fetter Speck, in Scheiben geschnitten
½	Lorbeerblatt
1	Stengel Thymian
	Mehl-Wasser-Paste
	Füllmasse
1 kg	Hackfleischmasse (S. 170)
3 EL	Madeira oder Cognac
	Aufbewahrte, beim Parieren der *foie gras* anfallende Reste, feingehackt
	Aufbewahrte Trüffelschalen, feingehackt
	Salz
	Gewürzmischung

Die *foie gras* mehrmals einschneiden. Salz, Gewürzmischung und Trüffelstücke in die Einschnitte geben. Die *foie gras* mit Cognac begießen und 1 bis 2 Stunden marinieren. Inzwischen die Zutaten für die Füllmasse vermischen.

Eine Steingutform mit Speck auslegen. Eine Schicht Füllmasse in die Form geben und die Hälfte der *foie gras* darauf verteilen. Eine weitere Lage Füllmasse hinzufügen, die restliche *foie gras* daraufgeben und mit der restlichen Füllmasse bedecken. Die Schichten fest andrücken und Lorbeerblatt und Thymian auf die Oberfläche legen; mit einer Lage Speck abschließen. Einen Deckel auflegen und mit Mehl-Wasser-Paste versiegeln. Die Terrine in ein Wasserbad stellen und im vorgeheizten Backofen bei 200° C (Gasherd Stufe 3–4) je nach Größe der Terrine 45 Minuten bis 1 Stunde garen.

Die gegarte Terrine mit einem leichten Gewicht beschweren und über Nacht abkühlen lassen. Die oberste Speckschicht, Thymian und Lorbeerblatt entfernen; die Terrine kurz in heißes Wasser tauchen, stürzen und die Speckscheiben an Boden und Seiten entfernen. Die Terrine mit einem Tuch abtupfen. Das während des Garens ausgetretene Fett zerlassen und die Steingutform damit ausstreichen. Die Terrine wieder in die Form geben und mit dem restlichen, fast erkalteten Fett bedecken. Die Terrine für mindestens 10 Stunden in den Kühlschrank stellen. Direkt aus der Steingutform servieren.

PROSPER MONTAGNÉ
NOUVEAU LAROUSSE GASTRONOMIQUE

Lebercreme

Leverpastei

	Ergibt 500 g
250 g	Schweineleber
250 g	frischer fetter Speck
1	Zwiebel
1 TL	Salz
½ l	Wasser
½ TL	frisch gemahlener Pfeffer
½ TL	geriebene Muskatnuß
¼ TL	gemahlene Nelken
	Zerlassenes Schweineschmalz (nach Belieben)

Die Leber, den Speck und die Zwiebel mit dem Salz 1¼ Stunden im Wasser simmern lassen. Dann abtropfen lassen und die Garflüssigkeit aufbewahren. Die noch warme Leber und den Speck drei- oder viermal durch den Fleischwolf drehen. Pfeffer, Gewürze und 15 cl Garflüssigkeit dazugeben. Mit Salz abschmecken.

Die Lebercreme in einem großen oder mehreren kleinen Gefäßen abkühlen lassen. Wenn sie nicht sofort serviert werden soll, anschließend in den Kühlschrank stellen. Soll die Lebercreme länger als zwei Tage aufbewahrt werden, die Oberfläche mit einer Schicht zerlassenem Schweineschmalz überziehen; sie hält sich dann etwa 1 Woche.

RIA HOLLEMAN
PASTEI EN PÂTÉ

Einfache Leber-Terrine

Le Papiton

	Ergibt 1 kg
500 g	Schweineleber, feingehackt
500 g	Bratwurstmasse
100 g	Weißbrot ohne Rinde, in Fleischbrühe (S. 172) oder Wasser eingeweicht und ausgedrückt
2 oder 3	Eier
	Salz und frisch gemahlener Pfeffer
	Quatre épices
	Geriebene Muskatnuß
4 EL	Obstbranntwein oder Weinbrand
125 g	Schweinsnetz

Alle Zutaten mit Ausnahme des Schweinsnetzes gut vermischen. Eine Steingutform mit dem Schweinsnetz auslegen. Die Masse hineingeben und die Enden des Schweinsnetzes darüberschlagen.

Einen Deckel auflegen und die Terrine im vorgeheizten Backofen bei 180° C (Gasherd Stufe 2–3) garen; nach 30 Minuten Garzeit die Temperatur auf 170° C (Gasherd Stufe 2) herunterschalten. Nach weiteren 30 Minuten den Deckel von der Form nehmen, damit die Oberfläche hellbraun wird. Insgesamt beträgt die Garzeit 1½ Stunden.

Die Terrine vor dem Servieren für 2 Tage in den Kühlschrank stellen, jedoch nicht länger als 2 Wochen aufbewahren.

ZETTE GUINAUDEAU-FRANC
LES SECRETS DES FERMES EN PÉRIGORD NOIR

Gebackene Leberpastete

	Ergibt 600 g
500 g	Schweineleber, feingehackt
50 g	Zwiebeln, feingehackt
50 g	Schweineschmalz
2	gesalzene Sardellen, gewässert, filetiert, abgespült, trockengetupft und gehackt
2	Eier, verquirlt
	Salz
	Gewürzmischung
2 EL	Semmelbrösel

Die Zwiebel in dem Schmalz sautieren, bis sie weich ist. Mit der Leber, den Sardellen, den Eiern, Salz, Gewürzmischung und – wenn die Masse sehr weich ist – 2 TL Semmelbrösel vermischen. Eine Steingutform mit Fett ausstreichen und mit Semmelbröseln ausstreuen. Die Lebermasse in die Form geben und im vorgeheizten Backofen bei 150° C (Gasherd Stufe 1) etwa 40 Minuten backen. Heiß oder kalt servieren.

JOZA BŘIZOVÁ UND MARYNA KLIMENTOVÁ
TSCHECHISCHE KÜCHE

Schweineleber-Terrine

Pastel-Terrina de Higado de Cerdo

Ergibt 1 kg

500 g	Schweineleber, grobgehackt
500 g	Schweinefleisch ohne Knochen, mit etwas Fett, grobgehackt
	Salz und frisch gemahlener Pfeffer
	Getrocknete gemischte Kräuter
2	Eier, geschlagen
4 EL	Weinbrand
350 g	durchwachsener Speck, in dünne Scheiben geschnitten
	Mehl-Wasser-Paste (nach Belieben)

Leber, Schweinefleisch, Salz, Pfeffer und eine Prise gemischte Kräuter in einer Schüssel vermischen. Eier und Weinbrand hinzufügen. Alle Zutaten gut verrühren.

Eine Steingutform mit einigen Speckscheiben auslegen. Die Fleischmasse hineingeben und kräftig herunterdrücken. Die Terrine mit den restlichen Speckscheiben bedecken und einen Deckel auflegen. Wenn er nicht gut schließt, den Deckel mit der Mehl-Wasser-Paste versiegeln.

Die Terrine in einem Wasserbad im vorgeheizten Backofen bei 150° C (Gasherd Stufe 1) 4 Stunden garen. An einem kühlen Platz 48 Stunden stehenlassen. Anschließend den Deckel abnehmen und die Speckscheiben von der Oberfläche entfernen. Die Terrine vor dem Servieren in Scheiben schneiden.

SIMONE ORTEGA
MIL OCHENTA RECETAS DE COCINA

Leber-Terrine nach Arme-Leute-Art

Le Pâté de Foie du Pauvre Monde

Ergibt 1,5 kg

1 kg	Schweineleber, kleingeschnitten
750 g	frischer fetter Speck, kleingeschnitten
1	Nelke, zerstoßen
	Geriebene Muskatnuß
	Gewürzmischung
	Salz und frisch gemahlener Pfeffer
	Zerlassenes Schweineschmalz

Alle Zutaten mit Ausnahme von Schmalz in einem Mörser zerstoßen oder, besser noch, durch den Fleischwolf drehen.

Die Lebermasse in einen Steinguttopf geben, der höher als breit ist, und diesen in einen Topf mit heißem Wasser stellen. Bei mittlerer Hitze unter ständigem Rühren garen, bis die anfänglich braunrote Leber eine hellrote Färbung annimmt. Die heiße Masse durch ein grobmaschiges Sieb passieren, so daß der Speck und das Fleisch gut vermischt werden. Die Masse wieder in den Topf geben und unter Rühren weitergaren.

Die Masse ist gar, wenn sie eine hellrosa bis beige Farbe hat. Unter ständigem Rühren in Steingutformen gießen; die Formen dabei nicht ganz bis zum Rand füllen. Abkühlen lassen.

Die Masse nach dem Festwerden mit zerlassenem Schweineschmalz überziehen. Sobald das Schmalz fest ist, die Formen mit Alufolie bedecken und Deckel auflegen.

An einem kühlen Platz halten sich diese Leber-Terrinen im Winter einen Monat, im Sommer zwei Wochen.

SUZANNE ROBAGLIA
MARGARIDOU

Schweineleber-Terrine aus dem Périgord

Pâté de Foie de Porc

Ergibt 1 kg

500 g	Schweineleber, feingehackt
500 g	fetter Schweinebauch, feingehackt
2	Knoblauchzehen, gehackt
3	Schalotten, gehackt
Je ¼ TL	geriebene Muskatnuß und gemahlene Nelken
	Salz und frisch gemahlener schwarzer Pfeffer
250 g	durchwachsener Speck, in Scheiben geschnitten
1	Schweinsfuß, gespalten
1	Zwiebel, in Scheiben geschnitten
1	Möhre, in Scheiben geschnitten
1	Lorbeerblatt
1	Stengel Petersilie
1	Stengel Thymian
1	Streifen Orangenschale
10 cl	Weinbrand
10 cl	trockener Weißwein

Leber und Schweinefleisch mit Knoblauch, Schalotten, Muskat und Nelken sowie 1 TL Salz und etwas Pfeffer vermischen und eine Weile stehenlassen. Dann eine kleine Menge davon abnehmen und braten, um festzustellen, ob die Hackfleischmasse ausreichend gewürzt ist.

Eine Steingutform mit Speck auslegen und die Masse hineingeben. Den gespaltenen Schweinsfuß, Zwiebel, Möhre, Lorbeerblatt, Petersilie, Thymian und Orangenschale darauf anrichten. Mit etwas Salz bestreuen und mit Weinbrand und Wein begießen. So viel Wasser hinzufügen, daß das Fleisch gerade bedeckt ist.

Mit Alufolie oder einem Deckel verschließen und im vorgeheizten Backofen bei 150° C (Gasherd Stufe 1) 3 bis 4 Stunden garen. Wenn die Terrine abgekühlt, die Flüssigkeit aber noch nicht geliert ist, den Schweinsfuß, die Kräuter und die Gemüse entfernen. Bei dieser Zubereitungsart, die auch für viele andere Terrinen geeignet ist, entsteht Gelee, das die Terrine umhüllt.

SIMONE SEKERS
PÂTÉS, TERRINES AND POTTED MEATS

Gemischte Leber-Terrine

Terrine Mazarguaise

Ergibt 1,25 kg

400 g	Hühnerleber, gehackt
300 g	Schweineleber, gehackt
300 g	frischer fetter Speck, gehackt
2	Eier, verquirlt
60 g	Weißbrot, in Milch eingeweicht und ausgedrückt
3 EL	Tresterbranntwein oder Weinbrand
	Salz und frisch gemahlener Pfeffer
10	Wacholderbeeren, davon 4 zerdrückt
125 g	Schweinsnetz, in Wasser eingeweicht
1	Lorbeerblatt

Die beiden Leberarten und den Speck vermischen. Eier, Weißbrot und Tresterbranntwein oder Weinbrand hinzufügen. Kräftig mit Salz und Pfeffer würzen. Die Beeren untermischen.

Eine Steingutform mit Schweinsnetz auslegen; dabei die Enden des Schweinsnetzes über den Rand hängen lassen. Die Fleischmasse hineingeben, das Lorbeerblatt darauflegen und die Enden des Schweinsnetzes darüberschlagen.

Die Terrine in einem Wasserbad im vorgeheizten Backofen bei 190° C (Gasherd Stufe 3) 1½ Stunden garen. Kalt servieren.

FLORENCE DE ANDREIS
LA CUISINE PROVENÇALE D'AUJOURD'HUI

Italienische Leber-Terrine

Pasticcio di Fegato

Ergibt 850 g

500 g	Kalbsleber, in Würfel geschnitten
250 g	Hühnerleber
45 g	Butter
1	Lorbeerblatt
	Salz und frisch gemahlener Pfeffer
4 EL	Marsala
100 g	Weißbrot ohne Rinde
100 g	*grana* oder Parmesankäse, frisch gerieben
1	Ei, verquirlt
2	Eigelb, verquirlt
	Gelatinehaltige Fleischbrühe (S. 172)

Die Butter in einer Bratpfanne zerlassen. Die Kalbsleber und das Lorbeerblatt hinzufügen und bei schwacher Hitze braten, bis die Butter aufgenommen ist. Hühnerleber, Salz, Pfeffer und Marsala dazugeben und bei niedriger Temperatur 5 Minuten garen. Kalbs- und Hühnerleber aus der Pfanne nehmen und feinhacken. Das Brot in die Pfanne geben und in dem Bratensatz einweichen, dann zu einer glatten Masse verrühren. Das Lorbeerblatt entfernen. Brotmasse und Leber vermischen und durch ein Sieb streichen. Käse und Eier dazugeben und alles gut verrühren; falls die Masse zu fest wird, einige Löffel Brühe hinzufügen.

Pergamentpapier mit Butter bestreichen und eine Steingutform damit auslegen. Die Masse hineingeben. Die Form auf einem Drahtgitter in einen Topf stellen und so viel Wasser in den Topf gießen, daß die Form zur Hälfte darin steht. Einen Deckel auflegen und die Terrine etwa 45 Minuten garen, bis sie fest ist. Die Terrine aus der Form stürzen und abkühlen lassen, dann mit gelatinehaltiger Brühe überziehen. Für einige Stunden in den Kühlschrank stellen, bis die Brühe zu Gelee erstarrt ist.

CIA ERAMO
SEGRETI E NO DELLA CUCINA MANTOVANA

Terrine mit Schweineleber

Terrine de Foies de Porc

Ergibt 3 kg

1 kg	Schweineleber, feingehackt
1,5 kg	fettes Schweinefleisch, feingehackt
60 g	gegarte Ochsenzunge, gehackt
125 g	Zwiebeln, feingehackt
30 g	Schalotten, feingehackt
	Salz und frisch gemahlener Pfeffer
	Gewürzmischung
1 TL	Thymian
175 g	Mehl
30 g	Trüffeln, gehackt
30 g	Pistazien, blanchiert, abgezogen und gehackt
350 g	frischer fetter Speck, in Scheiben geschnitten
150 g	frischer fetter Speck, in Würfel geschnitten
1	Lorbeerblatt

Leber, Schweinefleisch, Zunge, Zwiebeln, Schalotten, Gewürze, Mehl, Trüffeln und Pistazien zu einer festen Masse verarbeiten.

Eine Steingutform mit Speckscheiben auslegen. Ein Drittel der Hackfleischmasse hineingeben, mit gewürfeltem Speck bedekken, dann ein weiteres Drittel Hackfleischmasse daraufgeben und noch eine Schicht gewürfelten Speck hinzufügen; mit einer Lage Hackfleischmasse abschließen. Die Form sollte bis 3 cm unterhalb des Randes gefüllt sein. Die Masse mit einer Lage Speckscheiben bedecken und das Lorbeerblatt darauflegen. Die Form zugedeckt auf ein Backblech stellen und die Terrine im vorgeheizten Backofen bei 180° C (Gasherd Stufe 2–3) 1½ Stunden garen. Anschließend den Deckel entfernen und ein Holzbrett, das möglichst genau in die Form paßt, auf die Terrine legen. Ein leichtes Gewicht auf das Brett stellen und die Terrine auf diese Weise 12 Stunden abkühlen lassen.

CHARLES RANHOFER
THE EPICUREAN

Leber-Terrine

Pâté de Foie

Ergibt 1 kg

500 g	Hühnerleber oder 250 g Hühnerleber und 250 g Kalbsleber
500 g	mageres Schweinefleisch ohne Knochen
1	kleine Zwiebel oder Schalotte, gehackt
2 EL	gehackte Petersilie
2¼ TL	Salz
2 TL	frisch gemahlener Pfeffer
⅔ TL	gemahlener Ingwer
¼ TL	gemahlener Zimt
1 EL	Weinbrand
1 EL	Madeira oder 2 EL Weinbrand
6	dünne Scheiben durchwachsener Speck

Die Leber und das Schweinefleisch mehrmals durch die feine Scheibe des Fleischwolfs drehen. Dann alle Zutaten mit Ausnahme der Speckscheiben gut vermischen. Eine Kastenform mit Speckscheiben auslegen und die Fleischmasse hineingeben. Die Terrine im vorgeheizten Backofen bei 180° C (Gasherd Stufe 2–3) 1½ Stunden backen. Aus dem Backofen nehmen und während des Abkühlens mit einem Gewicht beschweren (ein mit Alufolie umwickelter Ziegelstein eignet sich dazu ausgezeichnet), damit die Terrine eine feste Konsistenz erhält. Anschließend die Terrine in der Form in den Kühlschrank stellen.

Die gekühlte Terrine vor dem Servieren auf eine Platte stürzen und in Scheiben schneiden.

MRS. ROBERT L. M. AHERN (HERAUSGEBERIN)
THE FINE ARTS COOKBOOK

Leberpastete oder Leberkäse

Ergibt 1 kg

500 g	Kalbs- oder Schweineleber
200 g	Schweinefleisch (Filetkotelettstück) ohne Knochen
400 g	frischer fetter Speck
125 g	gesalzene Sardellen, gewässert, abgetropft und filetiert
	Salz und frisch gemahlener Pfeffer
1 TL	Majoran
4 EL	Madeira oder Cognac
250 g	geräucherter Speck oder geräucherte Zunge, in dünne Scheiben geschnitten
	Gehacktes Gelee (S. 172)

Leber, Schweinefleisch, frischen Speck und Sardellenfilets zweimal durch die feine Scheibe des Fleischwolfs drehen. Pfeffer, Majoran, Madeira oder Cognac und gegebenenfalls Salz hinzufügen und alle Zutaten gut vermischen.

Eine feuerfeste Form mit geräucherten Speck- oder Zungenscheiben auslegen. Die Masse hineinfüllen und mit den restlichen Speck- oder Zungenscheiben belegen. Die Form mit Alufolie verschließen, in ein Wasserbad stellen und die Masse im vorgeheizten Backofen bei 180° C (Gasherd Stufe 2–3) 1½ bis 2 Stunden garen, bis sie fest ist. Die Pastete abkühlen lassen, dann in dünne Scheiben schneiden und mit gehacktem Gelee garnieren.

HENRIETTE DAVIDIS
PRAKTISCHES KOCHBUCH

Dänische Leber-Terrine

Leverpostej

Ergibt 1,25 kg

500 g	Schweine- oder Rinderleber, pariert und in Würfel geschnitten
30 g	Butter
2 EL	Mehl
⅛ l	Milch
⅛ l	Sahne
250 g	frischer fetter Speck, in Würfel geschnitten
1	kleine Zwiebel, grobgehackt
3	Sardellenfilets
2	Eier, verquirlt
1¼ TL	Salz
1¼ TL	*quatre épices*
250 g	durchwachsener Speck, in Scheiben geschnitten

Die Butter in einem kleinen Topf zerlassen und das Mehl einrühren. Den Topf von der Kochstelle nehmen und Milch und Sahne hineinschlagen. Diese Sauce unter ständigem Rühren wieder zum Kochen bringen. Weiterrühren und einige Minuten simmern lassen, bis die Sauce glatt und sehr dickflüssig ist. Beiseite stellen und abkühlen lassen.

Leber, fetten Speck, Zwiebel und Sardellen in einer großen Rührschüssel vermischen und in drei gleich große Portionen teilen. Die Portionen nacheinander unter Zugabe von jeweils einem Drittel der weißen Sauce in einem Mixer pürieren. Nach dem Pürieren in eine große Schüssel geben.

Eier, Salz und *quatre épices* zu den pürierten Zutaten geben und zu einer sehr flüssigen Mischung verrühren.

Eine Steingutform mit Speckscheiben auslegen; dabei mit dem Boden beginnen. Dann Speckscheiben an den Innenwänden festdrücken; gegebenenfalls die Scheiben passend zurechtschneiden. Die Form mit der Lebermasse füllen. Nicht mit Speck bedecken, da er einsinken würde. Die Form mit fester Alufolie bedecken und an den Rändern gut verschließen. In einen großen flachen Topf stellen und so viel kochendheißes Wasser dazugießen, daß die Form zur Hälfte darin steht. Im vorgeheizten Backofen bei 180° C (Gasherd Stufe 2–3) 1¾ Stunden garen. Anschließend die Form aus dem Backofen nehmen, die Alufolie lockern und die Terrine abkühlen lassen. Wenn sie auf Raumtemperatur abgekühlt ist, wieder mit Alufolie bedecken und über Nacht in den Kühlschrank stellen.

Vor dem Servieren die Terrine mit einem Messer vom Rand der Form lösen und die Form kurz in heißes Wasser tauchen. Die Terrine auf eine Platte oder ein Holzbrett stürzen.

DOROTHY IVENS
PÂTÉS AND OTHER MARVELOUS MEAT LOAVES

Kalbsleber-Terrine

Kalfsleverpâté

	Ergibt 1,5 kg
500 g	Kalbsleber
250 g	mageres Kalbfleisch
250 g	frischer fetter Speck
1	große Zwiebel
3	gesalzene Sardellen, gewässert, filetiert, abgespült und trockengetupft
30	grüne Pfefferkörner
3 EL	Mehl
30 cl	Sahne
3	Eier, verquirlt
15 g	Salz
¼ TL	Currypulver
150 bis 200 g	frischer fetter Speck, in Scheiben geschnitten

Leber, Kalbfleisch, Speck, Zwiebel, Sardellen und die Hälfte der Pfefferkörner dreimal durch den Fleischwolf drehen. Mehl, Sahne, Eier, Salz und Curry dazugeben und alles gründlich vermischen. Die Masse mindestens 30 Minuten stehenlassen. Dann die restlichen Pfefferkörner hinzufügen.

Eine Steingutform mit Speckscheiben auslegen. Die Masse hineingeben und andrücken. Die Form verschließen und in ein Wasserbad stellen. Im vorgeheizten Backofen bei 170° C (Gasherd Stufe 2) 1½ Stunden garen, bis sich die Terrine fest anfühlt. Abkühlen lassen und vor dem Servieren aufschneiden.

RIA HOLLEMAN
PASTEI EN PÂTÉ

Dänische Lebercreme

Dansk Leverpostej

Selbstgemachte oder gekaufte Lebercreme wird häufig für dänische Smørrebrød und kalte Buffets verwendet. Als Vorspeise wird sie lauwarm mit knusprig gebratenem durchwachsenem Speck und sautierten Champignons serviert; dazu reicht man geröstete Weißbrotscheiben.

	Ergibt 750 g
300 g	Schweineleber
250 g	frischer durchwachsener Speck (im Stück) oder fettes Schweinefleisch
½	mittelgroße Zwiebel
1 EL	gehackte Sardellenfilets
1 TL	Salz
½ TL	frisch gemahlener Pfeffer
½ TL	gemahlene Nelken
½ TL	gemahlener Piment
30 g	Butter
30 g	Mehl
30 cl	Milch
1	Ei, geschlagen
250 g	frischer durchwachsener Speck, in Scheiben geschnitten (nach Belieben)

Leber, Speckstück oder Schweinefleisch und Zwiebel zweimal durch den Fleischwolf drehen. Die Sardellenfilets und alle Gewürze hinzufügen und gründlich vermischen.

Die Butter in einem Topf zerlassen, das Mehl dazugeben und bei schwacher Hitze 1 Minute rühren. Dann nach und nach unter ständigem Schlagen die Milch dazugießen. Zum Kochen bringen und 2 bis 3 Minuten weiterkochen lassen. Den Topf von der Kochstelle nehmen und die Lebermasse mit der Sauce verrühren. Dann mit dem Ei binden.

Eine kleine Kastenform mit Fett ausstreichen und nach Belieben mit durchwachsenem Speck auslegen. Die Fleischmasse hineingeben. Mit Alufolie oder mit Fett bestrichenem Pergamentpapier abdecken und in einen Bräter mit kaltem Wasser stellen; das Wasser sollte etwa 2 bis 3 cm hoch stehen. Im vorgeheizten Backofen bei 170° C (Gasherd Stufe 2) auf der mittleren Schiene 1 bis 1½ Stunden garen. Die Lebercreme ist gar, wenn an einem Edelstahlspieß, mit dem man hineinsticht, keine Fleischmasse mehr haftet.

Aus dem Backofen nehmen, ein schweres Gewicht auf die Lebercreme legen, dann abkühlen lassen. Stehenlassen, bis sie fast kalt ist. Vor dem Servieren stürzen.

PAULINE VIOLA UND KNUD RAVNKILDE
COOKING WITH A DANISH FLAVOUR

Dänische Leberpastete

Danske Leverpastej

	Ergibt 1 kg
1	Schweine- oder Kalbsleber, feingehackt
250 g	frischer durchwachsener Speck, feingehackt
1	Sardellenfilet, feingehackt
2	Zwiebeln, feingehackt
4	Eier
50 g	Butter, zerlassen
100 bis 125 g	Mehl, gesiebt
	Salz und frisch gemahlener Pfeffer
	Majoran oder Thymian
1/4 l	Sahne, steifgeschlagen
250 g	durchwachsener Speck, in dünne Scheiben geschnitten
1	Salatgurke, Tomate oder Zitrone, in Scheiben geschnitten

Alle feingehackten Zutaten gut vermischen; dabei nach und nach die Eier hinzufügen. Abwechselnd löffelweise die zerlassene Butter und das Mehl dazugeben und jeweils gut verrühren. Mit Salz, Pfeffer und Majoran oder Thymian würzen. Zuletzt die steifgeschlagene Sahne unter die Masse heben.

Eine große Kastenform mit Speckscheiben auslegen. Die Lebermasse hineingeben und mit Pergamentpapier bedecken. Die Pastete in einem Wasserbad im vorgeheizten Backofen bei 170° C (Gasherd Stufe 2) 1 bis 1¼ Stunden garen, bis sie fest ist.

Die Pastete in der Form abkühlen lassen, stürzen und wieder umdrehen, so daß die braune Kruste sichtbar ist. Mit Salatgurken-, Tomaten- oder Zitronenscheiben garnieren.

GRETE WILLINSKY
KULINARISCHE WELTREISE

Hühnerleberkuchen aus der Bresse

Gâteau Bressan

	Ergibt 750 g
125 g	frischer fetter Speck, feingehackt
6 oder 7	Hühnerlebern, gehackt
2	Lammhirne
	Salz und frisch gemahlener Pfeffer
1	Scheibe trockenes Brot, die Rinde entfernt, in Milch gekocht und abgetropft
5	Eier
	Tomatensauce (S. 175), mit Sahne angereichert

Den Speck mit der Leber und dem Hirn in einem Mörser zu einer glatten Paste verarbeiten. Salz, Pfeffer und Brot hinzufügen. Gut verrühren und nacheinander die Eier dazugeben.

Ein Stück Pergamentpapier mit Butter bestreichen und den Boden einer feuerfesten Form damit auslegen. Die Innenwand ebenfalls mit Butter bestreichen. Dann die Fleischmasse hineingeben. Die Form in einen Topf mit kaltem Wasser stellen. Einen Deckel auflegen. Im vorgeheizten Backofen bei 130° C (Gasherd Stufe 1 bei etwas geöffneter Backofentür) etwa 3½ Stunden garen. Vor dem Servieren den Hühnerleberkuchen auf eine Platte stürzen und das Pergamentpapier entfernen. Dazu die mit Sahne angereicherte Tomatensauce reichen.

X. M. BOULESTIN UND A. H. ADAIR
SAVOURIES AND HORS-D'ŒUVRE

Kalbsbries-Terrine

Terrine de Ris de Veau

Als besondere Beilage zu dieser Terrine ist eine Sauerampfer-Mousse (S. 174) hervorragend geeignet.

	Ergibt 1,5 kg
750 g	Kalbsbries, gewässert, blanchiert, pariert und für mehrere Stunden mit einem Gewicht beschwert
125 g	mageres Kalbfleisch, feingehackt
60 g	Schweinefilet, feingehackt
150 g	frischer fetter Speck, in kleine Würfel geschnitten
2	Hühnerlebern, feingehackt
15 g	Trüffel oder Trüffelschale, gehackt, Flüssigkeit von konservierten Trüffeln aufbewahrt
	Salz und frisch gemahlener Pfeffer
	Geriebene Muskatnuß
	Cayennepfeffer
30 g	Butter
125 g	Möhren, feingehackt
1	Stange Bleichsellerie, feingehackt
125 g	Zwiebeln, feingehackt
1 TL	gemischte getrocknete Kräuter
2½	Lorbeerblätter, ½ Blatt fein zerrieben
½ l	gelatinehaltige Fleischbrühe (S. 172)
75 g	altbackenes Weißbrot, die Rinde entfernt, zerbröselt
2	Eier
5 EL	Madeira, Sherry, Portwein oder Cognac
250 g	frischer fetter Speck, in Scheiben geschnitten
	Zerlassenes Schweineschmalz (nach Belieben)

Kalb- und Schweinefleisch, gewürfelten Speck, Hühnerleber, Trüffeln, Salz und Pfeffer, Muskat und Cayennepfeffer vermischen. Zugedeckt mehrere Stunden stehenlassen oder über Nacht in den Kühlschrank stellen.

Die Butter in einen schweren Topf geben, Möhren, Bleichsellerie, Zwiebeln, gemischte Kräuter, zerriebenen Lorbeer und etwas Salz hinzufügen und unter gelegentlichem Rühren bei schwacher Hitze etwa 30 Minuten garen; die Gemüse sollten nicht braun werden. Die Brühe zusammen mit der Konservierungsflüssigkeit der Trüffeln – falls vorhanden – erhitzen. Das Kalbsbries auf das Gemüsebett legen, die Brühe dazugießen, zum Kochen bringen und zugedeckt etwa 45 Minuten simmern lassen.

Das Bries auf einen Teller legen. Die Garflüssigkeit durch ein Sieb gießen, dabei die Gemüse etwas drücken. Das Fett von der Oberfläche abschöpfen. Die Flüssigkeit wieder zum Kochen bringen, dann 10 bis 15 Minuten simmern lassen; dabei den Topf etwas von der Kochstelle ziehen und die Haut, die sich an der Oberfläche bildet, abschöpfen. Die Flüssigkeit unter ständigem Rühren bei starker Hitze bis auf etwa $^1/_8$ l einkochen. Mit den Weißbrotbröseln zu einer festen Paste verarbeiten.

Die Paste zusammen mit den Eiern und dem Madeira, Sherry, Portwein oder Cognac zu der Fleischmasse geben und mit den Händen gut vermischen. Eine Steingutform (oder zwei Formen) mit Speck auslegen und die Hälfte der Fleischmasse hineingeben. Das Bries in einer gleichmäßigen Schicht darauf verteilen und andrücken, dann die restliche Fleischmasse hinzufügen. Die Form(en) gegen die Arbeitsfläche klopfen, damit sich der Inhalt setzt, die Lorbeerblätter auf die Oberfläche legen und die Terrine mit Speckscheiben bedecken.

Die Form(en) in ein Wasserbad stellen und die Terrine im vorgeheizten Backofen bei 170° C (Gasherd Stufe 2) etwa $1^1/_4$ Stunden garen. Zum Abkühlen mit einem Gewicht beschweren, dann in den Kühlschrank stellen. Soll die Terrine länger als 4 oder 5 Tage aufbewahrt werden, überzieht man sie, bevor sie in den Kühlschrank gestellt wird, mit zerlassenem Schmalz.

RICHARD OLNEY
SIMPLE FRENCH FOOD

Bries-Terrine mit grünem Pfeffer

Terrine de Ris de Veau au Poivre Vert

	Ergibt 2 kg
1,5 kg	Kalbsbries, einige Stunden gewässert, abgetropft, blanchiert, Häute entfernt
1 kg	frischer Schweinebauch, entbeint, Schwarte entfernt, in Würfel geschnitten
50 g	Meersalz
$^1/_2$ TL	frisch gemahlener schwarzer Pfeffer
	Thymian
	Rosmarin
$^1/_4$	Lorbeerblatt
20 cl	*crème fraîche* oder Sahne
50 g	grüne Pfefferkörner
10 cl	Portwein
150 g	Bleichsellerie, in sehr feine Streifen geschnitten
300 g	Möhren, in sehr feine Streifen geschnitten
100 g	Schalotten, gehackt
4	Eier
200 g	frischer fetter Speck, in Scheiben geschnitten

Das Schweinefleisch mit 30 g Meersalz, schwarzem Pfeffer, je einer Prise Thymian und Rosmarin und dem Lorbeerblatt vermischen; beiseite stellen.

Das Bries zusammen mit der Sahne, dem restlichen Salz, 20 g grünem Pfeffer, Portwein, Bleichsellerie, Möhren und Schalotten in einen Topf geben und 15 bis 20 Minuten garen. Durch ein Sieb gießen und abkühlen lassen; die Garflüssigkeit aufbewahren.

Die Schweinefleischmischung durch die feine Scheibe des Fleischwolfs drehen, mit den Eiern und einem Viertel der Garflüssigkeit vermischen.

Eine 1 bis 2 cm dicke Schicht Fleischmasse auf dem Boden einer rechteckigen Steingutform verteilen. Eine Schicht gegartes Gemüse daraufgeben und mit grünen Pfefferkörnern bestreuen. Das Bries hinzufügen. Mit einer Lage Gemüse und Pfefferkörnern bedecken und mit einer Schicht Hackfleischmasse abschließen. Die Oberfläche mit Speck bedecken, etwas Garflüssigkeit dazugießen und den Deckel auflegen.

Die Terrine im Wasserbad im vorgeheizten Backofen bei 180° C (Gasherd Stufe 2–3) $1^1/_2$ bis 2 Stunden garen, bis sich die Masse vom Rand der Form gelöst hat. Die Terrine abkühlen lassen, dabei nicht mit Gewichten beschweren. Die restliche Garflüssigkeit dazugießen und die Terrine in den Kühlschrank stellen, wenn sie vollständig abgekühlt ist.

DANIEL BOUCHÉ
INVITATION À LA CUISINE BUISSONNIÈRE

Hirnkuchen

Gâteau de Cervelle

	Ergibt 500 g
2	kleine Kalbshirne, 2 Stunden mit 1 TL Weinessig in Wasser gelegt, abgetropft, rote Adern entfernt
3 EL	Pflanzenöl
$1^1/_2$ EL	feingeschnittener Schnittlauch
3 EL	feingehackte Petersilie
1	Zwiebel, feingehackt
4 EL	trockener Wermut oder Wasser
	Kerbel
1 TL	Salz
$^1/_4$ TL	frisch gemahlener weißer Pfeffer
60 g	Pistazien, blanchiert, abgezogen und grobgehackt
6	große Eier, verquirlt

Das Öl in eine Bratpfanne gießen. Schnittlauch, Petersilie und Zwiebel hinzufügen und 5 Minuten sautieren. Das Hirn in kochendes Wasser geben und 5 Minuten blanchieren, dann herausnehmen, trockentupfen und in die Pfanne mit den Kräutern geben. Wermut oder Wasser dazugießen und bei schwacher Hitze simmern lassen, bis die Flüssigkeit verdampft ist.

Das Hirn in große Stücke schneiden und zusammen mit der Kräutermischung aus der Pfanne, einer Prise Kerbel, Salz, Pfeffer und den Pistazien zu den Eiern geben.

Eine feuerfeste Form mit reichlich Butter ausstreichen. Die Hirn-Kräuter-Mischung hineingeben und im vorgeheizten Backofen bei 180° C (Gasherd Stufe 2–3) 30 Minuten garen. Den Kuchen aus dem Backofen nehmen und ein paar Minuten stehenlassen, dann auf eine Platte stürzen und in den Kühlschrank stellen. Wie eine Torte aufschneiden und kalt servieren.

MAYBELLE IRIBE UND BARBARA WILDER
PÂTÉS FOR KINGS AND COMMONERS

Kalbfleisch-Terrine

Veal Cake

Zu dieser Terrine kann man jede beliebige kalte Sauce oder Essig, Senf und Zucker zum Würzen reichen.

	Ergibt 1,5 kg
1	Kalbsbrust, entbeint und in drei Stücke geschnitten, Knochen aufbewahrt
	Cayennepfeffer
	Salz und frisch gemahlener weißer Pfeffer
	Geriebene Muskatnuß
	Gemahlene Muskatblüte
	Gemahlene Nelken
60 g	Butter, in dünne Scheiben geschnitten
	Petersilie, feingehackt
2	gesalzene Sardellen, gewässert, filetiert, abgespült, trockengetupft und feingehackt
4	Eier, hartgekocht und in Hälften geschnitten
250 g	geräucherter durchwachsener Speck, in 1 cm dicke Scheiben geschnitten
	Gelee (S. 172)

Das Kalbfleisch mit Cayennepfeffer, Salz, weißem Pfeffer, Muskatnuß, Muskatblüte und Nelken würzen. Den Boden einer Steingutform mit den Butterscheiben bedecken. Ein Stück Kalbfleisch darauflegen und mit etwas Petersilie und Sardellen bestreuen. Dann die Hälfte der Eier daraufgeben. Mit Speckscheiben bedecken. Weitere Lagen in dieser Reihenfolge aufeinanderschichten; mit Kalbfleisch abschließen. Dann die Knochen darauflegen, damit das Fleisch nicht austrocknet. Zugedeckt im vorgeheizten Backofen bei 170° C (Gasherd Stufe 2) 4 Stunden garen, bis das Kalbfleisch sehr weich ist.

Die Knochen entfernen und ein Gewicht auf das Fleisch legen, damit es fest zusammengepreßt wird. Die Terrine kalt mit Gelee und gehackter Petersilie garniert servieren.

LADY HARRIET ST. CLAIR (HERAUSGEBERIN)
DAINTY DISHES

Hirn-Terrine

Brain Pâté

Wie man Hirn wässert und säubert, wird auf S. 34 gezeigt. Man kann die Terrine noch mit gekochter Zunge anreichern.

Die Terrine schmeckt auch hervorragend, wenn sie kalt serviert wird; man läßt sie etwas abkühlen und stellt sie dann in den Kühlschrank. Anschließend überzieht man sie mit gelatinehaltiger Brühe, die mit Sherry oder Madeira vermischt wurde. Als Garnierung dient gehackte Petersilie. Die Terrine eignet sich gut als Vorspeise: Sie wird in Scheiben geschnitten und auf grünem Salat angerichtet; dazu reicht man Gewürzgurken, Dijon-Senf und knuspriges Stangenweißbrot.

	Ergibt 750 g
350 g	Kalbshirn, gewässert und gesäubert
1/8 l	kochendheiße Milch
25 g	frische Weißbrotkrumen
4	Eier
1	Knoblauchzehe, feingehackt
3 EL	gehackte Frühlingszwiebel
1/4 TL	geriebene Muskatnuß
60 g	weiche Butter
1/2 TL	Salz
1/4 TL	weißer Pfeffer
2 EL	gehackte Petersilie

Milch und Weißbrotkrumen gut vermischen und abkühlen lassen. Hirn und Eier in einem Mixer pürieren; das eingeweichte Weißbrot und die restlichen Zutaten – mit Ausnahme der Petersilie – hinzufügen. Alles gut vermischen.

Eine 3/4 l fassende Backform mit reichlich Butter ausstreichen und die Masse hineingeben. In einen etwas größeren Topf so viel Wasser geben, daß der Boden 2 bis 3 cm hoch bedeckt ist, und zum Kochen bringen. Die Form hineinstellen und die Terrine im vorgeheizten Backofen bei 150° C (Gasherd Stufe 1) etwa 45 Minuten garen, bis sie fest ist und sich vom Rand der Form löst.

Die Form 5 Minuten im Topf stehenlassen, dann herausnehmen und die Terrine auf eine Platte stürzen. Mit Petersilie garnieren.

JANA ALLEN UND MARGARET GIN
INNARDS AND OTHER VARIETY MEATS

Hackbraten „Rigoletto“

Polpettone „Rigoletto“

	Ergibt 750 g
500 g	Kalbfleisch, zweimal durch den Fleischwolf gedreht
3	Hühnerlebern, feingehackt
100 g	Mortadella, gehackt
100 g	*grana* oder Parmesankäse, gerieben
7	Eier, davon 5 verquirlt, 2 hartgekocht und in Scheiben geschnitten
20 cl	weiße Sauce (S. 174)
	Salz und frisch gemahlener Pfeffer
	Geriebene Muskatnuß
45 cl	Gelee (S. 172), zerlassen
1	rote Paprikaschote, kleingeschnitten
2	Gewürzgurken, in Scheiben geschnitten

Fleisch, Leber, Mortadella, Käse, verquirlte Eier, weiße Sauce, Salz, Pfeffer und eine Prise Muskat vermischen. Eine Form mit Butter ausstreichen und die Mischung hineingeben. Die Form in einen Topf auf ein Drahtgitter stellen und so viel Wasser in den Topf gießen, daß die Form zur Hälfte darin steht. Den Deckel auflegen, das Wasser zum Kochen bringen und die Masse 1 Stunde garen, bis sie fest ist und sich vom Rand der Form löst. Die Fleischmasse im Wasserbad abkühlen lassen, dann auf eine Platte stürzen und in den Kühlschrank stellen.

Die Form auswaschen und in den Kühlschrank stellen. Sobald sie kalt ist, die Form innen dünn mit Gelee überziehen. In den Kühlschrank stellen, bis das Gelee erstarrt ist, dann die Paprikastücke und die Eier- und Gewürzgurkenscheiben in das Gelee drücken. Diese Garnierung mit einer zweiten Geleeschicht einschließen. Den Hackbraten wieder in die Form geben und so viel Gelee hinzufügen, daß die Form ganz gefüllt ist. Zum Erstarren in den Kühlschrank stellen, dann stürzen.

CIA ERAMO
SEGRETI E NO DELLA CUCINA MANTOVANA

Polnische Kalbfleisch-Terrine

Veal Pâté

	Ergibt 1,5 kg
1 kg	Kalbfleisch ohne Knochen, in Würfel geschnitten
40 g	Schweineschmalz
½	Zwiebel, in Scheiben geschnitten
¼ l	Wasser
3	Kartoffeln
40 g	Butter
60 g	Mehl
⅛ l	saure Sahne
1	Salzhering, gesäubert, 3 bis 4 Stunden gewässert; das Wasser zwischendurch mehrmals erneuert
	Salz
	Frisch gemahlener Pfeffer oder Paprikapulver
	Geriebene Muskatnuß
2	Eier

Das Schweineschmalz erhitzen und das Fleisch auf allen Seiten darin braunbraten. Die Zwiebel und das Wasser dazugeben. Simmern lassen, bis das Fleisch weich ist. Das Fleisch aus dem Topf nehmen und die Garflüssigkeit durch ein Sieb gießen und beiseite stellen. In der Zwischenzeit die Kartoffeln gar kochen; anschließend abtropfen und abkühlen lassen.

Butter zerlassen, Mehl dazugeben und unter ständigem Rühren hellbraun werden lassen. Den Topf von der Kochstelle nehmen und saure Sahne und die Garflüssigkeit einrühren. Dann unter ständigem Rühren zum Kochen bringen und zu einer dickflüssigen Sauce einkochen. Die Sauce beiseite stellen.

Den Hering trockentupfen. Den Kopf und den Schwanz abschneiden und Haut und Gräten entfernen. Den Hering, das Fleisch und die Kartoffeln zusammen dreimal durch den Fleischwolf drehen. Diese Masse in die Sauce rühren und mit Salz, Pfeffer oder Paprika und Muskat würzen. Die Eier hinzufügen und alles gut verrühren.

Eine runde Form mit Fett ausstreichen, die Masse hineingeben und mit einem Löffel andrücken. Einen Deckel auflegen und die Form in einen Topf mit so viel kochendem Wasser stellen, daß sie zur Hälfte darin steht. Die Terrine bei starker Hitze 45 Minuten garen. Anschließend die Form aus dem Topf heben.

Den Deckel abheben, die Terrine leicht abkühlen lassen und auf eine runde Platte stürzen. Warm oder kalt servieren.

ZOFIA CZERNY
POLISH COOKBOOK

Enten-Terrine

Pâté de Canard

Für diese Terrine kann die Ente entweder durch die Öffnung am Hals entbeint werden, so daß eine Fleischhülle entsteht; Anleitungen dafür werden auf S. 36 gegeben. Oder man schneidet sie auf und entbeint sie dann, so daß man sie wie bei der Zubereitung der Galantine auf S. 78 flach ausbreiten kann. Zum Füllen der Fleischhülle sollte man die Füllmasse mit den anderen Zutaten vermischen. Ist die Ente aufgeschnitten, so kann man die Füllung in Lagen aufeinanderschichten. Die Schenkel kann man in beiden Fällen nach Belieben entbeinen oder ganz lassen.

	Ergibt 1,75 kg
1	Ente, entbeint, das Fleisch abgelöst und feingehackt, die Leber aufbewahrt
1 kg	mageres Schweinefleisch, feingehackt
5 EL	Weinbrand oder Madeira
	Salz und frisch gemahlener Pfeffer
	Quatre épices oder Gewürzmischung
1	großes Ei
125 g	Geflügelleber oder *foie gras*
2	Trüffeln, in Scheiben geschnitten (nach Belieben)
250 g	fetter Schweinebauch oder frischer fetter Speck, in Streifen geschnitten

Enten- und Schweinefleisch zusammen mit Weinbrand oder Madeira und Gewürzen vermischen und 2 Stunden marinieren. Anschließend die Masse mit Ei binden.

Die Entenhaut mit der Innenseite nach oben ausbreiten. Die Hälfte der Füllmasse in die Mitte geben und flachdrücken. Dann eine Lage Entenleber, Geflügelleber oder *foie gras* und Trüffeln daraufgeben. Mit der restlichen Füllmasse bedecken, so daß die Leber vollständig eingeschlossen ist. Die Füllung durch behutsames Klopfen in eine schöne Form bringen. Die Haut darüberschlagen und so zusammennähen, daß die Ente wieder ihre ursprüngliche Form erhält.

Eine Steingutform mit Butter ausstreichen und die Ente behutsam hineindrücken. Die Schenkel leicht abspreizen, so daß die Ente gut in der Form liegt. Mit Streifen von Schweinebauch oder fettem Speck bedecken und das Gefäß mit Alufolie verschließen. Die Terrine im vorgeheizten Backofen bei 180° C (Gasherd Stufe 2–3) 1½ Stunden garen. Vor dem Servieren abkühlen lassen.

JANE GRIGSON
CHARCUTERIE AND FRENCH PORK COOKERY

Enten-Terrine aus Rouen

Terrine de Canard à la Rouennaise

Ergibt 1,5 kg

1	Ente, entbeint, Knochen und Brustfleisch aufbewahrt, restliches Fleisch und Leber gehackt
8	Scheiben frischer fetter Speck, davon 2 in Streifen geschnitten
10 cl	Weinbrand
10 cl	Madeira
1	Trüffel, in Streifen geschnitten
	Salz und frisch gemahlener Pfeffer
200 g	mageres Schweinefleisch, gehackt
2	Möhren, in Scheiben geschnitten
1	Zwiebel, in dicke Scheiben geschnitten
½ l	Weißwein
½ l	Wasser
1	Lorbeerblatt
1	Stengel Thymian

Entenbrustfleisch und Speckstreifen in eine Schüssel geben. Weinbrand, Madeira, Trüffel, Salz und Pfeffer hinzufügen. Fleisch und Speck mindestens 3 Stunden darin marinieren.

Das gehackte Enten- und Schweinefleisch vermischen und mit Salz und Pfeffer würzen. Eine Steingutform mit Speckscheiben auslegen und die Hälfte des Hackfleisches, dann eine Schicht Entenbrustfleisch sowie Speck- und Trüffelstreifen hineingeben. Das restliche Hackfleisch und eine zweite Lage Brustfleisch, Speck- und Trüffelstreifen hinzufügen. Mit einer Schicht Speckscheiben abschließen. Die Terrine in ein vorbereitetes Wasserbad stellen und im vorgeheizten Backofen bei 180° C (Gasherd Stufe 2–3) etwa 2 Stunden garen.

In der Zwischenzeit die Entenknochen zusammen mit Möhren, Zwiebel, Wein, Wasser, Lorbeerblatt und Thymian, Salz und Pfeffer in einen Topf geben und bei schwacher Hitze 45 Minuten simmern lassen; anschließend die Brühe durch ein Sieb gießen und in den Kühlschrank stellen.

Die Terrine aus dem Backofen nehmen und für 24 Stunden in den Kühlschrank stellen. Dann die Brühe erhitzen, damit sie wieder flüssig wird, und dazugießen. Die Terrine noch einmal in den Kühlschrank stellen, bis die Brühe geliert ist.

MARIE BISSON
LA CUISINE NORMANDE

Enten-Terrinen

Duck Terrines

Nach diesem Rezept lassen sich zwei Terrinen zubereiten: die geschichtete Terrine auf Seite 26 und die einfachere Version, die in Würfel geschnittenes Entenfleisch enthält (S. 22).

Das Brustfleisch der Enten kann über Nacht mariniert werden. Für die Marinade vermischt man 6 EL trockenen Weißwein, 1 EL Olivenöl, eine Prise getrocknete gemischte Kräuter, 1 zerriebenes Lorbeerblatt und Salz und frisch gemahlenen Pfeffer.

Ergibt 2,5 kg

2	Enten, entbeint, die eine Hälfte des Brustfleisches in Scheiben geschnitten, die andere in Würfel geschnitten, das restliche Fleisch und die Leber gehackt, die Gerippe aufbewahrt
1	große Knoblauchzehe, zu einer Paste zerstoßen
60 g	altbackenes Weißbrot, die Rinde abgeschnitten, zerbröselt
300 g	frischer fetter Speck, in kleine Würfel geschnitten, die Schwarte aufbewahrt
200 g	mageres Kalbfleisch, feingehackt
200 g	magerer mildgeräucherter Schinken, in Würfel geschnitten, die Schwarte aufbewahrt
4	Hühnerlebern, feingehackt
60 g	Pistazien, blanchiert, abgezogen und grobgehackt
2	Eier
4 EL	Cognac
1 TL	getrocknete gemischte Kräuter
3	Nelkenköpfe, gemahlen
	Gemahlener Piment
	Geriebene Muskatnuß
	Cayennepfeffer
	Salz und frisch gemahlener Pfeffer
8	große dünne Scheiben frischer fetter Speck
	Lorbeerblätter
	Zerlassenes Schweineschmalz (nach Belieben)

Brühe

2	aufbewahrte Entengerippe
	Speck- und Schinkenschwarten
1 l	Wasser
1	Zwiebel, mit 2 Nelken besteckt
1	Möhre
1	*bouquet garni* mit 1 Stange Bleichsellerie
	Salz

Für die Brühe die Gerippe der Enten zerbrechen oder in Stücke schlagen und zusammen mit den Schwarten in das Wasser geben. Langsam zum Kochen bringen, den sich bildenden Schaum abschöpfen und alle übrigen Zutaten hinzufügen. Halb zugedeckt 2½ bis 3 Stunden simmern lassen. Die Flüssigkeit durch ein Sieb gießen. Stehenlassen, damit sich das Fett an der Oberfläche sammelt. Das Fett abschöpfen, und die Flüssigkeit wieder zum Kochen bringen. Die Temperatur herunterschalten und die Flüssigkeit simmern lassen; dabei den Topf halb von der Kochstelle ziehen, so daß sich an der einen Seite eine Haut bildet, die mit einem Löffel entfernt werden kann. Wiederholt das Fett abschöpfen. Dann unter ständigem Rühren die Temperatur heraufschalten und nach kurzer Zeit wieder herunterschalten.

Wenn die Flüssigkeitsmenge um die Hälfte reduziert ist, die Brühe in einen kleinen Topf gießen. Weiter einkochen, bis sie dickflüssig ist; es sollte etwa 1/8 l Brühe übrigbleiben.

Den Knoblauch mit den Weißbrotbröseln vermischen. Die Brühe dazugießen und zu einer klebrigen Paste verarbeiten. Gehacktes Entenfleisch und Entenleber, in Würfel geschnittenen fetten Speck, Kalbfleisch, Schinken, Hühnerleber, Pistazien, Eier, Cognac, Kräuter, Gewürze, Salz und Pfeffer dazugeben. Mit den Händen gut vermischen; dabei die Masse wiederholt durch die Finger drücken. Das in Würfel geschnittene Entenfleisch zu der Hälfte der Masse geben und gut unterrühren.

Zwei Steingutformen vollständig mit Speckscheiben auslegen. Eine Form mit der Masse füllen, die das in Würfel geschnittene Entenfleisch enthält. In der zweiten Form abwechselnd die restliche Füllmasse und die in Scheiben geschnittene Entenbrust aufeinanderschichten; dabei mit Füllmasse beginnen und abschließen. Beide Steingutformen gegen die Arbeitsfläche klopfen, damit sich der Inhalt setzt. Jeweils 1 oder 2 Lorbeerblätter auf die Oberfläche legen und alles mit einer großen Speckscheibe bedecken. Die Terrinen zugedeckt in einem Wasserbad im vorgeheizten Backofen bei 180° C (Gasherd Stufe 2–3) 1½ bis 3 Stunden garen (je nach Höhe der Terrinen), bis sie sich in der Mitte fest anfühlen und der austretende Saft klar ist.

Die Deckel von den Formen abnehmen, Holzbretter auf die Terrinen legen und mit Gewichten beschweren. Die Terrinen einige Stunden oder über Nacht stehenlassen, bis sie kalt sind. Dann die Gewichte entfernen. Wenn die Terrinen nicht innerhalb von 2 bis 3 Tagen gegessen werden sollen, jeweils die Oberfläche mit einer Schicht zerlassenem Schweineschmalz überziehen, die Formen wieder zudecken und in den Kühlschrank stellen. Läßt man die Terrinen mindestens 3 bis 4 Tage ruhen, so kann sich das Aroma voll entfalten. Unangeschnitten halten sie sich im Kühlschrank sogar bis zu 2 Wochen.

PETITS PROPOS CULINAIRES VII

Enten-Orangen-Terrine

La Terrine de Canard à l'Orange

Ergibt 2 kg

1	Ente (etwa 2 kg), entbeint und in kleine Würfel geschnitten, die Knochen aufbewahrt
1 l	Weißwein
1	Zwiebel, in Scheiben geschnitten
1	Möhre, in Scheiben geschnitten
	Salz und frisch gemahlener Pfeffer
300 g	mageres Schweinefleisch, in kleine Würfel geschnitten
850 g	fettes Schweinefleisch, in kleine Würfel geschnitten
100 g	Kalbsbries, blanchiert, die äußere Haut abgezogen und gehackt
1	Orange, die Schale abgerieben, die weiße Haut abgezogen und das Fruchtfleisch in Scheiben geschnitten

Das Entenfleisch zusammen mit Wein, Zwiebel und Möhre in eine Schüssel geben. Mit Salz und Pfeffer würzen. An einem kühlen Platz zugedeckt 24 Stunden marinieren.

Das Entenfleisch abtropfen lassen und mit dem Schweinefleisch vermischen; die Marinade aufbewahren.

Den Boden einer Steingutform mit einer Lage Fleischmischung bedecken. Mit gehacktem Kalbsbries und abgeriebener Orangenschale bestreuen. Abwechselnd weitere Lagen Fleischmischung und Kalbsbries daraufschichten und jeweils mit Orangenschale bestreuen. Wenn die Form gefüllt ist, einen Deckel auflegen und die Terrine im vorgeheizten Backofen bei 180° C (Gasherd Stufe 2–3) 1½ Stunden garen.

In der Zwischenzeit die Entenknochen zusammen mit der Marinade in einen Topf geben und etwa 1 Stunde kochen, bis eine konzentrierte Brühe entsteht. Die Brühe durch ein Sieb gießen.

Die Terrine etwas abkühlen lassen. Mit Orangenscheiben garnieren und mit Brühe überziehen. Im Kühlschrank erkalten lassen, bis die Brühe zu Gelee erstarrt ist. Vor dem Servieren das Fett an der Oberfläche vollständig entfernen.

RAYMOND THUILIER UND MICHEL LEMONNIER
LES RECETTES DE BAUMANIÈRE

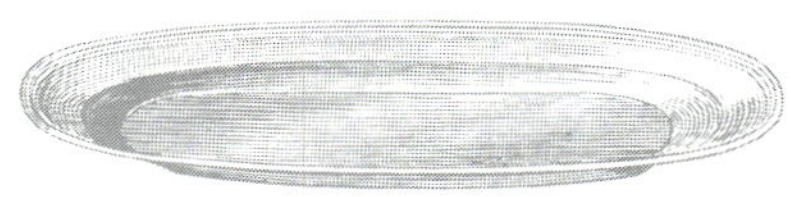

Enten-Terrine mit Aprikosen

Ballotine of Duck

Ergibt 2 kg

1	Ente, entbeint, die Leber aufbewahrt
	Salz und frisch gemahlener Pfeffer
Je 60 g	getrocknete Aprikosen und getrocknete Äpfel, 4 Stunden in 1/8 l Sherryessig eingeweicht
750 g	Bratwurstmasse
1	Knoblauchzehe, feingehackt
125 g	frische Weißbrotkrumen
4 EL	Orangenlikör oder Weinbrand
	Getrocknete gemischte Kräuter
60 g	Champignons, in Scheiben geschnitten
15 g	Butter

Die Ente innen leicht mit Salz und Pfeffer bestreuen. Dann die eingeweichten Früchte gleichmäßig auf der gesamten Innenseite der Ente verteilen; dabei auch die Hohlräume in den Keulen und Flügeln nicht vergessen.

Die Bratwurstmasse, Knoblauch, Weißbrotkrumen, Orangenlikör oder Weinbrand und Kräuter vermischen. Die Champignons kurz in der Butter sautieren und abkühlen lassen. Die Innenseite der Ente mit der Bratwurstmasse bedecken. In der Mitte eine Reihe Champignons anordnen; darauf die Entenleber legen. Die Entenhaut darüberschlagen, so daß die Füllung vollkommen eingeschlossen ist, und die Ente wieder in ihre ursprüngliche Form bringen. Die gefüllte Ente in eine Steingutform legen, in die sie gerade eben hineinpaßt. Die Terrine im vorgeheizten Backofen bei 150° C (Gasherd Stufe 1) 3 Stunden garen und im ausgeschalteten Backofen abkühlen lassen.

PETITS PROPOS CULINAIRES VIII

Enten-Hackbraten

Duck Loaf

	Ergibt 750 g
175 g	gegartes Entenfleisch ohne Knochen, feingehackt
175 g	magerer Schinken, feingehackt
125 g	frische Weißbrotkrumen
60 g	Champignons, feingehackt
1	Zwiebel, feingehackt
1 TL	abgeriebene Orangenschale
1 TL	Majoran
2	Eier
1/4 l	Milch
	Salz und frisch gemahlener Pfeffer

Alle Zutaten mit Ausnahme von Eiern, Milch, Salz und Pfeffer gut vermischen. Die Eier in die Milch schlagen, mit Salz und Pfeffer würzen und die Mischung unter die Fleischmasse rühren.

Die Fleischmasse in eine mit Fett ausgestrichene 1 l fassende Kastenform geben, glattstreichen und im vorgeheizten Backofen bei 170° C (Gasherd Stufe 2) etwa 1 Stunde backen, bis der Hackbraten fest und die Oberfläche braun ist. Die Form während des Backens nicht bedecken. Der Hackbraten ist gar, wenn er sich vom Rand der Form löst. Heiß oder kalt servieren.

MISS READ
MISS READ'S COUNTRY COOKING

Enten-Terrine mit Champignons

La Terrine de Canard aux Champignons

	Ergibt 1,5 kg
1	fette Ente, entbeint und in Stücke geschnitten, Leber und Herz aufbewahrt
500 g	frischer fetter Speck, eine Hälfte in dünne Scheiben, die andere in Streifen geschnitten
	Feingehackte Petersilie
200 g	Bratwurstmasse
1	Knoblauchzehe, zerdrückt
1 EL	Öl
250 g	Champignons, vorzugsweise Wiesenchampignons
	Salz und frisch gemahlener Pfeffer
1	Zwiebel, gehackt
2 EL	Obstbranntwein oder Weinbrand
8 cl	Weißwein
17,5 cl	Wasser

Die Speckstreifen in feingehackter Petersilie wenden, dann das Entenfleisch damit spicken.

Die Fleischreste von den Knochen schaben und zusammen mit der Leber und dem Herz hacken. Mit der Bratwurstmasse mischen. Den Knoblauch zum Öl geben und die Champignons darin kurz sautieren; die Pilze abtropfen lassen und grobhacken. Zu der Fleischmasse geben und mit Salz und Pfeffer würzen.

Das Entengerippe, die Zwiebel, Obstbranntwein oder Weinbrand, Wein und Wasser in einen Topf geben. Die Flüssigkeit zum Kochen bringen und zugedeckt 2 Stunden simmern lassen. Die Brühe durch ein Sieb gießen.

Einige Löffel Brühe zu der Fleischmasse geben. Eine Steingutform mit Speckscheiben auslegen. Abwechselnd jeweils eine Schicht Fleischmasse und Entenfleisch hineingeben, bis die Form gefüllt ist. Mit einer Schicht Speckscheiben abschließen. Die restliche Brühe dazugießen. Die Form fest verschließen, in ein Wasserbad stellen und im vorgeheizten Backofen bei 170° C (Gasherd Stufe 2) etwa 2½ Stunden garen. Die Terrine 24 Stunden abkühlen lassen, bis sie fest ist.

SIMONE MORAND
CUISINE ET GASTRONOMIE DU MAINE, DE LA TOURAINE ET DE L'ANJOU

Ente „Lucullus"

Pâté de Canard Lucullus

	Ergibt 2,5 kg
1	Ente (1,75 bis 2 kg), alle Knochen mit Ausnahme der Schenkelknochen ausgelöst, das Fleisch ausgelöst, ohne die Haut zu beschädigen
1	Entenleber
2 EL	Cognac
	Salz und frisch gemahlener Pfeffer
1 kg	Schweinefilet, in Würfel geschnitten
300 g	*foie gras*, davon 90 g in Würfel geschnitten
	Quatre épices
	Cayennepfeffer
	Currypulver
2	Eier, verquirlt
125 g	Schweinsnetz
1	Trüffel, geschält und in Stifte geschnitten
1	dünne Scheibe frischer fetter Speck, in 5 Streifen geschnitten

Die Entenleber in den Cognac legen und mit Pfeffer bestreuen. Das Enten- und Schweinefleisch durch die feinste Scheibe des Fleischwolfs drehen. Das feingehackte Fleisch zusammen mit der ungewürfelten *foie gras*, Salz und einer Prise von jedem Gewürz zu einer glatten Masse verarbeiten. Die Eier hinzufügen und mit einem Spatel gut untermischen.

Die Entenleber abtropfen lassen und in Würfel schneiden. Die Marinade aufbewahren. Die Entenhaut ausbreiten und mit Salz und Pfeffer bestreuen. Das Schweinsnetz auf die Haut legen und glattstreichen. Die Hälfte der Hackfleischmasse darauf verteilen, dann mit der in Würfel geschnittenen *foie gras*, der Entenleber und den Trüffelstiften belegen. Mit der Marinade beträufeln. Die restliche Füllung daraufgeben. Das Schweinsnetz der Länge nach einrollen und an beiden Enden behutsam verschließen. Dann in die Entenhaut einschlagen und die Haut vorsichtig zunähen. Die Speckstreifen um die Ente wickeln und jeden Streifen mit Küchengarn befestigen.

Die Ente in einen mit Butter ausgestrichenen Bräter legen und im vorgeheizten Backofen bei 180°C (Gasherd Stufe 2–3) 50 Minuten braten; dabei von Zeit zu Zeit mit dem Bratensaft begießen. Wenn beim Einstechen ein klarer Saft austritt, die Ente aus dem Backofen nehmen und abkühlen lassen. Anschließend in den Kühlschrank stellen.

Vor dem Servieren die Ente in Scheiben schneiden und diese einander überlappend auf einer Servierplatte anrichten.

LOUISETTE BERTHOLLE (HERAUSGEBERIN)
DIE GEHEIMEN REZEPTE DER BESTEN RESTAURANTS FRANKREICHS

Enten-Terrine mit Gelee

Terrine de Caneton à la Gelée

Wie man eine Ente entbeint, wird auf S. 36 gezeigt.

	Ergibt 2 kg
1	Ente, entbeint, das Fleisch ausgelöst, ohne die Haut zu beschädigen
	Salz und frisch gemahlener Pfeffer
	Gewürzmischung
1/8 l	Cognac
125 g	frischer durchwachsener Speck, in Streifen geschnitten
125 g	Schinken, in Streifen geschnitten
250 g	Kalbsfilet
250 g	Schweinefilet
750 g	frischer fetter Speck, im Stück
350 g	frischer fetter Speck, in Scheiben geschnitten
3	Trüffeln, in feine Würfel geschnitten
1 TL	getrockneter Thymian
1	Lorbeerblatt, zerrieben
	Mehl-Wasser-Paste
	Gelatinehaltige Fleischbrühe (S. 172), abgekühlt, bis sie fest ist, gehackt

Die Entenbrust in fingerdicke Streifen schneiden. Das Fleisch in eine Schüssel geben und mit Salz, Pfeffer und der Gewürzmischung bestreuen. Die Hälfte des Cognacs, die Speck- und Schinkenstreifen hinzufügen und 4 Stunden marinieren.

In der Zwischenzeit das restliche Entenfleisch zusammen mit dem Kalbs- und Schweinefilet und dem fetten Speck feinhacken. In einen Mörser oder eine Küchenmaschine geben und zu einer sehr glatten Hackfleischmasse verarbeiten. Den restlichen Cognac und die Marinade untermischen.

Eine Steingutform mit den Speckscheiben auslegen. Die Hände mit Wasser anfeuchten und eine 2 cm dicke Schicht Hackfleischmasse gegen Boden und Innenwand der Form drücken. Mit einer Schicht Entenfleisch-, Speck- und Schinkenstreifen bedecken. Eine zweite Schicht Hackfleischmasse in die Form geben, dann eine Lage Trüffeln, Speck- und Schinkenstreifen hinzufügen. In dieser Weise fortfahren, bis alles Fleisch aufgebraucht ist.

Die Oberfläche mit der Entenhaut bedecken, dann mit den restlichen Speckscheiben bardieren. Mit Thymian und zerriebenem Lorbeerblatt bestreuen. Den Deckel auflegen und mit Mehl-Wasser-Paste versiegeln. Die Steingutform in einen Topf mit kochendem Wasser stellen und die Terrine im vorgeheizten Backofen bei 170°C (Gasherd Stufe 2) 2 Stunden garen.

Die Terrine aus dem Backofen nehmen und etwas abkühlen lassen. Den Deckel abnehmen, ein Holzbrett auf die Terrine legen und mit Gewichten beschweren. Die Terrine über Nacht kühlen. In Scheiben schneiden und mit gehacktem Gelee garnieren.

PHILÉAS GILBERT
LA CUISINE DE TOUS LES MOIS

Puter-Terrine mit Oliven

Terrine de Dinde aux Olives

	Ergibt 1 kg
400 g	Puterbrust, davon 150 g gehackt, der Rest in dünne Streifen geschnitten
2	Eier
2 EL	Milch
125 g	frische Weißbrotkrumen
	Salz und frisch gemahlener Pfeffer
	Quatre épices
2 EL	Cognac
3 EL	gehackte Petersilie
1	Zwiebel, gehackt
1	Knoblauchzehe, gehackt
500 g	Bratwurstmasse
250 g	frischer fetter Speck, in Scheiben geschnitten, eine Scheibe in Stücke geschnitten
125 g	schwarze Oliven, entsteint und in Viertel geschnitten
1	Stengel Thymian
1	Lorbeerblatt

Eier, Milch, Weißbrotkrumen, Salz und Pfeffer, eine Prise *quatre épices*, Cognac, Petersilie, Zwiebel und Knoblauch zusammen in einem Mixer pürieren. Das Püree in eine Schüssel geben und mit dem Puterfleisch und der Bratwurstmasse vermischen.

Eine Steingutform mit Speckscheiben auslegen. Die Hälfte der Fleischmasse hineingeben. Das in Streifen geschnittene Puterfleisch und die Olivenstücke gleichmäßig darauf verteilen. Mit der restlichen Fleischmasse bedecken. Einige kleine Stücke fetten Speck, den Thymian und das Lorbeerblatt auf der Oberfläche anordnen. Einen Deckel auflegen. Die Terrine in einem Wasserbad im vorgeheizten Backofen bei 180°C (Gasherd Stufe 2–3) 1½ Stunden garen, bis der austretende Saft klar ist. Gegebenenfalls das Wasserbad mit heißem Wasser auffüllen.

Die Terrine vor dem Servieren über Nacht kalt stellen.

JACQUELINE GÉRARD
BONNES RECETTES D'AUTREFOIS

Puter-Terrine

Terrine de Dinde

Anleitungen für das Entbeinen von Geflügel werden auf S. 36 gegeben. Wenn ein sehr kleiner Puter oder eine sehr kleine Gans nicht erhältlich sind, kann diese Terrine auch mit einem großen Hähnchen zubereitet werden.

Für eine Gänsefleisch-Terrine ersetzt man den Puter durch eine Gans und überzieht die Terrine mit Gänseschmalz. Das Gerippe kann in jedem Fall für eine Brühe verwendet werden.

	Ergibt 2 kg
1	Puter (etwa 2 kg), entbeint
250 g	mageres Kalbfleisch
500 g	frischer durchwachsener Speck, die Schwarte entfernt
	Salz und frisch gemahlener Pfeffer
	Gewürzmischung
20 cl	Fleischbrühe (S. 172)
100 g	fetter Speck, in schmale Streifen geschnitten
100 g	fetter Speck, in Scheiben geschnitten
1	großes Lorbeerblatt
	Ausgelassenes Hühnerfett oder zerlassenes Schweineschmalz

Das Fleisch von der Haut der Puterschenkel ablösen und alle Sehnen gründlich entfernen. Das Brustfleisch nicht abziehen. Das abgelöste Puterfleisch mit Kalbfleisch, durchwachsenem Speck, Salz und Gewürzmischung durch den Fleischwolf drehen. Die Hackfleischmasse in einem Mörser zerdrücken, mit der Brühe verrühren und beiseite stellen.

Die Speckstreifen mit Salz und Pfeffer würzen und das Puterbrustfleisch damit spicken.

Den Boden einer tiefen, runden Steingutform von 16 cm Durchmesser mit einer dicken Schicht Hackfleischmasse bedekken. Die Puterbrust mit Salz und Gewürzmischung bestreuen und mit einer Schicht Hackfleischmasse bestreichen. Die Brust mit der Haut nach außen zu einem Kreis formen; dann leicht in die Hackfleischmasse drücken. Mit der restlichen Hackfleischmasse bedecken; dabei die Puterbrust auch an den Seiten mit der Masse umgeben. Die Terrine mit Salz bestreuen, mit fettem Speck bedecken und ein Lorbeerblatt in die Mitte legen.

Die Form bedecken und die Terrine in einem Wasserbad im vorgeheizten Backofen bei 170° C (Gasherd Stufe 2) 3 Stunden garen, bis klarer Saft austritt, wenn man eine Nadel einsticht.

Sobald die Terrine kalt ist, die Oberfläche vollständig mit ausgelassenem Hühnerfett oder zerlassenem Schweineschmalz überziehen und im Kühlschrank fest werden lassen.

JULES GOUFFÉ
LE LIVRE DE CUISINE

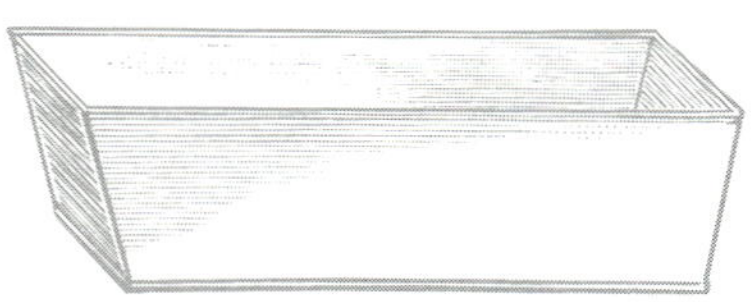

Hähnchen-Terrine mit Zitrone

Terrine de Poulet au Citron

	Ergibt 2,5 kg
1	Brathähnchen (etwa 2 kg), entbeint, Leber aufbewahrt
350 g	Schweinebauch, entbeint, die Schwarte entfernt
250 g	mageres Kalbfleisch ohne Knochen
2	Eier
2 EL	Weinbrand
	Salz und frisch gemahlener schwarzer Pfeffer
	Gemahlene Nelken, gemahlener Zimt und geriebene Muskatnuß
1	Zitrone, geschält, die Haut der einzelnen Spalten abgezogen, die Kerne entfernt, das Fruchtfleisch grobgehackt
250 g	durchwachsener Speck, in Scheiben geschnitten, die Schwarte entfernt

Das Fleisch von Hähnchenbrust und -keulen in dicke Scheiben schneiden. Das restliche Hähnchenfleisch zusammen mit der Leber, dem Schweinefleisch und dem Kalbfleisch durch den Fleischwolf drehen. Die Eier mit Weinbrand, reichlich Salz und Pfeffer und je einer Prise Nelke, Zimt und Muskat schlagen. Zum Hackfleisch geben und gut vermischen. Eine kleine Menge der Masse braten, um festzustellen, ob sie ausreichend gewürzt ist. Das Zitronenfruchtfleisch hinzufügen.

Eine Steingutform mit den Speckscheiben auslegen. Die Hälfte der Hackfleischmasse in die Form drücken, die Hähnchenfleischscheiben darauflegen und mit der restlichen Fleischmasse bedecken. Eventuell übriggebliebene Speckscheiben auf der Oberfläche verteilen. Die Form mit zwei Lagen Alufolie bedecken und in ein Wasserbad stellen. Im vorgeheizten Backofen bei 180° C (Gasherd Stufe2–3) 2½ bis 3 Stunden garen. Die Terrine ist gar, wenn sie sich vom Rand der Form gelöst hat und der Saft klar ist.

Über Nacht in den Kühlschrank stellen.

HELGE RUBINSTEIN
FRENCH COOKERY

Hähnchen-Terrine nach Chartres-Art

Terrine de Volaille à la Chartres

Auf diese Art läßt sich auch eine Enten-Terrine zubereiten.

	Ergibt 3 kg
4	Hähnchenbrüste, der Länge nach in Hälften geschnitten
4 EL	Cognac
10 cl	Madeira
500 g	frischer fetter Speck, in Scheiben geschnitten
250 g	Schinken, in Würfel geschnitten
60 g	Trüffeln, in Madeira gargezogen, in Würfel geschnitten
	Gelatinehaltige Brühe (S. 172), mit den Hähnchenknochen zubereitet

	Füllmasse
500 g	Hähnchenfleisch, feingehackt
200 g	mageres Kalbfleisch, feingehackt
200 g	mageres Schweinefleisch, feingehackt
900 g	frischer fetter Speck, feingehackt
	Salz und frisch gemahlener Pfeffer
	Gewürzmischung
4	Eier

Die Hähnchenbrüste mit Cognac und Madeira begießen, beiseite stellen und 2 Stunden marinieren.

Für die Füllmasse alle Zutaten zusammengeben und durch ein Sieb streichen. Die Hähnchenbrüste abtropfen lassen und die Marinade zu der Füllmasse geben.

Eine Steingutform so mit Speckscheiben auslegen, daß sie über den Rand hängen. Eine Schicht Füllmasse hineingeben, eine Hähnchenbrust darauflegen und mit Schinken und Trüffelwürfeln umgeben. Mit einer Schicht Füllmasse bedecken. In dieser Reihenfolge weiterschichten, bis alle Zutaten aufgebraucht sind. Den überhängenden Speck über die Terrine schlagen, so daß die Oberfläche ganz bedeckt ist.

Die Form fest verschließen und die Terrine in einem Wasserbad im vorgeheizten Backofen bei 180° C (Gasherd Stufe 2–3) etwa 2 Stunden garen. Für die Garprobe mit einem Spieß in die Mitte der Terrine stechen; sie ist gar, wenn sich der Spieß heiß anfühlt. Die Terrine mit einem Brett und Gewichten beschweren und 12 Stunden abkühlen lassen. Gelatinehaltige Brühe auf die Oberfläche gießen und die Terrine in den Kühlschrank stellen, bis die Brühe zu Gelee erstarrt ist.

ÉDOUARD NIGNON (HERAUSGEBER)
LE LIVRE DE CUISINE DE L'OUEST-ÉCLAIR

Hähnchen-Terrine

Chicken Terrine

	Ergibt 1 kg
1	Hähnchen (etwa 1,5 kg), entbeint
250 g	Schweinebauch
1	Schalotte
1	Knoblauchzehe, zerdrückt
½ TL	Selleriesalz
½ TL	gemahlener Piment
6	Scheiben durchwachsener Speck

Die Hähnchenbrust in dünne Scheiben schneiden. Das restliche Hähnchenfleisch zusammen mit dem Schweinebauch, der Schalotte und den Gewürzen durch den Fleischwolf drehen.

Einen Schmortopf mit geraden Wänden oder eine Steingutform mit Butter ausstreichen. Drei Speckscheiben hineinlegen. Nacheinander auf die Speckscheiben eine Lage Hackfleischmasse, eine Lage Hähnchenbrustfleisch und die restlichen Speckscheiben geben. Dann abwechselnd Fleischmasse und Hähnchenbrust aufeinanderschichten, bis die Form gefüllt ist; mit einer Schicht Fleischmasse abschließen. Die Form in ein Wasserbad oder in einen zur Hälfte mit Wasser gefüllten Bräter stellen. Die Terrine im vorgeheizten Backofen bei 170° C (Gasherd Stufe 2) 1½ bis 2 Stunden garen, bis sie fest ist und sich vom Rand der Form gelöst hat. Überschüssiges Fett abgießen, die Terrine mit einem Gewicht beschweren und abkühlen lassen. Kalt servieren.

MISS READ
MISS READ'S COUNTRY COOKING

Fasanen-Terrine

Pheasant-Pie or Tureen

	Ergibt 1,5 kg
2	Fasanen, entbeint, die Knochen aufbewahrt
	Salz und frisch gemahlener Pfeffer
1	Zwiebel, gehackt
500 g	Hackfleischmasse (S. 170)
2	Trüffeln, gehackt
½ l	gelatinehaltige Fleischbrühe (S. 172), mit den Fasanenknochen zubereitet
30 g	Butter
1	Lorbeerblatt

	Austernfüllung
12	Austern, aus der Schale gelöst und grobgehackt, die Flüssigkeit durch ein Sieb passiert
125 g	feine Semmelbrösel
45 g	Butter, in Würfel geschnitten
½	Zitrone, Schale abgerieben
	Geriebene Muskatnuß
	Cayennepfeffer
	Salz
2 TL	gehackte Petersilie
1	Eigelb

Alle Zutaten für die Austernfüllung gut vermischen. Die Fasanen mit der Brust nach unten auf ein Tuch legen und innen mit Salz, Pfeffer und Zwiebel würzen. Die Füllung hineingeben und beide Fasanen zu einer großen Rolle formen.

Die Füllmasse und die Trüffeln vermischen. Eine Steingutform mit dieser Masse auskleiden. Die gefüllten und gerollten Fasanen hineinlegen und mit der restlichen Masse bedecken. Etwas Brühe dazugießen und die Butterwürfel und das Lorbeerblatt darauflegen. Die Terrine mit Alufolie bedecken und einen Deckel auf die Form legen. In einem Wasserbad im vorgeheizten Backofen bei 180° C (Gasherd Stufe 2–3) etwa 1½ Stunden garen. Danach noch 15 cl Brühe in die Form gießen. Abkühlen lassen. Die Terrine und die restliche Brühe im Kühlschrank erkalten lassen. Vor dem Servieren die zu Gelee erstarrte Brühe hacken und die Oberfläche der Terrine damit garnieren.

SHEILA HUTCHINS
ENGLISH RECIPES AND OTHERS FROM SCOTLAND, WALES AND IRELAND

Polnische Gänse-Terrine

Pasztet z Drobiu

Ergibt 2 kg

1	kleine Gans oder ½ große Gans, in Viertel zerlegt, mit Gänseklein
40 g	Knollensellerie
40 g	Möhren
1	Petersilienwurzel
60 g	durchwachsener oder fetter Speck
	Salz und frisch gemahlener Pfeffer
½ TL	Paprikapulver
½	Lorbeerblatt
Etwa 1¾ l	Wasser
300 g	Kalbsleber, in Scheiben geschnitten
100 g	Champignons, gehackt, oder 10 g getrocknete Steinpilze, 1 Stunde in lauwarmem Wasser eingeweicht, abgetropft und gehackt
60 g	Zwiebeln, in Scheiben geschnitten
150 g	Brötchen
3	Eier
2	Eigelb
¼ TL	geriebene Muskatnuß
¼ TL	gemahlener Ingwer

Gänseviertel, Gänseklein (außer der Leber), Sellerie, Möhren, Petersilienwurzel, Speck, Pfeffer, Paprika, Lorbeerblatt sowie Wasser in einen Topf geben und zugedeckt etwa 2 Stunden simmern lassen; nach 30 Minuten Garzeit den Speck herausnehmen, nach 1 Stunde Salz hinzufügen. Dann etwas abkühlen lassen. Die Knochen aus dem Fleisch lösen und den Speck in dünne Scheiben schneiden. Die Brühe durch ein Sieb gießen.

Gänseleber, Kalbsleber, Pilze und Zwiebeln in einen Topf geben. Von der Gänsebrühe ⅛ l zum Kochen bringen und hinzufügen. Zugedeckt 10 Minuten simmern lassen. Die Gänseleber aus dem Topf nehmen und beiseite legen.

Die Brötchen in etwas abgekühlter Brühe einweichen, dann zusammen mit dem Gänsefleisch und der Kalbsleber-Mischung zweimal durch den Fleischwolf drehen; beim zweiten Mal sollte eine feinere Scheibe verwendet werden. Eier, Eigelb, Salz, Pfeffer, Muskat und Ingwer hinzufügen und so lange schlagen, bis die Masse eine cremige Konsistenz hat.

Eine Steingutform mit den Speckscheiben auslegen. Die Gänseleber in Würfel schneiden und zu der Fleischmasse geben. Die Masse in die Form füllen und eventuell entstandene Hohlräume beseitigen. Ein Drahtgitter in einen Topf legen, die Form daraufstellen und so viel Wasser in den Topf gießen, daß die Form zur Hälfte darin steht. Den Deckel auflegen und das Wasser zum Kochen bringen. Die Terrine etwa 1½ Stunden garen, bis sie sich vom Rand der Form löst. Man kann die Form auch in ein Wasserbad stellen und im vorgeheizten Backofen bei 180° C (Gasherd Stufe 2–3) garen. Die Terrine abkühlen lassen, bis sie lauwarm ist, dann stürzen und warm oder kalt servieren.

HELENA HAWLICZKOWA
KUCHNIA POLSKA

Gänse-Terrine

La Terrine d'Oie

Ergibt 1,5 kg

500 g	Gänsefleisch ohne Knochen, alles Fett entfernt
750 g	frischer fetter Speck, davon 250 g in Scheiben geschnitten
2	Zwiebeln
1	Schalotte
	Fines herbes
¼ l	Obstbranntwein oder Weinbrand
2	Eier, geschlagen
	Salz und frisch gemahlener Pfeffer
1 EL	gehackter Thymian
1	Lorbeerblatt, zerrieben

Ein paar schöne Stücke Gänsebrust beiseite legen. Das restliche Gänsefleisch zusammen mit dem Speck, der nicht in Scheiben geschnitten wurde, den Zwiebeln, der Schalotte und *fines herbes* feinhacken. Obstbranntwein oder Weinbrand dazugießen und gut untermischen. Die geschlagenen Eier mit der Hackfleischmasse verkneten. Mit Salz und Pfeffer würzen.

Den Boden einer Steingutform mit einer großen Scheibe Speck auslegen. Die Hälfte der Hackfleischmasse in die Form geben. Die Brustfleischstücke darauflegen und mit Salz und Pfeffer würzen. Die restliche Hackfleischmasse darüber verteilen. Die restlichen Speckscheiben in Streifen schneiden und in einem Gittermuster auf die Hackfleischmasse legen. Mit Thymian und Lorbeer bestreuen.

Den Deckel auflegen und die Terrine für 2½ bis 3 Stunden in den auf 150° C (Gasherd Stufe 1) vorgeheizten Backofen stellen.

SIMONE MORAND
CUISINE ET GASTRONOMIE DU MAINE,
DE LA TOURAINE ET DE L'ANJOU

Kaninchen-Terrine mit Bier

Pâté Bourgeois au Lapin

Ergibt 1,5 kg

900 g	Kaninchenfleisch ohne Knochen, grobgehackt
30 cl	Bier
450 g	Schweinebauch ohne Knorpel und Schwarte, grobgehackt
3	Lorbeerblätter
½ TL	Thymian
1 TL	gehackte Petersilie
	Salz und frisch gemahlener Pfeffer
250 g	durchwachsener Speck, in dünne Scheiben geschnitten

Das Kaninchenfleisch zusammen mit dem Bier in eine Schüssel geben. Das Schweinefleisch und alle Kräuter und Gewürze hinzufügen. Über Nacht an einen kühlen Platz stellen.

Kaninchen- und Schweinefleisch getrennt durch den Fleischwolf drehen. Eine Steingutform mit den Speckscheiben auslegen, dann das Fleisch abwechselnd hineinschichten und die Biermarinade dazugießen. Die Form mit Folie abdecken, dann den Deckel auflegen und die Terrine im vorgeheizten Backofen bei 150° C (Gasherd Stufe 1) 2½ bis 3 Stunden backen. Abkühlen lassen.

SHEILA HUTCHINS
PÂTÉS AND TERRINES

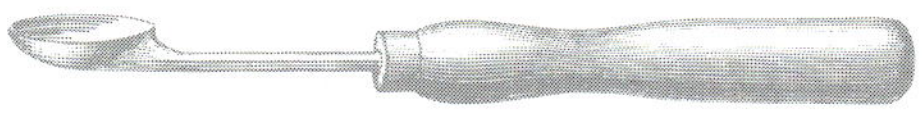

Kaninchen-Terrine auf Großmutter-Art

Terrine de Lapereau Mère-Grand

	Ergibt 1,5 kg
1	junges Kaninchen, die Haut abgezogen, zerlegt
125 g	Schweineschwarte
500 g	Kalbfleisch, in fingergroße Stücke geschnitten
500 g	Schweinefleisch, in fingergroße Stücke geschnitten
1	Kalbsfuß, entbeint und in Streifen geschnitten
250 g	frischer durchwachsener Speck, in Streifen geschnitten
200 g	Bratwurstmasse
3	Möhren, in dünne Scheiben geschnitten
2	Zwiebeln, in dünne Scheiben geschnitten
	Salz und frisch gemahlener Pfeffer
1	Lorbeerblatt, zerrieben
1	Stengel Thymian
2	Nelken, zerstoßen
	Geriebene Muskatnuß
¾ l	Weißwein
1	große Scheibe frischer fetter Speck
	Mehl-Wasser-Paste

Eine Steingutform so mit Schweineschwarte auslegen, daß die Fettseite nach unten liegt. Eine Schicht Kaninchen-, Kalb- und Schweinefleisch, Kalbsfußfleisch und durchwachsenen Speck daraufgeben. Mit einer 1 cm dicken Schicht Bratwurstmasse bedecken. Eine Lage Möhren- und Zwiebelscheiben hinzufügen; mit Salz und Pfeffer würzen. Die Kräuter und die Gewürze vermischen und etwas von dieser Mischung über die Gemüse streuen. In dieser Reihenfolge die restlichen Zutaten weiterschichten, bis die Form gefüllt ist. Die Schichten nicht herunterdrücken, damit sich die Terrine während des Garens ausdehnen kann. Den Wein langsam dazugießen. Die Terrine mit der Speckscheibe bedecken, dann den Deckel auflegen und mit Mehl-Wasser-Paste versiegeln.

Die Terrine im vorgeheizten Backofen bei 150° C (Gasherd Stufe 1) 2 Stunden backen. Bis zum nächsten Tag in der geschlossenen Form an einem kühlen Platz fest werden lassen.

MYRETTE TIANO
LES GIBIERS

Kaninchen-Terrine mit Backpflaumen

Le Pâté de Lapin aux Pruneaux

	Ergibt 2 kg
1,5 kg	Kaninchenfleisch ohne Knochen
15	Backpflaumen
¼ l	Rotwein
200 g	Bratwurstmasse
1	Ei
	Salz und frisch gemahlener Pfeffer
	Quatre épices
100 g	frischer fetter Speck, in dünne Scheiben geschnitten
1	Stengel Thymian
½	Lorbeerblatt
10 cl	Tresterbranntwein oder Weinbrand

	Marinade
½ l	Rotwein
10 cl	Tresterbranntwein oder Weinbrand
2 EL	Walnußöl
1	Zwiebel, in Scheiben geschnitten
1	Möhre, in Scheiben geschnitten
1	Knoblauchzehe, zerdrückt
1	Nelke
Je ½ TL	getrockneter Thymian und getrockneter Estragon
1	Lorbeerblatt
½ TL	Pfefferkörner oder zerstoßener Pfeffer

Alle Zutaten für die Marinade vermischen. Das Kaninchenfleisch hineingeben und über Nacht zugedeckt in den Kühlschrank stellen. Die Backpflaumen gesondert in Wein marinieren.

Am nächsten Tag das Fleisch aus der Marinade nehmen und abtropfen lassen; einige Rückenstücke beiseite legen. Das restliche Fleisch durch die feine Scheibe des Fleischwolfs drehen, dann mit der Bratwurstmasse und dem Ei gut vermischen. Die Füllmasse mit Salz, Pfeffer und *quatre épices* würzen.

Die Backpflaumen entsteinen. Eine Steingutform mit Speckscheiben auslegen, dann eine Lage Hackfleischmasse, die Hälfte der Rückenstücke und alle Backpflaumen hineinschichten. Eine weitere Lage Rückenstücke und die restliche Hackfleischmasse daraufgeben. Mit Speckscheiben, Thymian und Lorbeerblatt bedecken, den Branntwein dazugeben und die Masse fest andrücken. Die Terrine zugedeckt in einem Wasserbad im vorgeheizten Backofen bei 190° C (Gasherd Stufe 3) etwa 1 Stunde garen.

Am Ende der Garzeit den Deckel abnehmen; die Terrine ein paar Minuten stehenlassen, dann einen Teller auf die Fleischmasse legen, den Teller mit einem Gewicht beschweren und die Terrine für 24 Stunden an einen kühlen Platz stellen.

SIMONE MORAND
CUISINE ET GASTRONOMIE DU MAINE,
DE LA TOURAINE ET DE L'ANJOU

Eine einfache Hasen-Terrine

Lièvre en Terrine

Ergibt 2 kg

1	Hase, entbeint und gehackt
500 g	mageres Kalbfleisch, gehackt
500 g	Schweinefleisch, gehackt
3	Frühlingszwiebeln, gehackt
1	Lorbeerblatt, zerrieben
1 TL	getrockneter Thymian
½ TL	gemahlene Nelken
2 EL	gehackte Petersilie
	Salz und frisch gemahlener Pfeffer
350 g	frischer fetter Speck, in Scheiben geschnitten
3 EL	Obstbranntwein oder Weinbrand

Alle Zutaten mit Ausnahme von Speck und Obstbranntwein oder Weinbrand gut vermischen.

Den Boden und die Wände einer Steingutform mit Speckscheiben auslegen, die Fleischmischung hineingeben und mit den restlichen Speckscheiben bedecken. Mit Obstbranntwein oder Weinbrand beträufeln. Dann im vorgeheizten Backofen bei 170° C (Gasherd Stufe 2) 4 bis 5 Stunden garen.

A. B. DE PÉRIGORD
LE TRÉSOR DE LA CUISINIÈRE ET DE LA MAÎTRESSE DE MAISON

Hasen-Terrinen „Saint-Hubert"

Petites Terrines de Lièvre Saint-Hubert

Ergibt 1 kg

500 g	Hasenfleisch ohne Knochen, feingehackt
250 g	Bratwurstmasse
100 g	frischer fetter Speck, feingehackt
200 g	Steinpilze, feingehackt
1	Trüffel, feingehackt
	Salz und frisch gemahlener Pfeffer
	Gewürzmischung
10 cl	Cognac
10 cl	Madeira
2	Eier
18	kleine runde Scheiben frischer fetter Speck
	Zerlassenes Schweineschmalz

Hasenfleisch, Bratwurstmasse, Speck, Steinpilze und Trüffel mischen. Salz, Pfeffer und Gewürzmischung hinzufügen. Cognac, Madeira und Eier dazugeben und unterrühren. Die Masse in 18 kleine Porzellanformen füllen und mit je einer Speckscheibe belegen. Die Formen in einem Wasserbad in den vorgeheizten Backofen stellen und die Masse bei 170° C (Gasherd Stufe 2) etwa 1 Stunde garen, bis sie fest ist.

Jede Terrine leicht zusammendrücken, schräg halten und etwas von dem austretenden Saft abgießen, dann mit zerlassenem Schmalz überziehen und abkühlen lassen.

Zum Servieren eine Serviette auf eine Platte legen und die Terrinen darauf anrichten.

LÉON ISNARD
LA CUISINE FRANÇAISE ET AFRICAINE

Hase auf ungarische Art

Hungarian Spiced Hare

Ergibt 1,5 kg

1	Hase
1	Möhre, in Scheiben geschnitten
1	Pastinake, in Scheiben geschnitten
3	Lorbeerblätter
8	Pfefferkörner
	Salz
1¼ l	Wasser
30 cl	Rotwein
1	Zitrone, die Schale abgerieben und der Saft ausgepreßt
1 EL	Zucker
100 g	frischer durchwachsener Speck
1 EL	Mehl
	Frisch gemahlener Pfeffer
1 TL	Essig
175 g	geräucherter durchwachsener Speck, in Würfel geschnitten
3	Eier, verquirlt
25 g	Kapern, gehackt

Für die Marinade die Möhre und die Pastinake zusammen mit Lorbeerblättern, Pfefferkörnern und 1 EL Salz in dem Wasser kochen. Sobald die Gemüse weich sind, Wein, Zitronensaft und Zucker hinzufügen. Den Hasen in eine tiefe Schüssel legen und mit der heißen Marinade begießen, so daß er gut bedeckt ist; keinesfalls eine Schüssel aus Metall verwenden.

Die Schüssel an einen kühlen Platz stellen. Täglich die Marinade durch ein Sieb gießen, aufkochen und wieder über das Fleisch gießen. Nach drei bis vier Tagen den Hasen und die Marinade in einen Topf geben und zugedeckt bei schwacher Hitze etwa 2½ Stunden garen, bis das Fleisch weich ist. Während des Garens den Hasen häufig begießen und darauf achten, daß er nicht braun wird. Wenn sich das Fleisch von den Knochen löst, den Hasen aus dem Topf nehmen. Auf beiden Seiten am Rückgrat entlangschneiden und jeweils ein langes Rückenstück herauslösen. Die beiden Rückenstücke beiseite stellen.

Das restliche Hasenfleisch ablösen und zusammen mit dem frischen Speck feinhacken. Mehl einrühren und Salz, Pfeffer, Essig, geräucherten Speck, Eier, Kapern sowie Zitronenschale hinzufügen und alles gut vermischen.

Die Hälfte der Hackfleischmasse in eine längliche Steingutform geben. Die Rückenstücke darauf anrichten und mit der restlichen Fleischmasse bedecken. Die Form mit Alufolie fest verschließen und in ein Wasserbad stellen. Im vorgeheizten Backofen bei 180° C (Gasherd Stufe 2–3) 1 Stunde garen. Dann abkühlen lassen und bis zum nächsten Tag in den Kühlschrank stellen.

Die Terrine kann vor dem Servieren auf eine längliche gekühlte Platte gestürzt werden; zuvor den Boden der Form kurz in heißes Wasser tauchen, damit sich die Terrine leichter löst.

SHEILA HUTCHINS
PÂTÉS AND TERRINES

Haltbare Wild-Terrine

Terrine de Gibier de Longue Conservation

	Ergibt 2 kg
1	Hase entbeint, Leber und Blut aufbewahrt
750 g	Schweinebauch ohne Knochen, feingehackt
	Salz und frisch gemahlener Pfeffer
1	Knoblauchzehe, gehackt
2	Schalotten, gehackt
1	Zwiebel, gehackt
4 EL	feingehackte Petersilie
	Gewürzmischung
4 EL	Cognac
500 g	frischer fetter Speck, eine Hälfte in dünne Scheiben, die andere in Streifen geschnitten
	Mehl-Wasser-Paste
60 g	Schweineschmalz, zerlassen

	Marinade
30 cl	Rotwein
1	*bouquet garni*
1	Zwiebel, in Scheiben geschnitten
1 TL	Pfefferkörner

Alle Zutaten für die Marinade vermischen. Das Hasenfleisch in die Marinade legen und zugedeckt im Kühlschrank 2 bis 3 Tage marinieren. Dann das Fleisch in einem Durchschlag abtropfen lassen und in Streifen schneiden.

Das gehackte Schweinefleisch mit etwas Salz und Pfeffer, Knoblauch, Schalotten, Zwiebel, Petersilie, Gewürzen und Cognac gut vermischen. Die Hasenleber und das Blut durch ein Sieb passieren und zu der Hackfleischmasse geben.

Eine Steingutform mit Speckscheiben auslegen. Eine Schicht Hackfleischmasse, dann eine Schicht Hasenfleisch- und Speckstreifen hineingeben. In dieser Reihenfolge fortfahren, bis die Form gefüllt ist. Mit einer Schicht Speckscheiben abschließen.

Den Deckel auf die Form legen und mit Mehl-Wasser-Paste versiegeln. Das Gericht im vorgeheizten Backofen bei 180° C (Gasherd Stufe 2–3) etwa 2 Stunden garen. Den Deckel abnehmen. Ein Holzbrett auf das Fleisch legen und mit einem Gewicht beschweren. Die Terrine ganz abkühlen lassen, dann mit zerlassenem Schmalz überziehen und, sobald dieses fest ist, mit Folie abdecken. An einem trockenen, kühlen Platz aufbewahren.

LE CORDON BLEU

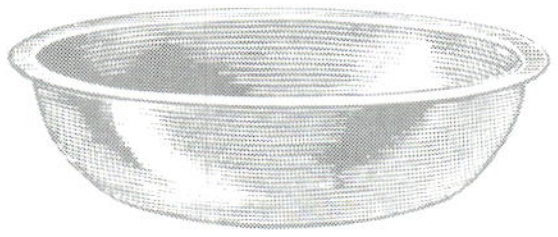

Hasen-Terrine aus Orléans

Farce de Lièvre Haché de l'Orléanais

	Ergibt 2 kg
1	Hase, entbeint und grobgehackt, die Knochen zerbrochen
500 g	Kalbsschulter ohne Knochen, grobgehackt
500 g	Filetkotelettstück ohne Knochen vom Schwein, grobgehackt
150 g	Rindertalg, grobgehackt
2	Knoblauchzehen, gehackt
1/2 Bund	Schnittlauch, feingeschnitten
4	Stengel Petersilie, gehackt
1	Stengel Thymian, davon nur die Blätter
1/4	Lorbeerblatt, zerrieben
1	Nelke, zu Pulver zerstoßen
	Salz und frisch gemahlener Pfeffer
1	große Scheibe frischer fetter Speck
250 g	frischer fetter Speck, in Würfel geschnitten
10 cl	Cognac oder Armagnac
	Mehl-Wasser-Paste
1/4 l	Weißwein

Fleisch, Rindertalg, Kräuter und Gewürze vermischen.

Eine Steingutform so mit der Speckscheibe auslegen, daß sie über den Rand der Form hängt. Die Hälfte der Fleischmasse in die Form füllen, den gewürfelten Speck daraufgeben und mit der restlichen Fleischmasse bedecken. Cognac oder Armagnac dazugießen und den überhängenden Speck über die Fleischmasse schlagen. Den Deckel auf die Steingutform legen und mit der Mehl-Wasser-Paste versiegeln.

Die Form in ein Wasserbad stellen und die Fleischmasse im vorgeheizten Backofen bei 150° C (Gasherd Stufe 1) 4 Stunden garen, bis sie fest und der Saft klar ist.

In der Zwischenzeit die Hasenknochen und den Wein in einen Topf geben. Zugedeckt simmern lassen, bis die Flüssigkeit zur Hälfte verdampft ist. Die Brühe durch ein Sieb gießen.

Die Terrine aus dem Backofen nehmen und abkühlen lassen, bis sie lauwarm ist, dann den Deckel abnehmen. Die oberste Speckschicht entfernen. Die Brühe aus Weißwein in die Form gießen. Den Deckel wieder auflegen und die Terrine vollständig abkühlen lassen. Für 24 Stunden in den Kühlschrank stellen, dann stürzen und in Scheiben schneiden.

CÉLINE VENCE
ENCYCLOPÉDIE HACHETTE DE LA CUISINE RÉGIONALE

Hasen-Terrine in Gelee

Hare Cake in Jelly

	Ergibt 2,5 kg
1	Hase, entbeint und feingehackt
750 g	Rindfleisch, feingehackt
125 g	Champignons, gehackt
3	Schalotten, gehackt
Je 1 TL	gehackter Thymian und Majoran
1 EL	gehackte Petersilie
	Salz und frisch gemahlener Pfeffer
3	Eier, verquirlt
250 g	frischer durchwachsener Speck, in Würfel geschnitten
3 oder 4	Gewürzgurken, in Würfel geschnitten
350 g	durchwachsener Speck, in Scheiben geschnitten
1 l	gelatinehaltige Fleischbrühe (S. 172)
1	Zitrone, Saft ausgepreßt

Das Hasenfleisch mit dem Rindfleisch in einem Mörser zu einer glatten Masse verarbeiten. Champignons, Schalotten, Kräuter, Salz und Pfeffer, Eier, Speckwürfel und Gewürzgurken untermischen. Eine runde Steingutform mit Speckscheiben auslegen und mit der Hackfleischmasse füllen. Einen Deckel auflegen und die Terrine im vorgeheizten Backofen bei 170° C (Gasherd Stufe 2) 1½ Stunden garen, bis der austretende Saft klar ist. Abkühlen lassen. Die Terrine in eine tiefe Schüssel stürzen. Die Brühe mit dem Zitronensaft vermischen. Die Terrine damit begießen und im Kühlschrank fest werden lassen.

F. COLLINGWOOD UND J. WOOLAMS
THE UNIVERSAL COOK

Hasenbrot

Pane di Lepre

	Ergibt 750 bis 1 kg
250 g	mageres Hasenfleisch ohne Knochen, in Würfel geschnitten
2 EL	gehackter Schinken
1	dicke Zwiebelscheibe, gehackt
50 g	Butter
	Salz und frisch gemahlener Pfeffer
60 cl	gelatinehaltige Fleischbrühe (S. 172)
45 cl	weiße Sauce (S. 174), abgekühlt
6	Eigelb

Hasenfleisch, Schinken und Zwiebel in Butter anbraten. Mit Salz und Pfeffer würzen. Wenn die Butter fast absorbiert ist, 15 cl Brühe dazugießen und das Fleisch zugedeckt bei schwacher Hitze 30 Minuten garen, bis es weich ist und fast alle Brühe absorbiert hat. Die Mischung in einem Mörser pürieren, dann durch ein Sieb streichen. Die weiße Sauce mit dem Eigelb verrühren, das Fleischpüree hinzufügen und gut vermischen. Die Masse in eine mit gefettetem Pergamentpapier ausgelegte Form geben und im Wasserbad im vorgeheizten Backofen bei 180° C (Gasherd Stufe 2–3) 1 Stunde garen, bis sie fest ist.

Die restliche Brühe zu Gelee erstarren lassen. Das Hasenbrot eisgekühlt servieren; vorher mit gehacktem oder in Würfel geschnittenem Gelee garnieren.

Man kann das Hasenbrot auch mit Gelee überziehen: Eine Form, die etwas größer ist als die, in der die Masse gegart wurde, innen mit Gelee überziehen; das Gelee im Kühlschrank fest werden lassen. Das gestürzte Gericht in die Form mit dem Geleeüberzug geben und Zwischenräume mit flüssigem Gelee ausfüllen. Kalt stellen, bis das Gelee erstarrt ist. Kurz vor dem Servieren auf eine Platte stürzen.

PELLEGRINO ARTUSI
LA SCIENZA IN CUCINA E L'ARTE DI MANGIAR BENE

Falsche Hasen-Terrine

Lièvre en Guise de Pâté

	Ergibt 1 kg
1	Hase, entbeint, Knochen und Blut aufbewahrt, das Fleisch in 6 Stücke geschnitten
250 g	frischer fetter Speck, davon eine Hälfte in Streifen, die andere in Scheiben geschnitten
	Salz und frisch gemahlener Pfeffer
	Gewürzmischung
1 TL	Thymian
1	Lorbeerblatt, fein zerrieben
½ TL	gemahlenes Basilikum
1 EL	gehackte Petersilie
1	Frühlingszwiebel, gehackt
1	Schalotte, gehackt
1	Knoblauchzehe, gehackt
125 g	Butter
10 cl	Obstbranntwein oder Weinbrand

Gewürze, Kräuter, Frühlingszwiebel, Schalotte und Knoblauch mischen und die Speckstreifen darin wenden. Das Hasenfleisch mit den gewürzten Speckstreifen spicken, dabei die daran haftenden Gewürze in die Schlitze im Fleisch drücken.

Einen Schmortopf mit Speckscheiben auslegen, das Hasenfleisch hineingeben und mit den restlichen Speckscheiben bedekken. Die Hasenknochen darauf verteilen und das Blut, die Butter und den Obstbranntwein oder den Weinbrand hinzufügen. Einen festschließenden Deckel auflegen und das Fleisch im auf 180° C (Gasherd Stufe 2–3) vorgeheizten Backofen 4 bis 5 Stunden garen; nach 1 Stunde die Hitze auf 130° C (Gasherd Stufe 1 bei leicht geöffneter Backofentür) reduzieren.

Die Knochen aus dem Topf nehmen, das Fleisch in eine tiefe Schüssel oder Form füllen und festdrücken. Mit den Speckscheiben aus dem Schmortopf bedecken und mit der Sauce überziehen. Die Terrine kalt servieren.

LE MANUEL DE LA FRIANDISE

Wildpastete

	Ergibt 1 kg
500 g	Wildfleisch, entbeint und in Würfel geschnitten
1	Reh- oder Schweineleber, püriert
100 g	fetter Speck, in Würfel geschnitten
1	Zwiebel, gehackt
1	Brötchen, in Wasser eingeweicht und ausgedrückt
	Salz und frisch gemahlener Pfeffer
3	Wacholderbeeren, zerdrückt
1 TL	Thymian
2 EL	Rotwein
2	Eigelb
	Frische Weißbrotkrumen (nach Belieben)
200 g	fetter Speck, in dünne Scheiben geschnitten

Das Wildfleisch, den in Würfel geschnittenen Speck und die Zwiebel in einen metallenen Siebeinsatz oder Durchschlag geben. In einen Topf so viel kochendheißes Wasser gießen, daß es 3 cm hoch steht. Den Siebeinsatz oder Durchschlag hineinstellen. Den Topf fest verschließen und die Zutaten 20 Minuten dämpfen, bis sie weich sind. Dann zweimal durch den Fleischwolf drehen und Leber, Brötchen, Salz, Pfeffer, Wacholderbeeren, Thymian, Wein und Eigelb hinzufügen. Nach Belieben Weißbrotkrumen dazugeben, damit die überschüssige Flüssigkeit absorbiert wird. Die Zutaten gut verrühren.

Eine Steingutform mit den Speckscheiben auslegen und mit der Masse füllen. Einen Deckel auflegen. Die Pastete in einem Wasserbad im vorgeheizten Backofen bei 170° C (Gasherd Stufe 2) 1½ Stunden garen. Heiß oder kalt servieren.

JOZA BŘIZOVÁ UND MARYNA KLIMENTOVÁ
TSCHECHISCHE KÜCHE

Kaninchen-Terrine mit Kalbsleber

Pâté de Lapin

	Ergibt 1 kg
1	Kaninchen, entbeint, das Fleisch in Scheiben geschnitten
150 g	frischer fetter Speck, in sehr dünne Scheiben geschnitten
175 g	Kalbsleber, in dünne Scheiben geschnitten und in Fleischbrühe (S. 172) blanchiert
	Salz und frisch gemahlener Pfeffer
2 bis 3 EL	Cognac
2	Trüffeln, in Scheiben geschnitten (nach Belieben)
10 cl	gelatinehaltige Fleischbrühe (S. 172)

Das Kaninchenfleisch, den Speck, Salz, Pfeffer und Cognac in eine Schüssel geben und 1 bis 2 Stunden marinieren.

Den Boden einer rechteckigen Steingutform dicht mit Kaninchenfleischscheiben auslegen. Das Kaninchenfleisch mit einer Lage Speck bedecken. Wenn Trüffeln verwendet werden, einige Scheiben davon auf den Speck legen. Dann eine Schicht Leberscheiben darauf verteilen. In dieser Reihenfolge weitere Lagen Kaninchenfleisch, Speck, gegebenenfalls Trüffeln und Leber aufeinanderschichten, bis die Form gefüllt ist. Abschließend den Inhalt der Form mit der Hand herunterdrücken und einen Deckel auflegen, oder Pergamentpapier dünn mit Butter bestreichen und die Form damit bedecken.

Die Terrine im vorgeheizten Backofen bei 180° C (Gasherd Stufe 2–3) mindestens 2 Stunden garen, bis der austretende Saft klar ist. Abkühlen lassen, bis die Terrine nur noch lauwarm ist. Mit der Brühe begießen. Über Nacht in den Kühlschrank stellen. Am nächsten Tag das Fett an der Oberfläche vollständig entfernen. Gekühlt servieren.

TANTE MARGUERITE
LA CUISINE DE LA BONNE MÉNAGÈRE

Großmutters Kaninchen-Terrine

Terrine de Lapin Grand'mère

	Ergibt 2,5 kg
1	Kaninchen, entbeint, das Fleisch in sehr feine Streifen geschnitten
1	Kaninchenleber, gehackt
½	Muskatnuß, gerieben
½ TL	gemahlene Nelken
	Salz und frisch gemahlener Pfeffer
500 g	mageres Schweinefleisch, in sehr feine Streifen geschnitten
500 g	fetter Schweinebauch, in sehr feine Streifen geschnitten
350 g	gepökelter Schweinebauch oder frischer durchwachsener Speck, die Schwarte entfernt, in Scheiben geschnitten
750 g	Bratwurstmasse
3	Möhren, in dünne Scheiben geschnitten
3	Zwiebeln, in dünne Scheiben geschnitten
Etwa ½ l	Weißwein

Muskat, Nelken, Salz und Pfeffer mischen. Das Kaninchenfleisch darin wenden, dann mit dem in Streifen geschnittenen Schweinefleisch und der Kaninchenleber vermischen.

Eine Steingutform mit Schweinebauch- oder Speckscheiben auslegen. Den Boden der Form mit einer 1 cm dicken Schicht Bratwurstmasse bedecken. Eine Schicht Möhren und Zwiebeln daraufgeben, dann je eine Schicht Kaninchenfleischmischung und Bratwurstmasse hinzufügen. Die Schichten nicht andrücken. In dieser Reihenfolge weiterschichten, bis die Form fast gefüllt ist. Nach und nach so viel Wein angießen, daß das Fleisch knapp bedeckt ist. Mit Alufolie abdecken und einen Deckel auflegen. Die Terrine im vorgeheizten Backofen bei 170° C (Gasherd Stufe 2) etwa 2 Stunden garen. Abkühlen lassen, dann über Nacht in den Kühlschrank stellen. Gekühlt servieren.

SHEILA HUTCHINS
PÂTÉS AND TERRINES

Madeleine Cannots Kaninchen-Terrine

Pâté de Lapin de Madeleine Cannot

Ergibt 1 kg

1	Kaninchen, entbeint und gehackt, Knochen und Leber aufbewahrt
1	Kalbsfuß, gespalten
250 g	Schweineschwarte
1	großes *bouquet garni*
2	Möhren, in Stücke geschnitten
1	große Zwiebel
½ TL	*quatre épices*
1	Nelke
	Pfefferkörner
	Salz und frisch gemahlener Pfeffer
1 l	Weißwein
500 g	frischer Schweinebauch, feingehackt
½ TL	geriebene Muskatnuß
2	Eier, geschlagen
2	Schalotten, gehackt
4 EL	Cognac oder Calvados
1	Lorbeerblatt

Die Kaninchenknochen zusammen mit Kalbsfuß, Schweineschwarte, *bouquet garni,* Möhren, Zwiebel, *quatre épices,* Nelke, einigen Pfefferkörnern und 1 EL Salz in einen großen Suppentopf geben. Anschließend den Weißwein dazugießen und im offenen Topf 2 Stunden simmern lassen.

Kaninchen- und Schweinefleisch vermischen und mit Muskat, Salz und Pfeffer würzen. Die Eier und Schalotten hinzufügen und alles gut miteinander vermischen.

Die Hälfte der Fleischmasse in eine Steingutform geben. Die Kaninchenleber darauflegen und mit der restlichen Fleischmasse bedecken. Das Fleisch fest in die Form drücken und die Oberfläche glattstreichen.

Die eingekochte Knochenbrühe durch ein Sieb gießen und die Hälfte davon in die Form gießen. Cognac oder Calvados hinzufügen und das Lorbeerblatt auf die Terrine legen. Die Terrine zugedeckt in einem Wasserbad im vorgeheizten Backofen bei 170° C (Gasherd Stufe 2) 2 bis 2½ Stunden garen, bis der austretende Saft klar ist.

15 Minuten vor Ende der Garzeit den Deckel abnehmen, damit die Oberfläche hellbraun wird.

Die Terrine abkühlen lassen, bis sie lauwarm ist. Dann die restliche Brühe dazugießen. Bis zum nächsten Tag in den Kühlschrank stellen. Die Terrine mit grünem Salat servieren.

ANNE VERNON
111 RECETTES POUR LE LAPIN

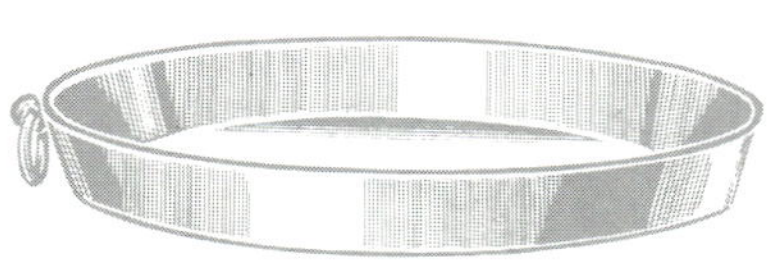

Hasen-Terrine „Beaufort"

Pâté de Lièvre à la Beaufort

Ergibt 3 kg

1	Hase, entbeint, das Fleisch in dünne Scheiben geschnitten, Knochen und beim Parieren anfallende Reste aufbewahrt
1 l	Fleischbrühe (S. 172)
	Hühnerklein und -reste (nach Belieben)
2	große Scheiben frischer fetter Speck
500 g	Hackfleischmasse (S. 170)
500 g	mildgeräucherter Schinken ohne Knochen, in Streifen geschnitten
1 kg	Lendenkotelettstück ohne Knochen vom Schwein, in Streifen geschnitten
125 g	Trüffeln, in Scheiben geschnitten

Hasenknochen und -reste, Hühnerklein, wenn vorhanden, und Brühe ohne Deckel 2 bis 3 Stunden simmern lassen, bis die Brühe stark eingekocht ist. Durch ein Sieb gießen.

Eine Speckscheibe auf den Boden einer Steingutform legen. Darauf abwechselnd in Lagen Hackfleischmasse, Hasenfleisch, Schinken und Schweinefleisch aufeinanderschichten; auf jeder Lage gleichmäßig Trüffelscheiben verteilen. Mit der zweiten Speckscheibe bedecken und einen Deckel auf die Form legen.

Die Terrine in ein Wasserbad stellen und im vorgeheizten Backofen bei 170° C (Gasherd Stufe 2) 2 bis 2½ Stunden garen; dabei die Oberfläche häufig mit der Brühe bestreichen.

Die Terrine mit einem Stück Pergamentpapier bedecken, mit einem Gewicht beschweren und erkalten lassen.

TANTE MARGUERITE
LA CUISINE DE LA BONNE MÉNAGÈRE

Hasen-Terrine

Hazepâté

Ergibt 2 kg

1 kg	Hasenkeulen oder -viertel, Haut entfernt und entbeint
300 g	mageres Schweinefleisch
300 g	Schweineleber
300 g	frischer fetter Speck
75 g	geräucherter durchwachsener Speck
10 cl	Madeira
1 EL	Gelatinepulver, in 2 EL Wasser aufgelöst
2 EL	Mehl
2	Eier, verquirlt
15 g	Salz
1 TL	frisch gemahlener Pfeffer
	Cayennepfeffer
150 bis 200 g	frischer fetter Speck oder frischer durchwachsener Speck, in Scheiben geschnitten

	Marinade
20 cl	Rotwein
1	Zwiebel, feingehackt
1	Knoblauchzehe, zerdrückt
1	Lorbeerblatt
5	Wacholderbeeren, zerdrückt
1/2 TL	Thymian
1/2 TL	Majoran

Einige schöne Hasenfleischstücke auswählen und in dünne Streifen schneiden. Alle Zutaten für die Marinade vermischen, das in Streifen geschnittene Hasenfleisch hineinlegen und zugedeckt im Kühlschrank mindestens 24 Stunden marinieren.

Für die Hackfleischmasse das restliche Hasenfleisch, das Schweinefleisch, die Leber, beide Sorten Speck sowie die gehackte Zwiebel und die Kräuter aus der Marinade durch den Fleischwolf drehen. Die Marinadenflüssigkeit, Madeira, Gelatine, Mehl, Eier, Salz, Pfeffer und eine Prise Cayennepfeffer hinzufügen, gut vermischen und 30 Minuten stehenlassen.

Eine Steingutform mit fettem oder durchwachsenem Speck auslegen. Abwechselnd die Hackfleischmasse und die Hasenfleischstreifen aufeinanderschichten, bis die Form gefüllt ist; mit einer Lage Hackfleischmasse abschließen. Die Oberfläche mit Speckscheiben bedecken. Einen Deckel auflegen und in einem Wasserbad im vorgeheizten Backofen bei 170° C (Gasherd Stufe 2) 2 Stunden garen, bis der Fleischsaft klar ist. Die Terrine mit einem Gewicht beschweren und abkühlen lassen.

RIA HOLLEMAN
PASTEI EN PÂTÉ

Spanische Hasen-Terrine

Pâté de Liebre

Diese Terrine kann auch mit Kaninchen zubereitet werden.

	Ergibt 2 kg
1	Hase, entbeint, das Fleisch in Scheiben geschnitten, die Knochen zerkleinert
1	Kalbsfuß
1	große Zwiebel, in Scheiben geschnitten
2	Möhren, in Scheiben geschnitten
30 cl	trockener Weißwein
30 cl	Wasser
90 g	durchwachsener Speck, in dünne Scheiben geschnitten
250 g	mageres Schweinefleisch, feingehackt
250 g	Kalbfleisch, feingehackt
90 g	Schinken, feingehackt
1 TL	Salz
1/2 TL	frisch gemahlener Pfeffer

Die Hasenknochen zusammen mit dem Kalbsfuß, der Zwiebel, den Möhren, Wein und Wasser in einen Topf geben. 1½ Stunden simmern lassen, bis sich das Fleisch des Kalbsfußes vom Knochen löst. Den Kalbsfuß aus dem Topf heben und entbeinen. Die Brühe durch ein Sieb gießen und warm halten.

Eine Steingutform mit Speckscheiben auslegen. Das Fleisch vom Kalbsfuß feinhacken und mit dem Schweinefleisch, dem Kalbfleisch und dem Schinken vermischen. Abwechselnd Hasenfleisch und Hackfleisch in die Steingutform schichten; dabei jede Schicht mit Salz und Pfeffer würzen.

Die Brühe dazugießen. Die Terrine mit den restlichen Speckscheiben bedecken und die Steingutform in einen Topf mit kochendheißem Wasser stellen. Im vorgeheizten Backofen bei 200° C (Gasherd Stufe 3–4) 1½ Stunden garen. Kalt servieren.

MARINA PEREYRA DE AZNAR UND NINA FROUD
THE HOME BOOK OF SPANISH COOKERY

Hasen-Terrine mit Rebhuhn

Gâteau de Lièvre

	Ergibt 3 kg
1 oder 2	Hasen, entbeint, die Rückenstücke in Würfel geschnitten
250 g	mageres Hammel- oder Lammfleisch
2	Kaninchen, entbeint
1	jähriges Rebhuhn, die Haut abgezogen und entbeint
250 g	mageres Schweinefleisch
250 g	Rinder- oder Kalbstalg oder Knochenmark
	Salz und frisch gemahlener Pfeffer
	Gewürzmischung
	Fines herbes
2	Knoblauchzehen, feingehackt
2	Trüffeln, in Würfel geschnitten
250 g	frischer fetter Speck, in Würfel geschnitten
250 g	Schinken, in Würfel geschnitten
60 g	Pistazien, blanchiert und abgezogen
4	Eier
250 g	frischer fetter Speck, in Scheiben geschnitten

Das Hasenfleisch (mit Ausnahme der Rückenstücke), das Hammel- oder Lammfleisch, das Kaninchen-, Rebhuhn- und Schweinefleisch und den Talg oder das Mark zusammen hacken. Mit Salz, Pfeffer, Gewürzmischung, *fines herbes* und Knoblauch würzen. Die Rückenstücke, Trüffeln, den in Würfel geschnittenen Speck, Schinken, Pistazien und Eier untermischen.

Eine runde Steingutform mit den Speckscheiben auslegen, die Hackfleischmasse hineingeben und mit Speckscheiben bedecken. Zugedeckt im vorgeheizten Backofen bei 150° C (Gasherd Stufe 1) 2 bis 3 Stunden garen.

In der Form oder in Scheiben geschnitten kalt servieren.

MARIN
LES DONS DE COMUS

Kaninchen-Rilletten

Rillettes de Lapin

	Ergibt 2 kg
1	Kaninchen, entbeint und grobgehackt
1 kg	Filetkotelettstück ohne Knochen vom Schwein, grobgehackt
500 g	frischer fetter Speck
60 cl	Wasser
20 cl	Weißwein
1	Stengel Thymian
1	Lorbeerblatt
	Salz und frisch gemahlener Pfeffer

Alle Zutaten in einen großen Topf geben und zugedeckt bei schwacher Hitze 3 Stunden garen; gelegentlich umrühren. Das Fleisch abkühlen lassen. In Steinguttöpfe füllen, mit Pergamentpapier bedecken und kühl stellen.

MARIE BISSON
LA CUISINE NORMANDE

Geschichtete Hasen-Terrine

Le Pâté de Lièvre

	Ergibt 1,5 kg
1	Hase, abgezogen und entbeint, die Leber aufbewahrt
500 g	Bratwurstmasse
	Salz und frisch gemahlener Pfeffer
500 g	frischer fetter Speck, in Scheiben geschnitten
4 EL	Cognac, Armagnac oder Tresterbranntwein
2	Stengel Thymian
2	Zweige Rosmarin
1	Lorbeerblatt
2	Stengel Petersilie
6	Wacholderbeeren, leicht zerdrückt
	Mehl-Wasser-Paste
	Zerlassenes Schweineschmalz (nach Belieben)

Das Fleisch von Schenkeln und Rücken des Hasen in dicke Scheiben schneiden. Das restliche Hasenfleisch und die Leber feinhacken und mit der Bratwurstmasse vermischen. Mit Salz und Pfeffer würzen.

Eine Steingutform mit Speck auslegen; dabei die Speckscheiben über den Rand der Form hängen lassen. Eine Schicht Fleischmasse hineingeben, darauf eine Schicht Hasenfleischscheiben legen. Das Hasenfleisch zum Teil mit Speckscheiben bedecken und mit einer kleinen Prise Salz und Pfeffer bestreuen. Weitere Lagen in derselben Reihenfolge aufeinanderschichten, bis das Fleisch aufgebraucht ist. Mit einer Schicht Fleischmasse abschließen und diese mit Cognac, Armagnac oder Tresterbranntwein beträufeln. Dann die über den Rand der Form hängenden Speckscheiben darüberschlagen, so daß das Fleisch bedeckt ist. Anschließend alle Kräuter auf der Oberfläche verteilen. Die Form sollte zu zwei Dritteln gefüllt sein. Einen Deckel auflegen und mit Mehl-Wasser-Paste versiegeln.

Die Terrine in einem Wasserbad im vorgeheizten Backofen bei 150°C (Gasherd Stufe 1) 3 Stunden garen. Anschließend 12 Stunden ruhenlassen. Dann den Deckel abnehmen und die Kräuter entfernen. Die Terrine vor dem Servieren mindestens 5 bis 6 Tage an einem kühlen Platz stehenlassen. Soll sie sich mehrere Wochen halten, die Oberfläche mit einer dicken Schicht zerlassenem Schweineschmalz überziehen.

ZETTE GUINAUDEAU-FRANC
LES SECRETS DES FERMES EN PÉRIGORD NOIR

Hasen- oder Kaninchen-Terrine

Pâté de Lièvre

	Ergibt 2,5 kg
1	großer Hase oder 1 großes Kaninchen, die Haut abgezogen, gesäubert und entbeint
850 g	Schweinefleisch, feingehackt
1/8 l	Cognac
1/4 TL	Thymian
1/4 TL	geriebene Muskatnuß
1	Lorbeerblatt, zerrieben
	Salz und frisch gemahlener Pfeffer
500 g	luftgetrockneter Schinken, zuerst in Scheiben, dann in breite Streifen geschnitten
500 g	frischer fetter Speck, in Scheiben geschnitten

Das zarte Fleisch des Hasenrückens in Streifen schneiden und beiseite stellen. Das restliche Hasenfleisch zusammen mit den Innereien durch den Fleischwolf drehen. Mit dem Schweinefleisch vermischen. Die Hälfte des Cognacs und die Gewürze hinzufügen; reichlich Salz und Pfeffer verwenden. Die Hackfleischmasse 1 Stunde stehenlassen.

In der Zwischenzeit die Schinken- und Hasenfleischstreifen in eine Schüssel geben, mit dem restlichen Cognac beträufeln und 1 Stunde stehenlassen.

Eine Steingutform mit Speckscheiben auslegen. Eine 2 bis 3 cm dicke Schicht Hackfleischmasse hineingeben. Eine Lage Schinken- und Hasenfleischstreifen darauf verteilen. In dieser Reihenfolge (Speck, Hackfleischmasse, Schinken- und Hasenfleischstreifen) mit dem Einschichten fortfahren, bis die Form gefüllt ist. Die Oberfläche mit Speckstreifen bedecken.

Den Deckel auflegen. Die Terrine in einen flachen Topf mit Wasser stellen und im vorgeheizten Backofen bei 180° C (Gasherd Stufe 2–3) 1¼ Stunden garen. Kalt als ersten Gang oder als Bestandteil eines kalten Buffets servieren.

Solange die oberste Speckschicht nicht entfernt und die Terrine nicht angeschnitten wird, kann sie längere Zeit an einem kühlen Platz aufbewahrt werden.

JULIETTE ELKON
A BELGIAN COOKBOOK

Wild-Terrine

Reepâté

	Ergibt 1,5 kg
500 g	Fleisch von Reh oder Hirsch, ohne Knochen
400 g	frischer fetter Speck
250 g	Reh-, Hirsch- oder Kalbsleber
1	Zwiebel
1	Schalotte
1	Ei, verquirlt
2 EL	Mehl
15 g	Salz
1 TL	frisch gemahlener Pfeffer
1 TL	Thymian
½ TL	zerriebenes Lorbeerblatt
1 TL	gemahlenes Bohnenkraut
½ TL	gemahlene Nelken
1	dicke Scheibe Weißbrot
150 g	junge Champignons, in dünne Scheiben geschnitten und mit 1 TL Zitronensaft in 30 g Butter gegart
150 bis 200 g	frischer fetter Speck, in Scheiben geschnitten

	Marinade
1	Möhre, feingehackt
1	Schalotte, feingehackt
1 EL	Olivenöl
¼ l	Rotwein
4 EL	Rotweinessig
½ TL	Salz
	Frisch gemahlener Pfeffer
1	Stengel Petersilie
1	Lorbeerblatt
1	Stengel Thymian
5	Salbeiblätter

Für die Marinade die Möhre und die Schalotte kurz in Öl sautieren. Die übrigen Zutaten dazugeben, 10 Minuten simmern und dann abkühlen lassen. Das Fleisch in die Marinade legen, zugedeckt in den Kühlschrank stellen und 24 Stunden marinieren.

Das Fleisch abtropfen lassen und zusammen mit Speck, Leber, Zwiebel und Schalotte zweimal durch den Fleischwolf drehen. Ei, Mehl, Salz, Pfeffer, Kräuter und die gemahlenen Nelken hinzufügen. Das Brot in der Marinade einweichen und ebenfalls zu der Masse geben. Alle Zutaten gut vermischen und anschließend 30 Minuten stehenlassen. Dann die Champignons hinzufügen.

Eine Steingutform mit Speckscheiben auslegen. Die Fleischmasse hineingeben, andrücken und mit Speckscheiben bedecken. Einen Deckel auflegen und die Terrine in einem Wasserbad im vorgeheizten Backofen bei 170° C (Gasherd Stufe 2) 1½ Stunden garen. Anschließend abkühlen lassen.

RIA HOLLEMAN
PASTEI EN PÂTÉ

Gemüseterrinen

Anton Mosimanns Gemüseterrine „Covent Garden"

Anton Mosimann's Vegetable Terrine Covent Garden

Anleitungen für die Zubereitung einer Hähnchen-Mousseline werden auf S. 12 gegeben. Der Autor empfiehlt als Beilage zu dieser Terrine eine Tomaten-Vinaigrette (Rezept S. 175).

	Ergibt 1 kg
125 g	Brunnenkresse, püriert
50 g	Morcheln, in Hälften geschnitten
100 g	grüne Bohnen, 8 bis 10 Minuten gekocht und abgekühlt
6	Artischockenböden, 25 Minuten gekocht, abgekühlt und in Scheiben geschnitten
100 g	Möhren, in sehr feine Streifen geschnitten, 5 bis 10 Minuten gekocht und abgekühlt
50 g	Zuckererbsen, blanchiert (nach Belieben)
50 g	Brokkoli, blanchiert, abgekühlt und in einzelne Röschen zerteilt (nach Belieben)
50 g	kleine Zucchini, blanchiert, abgekühlt und der Länge nach in Hälften geschnitten (nach Belieben)

	Hähnchen-Mousseline
200 g	Hähnchenbrust, sehr fein gehackt
1	Eiweiß
20 cl	Sahne
	Salz und frisch gemahlener Pfeffer

Für die Mousseline das Hähnchenfleisch in eine Schüssel aus Edelstahl geben, die in einer größeren Schüssel mit zerstoßenem Eis steht. Zuerst das Eiweiß, dann die Sahne mit einem Spatel untermischen, bis eine glatte Mousseline entsteht. Mit Salz und Pfeffer würzen und für 2 Stunden in den Kühlschrank stellen.

Ein Viertel der Mousseline mit der pürierten Brunnenkresse verrühren. Eine Steingutform mit Butter ausstreichen und den Boden mit der Brunnenkresse-Mousseline bedecken. Darauf die verschiedenen Gemüsesorten in Lagen, die jeweils durch eine Schicht Hähnchen-Mousseline voneinander getrennt sind, aufeinanderschichten, bis die Zutaten verbraucht sind.

Einen Deckel auf die Form legen oder die Terrine mit einem Stück Pergamentpapier, das zuvor mit Butter bestrichen wird, abdecken. Die Terrine in einem Wasserbad im vorgeheizten Backofen bei 150° C (Gasherd Stufe 1) 25 bis 30 Minuten garen, bis sie sich fest anfühlt. Aus dem Backofen nehmen und abkühlen lassen. Für mindestens 8 Stunden in den Kühlschrank stellen. Vor dem Servieren stürzen und in Scheiben schneiden.

NAOMI BARRY
INTERNATIONAL HERALD TRIBUNE (DEZEMBER 1978)

Gemüse-Terrine

Terrine Verte

	Ergibt 2 kg
300 g	frischer junger Sauerampfer, in feine Streifen geschnitten
500 g	Spinat, blanchiert, unter kaltem Wasser abgespült, ausgedrückt und gehackt
500 g	Mangold, Stiele entfernt, 2 bis 3 Minuten blanchiert, ausgedrückt und gehackt
250 g	grüne Bohnen, in Stücke geschnitten, 8 Minuten in kochendem Wasser gegart
175 g	Möhren, in Würfel geschnitten, 10 Minuten in kochendem Wasser gegart
175 g	frische weiße Bohnen oder getrocknete weiße Bohnen, über Nacht eingeweicht, weichgegart, abgetropft und püriert
150 g	weiche Butter
60 g	altbackenes Weißbrot, Rinde entfernt, in heißem Wasser eingeweicht und gut ausgedrückt
3	Knoblauchzehen, zu einer Paste zerdrückt
90 g	Hörnchennudeln, bißfest gegart, gut abgetropft
½ TL	feingehacktes frisches oder zerriebenes getrocknetes Bohnenkraut
½ TL	feingehackter frischer oder zerriebener getrockneter Majoran
	Salz und frisch gemahlener Pfeffer
	Cayennepfeffer
3	Eier

	Duxelles
1	große Zwiebel, feingehackt
30 g	Butter
250 g	Champignons, feingehackt
	Salz und frisch gemahlener Pfeffer
15 g	Petersilie, gehackt
1 TL	Zitronensaft

Für die *duxelles* die Zwiebel bei schwacher Hitze 20 Minuten in der Butter garen, bis sie glasig ist. Die Pilze hinzufügen und die Temperatur heraufschalten; die Pfanne rütteln und umrühren, bis die Flüssigkeit aus den Pilzen verdampft ist. Würzen, die Petersilie dazugeben und noch ein paar Minuten bei schwacher Hitze garen. Den Zitronensaft dazugießen.

Den Sauerampfer unter gelegentlichem Umrühren in 30 g Butter etwa 10 Minuten garen, bis die überschüssige Flüssigkeit verdampft und der Sauerampfer zu Püree zerfallen ist.

Brot und Knoblauch gut vermischen. Dann alle Zutaten zusammen mit der *duxelles* in eine große Schüssel geben und mit den Händen gut vermischen. Die Masse in eine mit Butter ausgestrichene Steingutform geben und die Form gegen die mit einem Tuch bedeckte Arbeitsfläche klopfen, damit der Inhalt sich setzt. Einen Deckel auf die Form legen und die Terrine in einem Wasserbad im vorgeheizten Backofen bei 180° C (Gasherd Stufe 2–3) etwa 1½ Stunden garen. Zum Abkühlen mit einem Gewicht beschweren; vor dem Servieren für 1 Tag in den Kühlschrank stellen. In der Form servieren.

RICHARD OLNEY
SIMPLE FRENCH FOOD

Zucchini-Terrine

La Terrine de Courgettes du Restaurant „La Ligne" à Paris

Diese Terrine sollte mit einer Sauce serviert werden, für die man Sahne, Joghurt und Frischkäse mit Kräutern (die gleichen, die auch für die Terrine verwendet werden) verschlägt.

	Ergibt 3 kg
2 kg	Zucchini, in dünne Scheiben geschnitten
300 g	Zwiebeln, in dünne Scheiben geschnitten
3 EL	Olivenöl
200 g	frische Weißbrotkrumen, in Milch eingeweicht und ausgedrückt
6	Eier, geschlagen
	Salz und frisch gemahlener Pfeffer
1	Muskatnuß, gerieben
50 g	frischer Estragon, feingehackt
50 g	frische Pfefferminze, gehackt
400 g	Sauerampfer
30 g	Butter

Die Zucchini und Zwiebeln bei schwacher Hitze in dem Olivenöl garen, bis sie sehr weich sind. Die Mischung mit einer Gabel zerdrücken. Das eingeweichte Brot hinzufügen, dann die Eier, Salz, Pfeffer, Muskat, Estragon und Pfefferminze daruntergeben und kräftig rühren.

Den Sauerampfer in der Butter garen, bis er zu Püree zerfällt.

Eine Steingutform mit reichlich Butter ausstreichen und die Hälfte des Zucchini-Zwiebel-Pürees hineingeben. Den Sauerampfer darauf verteilen, dann das restliche Püree hinzufügen. Die Form zugedeckt in ein Wasserbad stellen und die Terrine im vorgeheizten Backofen bei 170° C (Gasherd Stufe 2) 1 bis 1½ Stunden garen, bis sie fest ist. Den Deckel abnehmen, den Backofen ausschalten und die Terrine noch eine Weile darin stehenlassen, damit noch etwas Flüssigkeit verdampft. Die Terrine nach dem Abkühlen über Nacht in den Kühlschrank stellen. Vor dem Servieren stürzen und in Scheiben schneiden.

ODETTE REIGE
LES TERRINES DE VIANDES, DE COQUILLAGES ET POISSONS, DE LÉGUMES

Hähnchen-Gemüse-Terrine

Chicken and Vegetable Terrine

In der hier beschriebenen Version wird anstelle der im Originalrezept angegebenen Schweinefleisch-Füllmasse eine Hähnchen-Füllmasse verwendet. Durch den helleren Hintergrund kommt das Gemüsemosaik noch besser zur Geltung. Die Pastete kann 5 Tage vor dem Servieren zubereitet werden.

	Ergibt 1 kg
250 g	Möhren, der Länge nach in 5 mm breite Streifen geschnitten, 5 Minuten blanchiert, abgetropft und mit kaltem Wasser abgespült
500 g	grüne Bohnen, 5 bis 7 Minuten blanchiert, abgetropft und mit kaltem Wasser abgespült
500 g	Hähnchenbrust, entbeint, abgezogen, das Fleisch in Würfel geschnitten
3 EL	feingehackte Schalotten
20 g	Butter
1/8 l	Öl
4 EL	Champagner- oder Weißweinessig
1 1/2 TL	Salz
1/4 TL	frisch gemahlener Pfeffer
1	Ei
100 g	schwarze Oliven, entsteint
	Tomaten-Vinaigrette (S. 175)

Die Schalotten bei mittlerer Hitze in Butter garen, bis sie weich, aber nicht braun sind. Abkühlen lassen.

Das Hähnchenfleisch zusammen mit Öl, Essig, Salz, Pfeffer, Ei und Schalotten in einer Küchenmaschine zu einer glatten Masse verarbeiten. Oder das Hähnchenfleisch durch die mittlere Scheibe des Fleischwolfs drehen und zusammen mit den anderen Zutaten in einem Mörser zerdrücken. Anschließend durch ein feinmaschiges Sieb streichen. Diese Füllmasse zum Binden der verschiedenen Gemüse verwenden.

Die Hähnchen-Füllmasse in drei gleich große Portionen aufteilen und jede Portion in eine andere Schüssel geben. Die Möhren auf die Länge der Bohnen zurechtschneiden. Die Möhren in die eine, die Bohnen in die zweite Schüssel mit Füllmasse geben und mit den Händen gut unterheben, so daß sie vollständig mit Füllmasse überzogen sind.

Eine 20 mal 10 cm große Kastenform mit Butter ausstreichen. So viel Füllmasse ohne Gemüse hineingeben, daß der Boden bedeckt ist. Darauf eine Lage Möhren-Füllmasse geben; die Möhren sollten in möglichst geraden Reihen liegen. Eine Lage Bohnen-Füllmasse daraufschichten; ebenfalls darauf achten, daß die Bohnen möglichst gerade angeordnet sind. Mit einem Spatel so viel Hähnchen-Füllmasse darauf verteilen, daß die Bohnen knapp bedeckt sind. Auf dieser Schicht in der Mitte in Längsrichtung eine Reihe schwarze Oliven anrichten. Die Oliven in die darunterliegenden Lagen drücken, so daß die oberste Schicht ebenmäßig bleibt; dabei darauf achten, daß die Möhren und die Bohnen nicht verschoben werden. Die Oliven mit einer sehr dünnen Schicht Hähnchen-Füllmasse bedecken. Dann wieder nacheinander Bohnen-Füllmasse, Möhren-Füllmasse und Hähnchen-Füllmasse aufeinanderschichten. Abschließend mit Butter bestrichenes Pergamentpapier auf die Oberfläche legen und andrücken. Die Kastenform mehrmals gegen die Arbeitsfläche klopfen, um Luftblasen aus der Terrine zu entfernen. Die Terrine in einem Wasserbad im vorgeheizten Backofen bei 180° C (Gasherd Stufe 2–3) 1 Stunde garen.

Die Terrine 1 Stunde abkühlen lassen. Flüssigkeit, die sich an der Oberfläche gesammelt hat, abgießen. Die Terrine mit einem Messer vom Rand der Form lösen und auf ein Holzbrett stürzen. Mit Küchenkrepp trockentupfen. Die Terrine zuerst in Klarsichtfolie, dann in Alufolie einschlagen und für 3 Stunden oder über Nacht in den Kühlschrank stellen.

Vor dem Servieren auf jeden der gekühlten Teller eine Portion Tomaten-Vinaigrette geben und jeweils zwei oder drei dünne Scheiben der Terrine dekorativ darauf anrichten.

MICHÈLE URVATER UND DAVID LIEDERMAN
COOKING THE NOUVELLE CUISINE IN AMERICA

Grüne Hähnchen-Terrine

La Terrine „Chiquetaille" de Poule Verte

	Ergibt 1,5 kg
6	Stangen Porree, gehackt
6	große Stengel Mangold, zähe Rippen entfernt, Blätter gehackt
60 g	Petersilie, gehackt
4	Stangen Bleichsellerie mit Blättern, gehackt
500 g	enthülste grüne Erbsen, 5 Minuten blanchiert und abgetropft
1	Hähnchen (etwa 1,5 kg)
	Salz und frisch gemahlener Pfeffer
6 bis 8 EL	Wasser
1 EL	Gelatinepulver, in 2 EL Wasser aufgelöst
10 cl	*crème fraîche* oder Sahne
	Grüne Mayonnaise (S. 175)

Die gehackten Gemüse vermischen. Den Boden eines mit Öl ausgestrichenen Schmortopfes mit einer Lage Gemüsemischung bedecken. Das Hähnchen darauflegen und mit der restlichen Gemüsemischung bedecken. Mit Salz und Pfeffer würzen und das Wasser hinzufügen. Zugedeckt bei schwacher Hitze 1 3/4 bis 2 Stunden garen, bis das Fleisch sehr weich ist.

Das Hähnchen abziehen und entbeinen; das Fleisch in Würfel schneiden. Die Garflüssigkeit durch ein Sieb gießen und die Gelatine darin auflösen.

Die gegarten Gemüse in einem Mixer pürieren. Das Hähnchenfleisch, das Gemüsepüree, die Garflüssigkeit, die Erbsen und die *crème fraîche* oder Sahne vermischen.

Die Mischung abschmecken und in eine Form geben. Zugedeckt über Nacht in den Kühlschrank stellen.

Als Beilage zu dieser Terrine eignet sich eine grüne Mayonnaise, die mit reichlich Petersilie, Schnittlauch und Estragon – alles feingehackt – zubereitet wird.

ODETTE REIGE
LES TERRINES DE VIANDES, DE COQUILLAGES
ET POISSONS, DE LÉGUMES

Fleisch-Gemüse-Terrine nach altem Rezept

Granata all'Antica

Für die Schicht in der Mitte dieser Terrine kann man eine beliebige Fleischsauce oder ein Ragout verwenden. Man kann auch gegartes Fleisch in Würfel schneiden und mit ergänzenden Zutaten – beispielsweise Champignons, Erbsen oder Hühnerleber – und einer „velouté" (Rezept S. 174) vermischen. Wenn die Terrine heiß serviert wird, kann man die gleiche Fleischsauce oder das Ragout auch getrennt dazu servieren.

	Ergibt 3 kg
2	Köpfe grüner Salat, nur die äußeren Blätter, blanchiert, abgeschreckt und trockengetupft
500 g	Blumenkohlröschen, blanchiert
500 g	kleine Zucchini, in Scheiben geschnitten und blanchiert
1,5 kg	mageres Rind- oder Kalbfleisch, pariert und feingehackt
125 g	Weißbrot, die Rinde abgeschnitten, in Milch eingeweicht und ausgedrückt
250 g	Parmesankäse, *provola*- oder *caciocavallo*-Käse, frisch gerieben
6	Eigelb
	Salz und frisch gemahlener Pfeffer
	Gewürzmischung
	Getrocknete gemischte Kräuter
250 g	Schinken, in Streifen geschnitten
250 g	Fleischsauce oder -ragout

Rind- oder Kalbfleisch und das Brot in einem Mörser pürieren und durch ein Sieb streichen. Käse, Eigelb, Salz, Pfeffer, Gewürzmischung und Kräuter dazugeben und gut vermischen.

Den Boden und die Wände einer Form mit Butter ausstreichen und mit gefettetem Pergamentpapier auslegen. Dann die Form mit Salatblättern auslegen und abwechselnd Lagen aus Hackfleischmasse und in Reihen angeordneten Blumenkohlröschen, Zucchinischeiben und Schinkenstreifen aufeinanderschichten. Wenn die Form zur Hälfte gefüllt ist, eine Schicht Fleischsauce oder Ragout auf einer Lage Hackfleischmasse verteilen.

Die Terrine mit Salatblättern bedecken und ein mit Butter bestrichenes Stück Pergamentpapier auf die Oberfläche drücken. Zugedeckt im vorgeheizten Backofen bei 170° C (Gasherd Stufe 2) etwa 1 1/2 Stunden garen, bis ein Spieß, mit dem man in die Mitte der Terrine sticht, sich heiß anfühlt. Die Terrine auf eine Servierplatte stürzen und heiß oder kalt servieren.

IPPOLITO CAVALCANTI, DUCA DI BUONVICINO
CUCINA TEORICO-PRATICA

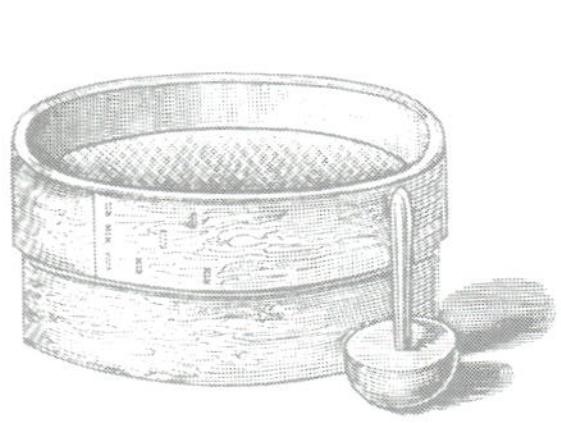

Schweinefleisch-Spinat-Terrine

Pork and Spinach Terrine

	Ergibt 750 g
500 g	Spinat oder Mangold, blanchiert, ausgedrückt und grobgehackt
500 g	fettes Schweinefleisch, feingehackt
3 TL	Salz
1/2 TL	frisch gemahlener schwarzer Pfeffer
1/4 TL	Gewürzmischung (Muskatblüte, Piment und Nelken)

Das Fleisch mit Salz, Pfeffer und Gewürzmischung würzen. Dann mit dem Spinat oder Mangold vermischen und in eine 60 cl fassende Steingutform geben. Pergamentpapier mit Butter bestreichen und die Oberfläche damit bedecken. Die Terrine in ein zur Hälfte mit Wasser gefülltes feuerfestes Gefäß stellen.

Die Terrine im vorgeheizten Backofen bei 170° C (Gasherd Stufe 2) 45 Minuten bis 1 Stunde garen, bis sie fest, aber noch nicht braun ist. Sie sollte nicht zu lange gegart werden, da sie sonst zu trocken wird.

Die Terrine kann entweder heiß als Hauptmahlzeit oder – wie in Frankreich allgemein üblich – kalt als Vorspeise mit Stangenweißbrot serviert werden.

ELIZABETH DAVID
SPICES, SALT AND AROMATICS IN THE ENGLISH KITCHEN

Kaninchen-Gemüse-Terrine

Recette du Gâteau de Lapin

	Ergibt 750 g
100 g	Champignons, grobgehackt
2	Möhren, in dünne Scheiben geschnitten und 3 Minuten blanchiert
60 g	frische grüne Erbsen, 3 Minuten blanchiert
1	Hinterviertel (Rücken und Schenkel) vom Kaninchen, entbeint, das Fleisch in dicke Scheiben geschnitten, die Knochen aufbewahrt
1 l	Weißwein
	Salz
1	Zwiebel, gehackt
1	Stengel Thymian
30 cl	Sahne

Das Kaninchenfleisch zusammen mit Wein, einer Prise Salz, Zwiebel, Thymian und den Knochen in einen Topf geben. Zum Kochen bringen und etwa 1 Stunde simmern lassen. (Die während des Garens freigesetzte Gelatine der Knochen gibt der erkalteten Terrine später die nötige Festigkeit.) Die Garflüssigkeit durch ein Sieb gießen und bei starker Hitze bis auf etwa 15 cl einkochen.

In der Zwischenzeit die Champignons 20 Minuten in Sahne garen. Die Champignon-Sahne-Mischung in einem Mixer pürieren und mit der eingekochten Kaninchenbrühe verrühren.

Den Boden einer Steingutform mit einer Lage Möhren bedekken. Darauf eine Lage Champignonpüree und eine Lage Kaninchenfleisch verteilen. Weitere Lagen Möhren, Erbsen, Champignonpüree und Kaninchenfleisch aufeinanderschichten, bis alle Zutaten aufgebraucht sind. Die Terrine für mindestens 6 Stunden in den Kühlschrank stellen und vor dem Servieren stürzen.

RAYMOND THUILIER UND MICHEL LEMONNIER
LES RECETTES DE BAUMANIÈRE

Terrine aus Dol

Pâté de Dol

Diese Terrine aus der bretonischen Stadt Dol soll ein Aroma haben, das dem von Hasenfleisch ähnlich ist.

	Ergibt 1,5 kg
500 g	große rote Bohnen, über Nacht eingeweicht und abgetropft
1	Möhre
2	Zwiebeln
2	Knoblauchzehen
4	Nelken, in ein Mullsäckchen gebunden
1	*bouquet garni*
	Salz und frisch gemahlener Pfeffer
	Gewürzmischung
1	Ei
¼ l	Rotwein
100 g	frischer fetter Speck, davon eine Hälfte gehackt, die andere in Streifen geschnitten
250 g	Bratwurstmasse

Die Bohnen zusammen mit der Möhre, den Zwiebeln, den Knoblauchzehen, den Nelken und dem *bouquet garni* in einen Topf geben. So viel Wasser dazugießen, daß die Zutaten gerade bedeckt sind. Zum Kochen bringen und zugedeckt 2½ Stunden simmern lassen, bis die Bohnen weich sind. Gegebenenfalls kochendheißes Wasser nachgießen, damit die Bohnen immer bedeckt sind. Das *bouquet garni* und die Nelken entfernen.

Die Bohnenmischung abtropfen lassen und durch ein Sieb passieren, so daß ein dickes, trockenes Püree entsteht. Salz und Pfeffer, Gewürze, das Ei und den Wein hinzufügen. Den gehackten Speck gut mit der Bratwurstmasse vermischen. Die Mischung anschließend gut mit dem Bohnenpüree verrühren.

Die Fleisch-Bohnen-Mischung in eine Steingutform geben und mit Speckstreifen bedecken. Ohne Deckel im vorgeheizten Backofen bei 200° C (Gasherd Stufe 3–4) 45 Minuten garen. Die Terrine ist gar, wenn an einer Messerklinge, mit der man in die Mitte sticht, keine Bohnen-Fleisch-Mischung mehr haftet. Vor dem Servieren abkühlen lassen.

LA CUISINE BRETONNE

Geschichtete Kichererbsen-Terrine

Granata di Ceci

Der Autor des Rezeptes weist darauf hin, daß für die Füllung dieser Terrine jedes beliebige Fleisch-, Geflügel- oder Fischragout verwendet werden kann. Die Zubereitung ist in jedem Fall dieselbe: Fleisch, Geflügel oder Fisch werden gegart, in Würfel geschnitten und mit einer „veloutè" (S. 174) vermischt. Nach Belieben gibt man noch in Scheiben geschnittene hartgekochte Eier, gegarte Champignons oder Trüffelscheiben dazu.

	Ergibt 2 kg
750 g	Kichererbsen, über Nacht eingeweicht, weichgekocht und abgetropft
4	dicke Scheiben Weißbrot, die Rinden entfernt, in Milch eingeweicht und ausgedrückt
300 g	Parmesan-, *provola*- oder *caciocavallo*-Käse, frisch gerieben
6	Eigelb
	Salz und frisch gemahlener Pfeffer
4 EL	gehackte Petersilie
500 g	gemischte Gemüse (Bleichsellerie, Möhren, Artischockenböden, Zucchini usw.), in Würfel oder Scheiben geschnitten und blanchiert
250 g	Fleischragout

Die Kichererbsen und das Brot in einem Mörser zerdrücken und durch ein Sieb streichen. Käse, Eigelb, Salz, Pfeffer und Petersilie hinzufügen und alles gut vermischen.

Eine Form mit Butter ausstreichen und auf dem Boden eine Schicht Gemüse dekorativ anrichten. Darauf eine Lage Kichererbsenmasse geben. Weitere Lagen Gemüse und Kichererbsenmasse aufeinanderschichten, bis die Form gefüllt ist; dabei das Fleischragout in einer Lage in die Mitte geben. Die Form fest verschließen. Die Terrine in einem Wasserbad im vorgeheizten Backofen bei 180° C (Gasherd Stufe 2–3) 2 Stunden garen. Man kann auch die Form auf einem Drahtgitter in einen großen Kochtopf stellen. So viel kochendheißes Wasser in den Topf gießen, daß die Form zur Hälfte in Wasser steht. Die Terrine zugedeckt bei schwacher Hitze 2 Stunden garen, bis sie fest ist.

Die Terrine 10 Minuten ruhenlassen; dann auf eine Platte stürzen und heiß servieren.

IPPOLITO CAVALCANTI, DUCA DI BUONVICINO
CUCINA TEORICO-PRATICA

Fischterrinen

Thunfischpaste

Pasticcio di Tonno

	Ergibt 1,25 kg
250 g	Thunfisch in Öl, feingehackt
1 kg	weichkochende Kartoffeln
3	Eier
	Salz
	Mayonnaise (S. 175)

Die Kartoffeln ungeschält in einen Topf geben, mit Wasser bedecken und garkochen. Dann die Schalen abziehen und die Kartoffeln zerdrücken. Thunfisch und Eier hinzufügen, mit Salz würzen und zu einer glatten Paste verarbeiten. Einen Laib daraus formen, in ein Tuch wickeln, mit Küchengarn binden und in einen Topf mit kaltem Wasser geben. Das Wasser zum Kochen bringen und etwa 1 Stunde simmern lassen, bis die Thunfischpaste fest ist. Abtropfen lassen und das Tuch entfernen. Abkühlen lassen, in Scheiben schneiden und mit Mayonnaise überziehen.

IL CUCCHIAIO D'ARGENTO

Holländische Aal-Terrine

Palingpâté

	Ergibt 1 kg
1 kg	Aal, abgezogen und in 7 cm lange Stücke geschnitten
30 cl	Fischbrühe (S. 171)
3	Knoblauchzehen, feingehackt
2 EL	Olivenöl
60 g	Petersilie, gehackt
	Salz und frisch gemahlener Pfeffer
½	Zitrone, Saft ausgepreßt
1	kleiner Kopf grüner Salat, in Streifen geschnitten

	Marinade
30 cl	trockener Weißwein
1	Möhre, feingehackt
1	Zwiebel, feingehackt
4 EL	gehackte Petersilie
3 EL	Zitronensaft
2	Knoblauchzehen, zerdrückt
½ TL	Thymian
1	Lorbeerblatt, zerrieben

	Sauce ravigote
1	Knoblauchzehe, zerdrückt
3 EL	Weinessig
3 EL	Dijon-Senf
¼ l	Olivenöl
3	Eier, hartgekocht und feingehackt
60 g	Zwiebeln, gehackt
4 EL	gehackte Gewürzgurken
2 EL	gehackte Petersilie
½ EL	Zitronensaft
	Salz und frisch gemahlener Pfeffer

Alle Zutaten für die Marinade vermischen. Die Aalstücke hinzufügen und unter häufigem Wenden 2 Stunden marinieren.

Die Aalstücke und die Marinade in einen Topf geben. Die Fischbrühe dazugeben und zum Simmern bringen. Den Aal 45 Minuten garziehen lassen.

Die Stücke mit einem Schaumlöffel aus dem Topf heben und entgräten. Die Garflüssigkeit durch ein Sieb gießen und bis auf 45 cl einkochen. Abkühlen lassen und sorgfältig entfetten.

Den gehackten Knoblauch in dem Olivenöl goldbraun sautieren. Die Petersilie hinzufügen.

Eine Steingutform mit Öl ausstreichen und ein Drittel der Aalstücke hineinlegen. Mit Salz und Pfeffer würzen und ein Drittel der Petersilie-Knoblauch-Mischung daraufgeben. Diesen Vorgang noch zweimal wiederholen. Dann die Garflüssigkeit mit Salz, Pfeffer und Zitronensaft würzen und in die Form gießen.

Die Pastete mit Alufolie bedecken; darauf ein Stück Pappe legen, das gerade in die Form paßt. Die Pappe mit einem Gewicht beschweren und die Terrine mindestens 3 Stunden in den Kühlschrank stellen, bis die Brühe erstarrt ist. Die Terrine vor dem Servieren stürzen.

Für die *Sauce ravigote* Knoblauch, Essig und Senf verrühren. Nach und nach das Olivenöl hinzufügen. Dann Eier, Zwiebeln, Gewürzgurken und Petersilie einrühren. Mit Zitronensaft, Salz und Pfeffer würzen. Die Terrine mit Salat garnieren und zusammen mit der Sauce servieren.

HUGH JANS
VRIJ NEDERLAND

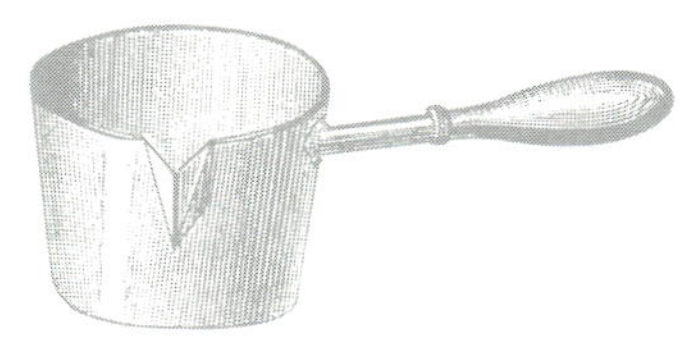

Aal-Terrine mit Weißwein

Terrine d'Anguilles au Vin de Tursan

Diese Terrine kann mit einer Brunnenkresse-Mousse (S. 174) als Beilage serviert werden. Wie man einen Aal abzieht, wird auf S. 58 ausführlich erklärt.

Die Terrine wird noch feiner und saftiger, wenn man die Form mit fettem Speck und dünnen Streifen Zitronenschale auslegt, bevor man die Fischmasse hineingibt.

Anstelle der Aalfilets kann man auch dieselbe Menge Karpfenfilet oder entgrätete Meerbarben verwenden, und der Tursan (ein Weißwein aus dem Gebiet Landes bei Bordeaux) kann durch einen roten Bordeaux ersetzt werden.

	Ergibt 1,5 kg
2	große, frische Aale, abgezogen und entgrätet, oder 500 g Aalfilets
220 g	weiche Butter
350 g	junge Champignons, geputzt und in Würfel geschnitten
1 EL	gehackte Schalotten
1½ EL	gehackte Petersilie
	Salz und frisch gemahlener Pfeffer
350 g	Lachs- oder Wittlingsfilets
2	Eier
Je 1 TL	gehackter Kerbel, Estragon und Schnittlauch
	Cayennepfeffer
	Safranpulver

	Marinade
20 cl	trockener Weißwein, vorzugsweise Tursan
	Salz und frisch gemahlener Pfeffer
3 EL	Armagnac (nach Belieben)
Je 1 EL	gehackter Estragon, Kerbel und Schnittlauch

Die Aalfilets in eine tiefe feuerfeste Steingutform geben, die Zutaten für die Marinade hinzufügen und den Fisch über Nacht im Kühlschrank marinieren.

Die Aalfilets und die Marinade in der Steingutform bei niedriger Temperatur erhitzen, bis sich auf der Flüssigkeit Blasen zeigen. Die Form mit Alufolie bedecken und den Aal 20 Minuten garen. Die Folie entfernen und den Aal, der während des Garens etwas geschrumpft ist, in der Marinade abkühlen lassen.

20 g Butter in einer Bratpfanne erhitzen und die Pilze darin 5 Minuten sautieren. Schalotten, 1 EL Petersilie, Salz und Pfeffer hinzufügen und weitere 2 Minuten sautieren. Die Mischung auf einen Teller geben und abkühlen lassen.

Den Becher eines Mixers kalt stellen. Den Lachs oder Wittling, 1 EL Salz und etwas Pfeffer hineingeben und in 30 bis 40 Sekunden zu einem glatten Püree verarbeiten. Nacheinander die Eier hinzufügen und noch 20 Sekunden mixen. Die Butter, die restliche Petersilie, die gehackten Kräuter und je eine Prise Cayennepfeffer und Safran dazugeben und alles noch einmal 30 Sekunden mixen, bis das Püree glatt ist. In eine Schüssel füllen und mit den abgekühlten Pilzen verrühren.

Die Aalfilets abtropfen lassen und der Länge nach in Hälften schneiden. Eine Steingutform mit einer 1 cm dicken Schicht Fischmasse ausstreichen, dann abwechselnd Aalfilets und Fischmasse hineinschichten; mit einer Lage Fischmasse abschließen. Die Form mit Alufolie bedecken und in ein Wasserbad stellen. Die Pastete im vorgeheizten Backofen bei 140° C (Gasherd Stufe 1 bei etwas geöffneter Backofentür) 3 Stunden garen. Bei Raumtemperatur mehrere Stunden abkühlen lassen. Die fast kalte Terrine über Nacht in den Kühlschrank stellen.

MICHEL GUÉRARD
DIE FEINSCHMECKER-KÜCHE

Terrine mit Jakobsmuscheln

La Terrine de Coquilles Saint-Jacques des „Copains“

Wie man Jakobsmuscheln verarbeitet, wird auf S. 50 gezeigt. Die lebenden Miesmuscheln werden zuerst gründlich abgebürstet, um die Bärte restlos zu entfernen. Dann dämpft man sie in einem verschlossenen Topf, bis alle Schalen geöffnet sind. Nun kann das Muschelfleisch aus den Schalen gelöst werden. Muscheln, deren Schalen sich während des Dämpfens nicht öffnen, sind nicht in Ordnung und können nicht verwendet werden.

	Ergibt 2 kg
12	lebende Jakobsmuscheln, aus den Schalen gelöst, Corail aufbewahrt
750 g	Hecht- oder Wittlingsfilet, feingehackt
100 g	gegarte Nordseegarnelen ohne Schalen
1 kg	lebende Miesmuscheln, gedämpft und aus den Schalen gelöst
125 g	Butter
2	Schalotten, gehackt
8 cl	Cognac oder Armagnac
3	Eier, Eigelb und Eiweiß getrennt, Eiweiß steifgeschlagen
1 EL	*fines herbes*
	Salz und frisch gemahlener Pfeffer
	Quatre épices
125 g	frische Weißbrotkrumen, in Milch eingeweicht und ausgedrückt
1 EL	*crème fraîche* oder Sahne
125 g	Schweinsnetz, in warmem Wasser eingeweicht

Die Jakobsmuscheln zusammen mit den Corails und den Schalotten in 25 g Butter leicht anbraten. Die Hälfte des Cognacs oder Armagnacs hinzufügen und die Muscheln flambieren.

Das feingehackte Hecht- oder Wittlingsfleisch zusammen mit Eigelb und Kräutern zu einer glatten Füllmasse verarbeiten. Mit Salz und Pfeffer würzen. Eine Prise *quatre épices* und den restlichen Cognac oder Armagnac hinzufügen. Aus den eingeweichten Weißbrotkrumen und der restlichen Butter eine Panade herstellen. Panade und Füllmasse gut vermischen und für 1 Stunde in den Kühlschrank stellen. Nach und nach zuerst die Sahne, dann das Eiweiß einrühren. Die Füllmasse für weitere 30 Minuten in den Kühlschrank stellen.

Eine Steingutform mit Schweinsnetz auslegen. Den Boden mit einer Schicht Füllmasse bedecken. Darauf eine Lage aus Jakobsmuscheln, Nordseegarnelen und Miesmuscheln geben. Weitere Lagen Füllmasse und Meeresfrüchte abwechselnd aufeinanderschichten; mit Füllmasse abschließen. Die Terrine in einem Wasserbad im vorgeheizten Backofen bei 170° C (Gasherd Stufe 2) 1 bis 1½ Stunden garen, bis sie fest ist. Bis zum nächsten Tag in den Kühlschrank stellen. Kalt servieren.

ODETTE REIGE
LES TERRINES DE VIANDES, DE COQUILLAGES ET POISSONS, DE LÉGUMES

Lachs-Terrine mit Trüffeln und Pistazien

Terrine de Saumon aux Truffes et aux Pistaches

Die Autorin empfiehlt, die Terrine mit grünem Salat und Zitronenvierteln zu garnieren.

	Ergibt 2 kg
1 kg	Lachsfilets
1/8 l	Portwein
1/4 l	Cognac
	Salz und frisch gemahlener Pfeffer
500 g	Filets von Hecht, jungem Heilbutt, Kabeljau oder Seezunge, püriert
	Geriebene Muskatnuß
200 g	weiche Butter
2	Eier
4	Eigelb
200 g	frischer fetter Speck oder gepökeltes Schweinefleisch oder frischer durchwachsener Speck, in Scheiben geschnitten, blanchiert, unter kaltem Wasser abgespült und trockengetupft
60 g	Pistazien, blanchiert und abgezogen
2	Trüffeln, geschält und in Stifte geschnitten
	Mehl-Wasser-Paste

	Panade
125 g	Mehl
60 g	Butter
30 cl	Wasser
2 TL	Salz

Den Lachs in Portwein, Cognac, Salz und Pfeffer marinieren.

Für die Panade Butter und Wasser in einen Topf geben und das Wasser zum Kochen bringen. Rühren, bis die Butter geschmolzen ist, dann Salz und Mehl dazugeben. Die Mischung schlagen, bis sie glatt ist und sich vom Rand des Topfes löst. Auf einem mit Butter bestrichenen Teller gleichmäßig verteilen, ein Stück Pergamentpapier mit Butter bestreichen, die Panade damit bedecken und abkühlen lassen.

Das Fischpüree mit Salz, Pfeffer und Muskat würzen. Mit der abgekühlten Panade vermischen; dabei mit einem Holzlöffel kräftig schlagen. Dann die Butter und nacheinander die Eier und das Eigelb unter Schlagen hinzufügen. Die Masse durch den feinsten Einsatz eines Passiersiebes geben und kalt stellen.

In der Zwischenzeit den Lachs aus der Marinade nehmen und abtropfen lassen; die Marinade aufbewahren. Eine Steingutform so mit Speck- oder Pökelfleischscheiben auslegen, daß die Scheiben einander überlappen und möglichst weit über den Rand der Form hängen. Die Hälfte der Fischmasse und dann den Lachs in die Form schichten. Die Pistazien und Trüffeln darauf verteilen. Mit der restlichen Fischmasse bedecken und die überhängenden Speck- beziehungsweise Pökelfleischscheiben darüberschlagen. Eine Speckscheibe auf die Oberfläche legen, dann die Marinade dazugießen. Den Deckel auflegen und mit Mehl-Wasser-Paste versiegeln.

Die Form auf einem Dreifuß in einen großen Topf stellen. So viel heißes Wasser in den Topf gießen, daß die Form zu zwei Dritteln darin steht. Den Deckel auf den Topf legen und das Wasser zum Kochen bringen. Dann die Temperatur herunterschalten und die Terrine 2 Stunden garen. Von Zeit zu Zeit nachsehen, ob noch genügend Wasser im Topf ist; gegebenenfalls kochendes Wasser nachgießen. Die Terrine aus dem Topf nehmen und auf einem Drahtgitter abkühlen lassen, dann für mindestens 24 Stunden in den Kühlschrank stellen.

Die Terrine stürzen und das Fett an allen Seiten sorgfältig entfernen. Die Terrine in Scheiben schneiden und wieder in die Form geben oder auf einer Servierplatte anrichten.

LOUISETTE BERTHOLLE (HERAUSGEBERIN)
DIE GEHEIMEN REZEPTE DER BESTEN RESTAURANTS FRANKREICHS

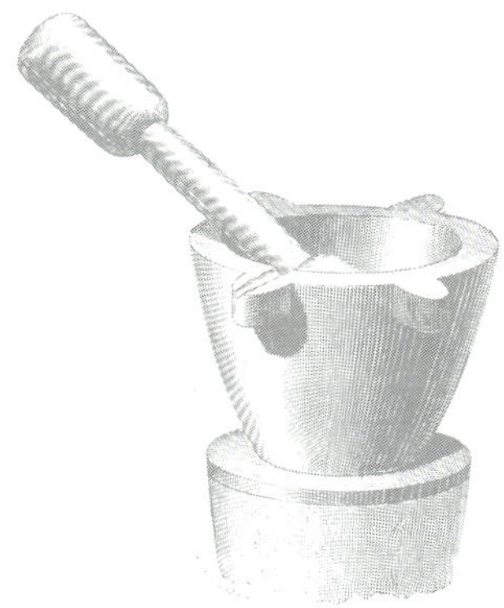

Lachs-Terrine mit Eiern und Mandeln

Terrine of Salmon with Eggs and Almonds

	Ergibt 1,5 kg
300 g	Lachs, abgezogen und entgrätet
300 g	Forelle oder Blaufisch, abgezogen und entgrätet
7	Eier, davon 5 hartgekocht
45 cl	gekühlte Sahne
1 TL	Salz
	Frisch gemahlener Pfeffer
60 g	gemischte Kräuter (Petersilie, Schnittlauch und, falls erhältlich, Zitronenthymian), sehr fein gehackt
75 g	Mandeln, blanchiert und abgezogen

Den Fisch und die rohen Eier in einem Mixer oder einer Küchenmaschine zu Püree verarbeiten oder in einer schweren Schüssel mit einem Stößel zerdrücken. Das Püree durch ein Sieb streichen, damit alle Bindegewebs- und Hautstücke entfernt werden. In eine Schüssel geben, mit Klarsichtfolie bedecken und für mindestens 1½ Stunden in den Kühlschrank stellen.

20 cl Sahne zum Püree geben, damit es heller wird. Kräftig mit Salz und Pfeffer würzen. Die restliche Sahne schlagen, bis sie cremig, aber nicht steif ist, und unter das Püree heben. Etwa ein Drittel dieser Masse in eine kleine Schüssel füllen, die Kräutermischung hinzufügen und unterrühren. Die restlichen zwei Drittel des Pürees mit den Mandeln vermischen. Eine Steingutform mit reichlich Butter ausstreichen. Ein Stück Pergament- oder Backpapier von der Größe des Bodens der Form hineinlegen und ebenfalls mit Butter bestreichen.

Die Form innen mit dem grünen Püree überziehen; etwas davon für die Garnierung aufbewahren. Die Hälfte des Mandelpürees in die Form geben. Die hartgekochten Eier in der Mitte der Länge nach darauflegen und mit dem restlichen Mandelpüree bedecken. Die Oberfläche mit dem restlichen grünen Püree garnieren. Die Form auf die mit einem Tuch bedeckte Arbeitsfläche stoßen, damit sich der Inhalt setzt, dann locker und vorsichtig mit Alufolie abdecken.

Die Form in ein Wasserbad stellen und im vorgeheizten Backofen bei 180° C (Gasherd Stufe 2–3) 1 Stunde garen. Bei Raumtemperatur abkühlen lassen. Die Form schräg halten und den Saft abgießen, dann die Terrine mit zwei Lagen schwerer Alufolie bedecken und mit drei Konservendosen beschweren. Für 12 bis 24 Stunden in den Kühlschrank stellen.

Vor dem Servieren die Terrine mit einem Messer vom Rand der Form lösen, den Boden der Form kurz in heißes Wasser tauchen und die Terrine stürzen. Das Papier entfernen. Mit Zitronenachteln, Mayonnaise, geröstetem Weißbrot und Butter servieren.

JUDITH OLNEY
SUMMER FOOD

Lachs-Terrine mit grüner Mousse

La Terrine de Saumon à la Mousse Verdurette

Der Autor empfiehlt zu dieser Terrine eine mit Zitronensaft zubereitete grüne Mayonnaise (Rezept S. 175).

	Ergibt 1,5 kg
400 g	filetierter Lachs, feingehackt
4 EL	*crème fraîche* oder Sahne
6	Eier
½ TL	Paprikapulver, edelsüß
	Salz und frisch gemahlener Pfeffer
500 g	kleine grüne Erbsen, blanchiert und abgetropft
30 g	Sauerampfer, sehr fein gehackt
1	Bund Petersilie, sehr fein gehackt
½	Bund Schnittlauch, sehr fein gehackt

Den Lachs zusammen mit der Hälfte der Sahne, 3 Eiern, Paprika, Salz und Pfeffer in eine Schüssel geben und kräftig schlagen.

Die Erbsen in einem Passiersieb oder einer Küchenmaschine pürieren. Sauerampfer, Petersilie, Schnittlauch und die restliche Sahne hinzufügen, mit Salz und Pfeffer würzen und die Masse schlagen, bis eine glatte Mousse entsteht; dabei nach und nach die restlichen 3 Eier dazugeben.

Eine Steingutform mit Butter ausstreichen. Die Hälfte der Lachsmasse hineingeben, die Erbsen-Mousse gleichmäßig darauf verteilen und abschließend mit der restlichen Lachsmasse bedekken. Danach die Form mit Alufolie abdecken und in ein Wasserbad stellen. Im vorgeheizten Backofen bei 180° C (Gasherd Stufe 2–3) 1 Stunde garen.

Die Terrine abkühlen lassen, dann in den Kühlschrank stellen.

ODETTE REIGE
LES TERRINES DE VIANDES, DE COQUILLAGES
ET POISSONS, DE LÉGUMES

Kabeljau-Terrine

Codfish Pâté

	Ergibt 750 g
500 g	Kabeljau, abgezogen und mit Essig beträufelt
½ l	Fischbrühe (S. 171)
30 g	Knollensellerie
30 g	Petersilie
1	große Zwiebel, gehackt
	Salz
90 g	frischer fetter Speck, gehackt
60 g	altbackenes Weißbrot oder Brötchen
2 EL	geschlagenes Ei
1½ TL	Kartoffelstärke
	Gemahlener Ingwer
	Geriebene Muskatnuß
	Paprikapulver
2 EL	Semmelbrösel

Die Brühe zusammen mit Sellerie, Petersilie und der Hälfte der gehackten Zwiebel 10 Minuten simmern lassen. Dann durch ein Sieb in einen zweiten Topf gießen und mit Salz würzen. Den Fisch hineingeben und 10 Minuten garziehen lassen, bis das Fischfleisch leicht zerfällt. Abtropfen lassen und entgräten.

Den fetten Speck bei schwacher Hitze auslassen. Die restliche Zwiebel hinzufügen und sautieren, bis sie weich ist; sie sollte keinesfalls braun werden.

Das Brot in der Fischbrühe einweichen und ausdrücken. Kabeljau, Brot, sautierte Zwiebel und die Gemüse aus der Brühe zusammen durch den Fleischwolf drehen. Ei und Kartoffelstärke hinzufügen und gut verkneten. Dann mit Salz, Ingwer, Muskat und Paprika würzen.

Eine Form mit Fett ausstreichen und mit Semmelbröseln bestreuen. Die Fischmasse hineingeben. Die Form in einen großen Topf stellen und so viel Wasser hineingießen, daß sie zur Hälfte darinsteht. Einen Deckel auflegen und die Terrine auf der Kochstelle 45 Minuten garen, bis sie sich fest anfühlt. Oder die Terrine in einem Wasserbad im vorgeheizten Backofen bei 180° C (Gasherd Stufe 2–3) garen. Wenn sie heiß serviert werden soll, die Terrine anschließend auf eine Platte stürzen; sonst über Nacht in der Form abkühlen lassen.

ZOFIA CZERNY
POLISH COOKBOOK

Terrine mit Süßwasserfischen

Terrine de Poissons de Rivière

	Ergibt 2 kg
	Forellen-Füllmasse
300 g	Forellenfilets, feingehackt
4 EL	*crème fraîche* oder Sahne
2 EL	Weißwein
	Salz
50 g	Schalotten, feingehackt
Je 25 g	Schnittlauch und Kerbel, feingehackt
1 EL	feingehackter frischer Estragon
1	Ei
150 g	weiche Butter
	Zander-Füllmasse
300 g	Zanderfilets, feingehackt
1	Ei
	Salz
1/4 TL	Safranpulver
100 g	Mandeln, blanchiert, abgezogen und gehackt
150 g	weiche Butter
10 g	grüne Pfefferkörner
	Lachs-Füllmasse
300 g	Lachsfilets, feingehackt
4 EL	*crème fraîche* oder Sahne
	Salz
2 EL	Weißwein
50 g	Porree, nur die weißen Teile, in dünne Scheiben geschnitten
100 g	Möhren, in sehr feine Streifen geschnitten
100 g	Champignons, in sehr feine Streifen geschnitten
1/2	Zitrone, Saft ausgepreßt
1	Ei
150 g	weiche Butter
	Cayennepfeffer

Für die Forellen-Füllmasse *créme fraîche* oder Sahne, Wein, eine Prise Salz und Schalotten in einen kleinen Topf geben. Zum Kochen bringen, 5 Minuten garen und abkühlen lassen. Die Kräuter hinzufügen. Die Forellenfilets in einer Küchenmaschine oder einem Mixer mit Ei und Butter pürieren. Zur Kräutermischung geben und gut verrühren und die Füllmasse abschmecken.

Die Zanderfilets in einer Küchenmaschine oder einem Mixer mit Ei, Salz, Safran, Mandeln und Butter pürieren. Dann die grünen Pfefferkörner hineinrühren.

Für die Lachs-Füllmasse *crème fraîche* oder Sahne, eine Prise Salz, Wein und Porree zusammen etwa 10 Minuten garen. Möhren hinzufügen und weitere 10 Minuten garen. Champignons und Zitronensaft dazugeben und die Mischung zugedeckt nochmals 5 Minuten garen. Abkühlen lassen. Die Lachsfilets in einer Küchenmaschine oder einem Mixer mit Ei, einer Prise Salz und Butter pürieren. Die Gemüsemischung unterheben und eine kleine Prise Cayennepfeffer hinzufügen.

Eine Kastenform aus Porzellan mit Butter ausstreichen. Die drei Füllmassen abwechselnd in 2 cm hohen Lagen aufeinanderschichten, bis sie aufgebraucht sind. Die Form mit Alufolie abdecken und einen Deckel auflegen. In einem Wasserbad im vorgeheizten Backofen bei 180° C (Gasherd Stufe 2–3) 1¼ Stunden garen. Die Terrine im ausgeschalteten Backofen abkühlen lassen. Vor dem Servieren 24 Stunden ruhenlassen.

DANIEL BOUCHÉ
INVITATION À LA CUISINE BUISSONNIÈRE

Terrine nach Fischer-Art

Terrine du Pêcheur

Eine „sauce antiboise“ ist eine Mischung aus Mayonnaise, in Zitronensaft eingelegten, gehackten rohen Champignons, Knoblauch, Schalotten, „fines herbes“ und Tomaten, die zuvor abgezogen, entkernt und in Würfel geschnitten werden.

	Ergibt 1 kg
200 g	Zanderfilet, sehr fein gehackt
200 g	Hechtfilet, sehr fein gehackt
200 g	entgräteter und abgezogener Aal, sehr fein gehackt
6	Große Pilgermuscheln, aus den Schalen gelöst, mit Corail, in Würfel geschnitten
2	Eier
2 EL	Cognac
40 cl	*crème fraîche* oder Sahne
100 g	Champignons, feingehackt
60 g	Petersilie, feingehackt
30 g	Schnittlauch, feingehackt
2 EL	gehackter Estragon
1	Trüffel (etwa 30 g), in kleine Würfel geschnitten; wenn konservierte Trüffeln verwendet werden, 2 EL Konservierungsflüssigkeit aufbewahren
10 g	Pistazien, blanchiert, abgezogen und gehackt
	Salz und frisch gemahlener Pfeffer

Alle feingehackten Fischsorten und die Muscheln vermischen. Eier und Cognac unterrühren und die Masse in den Kühlschrank stellen, bis sie erkaltet ist. Dann portionsweise die Sahne einrühren; dabei die Masse nach jeder Zugabe von Sahne in den Kühlschrank stellen. Die restlichen Zutaten hinzufügen und abschmecken. Die Masse in eine mit Butter ausgestrichene Steingutform geben und zugedeckt in einem Wasserbad im vorgeheizten Backofen bei 130° C (Gasherd Stufe 1 bei leicht geöffneter Backofentür) etwa 1½ Stunden garen, bis sie fest ist. Die Terrine abkühlen lassen und dann in den Kühlschrank stellen. Mit Brunnenkresse-Mousse (S. 174) oder *sauce antiboise* servieren.

PAUL-JACQUES LÉVÈQUE (HERAUSGEBER)
LES BONNES RECETTES DE LA CUISINE TOURANGELLE

Flunder im grünen Mantel

Bot in't Groen

Der Autor dieses Rezeptes empfiehlt als Beilage zu diesem Gericht eine rote Mayonnaise; dazu verrührt man je vier Teile Mayonnaise und Chilisauce (eine Mischung aus Paprikaschoten, Zwiebeln und Tomaten, die in Essig und Zucker gegart wird) mit einem Teil Schlagsahne und würzt mit gehackter Zwiebel, zerdrücktem Knoblauch und Cayennepfeffer.

Nach dem Stürzen kann das Gericht mit einer Schicht Gelee aus Fischbrühe (S. 171) überzogen werden. Darauf richtet man in kreuzweise verlaufenden Reihen gehackte Petersilie und hartgekochte Eier an. Abschließend wird die Garnierung mit einer weiteren Geleeschicht überzogen.

	Ergibt 1 bis 1,5 kg
1 kg	Flunderfilets, davon die eine Hälfte feingehackt, die andere in Streifen geschnitten
4 EL	Sahne
3	Eigelb
6 EL	Fisch-*velouté* (S. 174)
	Salz und frisch gemahlener Pfeffer
275 g	Butter, davon 250 g weich und in Würfel geschnitten
125 g	Spinat, blanchiert, abgetropft, ausgedrückt und gehackt
4 EL	feingehackte Schalotten
4 EL	trockener Weißwein
1/4 TL	gehackter Estragon

Den gehackten Fisch mit Sahne, Eigelb, *velouté*, Salz und Pfeffer vermischen. Die Mischung in einem Mixer pürieren. Die weiche Butter hinzufügen und noch 10 bis 15 Sekunden pürieren. Dann den Spinat unter das Püree heben.

Die Schalotten in der restlichen Butter sautieren, bis sie weich sind. Das in Streifen geschnittene Fischfilet, Wein und Estragon dazugeben und mit Salz und Pfeffer würzen. Die Zutaten 2 Minuten garen, bis der Fisch gerade eben fest ist. Den Fisch in eine Schüssel geben. Die Garflüssigkeit bei starker Hitze auf 3 EL einkochen; anschließend den Fisch damit überziehen.

Eine Steingutform mit Butter ausstreichen und die Hälfte des Pürees hineingeben. Die Fischstreifen in Längsrichtung darauflegen. Dann die Form mit dem restlichen Püree füllen. Die Form gegen die Arbeitsfläche klopfen, damit eventuell entstandene Luftblasen entweichen können.

Die Form mit Pergamentpapier und Alufolie bedecken. In einem Wasserbad im vorgeheizten Backofen bei 150° C (Gasherd Stufe 1) 1 Stunde garen, bis die Masse fest ist und sich vom Rand der Form gelöst hat. Die Form aus dem Backofen nehmen, mit einem Gewicht beschweren und abkühlen lassen. Über Nacht in den Kühlschrank stellen. Vor dem Servieren stürzen.

HUGH JANS
VRIJ NEDERLAND

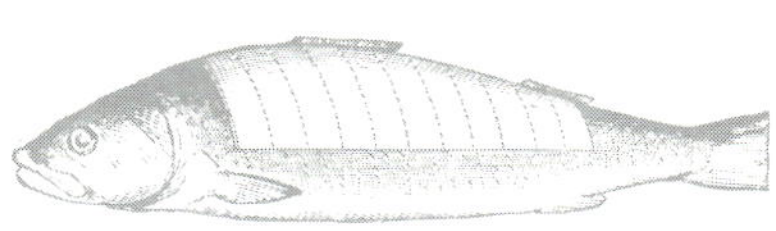

Pasteten

Pastete à la Berrichonne

Gâteau à la Berrichonne

Es empfiehlt sich, eine tiefe Form zu verwenden, da die Füllung etwa 3 cm hoch sein sollte. Will man eine besonders große Pastete für viele Personen zubereiten, benötigt man entsprechend mehr Semmelbrösel – man rechnet 30 g auf 250 g Fleisch – und noch weitere 30 Minuten Garzeit.

Anstelle von durchwachsenem Speck kann man auch Nacken oder Schulter vom Schwein verwenden, da dieses Fleisch einen relativ hohen Fettanteil hat. Vor der Verarbeitung sollte das Fleisch einige Stunden gepökelt werden – man kann den Fleischer darum bitten oder es selbst machen (Rezept S. 172). Diese schonende Behandlung verbessert das Aroma des Fleisches.

Im Norden Englands ist es üblich, das Fleisch abwechselnd mit geriebenem Apfel, geriebener Zwiebel und geriebener Kartoffel aufeinanderzuschichten. Fügt man Erbsen hinzu, entsteht eine vollwertige Mahlzeit, die sich ideal für Picknicks eignet, zumal die Pastete lauwarm besser schmeckt als heiß. Wer ein nicht ganz so kräftiges Gericht bevorzugt, läßt die Kartoffeln weg.

	Ergibt 1 kg
250 g	fettes Schweinefleisch
350 g	mageres Schweinefleisch
125 g	durchwachsener Speck
3 EL	gehackte Petersilie
1 EL	gehackter frischer Thymian
	Salz und frisch gemahlener Pfeffer
	Quatre épices oder gemahlene Muskatblüte
2 bis 4 EL	feine Semmelbrösel
500 g	Blätterteig oder Blitzblätterteig (S. 173)
1	Eiweiß
1	Eigelb, mit 4 EL Wasser geschlagen

Das Fleisch durch den Fleischwolf drehen. Mit Petersilie, Thymian, Salz und Pfeffer würzen. Etwas *quatre épices* oder Muskatblüte hinzufügen, doch sollten die Kräuter stärker hervorschmecken als die Gewürze. Die Semmelbrösel dazugeben.

Den Teig ausrollen. Eine Pastetenform von 23 cm Durchmesser mit etwas mehr als der Hälfte des Teiges auslegen. Den Teig mit dem Eiweiß bestreichen, damit er nicht durchweicht. Die Füllmasse hineingeben und mit dem restlichen Teig bedecken. Den Rand umschlagen und andrücken, die Teigdecke verzieren und mit der Eigelb-Wasser-Glasur bestreichen. Die Pastete im vorgeheizten Backofen bei 220° C (Gasherd Stufe 4–5) garen; nach 15 Minuten die Temperatur auf 180° C (Gasherd Stufe 2–3) herunterschalten und weitere 30 Minuten backen.

JANE GRIGSON
CHARCUTERIE AND FRENCH PORK COOKERY

Kalbfleisch-Schinken-Pie

Veal and Ham Pie

Traditionell wird diese Pie mit einer Schicht hartgekochter Eier in der Mitte zubereitet. Wenn man jedoch die Pie heiß servieren möchte – was heutzutage weniger üblich ist, aber ausgezeichnet schmeckt –, werden die Eier sehr leicht krümelig, so daß man sie lieber ganz weglassen sollte.

	Ergibt 1 kg
500 g	Kalbfleisch zum Schmoren, pariert und in Würfel geschnitten, die beim Parieren anfallenden Reste und einige Stücke aufbewahrt
125 bis 175 g	leicht geräucherter Vorderschinken oder durchwachsener Speck, in Würfel geschnitten, die Schwarte aufbewahrt
1 oder 2	Eier, hartgekocht und in Scheiben geschnitten (nach Belieben)
	Salz und frisch gemahlener Pfeffer
½ TL	abgeriebene Zitronenschale
2	kleine Lorbeerblätter
45 cl	Wasser
500 g	Mürbeteig (S. 173), mit einer Mischung aus Schweineschmalz und Butter zubereitet
2 EL	Milch
1	kleine Zwiebel, in Hälften geschnitten
1	Möhre, in Scheiben geschnitten
6	Pfefferkörner

Den Boden einer feuerfesten Form mit der Hälfte des Kalbfleisches bedecken; darauf eine Schicht Schinkenwürfel geben. Wenn Eier verwendet werden, diese auf dem Schinken verteilen. Mit etwas Salz und einer großen Prise Pfeffer würzen und mit abgeriebener Zitronenschale bestreuen. Wieder eine Lage Fleisch und eine Lage Schinken daraufschichten, mit Salz und Pfeffer würzen und mit Zitronenschale bestreuen. Zuletzt die Lorbeerblätter auf die Füllung legen und 15 cl kaltes Wasser angießen. Falls vorhanden, ein Röhrchen in die Mitte stecken, damit beim Garen der Dampf entweichen kann.

Den Teig ziemlich dick ausrollen und einen schmalen Streifen schneiden, der um den Rand der Form gelegt werden soll. Den Rand mit Wasser befeuchten, damit der Teig besser haftet. Den Streifen auflegen und fest andrücken. Die Fleischlagen mit dem übrigen Teig bedecken. Teigdecke und Teigrand fest aneinanderpressen. Den Rand wellenförmig eindrücken. Darauf achten, daß das Röhrchen offen bleibt. Wenn kein Röhrchen verwendet wird, die Teigdecke an zwei Stellen einschneiden. Die Oberfläche nach Belieben mit Teigresten verzieren. Anschließend mit Milch bestreichen. Die Form auf ein Backblech stellen und in den auf 200° C (Gasherd Stufe 3–4) vorgeheizten Backofen schieben.

Die beim Parieren angefallenen Kalbfleischreste zusammen mit der Schwarte, Zwiebel, Möhre, Pfefferkörnern und 30 cl kaltem Wasser in einen Topf geben. Zum Kochen bringen und bei schwacher Hitze etwa 15 Minuten garen. Diese Brühe in einen kleinen Schmortopf geben.

Die Backofentemperatur nach 30 Minuten auf 180° C (Gasherd Stufe 2–3) herunterschalten und den Schmortopf ebenfalls in den Backofen stellen. Wenn der Teig zu schnell braun wird, Pergamentpapier über die Pie decken. Weitere 1¼ Stunden backen.

Die kräftige, gelatinehaltige Brühe durch ein Sieb gießen; sie sollte auf etwa 17 cl eingekocht sein. Die Brühe durch das Röhrchen oder die Einschnitte in die Pie gießen, damit die Füllung saftiger wird. Wenn die Pie kalt serviert wird, so erstarrt die Brühe zu Gelee. In diesem Fall muß die Pie 24 Stunden an einem kühlen Platz – jedoch nicht im Kühlschrank – stehen.

AUDREY PARKER
COTTAGE AND COUNTRY RECIPES

Pastete mit Kalbfleisch, Schinken und Zunge

Veal, Ham and Tongue Loaf

Für eine Sauce, die gut zu dieser Pastete paßt, verdünnt man Hüttenkäse mit Sahne, fügt Gewürze hinzu und garniert mit gehackten Gewürzgurken und Brunnenkresse.

	Ergibt 2,75 kg
750 g	Lammzunge
500 g	Kalbshaxe
750 g	frischer durchwachsener Speck, in einem Stück
1 kg	Kalbfleisch, feingehackt
30 cl	Weißwein
1	*bouquet garni*
2 EL	feingehackte Schalotten
1 EL	gehackte Petersilie
3	Eier, davon 1 mit 2 EL Wasser verquirlt
	Salz und frisch gemahlener Pfeffer
3 EL	Sahne
500 g	Mürbeteig (S. 173), mit 2 Eigelb zubereitet
125 g	Pistazien, blanchiert, abgezogen und in Hälften geschnitten, oder Haselnüsse, in Scheiben geschnitten
125 g	Champignons, mit Zitronensaft in Butter gegart und in dünne Scheiben geschnitten

	Pfannkuchen
125 g	Mehl
1/4 TL	Salz
2	Eier
45 cl	Milch

Lammzunge und Kalbshaxe zusammen mit Wein und *bouquet garni* in einen Topf geben und mit Wasser bedecken. Bis zum Siedepunkt erhitzen und 1 bis 1½ Stunden garziehen lassen, bis die Zunge weich ist. Die Zunge abtropfen und abkühlen lassen, abziehen und in Würfel von 2 bis 3 cm Kantenlänge schneiden.

In der Zwischenzeit den Speck in reichlich Wasser etwa 1 Stunde garziehen lassen, bis er weich ist. Abtropfen und abkühlen lassen und in Würfel von 2 bis 3 cm Kantenlänge schneiden.

Für die Füllmasse feingehacktes Kalbfleisch, Schalotten, Petersilie und die nicht verquirlten Eier gut vermischen. Mit Salz und Pfeffer würzen und Sahne unterrühren.

Für die Pfannkuchen Mehl und Salz zusammen in eine Schüssel sieben. Nacheinander die Eier und die Milch einrühren, so daß ein glatter, ziemlich dünnflüssiger Ausbackteig entsteht. Daraus mehrere dünne Pfannkuchen backen. Die Pfannkuchen auf einem sauberen Tuch abkühlen lassen.

Den Mürbeteig ausrollen. Eine 30 mal 11 cm große Kastenform mit Butter ausstreichen und mit zwei Dritteln des Teiges auslegen. Den Teig 1 cm über den Rand der Form hängen lassen.

Den Teig in der Form mit einer Lage einander überlappender Pfannkuchen vollständig bedecken. Dann eine 2 bis 3 cm dicke Schicht Füllmasse auf Boden und Innenwänden verteilen; dabei darauf achten, daß auch die Ecken der Form gut ausgefüllt sind. Diese Schicht mit Pistazien oder Haselnüssen bestreuen.

Eine Lage Zungen- und Speckwürfel in die Füllmasse drücken. Mit Füllmasse zu einer gleichmäßigen Lage ergänzen und anschließend mit Champignons und Pistazien oder Haselnüssen bestreuen. Noch einmal Füllmasse, Zungen- und Speckwürfel, die restlichen Champignons und Nüsse übereinanderschichten. Mit Füllmasse abschließen.

Auf die Füllmasse eine Lage Pfannkuchen geben. Anschließend eine Teigdecke auflegen. Die Teigdecke mit Teigstückchen verzieren, die zuvor mit verquirltem Ei bestrichen werden, damit sie besser haften. Den über den Rand der Form hängenden Teig ebenfalls mit verquirltem Ei bestreichen. Nach innen schlagen und wellenförmig eindrücken, so daß ein dekorativer Rand entsteht. Die Teigdecke an mehreren Stellen mit einer Gabel einstechen und in die Mitte ein Loch schneiden, damit während des Garens Dampf entweichen kann. Ein kleines, flaches Stück Teig locker über das Loch legen; jedoch vorher nicht mit Ei bestreichen, da es nicht an der Teigdecke haften soll. Abschließend die ganze Teigdecke mit verquirltem Ei bestreichen. Die Pastete im vorgeheizten Backofen bei 180° C (Gasherd Stufe 2–3) 90 Minuten backen; während des Garens noch ein- oder zweimal mit Ei bestreichen. Wenn die Teigdecke zu braun wird, mit Butter bestrichenes Pergamentpapier darauflegen.

Die Pastete vor dem Stürzen in der Kastenform gut abkühlen lassen. Vor dem Servieren längere Zeit kühlen.

VICTOR MACCLURE
PARTY FARE

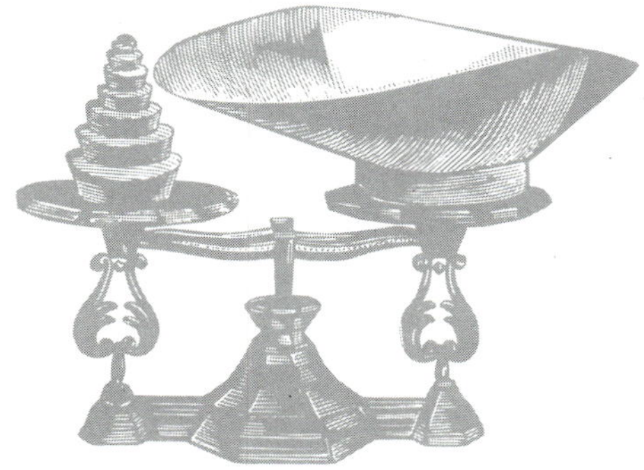

Aufgesetzte Schinkenpastete

	Ergibt 1,5 kg
180 g	gekochter Schinken, in Scheiben geschnitten
200 g	frischer fetter Speck, gehackt
400 g	mageres Schweinefleisch oder Schweine- und Kalbfleisch, gehackt
3	Eier, davon 2 verquirlt, 1 in Eigelb und Eiweiß getrennt
1/2 TL	Salz
1 TL	Paprikapulver
2 TL	Weinbrand oder Madeira
2	Brötchen, in Wasser eingeweicht und gut ausgedrückt
1 TL	gehackte Zwiebel
1 TL	gehackte Petersilie
15 g	Butter
500 g	Mürbeteig oder Blitzblätterteig (S. 173)

Speck und Schweinefleisch mit den beiden verquirlten Eiern, Salz, Paprika und Weinbrand oder Madeira vermischen. Die ausgedrückten Brötchen zusammen mit Zwiebel und Petersilie etwa 5 Minuten in Butter braten; dann zur Fleischmasse geben.

Ein Drittel des Teiges ausrollen und ein 25 mal 15 cm großes Rechteck ausschneiden. Auf ein mit Wasser befeuchtetes Backblech legen. Eine Schicht Fleischmasse so auf dem Teig verteilen, daß rundherum ein 2 cm breiter Rand unbedeckt bleibt. Nun abwechselnd eine Lage Schinkenscheiben und eine Lage Fleischmasse daraufschichten, bis das Fleisch aufgebraucht ist.

Den restlichen Teig ausrollen. Für die Teigdecke ein zweites Rechteck von gleicher Größe ausschneiden. Die Ränder der Pastete mit Eiweiß bestreichen. Die Teigdecke auflegen und den Rand von Teigboden und -decke zusammendrücken. Die Oberfläche mit kleinen Teigstückchen verzieren. Ein oder zwei kleine Löcher in die Pastete schneiden und gefettete Papierröhrchen hineinstecken, damit beim Backen Dampf entweichen kann. Anschließend die Pastete mit Eigelb bestreichen und im vorgeheizten Backofen bei 180° C (Gasherd Stufe 2–3) 1 Stunde backen, bis die Oberfläche goldbraun ist. Heiß oder kalt servieren.

HENRIETTE DAVIDIS
PRAKTISCHES KOCHBUCH

Elsässische Pastete

Pâté Alsacien

	Ergibt 1,5 kg
400 g	magerer Schinken, davon eine Hälfte in Streifen geschnitten, die andere gehackt
200 g	mageres Kalbfleisch, in Streifen geschnitten
	Salz
	Gewürzmischung
10 cl	Weißwein
4 EL	Madeira
5	Schalotten, feingehackt
150 g	frischer fetter Speck
600 g	Mürbeteig (S. 173)
30 cl	gelatinehaltige Fleischbrühe (S. 172)

Die Schinken- und Kalbfleischstreifen in eine Schüssel geben. Salz, Gewürzmischung, Weißwein, Madeira und 3 gehackte Schalotten dazugeben. Die Schüssel bedecken und das Fleisch 24 Stunden marinieren.

Den gehackten Schinken, Speck, Salz, Gewürzmischung und die restlichen gehackten Schalotten vermischen und zweimal durch den Fleischwolf drehen.

Die Hälfte des Teiges zu einem 30 mal 15 cm großen Rechteck ausrollen. Die Hälfte der Hackfleischmasse so darauf verteilen, daß rundherum ein 5 cm breiter Rand frei bleibt. Das marinierte Fleisch 5 cm hoch daraufschichten und mit der restlichen Hackfleischmasse bedecken. Die Teigränder darüberschlagen, so daß die Füllung teilweise bedeckt ist.

Den restlichen Teig zu einem Rechteck ausrollen. Die hochgeschlagenen Ränder des Teigbodens mit Wasser bestreichen. Das zweite Teigrechteck über die Füllung legen und die Ränder von Teigboden und -decke zusammendrücken. In die Mitte der Teigdecke ein kleines Loch schneiden und ein Pappröhrchen hineinstecken, damit beim Backen Dampf entweichen kann.

Die Pastete im vorgeheizten Backofen bei 200° C (Gasherd Stufe 3–4) etwa 45 Minuten backen, bis die Teigdecke goldbraun ist. Nach dem Abkühlen einen Trichter in das Pappröhrchen stecken und die Brühe hineingießen. Zu Gelee erstarren lassen und die Pastete servieren.

PAUL BOUILLARD
LA CUISINE AU COIN DU FEU

Schinken im Teigmantel

Pasticcio di Prosciutto

Dieses Rezept stammt aus Buch V der Werke von Bartolomeo Scappi, die 1570 veröffentlicht wurden. Dieser Band behandelt Pasteten und Gebäck.

	Ergibt 750 g
500 g	gekochter Schinken, zu einem Block von 8 mal 8 mal 15 cm zurechtgeschnitten
200 g	mageres Kalbfleisch, in dünne Scheiben geschnitten
20 cl	Rotwein
	Salz und frisch gemahlener Pfeffer
½ TL	gemahlener Zimt
1	Nelke, gemahlen
¼	Muskatnuß, gerieben
60 g	Butter
250 g	Mürbeteig (S. 173)

Den Wein zusammen mit der Hälfte der Gewürze in einen Topf geben und erhitzen. Sobald der Siedepunkt erreicht ist, den Schinken hinzufügen und etwa 30 Minuten simmern lassen, dabei mehrmals wenden. Den Schinken herausnehmen, abtropfen lassen und rundherum mit den restlichen Gewürzen bestreuen.

Das Kalbfleisch einige Minuten in der Butter braten, dabei mit ein paar Löffeln von dem Wein begießen, in dem der Schinken gegart wurde. Abkühlen lassen.

Den Teig dünn ausrollen. Eine 1 l fassende Kastenform mit Fett ausstreichen und mit dem Teig auslegen; etwas davon für die Teigdecke zurückbehalten. Den Teig mit Kalbfleischscheiben bedecken. Den Schinken darauflegen und mit der Garflüssigkeit vom Kalbfleisch begießen, dann das restliche Kalbfleisch hinzufügen. Die Teigdecke auflegen und die Teigränder zusammendrücken. Ein Loch in die Decke schneiden und ein Röhrchen aus Alufolie oder Pappe hineinstecken.

Die Pastete im vorgeheizten Backofen bei 190° C (Gasherd Stufe 3) etwa 45 Minuten backen, bis der Teig goldbraun ist. Abkühlen lassen und in Scheiben schneiden.

MASSIMO ALBERINI
CENTO RICETTE STORICHE

Osterpastete aus der Touraine

Pâté de Pâques en Croûte à la Tourangelle

	Ergibt 850 g
250 g	Schweinebauch, feingehackt
100 g	Kalbsschnitzel, in Streifen geschnitten
	Salz und frisch gemahlener Pfeffer
1	Schalotte, sehr fein gehackt
5	Eier, davon 4 hartgekocht, 1 verquirlt
	Gelee (S. 172), mit etwas Portwein (nach Belieben)

	Teig
200 g	Mehl
100 g	Butter
10 cl	*crème fraîche* oder Sahne
8 g	Salz

Alle Zutaten für den Teig in eine Schüssel geben und mit einem Holzspatel zu einem ziemlich festen Teig verarbeiten. Die Schüssel mit einem feuchten Tuch bedecken. Den Teig an einem kühlen Platz ruhenlassen, während die Füllung zubereitet wird.

Schweine- und Kalbfleisch, Salz, Pfeffer und Schalotte vermischen. Den Teig zu einem großen Rechteck ausrollen. Die Fleischmasse zu einem flachen Oval ausbreiten und die hartgekochten Eier der Länge nach hineindrücken. Die Fleischmasse zu einer Rolle formen, so daß die Eier völlig von der Masse umhüllt sind. Die Fleischrolle auf den Teig legen.

Die Teigränder mit verquirltem Ei bestreichen. Die Längsseiten über die Fleischrolle schlagen und zusammendrücken. Die Enden mit einem Nudelholz zusammendrücken. Die Oberfläche der Pastete mit verquirltem Ei bestreichen und mit Teigresten verzieren. Zwei kleine Löcher in den Teig schneiden und Röhrchen aus Alufolie hineinstecken.

Die Pastete auf ein Backblech legen und im vorgeheizten Backofen bei 200° C (Gasherd Stufe 3–4) etwa 45 Minuten backen, bis der Teig goldbraun ist.

Die Pastete schmeckt am besten warm. Man kann sie aber auch mit gehacktem Portweingelee garniert kalt servieren.

PAUL-JACQUES LÉVÊQUE (HERAUSGEBER)
LES BONNES RECETTES DE LA CUISINE TOURANGELLE

Schweinefleischpastete nach Cheshire-Art

Cheshire Pork Pie

Anleitungen, wie man eine frei geformte Hülle aus Krustenteig herstellt, werden auf S. 64 gegeben. In die gebackene, über Nacht gekühlte Pastete kann man gelatinehaltige Fleischbrühe (Rezept S. 172) gießen und im Kühlschrank zu Gelee erstarren lassen.

	Ergibt 1,5 kg
1 kg	Schweineschulter ohne Knochen, feingehackt
125 g	Zwiebeln, feingehackt
1 EL	brauner Rohrzucker
	Salz und frisch gemahlener Pfeffer
	Geriebene Muskatnuß
500 g	Krustenteig (S. 173)
3	mittelgroße Äpfel (vorzugsweise Cox-Orange), geschält, entkernt und in Scheiben geschnitten
15 cl	trockener Apfelwein
1	Ei, geschlagen

Schweinefleisch, Zwiebeln, Zucker und Gewürze vermischen. Etwas davon braten, um zu prüfen, ob die Masse ausreichend gewürzt ist. Eine Form aus Krustenteig herstellen; genügend Teig für die Teigdecke beiseite legen. Eine Schicht Schweinefleisch-Zwiebel-Masse in die Teigform geben, dann eine Lage Äpfel darauf anordnen. In dieser Reihenfolge weiterschichten, bis die Form gefüllt ist; mit einer Lage Fleischmasse abschließen. Den Apfelwein darübergießen und die Teigdecke auflegen. Die Teigdecke mit Teigresten garnieren und ein Loch hineinschneiden, dann mit Ei bestreichen. Im vorgeheizten Backofen bei 180° C (Gasherd Stufe 2–3) 1¼ Stunden backen.

SIMONE SEKERS
PÂTÉS, TERRINES AND POTTED MEATS

Schweinefleischkuchen mit getrockneten Früchten

Herbe-Blade

Für Teigböden, die vorgebacken werden sollen, rollt man 500 g Mürbeteig (Rezept S. 173) aus und legt zwei Backformen von 20 cm Durchmesser damit aus. Dann drückt man Pergamentpapier gegen den Teig und füllt die Formen mit getrockneten Bohnen oder mit Reis. Der Teig wird im vorgeheizten Backofen bei 190° C (Gasherd Stufe 3) etwa 10 Minuten gebacken, bis er fest ist, aber noch keine Farbe angenommen hat. Danach entfernt man Bohnen und Papier und läßt die Teigböden abkühlen. Ysop ist ein dem Thymian und Majoran verwandter Lippenblütler.

	Ergibt zwei Kuchen von 20 cm Durchmesser
1,5 kg	Schweineschulter, in große Stücke geschnitten
Je 1 TL	gehackter Ysop und Salbei
2 EL	gehackte Petersilie
250 g	Datteln, entkernt und feingehackt
250 g	Korinthen
45 g	Pinienkerne
30 g	Zucker
1 TL	gemahlener Ingwer
1 EL	Salz
¼ TL	Safranpulver, mit 1 EL Wasser vermischt
8	Eigelb
2	vorgebackene Teigböden

Das Schweinefleisch mit Wasser bedecken und etwa 1½ Stunden simmern lassen, bis es sich leicht von den Knochen löst. Das Fleisch entbeinen und in Würfel schneiden.

30 cl Garflüssigkeit durch ein Sieb gießen, zum Kochen bringen und die gehackten Kräuter hinzufügen. Sobald die Flüssigkeit wieder aufkocht, die Kräuter mit einem Schaumlöffel herausnehmen und zum Schweinefleisch geben. Dann die Datteln, Korinthen und Pinienkerne hinzufügen und vermischen.

Zucker, Ingwer, Salz und Safran zum Eigelb geben und schlagen. Zum Schweinefleisch geben und gut untermischen. Diese Mischung auf die Teigböden geben und im vorgeheizten Backofen bei 190° C (Gasherd Stufe 3) 35 bis 40 Minuten backen, bis der Belag fest ist. Heiß oder kalt servieren.

THOMAS AUSTIN (HERAUSGEBER)
TWO FIFTEENTH-CENTURY COOKERY-BOOKS

Traditionelle Hasenpastete

Pâté de Lièvre

Wie man eine ovale Form mit Teig auslegt, wird auf S. 60 gezeigt.

	Ergibt 2 kg
1	Hase, entbeint; Rücken- und Keulenfleisch in Streifen geschnitten, das Blut aufbewahrt
1 kg	Mürbeteig (S. 173)
100 g	frischer fetter Speck, in Streifen geschnitten
	Salz
	Gewürzmischung
300 g	mageres Kalbfleisch
300 g	frischer durchwachsener Speck, die Schwarte entfernt
1	große Scheibe frischer fetter Speck
2	Lorbeerblätter
1	Eigelb, mit 1 EL Wasser geschlagen

Drei Viertel des Teiges zu einem Oval von 2 cm Dicke ausrollen. Das Oval an den Enden anheben, so daß es wie ein Beutel geformt ist, dann in eine ovale Form legen und fest andrücken; der Teig sollte über den Rand der Form hängen. Den restlichen Teig für die Teigdecke ausrollen.

Die Speckstreifen in Salz und Gewürzmischung wenden und die Hasenfleischstreifen damit spicken. Das restliche Hasenfleisch, das Kalbfleisch und den durchwachsenen Speck würzen. Feinhakken, dann zusammen mit dem Hasenblut in einem Mörser zu einer glatten Hackfleischmasse zerreiben oder im Mixer pürieren.

Eine Schicht Hackfleischmasse auf den Teig geben und mit Hasenfleischstreifen bedecken. Dann je eine Schicht Hackfleischmasse und Hasenfleischstreifen darauf verteilen. Mit einer Schicht Hackfleischmasse abschließen. Mit Salz und Gewürzen bestreuen, mit der Speckscheibe bedecken und die Lorbeerblätter auflegen. Die Teigränder mit Wasser bestreichen, die Teigdecke auflegen und die Teigränder zusammendrücken. Überschüssigen Teig abschneiden, 5 mm dick ausrollen und zu einem Oval zurechtschneiden, das etwas kleiner ist als die Form. Die erste Teigdecke mit Wasser bestreichen und die zweite darauflegen. Ein Loch in die Mitte schneiden, die Oberfläche mit Eigelb bestreichen und mit einem Messer ein dekoratives Muster hineinritzen. Die Pastete im vorgeheizten Backofen bei 190° C (Gasherd Stufe 3) etwa 1½ Stunden backen; die Oberfläche mit Pergamentpapier abdecken, damit sie nicht zu braun wird.

JULES GOUFFÉ
LE LIVRE DE CUISINE

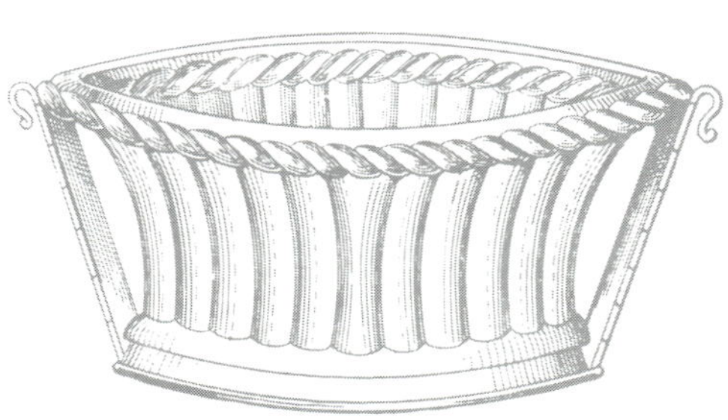

Wildpastete mit Trüffeln

Pâté de Petite Venaison

Wenn das Gericht mehrmals zu einfachen Mahlzeiten serviert werden soll, kann man sie wie eine Terrine einfach in einer Steingutform garen.

	Ergibt 2 kg
1	Hase, entbeint; Knochen, Leber und Blut aufbewahrt
350 g	Kalbfleisch, davon 250 g feingehackt, der Rest in Streifen geschnitten
125 g	Bratwurstmasse
1	Schnepfe, entbeint, das Fleisch in Streifen geschnitten, die Knochen aufbewahrt (nach Belieben)
175 g	Hähnchenbrust, in Streifen geschnitten
1 l	Fleischbrühe (S. 172)
500 g	frischer fetter Speck, in Würfel geschnitten
1	Zwiebel, gehackt
5	Schalotten, 4 davon gehackt
1	Knoblauchzehe, gehackt
2	Trüffeln, geschält und in Würfel geschnitten, die Schalen aufbewahrt
	Salz und frisch gemahlener Pfeffer
	Thymian
	Bohnenkraut
2	Lorbeerblätter, zerrieben
	Gewürzmischung
	Geriebene Muskatnuß
2 oder 3	Eier
15 cl	Obstbranntwein oder Weinbrand
60 g	frischer durchwachsener Speck, in feine Streifen geschnitten
1 EL	gehackte Petersilie
500 g	Mürbeteig (S. 173) (nach Belieben)
250 g	frischer fetter Speck, in dünne Scheiben geschnitten

Die Hasenknochen zerbrechen und zusammen mit der Brühe und sämtlichen beim Parieren anfallenden Fleischresten und – falls verwendet – dem Skelett der Schnepfe in einen Topf geben. Etwa 2 Stunden simmern lassen, bis eine konzentrierte, stark eingekochte Wildbrühe entsteht.

Das Fleisch vom Vorderviertel des Hasen mit dem feingehackten Kalbfleisch, der Bratwurstmasse und der Hasenleber in eine Schüssel geben und gut vermischen.

Die Fleischmasse durch den Fleischwolf drehen. Den größten Teil des gewürfelten fetten Specks, die Zwiebel, die ganze Schalotte, den Knoblauch und die Trüffelschalen hinzufügen und alles noch einmal durch den Fleischwolf drehen. Dann mit Salz und Pfeffer, Thymian, Bohnenkraut, der Hälfte der zerriebenen Lorbeerblätter, Gewürzmischung und etwas Muskat würzen. Die Masse in einen großen Mörser geben, Hasenblut, Eier und Obstbranntwein oder Weinbrand hinzufügen und alles zu einer glatten Füllmasse verarbeiten. Den restlichen gewürfelten fetten Speck untermischen, so daß die Masse marmoriert aussieht.

Das Fleisch vom Rücken und von den Hinterkeulen des Hasen in Würfel schneiden. Die Würfel mit dem durchwachsenen Speck spicken und mit Salz und Pfeffer, Petersilie, einer gehackten Schalotte, etwas Thymian, dem Rest der zerriebenen Lorbeerblätter und Gewürzmischung bestreuen.

Eine Form mit Butter ausstreichen und nach Belieben mit Teig auslegen. Die Form mit der Hälfte der Speckscheiben auslegen, bzw. den Teig damit bedecken. Eine Lage Füllmasse in die Form geben. Darauf gewürfeltes Hasenfleisch, Kalbfleischstreifen, Hähnchenbruststreifen, nach Belieben in Streifen geschnittenes Schnepfenfleisch und Trüffeln verteilen. Weitere Lagen Füllmasse, Fleisch und Trüffeln aufeinanderschichten; dabei darauf achten, daß keine Hohlräume entstehen. Mit einer Lage Füllmasse, die zuvor mit den restlichen gehackten Schalotten vermischt wird, abschließen. Die Pastete mit den restlichen Speckscheiben bedecken. Gegebenenfalls noch eine Teigdecke auflegen, ein Loch hineinschneiden und ein Papierröhrchen hineinstecken. Wenn kein Teig verwendet wird, einen Deckel auflegen. Die Pastete im vorgeheizten Backofen bei 200° C (Gasherd Stufe 3–4) etwa 1 Stunde garen, bis der austretende Saft klar ist. Mindestens 30 Minuten abkühlen lassen.

Dann die eingekochte Wildbrühe durch das Röhrchen in die Pastete gießen und zu Gelee erstarren lassen.

E. AURICOSTE DE LAZARQUE
CUISINE MESSINE

Hasenpastete

Ergibt 2 kg

1	Hasenrücken, die Haut abgezogen, entbeint
1	Hasenkeule, die Haut abgezogen, entbeint
125 g	frischer fetter Speck, in fingerdicke Streifen geschnitten
8 cl	Madeira
	Salz und frisch gemahlener Pfeffer
	Piment
600 g	frischer durchwachsener Speck
100 g	mageres Kalbfleisch
300 g	mageres Schweinefleisch
2	Eier
4 EL	Cognac oder Weinbrand
	Gewürzmischung
	Brühe (S. 172), aus Hasenknochen zubereitet und zu sirupartiger Konsistenz eingekocht
500 g	Mürbeteig oder Blitzblätterteig (S. 173)
1	Gänseleber, in dünne Streifen geschnitten
1 oder 2	Trüffeln oder Champignons, in Scheiben geschnitten
2	Eigelb

Das Hasenrückenfleisch in 15 cm lange und 4 cm breite Stücke schneiden. Einige fingerdicke Speckstreifen in sehr feine Streifen schneiden und das Fleisch damit spicken. Das gespickte Hasenfleisch in eine Schüssel geben, 2 EL Madeira, Salz, Pfeffer und Piment hinzufügen und 1 Stunde marinieren.

Für die Hackfleischmasse das Fleisch der Hasenkeule zusammen mit dem durchwachsenen Speck, Kalb- und Schweinefleisch zwei- oder dreimal durch den Fleischwolf drehen. Eier, Cognac oder Weinbrand, Salz, Gewürzmischung und so viel Brühe hinzufügen, daß eine glatte Masse entsteht.

Den Teig ausrollen und eine Kastenform mit zwei Dritteln des Teiges auslegen. Den Boden und die Innenwände der Form mit einer Schicht Hackfleischmasse bedecken, dann abwechselnd das marinierte Hasenfleisch, die Hackfleischmasse, die restlichen Speckstreifen, die Gänseleber und die Trüffeln oder Champignons hineinschichten, bis die Zutaten aufgebraucht sind; mit einer Schicht Speckstreifen abschließen und mit dem restlichen Teig bedecken. Die Teigränder zusammendrücken. Ein oder zwei Löcher in die Teigdecke schneiden und gefettete Pergamentpapierröhrchen hineinstecken. Die Teigdecke mit Teigresten verzieren und mit Eigelb bestreichen. Die Pastete im vorgeheizten Backofen bei 200° C (Gasherd Stufe 3–4) 1½ Stunden backen. Mit Pergamentpapier bedecken, falls der Teig zu schnell braun wird.

Sobald die Pastete gar ist, den restlichen Madeira durch die Papierröhrchen hineingießen. Die Pastete an einem kühlen Platz abkühlen und fest werden lassen.

HENRIETTE DAVIDIS
PRAKTISCHES KOCHBUCH

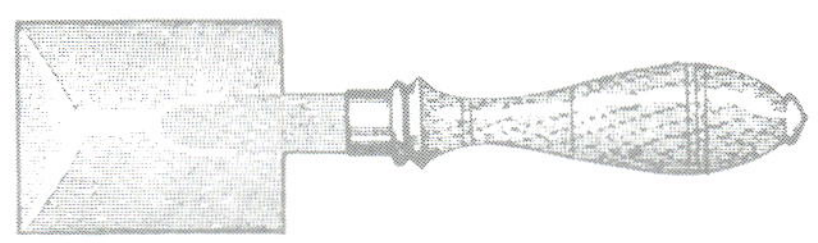

Schweinefleisch-Kuchen

Pork Cake

Ergibt 1 kg

500 g	gegartes Schweinefleisch ohne Knochen, in Würfel geschnitten
500 g	Blitzblätterteig (S. 173)
3	kleine Zwiebeln, blanchiert und gehackt
1	großer Apfel, geschält, Kerngehäuse entfernt und in dünne Scheiben geschnitten
	Salz und frisch gemahlener Pfeffer
1 TL	Zucker

Eine flache rechteckige Kuchenform mit Fett ausstreichen. Den Teig ausrollen und die Form damit auslegen. Je eine Schicht Fleisch, Zwiebeln und zuletzt Apfelscheiben darauf verteilen. Mit reichlich Salz und Pfeffer und mit dem Zucker bestreuen. Die Teigränder mit Wasser bestreichen und dann die Füllung mit einer dünnen Schicht Teig bedecken. Mit einem Messer 7 cm große Quadrate in die Oberfläche ritzen. Den Kuchen im vorgeheizten Backofen bei 190° C (Gasherd Stufe 3) etwa 45 Minuten backen, bis der Teig goldbraun ist. Nach Belieben heiß oder kalt servieren.

MRS. ARTHUR WEBB
FARMHOUSE COOKERY

Bries-Terrine oder -Pastete

Sweetbread Pie or Pâté

Will man statt der Pastete lieber eine Terrine zubereiten, so läßt man den Teig einfach weg. Man bedeckt die Terrine mit einer doppelten Lage Folie, die 20 Minuten vor Ende der Garzeit wieder entfernt wird, damit die Oberfläche braun wird. Man beschwert die Terrine mit einem leichten Gewicht und läßt sie über Nacht abkühlen.

Ergibt 2 kg

500 g	Bries, blanchiert und pariert, in gleich große Stücke zerteilt
350 g	mageres Schweinefleisch oder vermischtes Schweine- und Kalbfleisch, feingehackt
250 g	fester frischer fetter Speck, feingehackt
2	Scheiben frischer Frühstücksspeck, feingehackt
2	große Eier, geschlagen
1½ EL	Mehl
⅛ l	Sahne
125 g	Champignons, grobgehackt
2 EL	feingehackte Zwiebel
1	Knoblauchzehe, zerdrückt
90 g	Butter
	Salz und frisch gemahlener Pfeffer
	Thymian
500 g	Mürbeteig (S. 173), mit Butter, Schmalz und 1 EL Puderzucker zubereitet
1	Eigelb, mit 1 EL Wasser geschlagen

Schweinefleisch oder Schweine- und Kalbfleisch, Speck, Eier, Mehl und Sahne vermischen. Pilze, Zwiebel und Knoblauch bei schwacher Hitze 15 Minuten in Butter sautieren. Zur Fleischmasse geben und gut mit Salz, Pfeffer und Thymian würzen.

Eine Kastenform mit Teig auslegen; genügend Teig für die Decke übriglassen. Etwa ein Drittel Hackfleischmasse in die Form geben; die Hälfte der Briesstücke in zwei parallel verlaufenden Reihen darauf anordnen. Mit einem weiteren Drittel Hackfleischmasse bedecken. Die zweite Hälfte der Briesstücke wie die erste darauflegen, dann die restliche Hackfleischmasse hinzufügen; die Masse etwas aufhäufen, so daß sie den Rand der Form überragt und die Teigdecke genügend Auflagefläche hat. Den Teig am Rand mit Wasser bestreichen, die Teigdecke auflegen und die Teigränder zusammendrücken. Die Teigdecke mit Eigelb bestreichen und mit Blättern aus Teigresten verzieren. Ein Loch in die Mitte schneiden.

Die Pastete im vorgeheizten Backofen bei 180° C (Gasherd Stufe 2–3) 1½ Stunden backen; mit Pergamentpapier abdecken, wenn der Teig braun wird. Warm servieren.

JANE GRIGSON
GOOD THINGS

Gänse-Pie

Green Goose Pie

Ergibt 2 kg

2	junge Gänse, entbeint
	Salz und frisch gemahlener Pfeffer
	Gemahlene Muskatblüte
	Gemahlener Piment
125 g	weiche Butter
250 g	Mürbeteig (S. 173) (nach Belieben)
	Gelatinehaltige Fleischbrühe (S. 172) (nach Belieben)

Die Gänse mit reichlich Salz, Pfeffer, Muskatblüte und Piment würzen. Eine Gans in die andere stecken und so fest wie möglich aneinanderdrücken, dabei die Keulen nach innen ziehen. Die Gänse in eine Auflaufform legen und die Butter darübergeben, dann mit einer Lage Teig bedecken oder einen festschließenden Deckel auf die Auflaufform legen.

Die Pie im vorgeheizten Backofen bei 170° C (Gasherd Stufe 2) etwa 2 Stunden backen, bis ein klarer Saft austritt und der Teig goldbraun ist. Die Pie abkühlen lassen; nach Belieben gelatinehaltige Brühe durch ein Loch in der Teigdecke geben und vor dem Servieren kalt stellen.

MRS. RUNDELL
DOMESTIC COOKERY

Englische Gänsepastete

To make a Goose Pye

Anleitungen für das Entbeinen der Gans und des Hähnchens werden auf S. 36 gegeben. Statt die angegebenen Gewürze zu verwenden, kann man das Geflügel auch in eine Marinade aus getrockneten Kräutern, Salz, Pfeffer und Weinbrand legen. Zusätzliche Schichten entstehen, wenn man die Räume zwischen Geflügel und Zunge mit Hackfleischmasse ausfüllt. Wenn sich der Teig nur schwer ausrollen läßt, kann er auch – wie in der Abbildung auf S. 66 – mit den Händen angedrückt werden.

Ergibt 7,5 kg

1	große Gans, entbeint
1	großes Hähnchen, entbeint
1	gepökelte Ochsenzunge, gewässert, 6 bis 8 Stunden gargezogen, abgezogen und pariert
1½ TL	gemahlene Muskatblüte
1½ TL	frisch gemahlener Pfeffer
1 EL	Salz
250 g	Butter
3,5 kg	Krustenteig (S. 173)

Muskatblüte, Pfeffer und Salz mischen und Gans und Hähnchen damit würzen, dann die Zunge in das Hähnchen und das Hähnchen in die Gans stecken. Die Gans wieder in ihre ursprüngliche Form bringen und mit der Butter bestreichen.

Zwei Drittel des Teiges ausrollen, die Gans in die Mitte legen und den überstehenden Teig um die Gans herum hochschlagen. Den restlichen Teig ausrollen und auf die Gans legen. Die Teigränder zusammendrücken und ein Loch in die Teigdecke schneiden. Die Gans im vorgeheizten Backofen bei 200° C (Gasherd Stufe 3–4) 15 Minuten backen, dann die Hitze auf 170° C (Gasherd Stufe 2) reduzieren und noch 4 Stunden backen; mit Alufolie bedecken, falls der Teig zu schnell braun wird. Die Pastete heiß oder kalt servieren.

THE ART OF COOKERY, MADE PLAIN AND EASY

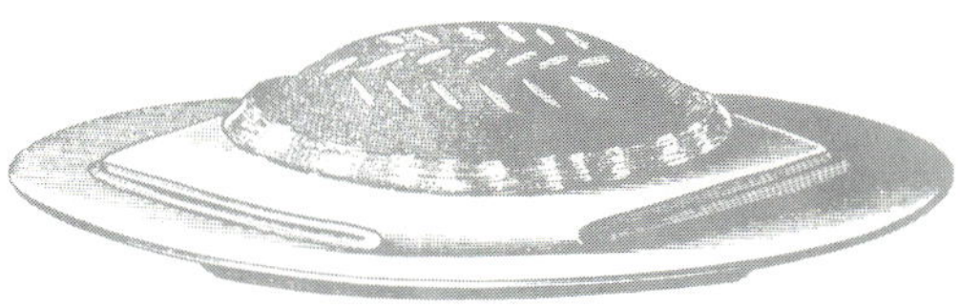

Hähnchenpastete nach Hausfrauen-Art

Pâté Froid de Volaille á la Ménagère

Ergibt 1,75 kg

500 g	gegartes Hähnchenfleisch ohne Knochen, abgezogen und in dünne Scheiben geschnitten
	Salz und frisch gemahlener Pfeffer
125 g	Champignons, in 30 g Butter gegart, gehackt
125 g	York-Schinken, in schmale Streifen geschnitten
250 g	mageres Schweinefleisch, feingehackt
250 g	frischer fetter Speck, feingehackt
	Gewürzmischung
850 g	Mürbeteig (S. 173), mit Butter, Schweineschmalz und 4 Eigelb zubereitet
1	Ei, mit 2 EL Wasser geschlagen
20 cl	gelatinehaltige Fleischbrühe (S. 172)

Das Hähnchenfleisch mit Salz und Pfeffer würzen und mit den gehackten Champignons und den Schinkenstreifen vermischen. Schweinefleisch und Speck in einem Mörser zu einer Füllmasse verarbeiten. Mit Salz, Pfeffer und Gewürzmischung würzen und anschließend durch ein Sieb streichen.

Eine runde oder ovale Pastetenform mit Butter ausstreichen und mit Teig auslegen. Den Boden und die Wände der Form mit einer 1 cm dicken Schicht Fleischmasse auskleiden. Dann den Boden mit einer Lage Hähnchenfleischmischung bedecken. Darauf eine Lage Fleischmasse geben. Weitere Lagen Hähnchenfleischmischung und Fleischmasse aufeinanderschichten, bis die Form gefüllt ist. Eine Teigdecke auflegen; die Teigränder mit Wasser anfeuchten und fest zusammendrücken. Die Teigdecke mit Teigstückchen garnieren und mit geschlagenem Ei bestreichen. In die Mitte ein Loch schneiden.

Die Pastete im vorgeheizten Backofen bei 180° C (Gasherd Stufe 2–3) 1½ Stunden backen; anschließend aus der Form nehmen und abkühlen lassen. Die Brühe durch das Loch in der Teigdecke gießen und im Kühlschrank zu Gelee erstarren lassen.

LE CORDON BLEU

Geflügelpastete

Pâté de Volaille

Wie man eine ovale Form mit Teig auslegt, wird auf S. 60 gezeigt.

Ergibt 2,5 kg

1	Hähnchen (etwa 1,2 kg), entbeint
400 g	mageres Kalbfleisch ohne Knochen
400 g	frischer durchwachsener Speck, Schwarte entfernt
1 kg	Mürbeteig (S. 173)
	Salz
	Gewürzmischung
100 g	frischer fetter Speck, in Streifen geschnitten
1	Scheibe frischer fetter Speck
1	Lorbeerblatt
1	Eigelb, mit 1 EL Wasser geschlagen

Drei Viertel des Teiges zu einem 2 cm dicken Oval ausrollen. Um den Teig in die Form zu legen, den Teig an den Enden hochheben, so daß er wie ein Beutel aussieht. Eine 20 cm lange ovale Form mit dem Teig auslegen und den Teig fest gegen Boden und Innenwände drücken. Den Teigrand hochziehen, so daß er 2 cm über den Rand der Form ragt. Den Teig gleichmäßig verteilen, damit die Füllung nicht durchsickert. Den restlichen Teig für die Teigdecke ausrollen und beiseite legen.

Das Kalbfleisch und den durchwachsenen Speck mit Salz und der Gewürzmischung bestreuen. Durch den Fleischwolf drehen, dann in einem Mörser zu einer glatten Masse zerdrücken. Das Hähnchen mit der Hautseite nach unten auf eine Arbeitsfläche legen und ausbreiten. Die Speckstreifen mit Salz und Gewürzen bestreuen und das Hähnchen innen damit spicken. Eine Schicht Hackfleischmasse darauf verteilen und das Hähnchen aufrollen.

Eine 2 cm dicke Schicht Hackfleischmasse in die mit Teig ausgelegte Form geben. Die Hähnchenrolle darauflegen und mit einer großen Prise Salz und Gewürzen bestreuen. Eine zweite Schicht Hackfleischmasse hinzufügen und so aufhäufen, daß der Teigrand frei bleibt. Mit der Speckscheibe bedecken und das Lorbeerblatt darauflegen.

Den Teigrand mit Wasser bestreichen, die Teigdecke auflegen und die Teigränder mit Daumen und Zeigefinger zusammendrükken. Überschüssigen Teig abschneiden und den Teigrand ringsherum wellenförmig eindrücken.

Den abgeschnittenen Teig zu einer Kugel formen und 5 mm dick ausrollen. Eine zweite ovale Teigdecke von 17 cm Länge zurechtschneiden. Die erste Teigdecke mit Wasser bestreichen und die zweite darauflegen. Ein Loch in beide Teigdecken schneiden und die Oberfläche mit Eigelb bestreichen. Als Garnierung tiefe Rillen in die Teigdecke schneiden.

Die Pastete im vorgeheizten Backofen bei 180° C (Gasherd Stufe 2–3) 2 Stunden backen. Mit Alufolie bedecken, damit sie nicht zu braun wird. Für die Garprobe mit einer Dressiernadel in das Loch in der Teigdecke stechen; sie sollte leicht hineingleiten und heiß sein, wenn man sie herauszieht.

JULES GOUFFÉ
LE LIVRE DE CUISINE

Pastete mit Entenfleischfüllung

Pâté de Canard

	Ergibt 2,5 kg
2	Enten, entbeint, das Fleisch in Würfel geschnitten
450 g	mageres Kalbfleisch, davon 250 g in Würfel geschnitten, der Rest feingehackt
250 g	mageres Schweinefleisch, in Würfel geschnitten
200 g	durchwachsenes Schweinefleisch, feingehackt
100 g	*foie gras,* zerdrückt
2	Zwiebeln, in Scheiben geschnitten
2	Möhren, in Scheiben geschnitten
2	Stengel Thymian
30 g	Petersilie
½ l	trockener Weißwein
3 EL	Cognac
	Salz und frisch gemahlener Pfeffer
500 g	Mürbeteig (S. 173)
	Gelatinehaltige Fleischbrühe (S. 172)

Das in Würfel geschnittene Fleisch zusammen mit Zwiebeln, Möhren, Thymian, Petersilie, Wein und Cognac in eine Schüssel geben und 2 Tage marinieren. Das feingehackte Fleisch mit *foie gras,* Salz und Pfeffer vermischen. Die Fleischwürfel aus der Marinade nehmen und mit der Hackfleischmasse vermischen. Mit Salz und Pfeffer abschmecken.

Eine Pastetenform mit Teig auslegen und die Fleischmasse hineingeben. Mit Teig bedecken. Zwei Löcher in die Teigdecke schneiden und in jedes ein Pappröhrchen stecken, damit während des Backens Dampf entweichen kann. Die Pastete im vorgeheizten Backofen bei 170° C (Gasherd Stufe 2) etwa 1 Stunde backen. Abkühlen lassen und etwas erwärmte gelatinehaltige Brühe durch die Löcher in der Teigdecke gießen. Die Pastete in den Kühlschrank stellen, damit die Brühe zu Gelee erstarrt.

FERNAND POINT
MA GASTRONOMIE

Englische Entenpastete

Duck Pie

Dieses Rezept entstand in Anlehnung an ein Rezept aus einem klassischen englischen Kochbuch, das 1808 zum erstenmal veröffentlicht wurde.

	Ergibt 2,5 kg
1	Ente, entbeint
1	Hähnchen, entbeint
1	gepökelte Kalbszunge, gewässert, 2½ bis 3 Stunden gegart und die Haut abgezogen
250 g	Hackfleischmasse (S. 170) (nach Belieben)
	Salz und frisch gemahlener Pfeffer
	Gemahlene Muskatblüte
	Gemahlener Piment
500 g	Mürbeteig oder Krustenteig (S. 173)

Das Geflügel mit Salz, Pfeffer, Muskatblüte und Piment würzen. Die Zunge in das Hähnchen und das Hähnchen in die Ente stecken. Alles fest zusammendrücken; die Haut der Keulen sollte nach innen gezogen sein, damit das Geflügel eine kompakte Form hat. Nach Belieben den Raum zwischen dem Geflügel und der Teigkruste mit Hackfleischmasse füllen.

Eine Auflaufform mit Mürbeteig oder Krustenteig auslegen und das Geflügel hineingeben. Eine Teigdecke auflegen und diese mit Teigresten verzieren. Die Pastete im vorgeheizten Backofen bei 170° C (Gasherd Stufe 2) etwa 2½ Stunden backen, bis klarer Saft austritt. Mit feuchtem Pergamentpapier bedecken, falls der Teig zu schnell braun wird.

MRS. RUNDELL
DOMESTIC COOKERY

Pastete mit Enten-Oliven-Füllung

Croûte au Canard et aux Olives

	Ergibt 1,5 kg
1	Ente (etwa 1,5 kg), entbeint und gehackt
100 g	Schweinefilet, gehackt
Je ½ TL	Salz, frisch gemahlener Pfeffer, Paprikapulver, Thymian, geriebene Muskatnuß und gemahlenes Lorbeerblatt
4 EL	Tresterbranntwein oder Weinbrand
250 g	grüne Oliven, entsteint
2	Eier, davon 1 in Eigelb und Eiweiß getrennt
500 g	Mürbeteig (S. 173)
2	Scheiben frischer fetter Speck

Entenfleisch und Schweinefilet mit sämtlichen Gewürzen, Tresterbranntwein oder Weinbrand, Oliven, 1 Ei und dem Eigelb in eine Schüssel geben und vermischen.

Eine Kastenform mit Butter ausstreichen. Den Teig 5 mm dick ausrollen und ein so großes Rechteck zuschneiden, daß damit der Boden und zwei Drittel der Wände der Kastenform ausgelegt werden können. Ein zweites Rechteck zum Bedecken der Pastete zurechtschneiden. Die Form mit dem großen Rechteck auslegen; dabei den Teig an den Ecken in Falten legen. Eine Scheibe fetten Speck auf den Boden legen. Die Entenfleischmasse daraufgeben und mit der zweiten Speckscheibe bedecken. Anschließend die Teigdecke auflegen. Den Rand von Teigboden und -decke mit Wasser anfeuchten, dann zusammendrücken und wellenförmig eindrücken. Die Teigdecke mit einem Einschnitt versehen und mit Eiweiß bestreichen. Die Pastete im vorgeheizten Backofen bei 190° C (Gasherd Stufe 3) 45 Minuten backen.

Die Pastete kalt servieren und nach Belieben einen Feldsalat oder Löwenzahnsalat dazu reichen.

ÉLIANE THIBAUT COMELADE
LA CUISINE CATALANE

Pastete nach Küchenchef Ferdinand Wernert

Pâté Pantin du Maître Ferdinand Wernert

Dieses Rezept kann durch die Zugabe von Trüffeln, *foie gras*, Geflügel oder Wild angereichert werden.

	Ergibt 2,5 kg
500 g	Kalbfleisch aus der Hüfte oder dem oberen Teil der Keule, die eine Hälfte in Streifen, die andere in Würfel geschnitten
800 g	frischer fetter Speck, in 2 große dünne Scheiben und 8 Streifen, der Rest in Würfel geschnitten
250 g	magerer Schinken, in 8 Streifen, der Rest in Würfel geschnitten
180 g	Schweinefilet, in Würfel geschnitten
	Gewürzmischung
	Salz und frisch gemahlener Pfeffer
	Getrockneter Thymian
	Zu Pulver zerstoßenes Lorbeerblatt
10 cl	Cognac oder Weinbrand
2	Eier, geschlagen
900 g	Blitzblätterteig (S. 173), mit 1 Ei zubereitet, viermal getourt, für 12 Stunden in den Kühlschrank gestellt

Die Kalbfleisch-, Speck- und Schinkenstreifen in eine flache Schüssel geben und mit Gewürzmischung, Salz, Pfeffer und je einer Prise Thymian und Lorbeerpulver würzen. Gut mischen, dann Cognac oder Weinbrand angießen und das Fleisch marinieren; von Zeit zu Zeit umrühren.

Schweinefilet-, Kalbfleisch-, Speck- und Schinkenwürfel vermischen und mit Gewürzmischung, Salz, Pfeffer, Thymian und Lorbeerpulver würzen. Die Mischung durch den Fleischwolf drehen oder von Hand hacken. Das gehackte Fleisch in einem Mörser zerdrücken, dann unter kräftigem Rühren die Eier – 1 EL davon aufbewahren – und vom Fleisch nicht aufgenommene Marinadenflüssigkeit hinzufügen.

Zum Abschmecken etwas von dieser Masse zu einer Kugel formen und in Wasser garziehen lassen.

Den Teig noch zweimal touren, dann drei Viertel davon zu einem etwa 8 mm dicken Rechteck ausrollen und auf ein Backblech legen. Eine Scheibe Speck in die Mitte des Teiges legen. Eine Lage Hackfleischmasse darauf verteilen, eine Schicht Speck-, Schinken- und Kalbfleischstreifen hinzufügen und mit einer zweiten Lage Hackfleischmasse bedecken.

In dieser Reihenfolge symmetrisch weiterschichten, bis die Zutaten aufgebraucht sind; mit einer Lage Hackfleischmasse und einer Scheibe Speck abschließen.

Den Teig am Rand mit Wasser bestreichen, dann die Längsseiten so über die Füllung schlagen, daß sie in der Mitte aneinanderstoßen. Die Teigenden an beiden Seiten mit einem Nudelholz ausrollen und so über die Pastete schlagen, daß sie gerade übereinanderliegen; leicht mit den Fingerspitzen andrücken, damit sie haften. Die gesamte Oberfläche der Pastete mit Wasser bestreichen. Den restlichen Teig zu einer Teigdecke von der Größe der Pastete ausrollen. Am Rand mit einem Messer einschneiden, damit er während des Backens aufgeht.

Die Teigränder mit einem Teigrad oder mit Daumen und Zeigefinger zusammendrücken. Die Oberfläche mit dem aufbewahrten Ei bestreichen und ein Muster in die Teigdecke schneiden. Abschließend mit der Spitze eines Messers zwei Löcher in den verzierten Teig schneiden und in jedes ein Röhrchen aus mit Butter bestrichenem Pergamentpapier stecken, damit der Dampf entweichen kann. Die Pastete im vorgeheizten Backofen bei 200° C (Gasherd Stufe 3–4) backen; nach etwa 15 Minuten, wenn der Teig goldbraun ist, mit feuchtem Pergamentpapier abdecken.

Die Pastete noch 1 Stunde backen; sie ist gar, wenn Saft aus den Papierröhrchen austritt und sich als feste Schicht auf der Pastete absetzt. Die Pastete kann heiß, lauwarm oder kalt serviert werden; heiß läßt sie sich allerdings schlechter aufschneiden.

PAUL BOCUSE
DIE NEUE KÜCHE

Das Kissen der schönen Aurora

L'Oreiller de la Belle Aurore

Diese Pastete, die wie ein Kissen geformt ist, wurde nach Claudine-Aurore Recamier, der Mutter des französischen Schriftstellers Brillat-Savarin, benannt.

	Ergibt 5,5 kg
500 g	mageres Kalbfleisch, davon die eine Hälfte in Streifen geschnitten, die andere feingehackt
2	Rebhühner, entbeint, das Fleisch in Streifen geschnitten, Knochen und Leber aufbewahrt
1	Hasenrücken, entbeint, das Fleisch in Streifen geschnitten, die Knochen aufbewahrt
1	Hähnchen, entbeint, das Fleisch in Streifen geschnitten, Knochen und Leber aufbewahrt
1	Ente, entbeint, das Fleisch in Streifen geschnitten, Knochen und Leber aufbewahrt
500 g	mageres Schweinefleisch, davon die eine Hälfte in Streifen geschnitten, die andere feingehackt
250 g	luftgetrockneter Schinken, davon die eine Hälfte feingehackt, die andere in Streifen geschnitten
2	Kalbsbriese, blanchiert, pariert, flachgedrückt und in Scheiben geschnitten
250 g	frischer fetter Speck, feingehackt
250 g	Hühnerleber
125 g	Rindermark, gehackt
2 EL	Olivenöl
30 cl	Weißweinessig
2 oder 3	Zwiebeln, in Scheiben geschnitten
1	großer Stengel Thymian
	Salz und frisch gemahlener Pfeffer
125 g	Champignons, gehackt
125 g	Butter
125 g	Trüffeln, geschält und in Würfel geschnitten, die Schalen feingehackt
2	Eier
60 g	frische Weißbrotkrumen, mit kochendheißer Fleischbrühe (S. 172) zu einer festen Paste verarbeitet
1 kg	Blätterteig oder Blitzblätterteig (S. 173)
125 g	Pistazien, blanchiert, abgezogen und gehackt
2	Eigelb, mit 2 EL Wasser geschlagen
	Gelatinehaltige Brühe (S. 172), mit den ausgelösten Knochen zubereitet

Das in Streifen geschnittene Fleisch mit Ausnahme des Schinkens mit Kalbsbries, Olivenöl, Weißweinessig, Zwiebeln und Thymian vermischen. Mit Salz und Pfeffer würzen, beiseite stellen und mindestens 12 Stunden marinieren.

Das feingehackte Kalb- und Schweinefleisch, den feingehackten frischen fetten Speck und den feingehackten Schinken vermischen und mit Salz und Pfeffer würzen.

Geflügelleber und Champignons würzen und in 30 g Butter etwa 5 Minuten garen. Abkühlen lassen, zusammen mit dem Rindermark in einem Mörser zerdrücken und die feingehackten Trüffelschalen hinzufügen.

Jede der beiden Füllmassen mit 1 Ei und der Hälfte der Weißbrotpaste vermischen.

Die Hälfte des Teiges zu einem großen, 1,5 cm dicken Quadrat ausrollen. Auf ein Backblech legen und 10 bis 12 Reihen Fleischstreifen, einschließlich der Schinkenstreifen, darauf anordnen; dabei rundherum einen 7 bis 8 cm breiten Rand stehenlassen. Zwischen den Fleischstreifen Trüffel- und Pistazienstücke verteilen. Die Fleischstreifen mit Kalbfleisch-Schweinefleisch-Füllmasse bedecken. Darauf wieder Fleischstreifen – einschließlich Bries, aber ohne Schinken – anordnen und Trüffeln und Pistazien hinzufügen. Mit der Leber-Füllmasse bedecken. In dieser Reihenfolge weitere Lagen aufeinanderschichten, bis das Fleisch aufgebraucht ist. Die restliche Butter in Flöckchen auf die oberste Schicht geben.

Den restlichen Teig ausrollen und die Pastete damit bedecken. Die Teigränder mit Wasser anfeuchten. Den Rand des Teigbodens über den Rand der Teigdecke schlagen und beide wellenförmig zusammendrücken, so daß die Pastete versiegelt ist und eine dekorative Kante aufweist. Den Rand mit einem Teigstreifen verstärken; der Teigstreifen dient gleichzeitig als Borte des Kissens. Die Teigoberfläche mit geschlagenem Eigelb bestreichen und fünf Löcher hineinschneiden. In jedes Loch ein Pappröhrchen stecken, damit der Dampf entweichen kann.

Die Pastete im vorgeheizten Backofen bei 180° C (Gasherd Stufe 2–3) etwa 2 Stunden backen, bis ein Spieß, mit dem man in die Mitte sticht, sich heiß anfühlt.

Wenn die Pastete leicht abgekühlt ist, gelatinehaltige Brühe durch die Pappröhrchen hineingießen. Die Pastete kalt werden lassen und dann in den Kühlschrank stellen, damit die Brühe geliert. Am nächsten Tag servieren.

LUCIEN TENDRET
LA TABLE AU PAYS DE BRILLAT-SAVARIN

Auroras Kissen

L'Oreiller de la Belle Aurore

Diese Version von Lucien Tendrets Rezept stammt von dem berühmten Küchenchef Alexandre Dumaine. Die Pastete wurde zu seinen Lebzeiten regelmäßig in seinem Restaurant „l'Hôtel de la Côte d'Or" in Saulieu (Burgund) angeboten.

Die Hühnerleber-„foie gras"-Mischung in diesem Rezept kann durch das Hühnerleberpüree ersetzt werden, dessen Zubereitung auf S. 28 gezeigt wird.

	Ergibt 5,5 kg
1	Hähnchen, entbeint, das Brustfleisch in Streifen geschnitten, das Fleisch von den Schenkeln feingehackt, Leber und Knochen aufbewahrt
500 g	mageres Kalbfleisch, davon die eine Hälfte in Streifen geschnitten, die andere feingehackt
250 g	gekochter Schinken, in Streifen geschnitten
2	Rebhühner, entbeint, das Brustfleisch in Streifen geschnitten, das Fleisch von den Schenkeln feingehackt, Leber und Knochen aufbewahrt
1	Ente, entbeint, das Brustfleisch in Streifen geschnitten, das Fleisch von den Schenkeln feingehackt, Leber und Knochen aufbewahrt
1	Hasenrücken, entbeint und in Streifen geschnitten, beim Parieren anfallende Fleischreste feingehackt, die Knochen aufbewahrt
500 g	frischer Schweinebauch, feingehackt
125 g	frischer fetter Speck, in Stifte geschnitten
250 g	Hühnerleber
250 g	*foie gras*
	Salz und frisch gemahlener Pfeffer
	Gewürzmischung
1 EL	gehackte Schalotten
10 cl	Weißwein
1 TL	Anisette (Pastis)
1	Zitrone, Saft ausgepreßt
2 EL	Olivenöl
10 cl	Cognac
10 cl	Madeira
30 g	Butter
500 g	frischer fetter Speck, in Scheiben geschnitten
60 g	Trüffeln, in Würfel geschnitten
60 g	Pistazien, blanchiert, abgezogen und gehackt
	Gelatinehaltige Brühe (S. 172), mit sämtlichen Wild- und Geflügelknochen zubereitet
1 kg	Blätterteig oder Blitzblätterteig (S. 173)
1	Ei, mit 2 EL Wasser geschlagen

Hähnchenbrustfleisch, in Streifen geschnittenes Kalbfleisch und gekochten Schinken vermischen. Mit Salz und Gewürzmischung würzen und Schalotten, Weißwein, Anisette, Zitronensaft und 1 EL Olivenöl hinzufügen.

In einer zweiten Schüssel das in Streifen geschnittene Rebhuhn-, Enten- und Hasenfleisch vermischen. Mit Salz würzen und die Hälfte des Cognacs, die Hälfte des Madeira und das restliche Olivenöl hinzufügen. Beide Mischungen 24 Stunden marinieren; dabei das Fleisch von Zeit zu Zeit wenden.

Für die helle Füllmasse feingehacktes Hähnchenfleisch, Kalbfleisch und die Hälfte des feingehackten Schweinefleisches vermischen und mit Salz würzen.

Für die dunkle Füllmasse das Fleisch von Rebhuhn- und Entenschenkeln, das beim Parieren anfallende Hasenfleisch und das restliche Schweinefleisch vermischen und mit Salz würzen.

Den in Stifte geschnittenen fetten Speck in der Butter hellbraun braten. Den Speck aus der Pfanne heben und in demselben Fett die Hühnerleber und die aufbewahrte Wildleber braten, bis sie außen braun, innen aber noch rosa sind. Mit Salz und Pfeffer würzen. Überschüssiges Fett abgießen. Die Leber mit dem restlichen Cognac begießen und flambieren. Den restlichen Madeira hinzufügen, die Pfanne zudecken und die Lebermischung abkühlen lassen. Anschließend die Leber mit der Flüssigkeit in einem Mörser zerdrücken und durch ein Sieb streichen. Dann zusammen mit der *foie gras* nochmals zerdrükken. Die eine Hälfte dieses Pürees unter die helle, die andere unter die dunkle Füllmasse rühren.

Eine große quadratische oder rechteckige Form mit Speckscheiben auslegen. Den Boden der Form mit einer Lage dunkler Füllmasse bedecken. Darauf Hähnchenbrust-, Kalbfleisch- und Schinkenstreifen in Reihen anordnen und mit Trüffel- und Pistazienstücken bestreuen. Mit einer Schicht heller Füllmasse bedecken. Dann in Streifen geschnittenes Enten-, Rebhuhn- und Hasenfleisch, Trüffeln und Pistazien darauf verteilen. Weitere Lagen aufeinanderschichten; dabei die Reihen unterschiedlich anordnen, so daß jeweils andere Fleischsorten übereinanderliegen und ein buntes Mosaik zum Vorschein kommt, wenn die gegarte Pastete angeschnitten wird. Mit einer Lage Füllmasse abschließen. Darauf eine Schicht Speckscheiben legen. Die Terrine zugedeckt in einem Wasserbad im vorgeheizten Backofen bei 170° C (Gasherd Stufe 2) etwa 4 Stunden garen, bis der austretende Saft klar ist.

Die Terrine an einem kühlen Platz abkühlen lassen oder für 2 bis 3 Tage in den Kühlschrank stellen. Die Terrine einen Tag vor dem Servieren stürzen. Das Fett und Gelee von der Oberfläche entfernen. Den Teig ausrollen. Die Hälfte davon auf ein Backblech legen. Die Terrine daraufgeben und mit dem restlichen Teig bedecken. Den Rand und eine Ecke mit Teigstückchen verzieren, so daß die Pastete wie ein besticktes Kissen aussieht. Mit geschlagenem Ei bestreichen und fünf Löcher in die Teigdecke schneiden, damit während des Garens Dampf entweichen kann. In jedes Loch ein Pappröhrchen stecken.

Die Pastete 5 bis 10 Minuten im vorgeheizten Backofen bei 220° C (Gasherd Stufe 4–5) backen, dann die Temperatur auf 190° C (Gasherd Stufe 3) herunterschalten und die Pastete noch etwa 1½ Stunden backen, bis die Teigdecke goldbraun und schön aufgegangen ist. Die Pastete abkühlen lassen. Wenn sie lauwarm ist, erwärmte gelatinehaltige Brühe durch die Löcher in der Teigdecke gießen. Die Pastete vollständig abkühlen lassen und in den Kühlschrank stellen, damit das Gelee fest wird.

Die Pastete zum Servieren der Länge nach halbieren und jede Hälfte quer in Scheiben schneiden.

ALEXANDRE DUMAINE
MA CUISINE

Lachs-Kulibjaka

Coulibiac de Saumon

„Vyaziga" ist das getrocknete Rückenmark vom Stör; es kommt fertig verpackt aus der UdSSR und ist im Westen in einigen Delikatessengeschäften erhältlich. Vor der Verarbeitung wird es für 2 Stunden in kaltes Wasser gelegt, dann gießt man es ab, bedeckt es mit frischem Wasser und kocht es 20 Minuten, bis es weich ist. Nach dem Abtropfen wird es gehackt.

Die für dieses Rezept vorgesehene Buchweizengrütze kann durch gekochten Reis ersetzt werden.

	Ergibt 2 kg
500 g	Lachs- oder Lachsforellenfilets
250 g	gegartes, gehacktes *vyaziga*
175 g	Butter
1	Zitrone, Saft ausgepreßt
1	kleine Schalotte, feingehackt
Je 1 TL	gehackte Petersilie und gehackter Dill
6	Eier, davon 4 hartgekocht und in Scheiben geschnitten
150 g	Buchweizengrütze
	Salz
30 cl	kochendheißes Wasser
	Semmelbrösel

	Kulibjaka-Teig
20 g	frische Hefe
1/4 l	warme Milch
500 g	Mehl
4	Eier, geschlagen
250 g	Butter, zerlassen
	Salz

Für den Teig die Hefe in der Milch auflösen. Die Hälfte des Mehls darunterschlagen und zugedeckt die Mischung für etwa 45 Minuten an einen warmen Platz stellen, bis sie doppelt so groß wie vorher geworden ist. Eier, Butter, restliches Mehl und etwas Salz unter Schlagen hinzufügen. Den Teig etwas kneten, bis er sehr elastisch ist und nicht mehr an den Händen kleben bleibt. Zugedeckt noch etwa 45 Minuten stehenlassen, bis er zu doppelter Größe aufgegangen ist.

Die Lachsfilets zusammen mit dem Zitronensaft in 30 g Butter etwa 10 Minuten braten. Abkühlen lassen.

Das *vyaziga* und die Schalotte 5 Minuten in 60 g Butter braten. Die gehackten Kräuter hinzufügen und noch 2 Minuten braten. Abkühlen lassen, dann die hartgekochten Eier untermischen.

Die Buchweizengrütze mit 1 Ei vermischen, dann bei mittlerer Temperatur erhitzen, bis die Grütze hellbraun ist; dabei den Topf rütteln. 30 g Butter, etwas Salz und das kochendheiße Wasser dazugeben. Die Grütze zugedeckt bei schwacher Hitze etwa 20 Minuten garen, bis das Wasser absorbiert ist. Mit einer Gabel rühren, damit die Körner nicht aneinanderhaften. Die Grütze beiseite stellen und abkühlen lassen.

Den Teig auf einem mit Mehl bestreuten Tuch zu einem Rechteck von 1 cm Dicke ausrollen. Eine Schicht *vyaziga*-Mischung in die Mitte des Teiges geben und mit einer Lage Buchweizengrütze bedecken. Die Lachsfilets darauf anordnen, dann je eine Schicht Buchweizengrütze und *vyaziga* hinzufügen. Überstehenden Teig so über die Füllung schlagen, daß die Teigränder aneinanderstoßen; die Teigränder mit Wasser bestreichen und gut zusammendrücken. Ein Backblech mit Butter bestreichen und umgedreht auf die Kulibjaka legen. Tuch und Backblech festhalten und zusammen umdrehen, so daß die Kulibjaka mit den Teigrändern nach unten auf dem Backblech liegt. Noch daranhaftendes Mehl entfernen und die Kulibjaka für 30 Minuten an einen warmen Platz stellen.

Das restliche Ei schlagen und die Kulibjaka damit bestreichen. Die Kulibjaka im vorgeheizten Backofen bei 200° C (Gasherd Stufe 3–4) etwa 45 Minuten backen, bis der Teig goldbraun und durchgebacken ist. Die restliche Butter zerlassen und die Kulibjaka damit bestreichen. Die Kulibjaka zunächst der Länge nach halbieren, dann quer in zwölf Stücke schneiden und auf eine Servierplatte gleiten lassen.

A. PETIT
LA GASTRONOMIE EN RUSSIE

Forellenpastete

Le Pâté de Poissons en Croûte

Als Beilage zu dieser Pastete eignet sich mit Sherryessig und einigen Tropfen Zitronensaft gewürzte Schlagsahne oder aber auch geschlagene *crème fraîche.*

Wird die Pastete warm serviert, verwendet man anstelle von zerlassenem Gelee Butter, die man erhitzt, bis sie braun ist, und mit Zitronensaft abschmeckt.

	Ergibt 2 kg
1 kg	Bachforellen, die Köpfe entfernt, gesäubert, abgezogen und in Stücke geschnitten
	Salz und frisch gemahlener Pfeffer
500 g	Mürbeteig (S. 173)
2 EL	feingeschnittener Schnittlauch
50 g	Pistazien, blanchiert und abgezogen
500 g	Fisch-Mousseline (S. 171), mit Hecht zubereitet
8 cl	Gelee aus Fischbrühe (S. 171)

	Marinade
1/4 l	Olivenöl
1	*bouquet garni*
1	Zitrone, Saft ausgepreßt
1	Zwiebel, in Scheiben geschnitten
2	Möhren, in Scheiben geschnitten
Je 1 TL	Estragon, Basilikum und Kerbel

Alle Zutaten für die Marinade vermischen; den Fisch dazugeben und einige Stunden marinieren. Dann die Marinade durch ein Sieb in einen Topf gießen und bis zum Siedepunkt erhitzen. Den Fisch hinzufügen und 5 Minuten garziehen lassen, so daß das Fleisch fest, aber nicht braun ist. Die Fischstücke aus dem Topf heben, entgräten und mit Salz und Pfeffer bestreuen.

Eine Steingutform mit Mürbeteig auslegen. Eine Schicht Fisch auf dem Boden verteilen. Mit Schnittlauch und Pistazien bestreuen und mit Mousseline bedecken. In dieser Reihenfolge weitere Lagen aufeinanderschichten; mit Mousseline abschließen. Die Oberfläche mit einer Teigplatte bedecken. In die Mitte der Teigdecke ein Loch schneiden und ein Röhrchen aus Pappe oder Alufolie hineinstecken.

Die Pastete im vorgeheizten Backofen bei 180° C (Gasherd Stufe 2–3) etwa 1 Stunde backen, bis die Oberfläche goldbraun ist. Das Gelee aus Fischbrühe erwärmen, bis es flüssig ist, und durch das Röhrchen in die Pastete gießen. Abkühlen lassen, dann in den Kühlschrank stellen. Die Pastete gut gekühlt servieren.

RAYMOND THUILIER UND MICHEL LEMONNIER
LES RECETTES DE BAUMANIÈRE

Thunfischpastete

Pâté de Thon

Der für dieses Rezept vorgesehene frische Thunfisch wird gargezogen, indem man ihn zusammen mit einem „bouquet garni", einer Zwiebel und einer Möhre in einem Topf mit Wasser 5 bis 10 Minuten simmern läßt. Statt dessen kann man auch in Öl eingelegten Thunfisch verwenden, der vorher gut abtropfen muß.

	Ergibt 2 kg
500 g	Thunfisch, kurz gargezogen, abgezogen und entgrätet
1 kg	Fisch-Mousseline (S. 171)
500 g	Mürbeteig (S. 173)
3	Trüffeln, in Weißwein gegart und in Würfel geschnitten
10 cl	Madeira

Zwei Drittel des Teiges ausrollen und eine Steingutform oder eine Kastenform damit auslegen. Den Teig mit einer Schicht Fisch-Mousseline bedecken; die Mousseline mit ein paar Trüffelstücken bestreuen. Den Thunfisch in die Form geben und die restliche Mousseline darauf verteilen. Die restlichen Trüffelstücke kreisförmig auf der Oberfläche anordnen. Den Madeira darübergießen. Den restlichen Teig zu einer Teigdecke ausrollen. Die Teigränder mit Wasser bestreichen, die Teigdecke auf die Pastete legen und die Teigränder wellenförmig zusammendrücken. Ein Loch in die Mitte schneiden. Die Pastete im vorgeheizten Backofen bei 180° C (Gasherd Stufe 2–3) 2 Stunden backen; mit feuchtem Pergamentpapier abdecken, falls der Teig zu schnell braun wird. Nach dem Abkühlen stürzen und kalt servieren.

JULES BRETEUIL
LE CUISINIER EUROPÉEN

Aalpastete

Pâté d'Anguille

Wie man einen Aal vorbereitet, wird auf S. 58 gezeigt. Damit der Saft aus der Füllung nicht in den Teig sickert, kann man den Teig mit Scheiben von fettem Speck belegen, bevor die Mousseline in die Form gegeben wird.

	Ergibt 2,5 kg
1,5 kg	Aal, abgezogen und filetiert, die Filets in Streifen von der Länge der Form geschnitten, die Gräten aufbewahrt
150 g	Butter
100 g	Champignons, gehackt
3 EL	gehackte Schalotten
2 EL	gehackte Petersilie
15 g	Salz
1 TL	frisch gemahlener weißer Pfeffer
½ TL	geriebene Muskatnuß
Je 3 EL	Weißwein und Cognac
3 EL	Öl
500 g	Fisch-Mousseline (S. 171), mit Hecht zubereitet, die Gräten vom Hecht aufbewahrt
2	gesalzene Sardellen, gewässert, filetiert und mit 50 g Butter in einem Mörser zerdrückt
500 g	Mürbeteig (S. 173)
1	Eigelb, mit 1 EL Wasser geschlagen
¼ l	gelatinehaltige Fischbrühe, mit den Gräten von Aal und Hecht zubereitet (S. 171)

125 g Butter in einer Bratpfanne zerlassen und Aal, Champignons, Schalotten und Petersilie darin 5 Minuten garen. Die Mischung in eine Schüssel geben und Salz, Pfeffer, Muskat, Wein, Cognac und Öl hinzufügen. Zugedeckt abkühlen lassen.

Die Fisch-Mousseline mit der Sardellenbutter vermischen. Die Flüssigkeit von der Aalmischung dazugießen.

Eine Kastenform mit Butter ausstreichen und mit dem Teig auslegen. Boden und Innenwände mit einer Schicht Mousseline bedecken, dann eine Lage Aalstreifen darauf anordnen. In dieser Reihenfolge weiterschichten, bis die Form gefüllt ist; mit einer Lage Mousseline abschließen. Die restliche Butter zerlassen und die Oberfläche damit beträufeln.

Eine Teigdecke auflegen und die Teigränder zusammendrücken. Die Pastete mit Blättern aus Teigresten garnieren. Ein Loch in die Mitte der Teigdecke schneiden, damit der Dampf entweichen kann. Die Teigdecke mit Ei bestreichen. Die Pastete im vorgeheizten Backofen bei 180° C (Gasherd Stufe 2–3) etwa 1½ Stunden backen. Mit feuchtem Pergamentpapier abdecken, falls der Teig zu schnell braun wird.

Die Pastete abkühlen lassen, dann die Fischbrühe durch das Loch in der Teigdecke gießen. Die Pastete in den Kühlschrank stellen, bis das Gelee fest ist, dann servieren.

P. E. LALOUE
LE GUIDE DE LA CHARCUTERIE

Galantinen und Gelees

Hühner-Galantine mit Aspik

Galantine de Volaille à la Gelée

	Ergibt 1,75 kg
1	Suppenhuhn, entbeint, das Fleisch herausgelöst, ohne die Haut zu beschädigen, die Knochen aufbewahrt
350 g	Kalbsfilet, davon 125 g in schmale Streifen, der Rest in Würfel geschnitten
750 g	frischer fetter Speck, davon 150 g in schmale Streifen, der Rest in Würfel geschnitten
125 g	Schinken, in schmale Streifen geschnitten
	Salz und frisch gemahlener Pfeffer
	Gewürzmischung
1/8 l	Cognac
250 g	Schweinefilet, in Würfel geschnitten
2	Eier, verquirlt
3	rohe oder gegarte Trüffeln, in Viertel geschnitten
60 g	Pistazien, blanchiert und abgezogen
350 g	frischer fetter Speck, in Scheiben geschnitten
60 g	Schweineschwarte
1	Kalbsfuß
2	Möhren, in dünne Scheiben geschnitten
1	Zwiebel, in dünne Scheiben geschnitten
	Pfefferkörner
1	*bouquet garni*
35 cl	Weißwein
	Gewürzgurken

Die Hühnerbrust in Würfel schneiden und zusammen mit den Kalbsfilet-, Speck- und Schinkenstreifen in eine Schüssel geben. Mit Salz, Pfeffer und der Gewürzmischung bestreuen, die Hälfte des Cognacs hinzufügen und 1 Stunde marinieren.

In der Zwischenzeit das restliche Hühnerfleisch in Würfel schneiden. Mit den Kalbfleisch-, Speck- und Schweinefiletwürfeln vermischen. Salz, Pfeffer und Gewürzmischung hinzufügen. Feinhacken, dann im Mörser zu einer glatten Masse verarbeiten. Die Eier und den restlichen Cognac dazugeben; von der Masse eine kleine Menge abnehmen und braten, um festzustellen, ob sie ausreichend gewürzt ist.

Die Hühnerhaut auf einem Tuch ausbreiten und mit einer Schicht Hackfleischmasse bestreichen. Eine Lage mariniertes Fleisch darauflegen und mit Trüffeln und Pistazien bestreuen. In der gleichen Reihenfolge weitere Lagen aufeinanderschichten, bis die Zutaten aufgebraucht sind.

Die Hühnerhaut zunähen. Die Galantine mit Speck bardieren und in ein Tuch einschlagen. Das Tuch an den Enden mit Küchengarn zubinden, dann die Galantine in gleichmäßigen Abständen mit dem Garn umwickeln.

Die Galantine zusammen mit der Schweineschwarte, den Hühnerknochen, dem Kalbsfuß, den Möhren und der Zwiebel in einen Topf geben. Einige Pfefferkörner und das *bouquet garni* hinzufügen. Den Wein und so viel Wasser dazugießen, daß die Galantine knapp bedeckt ist. Mit etwas Salz würzen, zum Kochen bringen und zugedeckt 2 Stunden simmern lassen.

Die Galantine aus dem Topf nehmen und das Tuch entfernen. In ein sauberes Tuch einschlagen und binden, dann in eine längliche Steingutform legen und mit einem Gewicht von 10 kg beschweren. Abkühlen lassen.

Zum Servieren das Tuch entfernen und die Galantine an beiden Enden parieren. Die Brühe durch ein Sieb gießen und einkochen, bis sie geliert; die Galantine löffelweise damit überziehen und kalt stellen. Das restliche Gelee in den Kühlschrank stellen, bis es fest ist. Dann das Gelee hacken. Die Galantine mit dem Gelee und mit Gewürzgurken garnieren.

PHILÉAS GILBERT
LA CUISINE DE TOUS LES MOIS

Getrüffelte Galantine

Galantine Truffée

Wie man Geflügel für eine Galantine entbeint, wird auf S. 78 ausführlich erklärt.

Ich habe in die Zutatenliste dieses Rezeptes, das ursprünglich von Raymond Oliver für seinen Freund Jean Cocteau kreiert wurde, noch zusätzlich Trüffeln aufgenommen.

	Ergibt 2,5 kg
1	Brathähnchen (2 bis 2,5 kg), entbeint, die Knochen und Innereien aufbewahrt, die Füße blanchiert und abgezogen, der Hals zerkleinert
500 g	mageres Kalbfleisch
500 g	mageres Schweinefleisch
30 g	Butter
2 EL	Öl
1	Zwiebel, in Scheiben geschnitten
2	Möhren, in Scheiben geschnitten
1	Stange Bleichsellerie, in Scheiben geschnitten
1	Kalbsfuß, gespalten
	Salz und frisch gemahlener Pfeffer
4 EL	Cognac
2 oder 3	Trüffeln, in Würfel geschnitten
1	große, dünne Scheibe frischer fetter Speck
10 cl	Madeira

Butter und Öl in einen Topf geben und erhitzen. Zwiebel, Möhren und Bleichsellerie hinzufügen und hellbraun sautieren. Die Hähnchenknochen und -füße in Stücke brechen und zusammen mit dem Hals in den Topf geben. Zugedeckt bei schwacher Hitze 15 Minuten schmoren. Den Kalbsfuß dazugeben und mit reichlich Wasser bedecken. Zugedeckt 2 Stunden simmern lassen.

Das entbeinte Hähnchen auf einem Tuch ausbreiten. Mit einem scharfen Messer fast alles Fleisch einschließlich der Brust- und Keulenstücke heraustrennen und zusammen mit dem Kalb- und Schweinefleisch feinhacken. Die Innenseite der Hähnchenhaut mit reichlich Pfeffer und etwas Salz bestreuen und mit dem Cognac beträufeln. An einen kühlen Platz legen. Das feingehackte Fleisch mit Salz und Pfeffer würzen und anschließend mit den Trüffeln vermischen.

Hähnchenleber, -herz und -magen hacken, würzen und in die Speckscheibe einschlagen; diese Rolle sollte etwa so lang sein wie das Hähnchen. Die Hälfte der Hackfleischmasse auf der Innenseite der Hähnchenhaut verteilen, die Speckrolle darauflegen und mit der restlichen Hackfleischmasse bedecken. Das Hähnchen so aufrollen, daß es ungefähr seine ursprüngliche Form erhält, dann in ein Nesseltuch einschlagen und dieses in der Mitte und an beiden Enden zusammenbinden.

Die Knochenbrühe durch ein Sieb gießen und wieder in den Topf geben. Das gerollte Hähnchen hineinlegen und 1½ Stunden simmern, dann in der Brühe abkühlen lassen. Die Galantine aus dem Topf nehmen, das Tuch entfernen, abspülen und die Galantine wieder darin einschlagen; die Enden zubinden. Die Galantine mit einem Gewicht beschweren und für etwa 2 Stunden an einen kühlen Platz stellen.

Die Brühe gegebenenfalls klären und danach im offenen Topf 1 Stunde simmern lassen. Durch ein Tuch gießen. Den Madeira hinzufügen und die Brühe abkühlen lassen. Anschließend in den Kühlschrank stellen, bis sie fest ist.

Zum Servieren die Galantine in Scheiben schneiden und mit dem grobgehackten Gelee garnieren.

ROBERT COURTINE
ZOLA À TABLE

Hähnchen-Galantine

Galantine de Poularde

Wie man ein Hähnchen für eine Galantine entbeint, wird auf S. 78 gezeigt; Anleitungen zum Klären von Gelierbrühe werden auf S. 7 gegeben. Wie man das Hähnchen schichtweise füllen kann, wird auf S. 80 erklärt. Wenn die Galantine während des Garens ihre ursprüngliche Form behalten hat, braucht das Tuch vor dem Auflegen des Gewichts nicht erneuert zu werden.

	Ergibt 3 kg
1	Hähnchen (etwa 2 kg), entbeint, Knochen und Innereien (außer der Leber) aufbewahrt, fast alles Fleisch von der Haut abgelöst und in Würfel geschnitten
250 g	Schweinefleisch, feingehackt
250 g	Kalbfleisch, feingehackt
150 g	frischer fetter Speck, in Würfel geschnitten
150 g	magerer gekochter Schinken, in Würfel geschnitten
150 g	gekochte Zunge, in Würfel geschnitten
	Salz und frisch gemahlener Pfeffer
	Gewürzmischung
150 g	Trüffeln, in Würfel geschnitten
30 g	Pistazien, blanchiert und abgezogen
10 cl	Weinbrand
2	Eier
5 l	gelatinehaltige Fleischbrühe (S. 172), mit den Hähnchenknochen, Innereien und 45 cl Madeira zubereitet

Für die Hackfleischmasse Schweine- und Kalbfleisch zusammen in einem Mörser zerdrücken und mit Salz, Pfeffer und Gewürzmischung würzen. (Die Masse wird besonders fein, wenn man sie durch ein Sieb streicht.) Das Hähnchenfleisch mit fettem Speck, gekochtem Schinken, Zunge, Trüffeln und Pistazien vermischen. Hackfleischmasse, Weinbrand und Eier hinzufügen und alles gut vermischen; gegebenenfalls nachwürzen.

Das Hähnchen mit der Hautseite nach unten auf dem Tisch ausbreiten. Die Hackfleischmasse zu einer Kugel formen und darauflegen, dann so auf dem Hähnchen flachdrücken, daß ein gleichmäßig hohes Rechteck entsteht. Anschließend die Hähnchenhaut über die Füllung schlagen.

Ein grobes Leinentuch in Wasser tauchen, auswringen und so auf dem Tisch ausbreiten, daß es etwa 25 cm über die Tischkante hängt. Die Galantine etwa 10 cm von der Tischkante entfernt längs auf das Tuch legen, so daß die Hähnchenbrust nach oben weist, und so fest wie möglich in das Tuch einschlagen. Die Enden fest mit Küchengarn binden. Die Galantine dreimal mit Küchengarn umwickeln, damit sie ihre Form behält.

Die Galantine in die simmernde Brühe legen und bei schwacher Hitze 1¾ Stunden garen. Die Galantine herausnehmen und etwa 15 Minuten abkühlen lassen, dann das Tuch entfernen, mit lauwarmem Wasser abspülen und kräftig auswringen. Das Tuch auf dem Tisch ausbreiten und die Galantine wieder darin einschlagen; darauf achten, daß das Hähnchen mit der offenen Seite nach unten liegt. Die Galantine binden, dann auf eine Platte legen und mit einem Brett und Gewichten beschweren. Mindestens 12 Stunden abkühlen lassen.

Die Garflüssigkeit durch ein Sieb gießen und gegebenenfalls klären. Abkühlen lassen, dann in den Kühlschrank stellen. Die zu Gelee erstarrte Brühe hacken oder zurechtschneiden und die Galantine vor dem Servieren damit garnieren.

PROSPER MONTAGNÉ
NOUVEAU LAROUSSE GASTRONOMIQUE

Hähnchen- oder Kapaun-Galantine

Galantine de Poulard ou de Chapon

Der Autor schlägt vor, die Galantine mit gehackten, in Butter gedünsteten Trüffeln oder einer aus der Garflüssigkeit zubereiteten „veloutè“ (Rezept S. 174) zu überziehen, wenn die Galantine heiß gegessen werden soll.

	Ergibt 3 kg
2	große Hähnchen oder Kapaune, jeweils den Rücken aufgeschnitten und die Knochen ausgelöst
500 g	frischer fetter Speck, davon 250 g in Streifen und 125 g in dünne Scheiben geschnitten
250 g	gehäutetes Kalbseuter oder Rindermark
125 g	Champignons
60 g	Trüffeln oder Trüffelschalen, feingehackt
125 g	Weißbrot ohne Rinde, in Sahne eingeweicht
3 oder 4	Eigelb
1 TL	gemischte Kräuter
	Gewürzmischung
2 EL	gehackte Petersilie
2 oder 3	Frühlingszwiebeln, gehackt
	Salz und frisch gemahlener Pfeffer
250 g	luftgetrockneter Schinken, in Streifen geschnitten
60 g	Pistazien, blanchiert und abgezogen
4	große Scheiben mageres Rindfleisch, flachgeklopft
2	Zwiebeln, gehackt
2	Möhren, gehackt
1	Pastinake, gehackt
	Fleischbrühe (S. 172) oder Wasser

Alles Fleisch von den Hähnchen ablösen; nur eine dünne Schicht an der Haut belassen. Das Hähnchenfleisch zusammen mit dem ungeschnittenen Speck, Kalbseuter oder Rindermark, Champignons und Trüffeln hacken. Die Masse in einem Mörser zerstoßen und mit Brot, Eigelb, gemischten Kräutern, Gewürzmischung, Petersilie, Frühlingszwiebeln, Salz und Pfeffer verrühren.

Auf jede Hähnchenhaut eine Schicht Fleischmasse geben. Die Speckstreifen in den gemischten Kräutern und der Gewürzmischung wenden. Auf der Fleischmasse in Reihen gewürzte Speckstreifen, Schinkenstreifen, gewürzte Speckstreifen sowie Pistazien anordnen und wieder mit einer Schicht Fleischmasse bedecken. Die Zutaten in der gleichen Reihenfolge weiter aufeinanderschichten, bis sie aufgebraucht sind.

Die Hähnchenhäute aufrollen, so daß die Füllungen vollständig eingeschlossen sind. Dann jede Galantine in ein Tuch einschlagen und in gleichmäßigen Abständen mit Küchengarn binden.

Einen großen Topf oder einen ovalen Schmortopf, in den beide Galantinen hineinpassen, mit Speckscheiben, Rindfleischscheiben und gehackten Zwiebeln, Möhren und gehackter Pastinake auslegen. Mit gemischten Kräutern, Gewürzmischung, Salz und Pfeffer bestreuen. Die Galantinen in den Topf legen. Mit einer Schicht aus gemischten Kräutern und Gewürzen, Gemüse, Rindfleisch und Speck abschließen. Dann so viel Brühe oder Wasser dazugießen, daß die Galantinen bedeckt sind. Zum Kochen bringen und 1½ Stunden simmern lassen.

Die Galantinen abtropfen lassen und die Tücher entfernen, sofern die Galantinen heiß serviert werden sollen. Wenn man sie kalt servieren will, die Galantinen mit Gewichten beschwert abkühlen lassen. Die Garflüssigkeit durch ein Sieb gießen, entfetten, ebenfalls abkühlen lassen und in den Kühlschrank stellen, damit sie zu Gelee erstarrt. Das Gelee hacken und zum Garnieren der Galantinen verwenden.

MASSIALOT
LE NOUVEAU CUISINIER ROYAL ET BOURGEOIS

Getrüffelter Puter

Pavo Trufado

	Ergibt 5 kg
1	Puter (etwa 5,5 kg), entbeint, die Knochen aufbewahrt
1 kg	Schweine- oder Hammelfleisch ohne Knochen, in Streifen geschnitten
60 g	Schinken, in Streifen geschnitten
60 g	frischer durchwachsener Speck, in Streifen geschnitten
60 cl	Sherry
1	Muskatnuß, gerieben
	Salz und frisch gemahlener schwarzer Pfeffer
125 g	Trüffeln, gehackt, die Flüssigkeit von konservierten Trüffeln aufbewahrt
1	Möhre
1	Zwiebel
2	Lorbeerblätter
1 EL	Gelatinepulver
1	Eiweiß

Die Hälfte des Sherry in eine flache Schüssel geben, die so groß ist, daß der Puter hineinpaßt, wenn man ihn ausbreitet. Die Hälfte der geriebenen Muskatnuß und etwas Pfeffer hinzufügen, dann den Puter mit der Hautseite nach oben in die Schüssel legen und 1 Stunde marinieren.

Den restlichen Sherry mit der restlichen Muskatnuß, Salz, Pfeffer und gegebenenfalls der Trüffelflüssigkeit vermischen. Schweine- oder Hammelfleisch, Schinken und Speck in die Marinade legen und 1 Stunde marinieren.

Den Puter abtropfen lassen und mit der Hautseite nach unten auf ein Brett legen. Das restliche Fleisch abtropfen lassen; die Marinade aufbewahren. Den Puter abwechselnd mit Schichten aus Schweine- oder Hammelfleisch, Speck, Schinken und Trüffeln füllen, dann den Puter über die Füllung schlagen und mit Küchengarn zunähen. Den gefüllten Puter in ein Nesseltuch einschlagen und fest mit Küchengarn binden.

Die Puterknochen zusammen mit der Möhre, der Zwiebel, den Lorbeerblättern und etwas von der Marinadenflüssigkeit in einen großen Topf geben. Die Galantine hineinlegen und so viel Wasser dazugießen, daß sie bedeckt ist. Das Wasser zum Kochen bringen, dann die Hitze reduzieren und den Puter etwa 1½ Stunden garen.

Aus dem Topf nehmen, das Nesseltuch entfernen und die Galantine fest in ein sauberes Nesseltuch einschlagen; an den Enden zubinden. Ein Brett auf die Galantine legen und mit einem Gewicht beschweren. Wenn sie völlig abgekühlt ist, die Galantine in den Kühlschrank legen.

Etwa ½ l von der Truthahngarflüssigkeit durch ein Sieb gießen, dann zusammen mit der Gelatine und dem Eiweiß erhitzen. Die Flüssigkeit zum Kochen bringen und durch ein Tuch gießen. Abkühlen lassen, dann in den Kühlschrank stellen, bis die Brühe erstarrt. Zum Servieren die Galantine mit dem Gelee garnieren.

GABRIEL SASTRE RAYO
LLIBRE DE CUINA DE C'AN CAMES SEQUES

Puter-Galantine

Galantine de Dinde

	Ergibt 3 kg
1	Puter (etwa 3 kg), entbeint, das Fleisch herausgelöst, ohne die Haut zu beschädigen
750 g bis 1 kg	Bratwurstmasse
	Salz und frisch gemahlener Pfeffer
	Quatre épices
100 g	frischer fetter Speck, in lange dünne Streifen geschnitten
250 g	Schweineschwarte
	Fleischbrühe (S. 172) oder Wasser
2	Möhren
2	Zwiebeln, mit 3 Nelken besteckt
	Pfefferkörner
1	großes *bouquet garni*
4 EL	Portwein

Brust- und Keulenfleisch des Puters in Streifen schneiden. Das restliche Fleisch sehr fein hacken und mit der Bratwurstmasse vermischen. Mit Salz, Pfeffer und *quatre épices* kräftig würzen.

Die Haut des Puters auf der Arbeitsfläche ausbreiten und abwechselnd mit hellen und dunklen Fleischstreifen bedecken. Mit Salz und Pfeffer würzen. Eine Lage Speckstreifen daraufgeben. Dann die Fleischmasse auf dem Speck verteilen. Die Haut der Flügel und der Keulen nach innen schlagen und so zusammennähen, daß eine große Rolle entsteht.

Einen großen Topf mit Schweineschwarte auslegen. Die Rolle hineinlegen und mit reichlich Brühe oder Wasser bedecken. Möhren, Zwiebeln, Pfefferkörner und *bouquet garni* hinzufügen und mit Salz und Pfeffer würzen. Zum Kochen bringen, den Deckel auflegen und bei schwacher Hitze 3 Stunden simmern lassen, bis die Galantine fest ist. In der Garflüssigkeit abkühlen lassen, bis sie lauwarm ist.

Die Galantine abtropfen lassen. Ein Holzbrett darauflegen und mit einem Gewicht von 1 bis 2 kg beschweren. Die Galantine vollständig abkühlen lassen.

Die Garflüssigkeit durch ein Sieb gießen, entfetten und einkochen, bis sie geliert. Abkühlen lassen. Den Portwein unterrühren und die Garflüssigkeit im Kühlschrank fest werden lassen. Die abgekühlte Galantine für 48 Stunden in den Kühlschrank stellen. Vor dem Servieren die Galantine auf eine Platte geben und mit gehacktem Gelee umlegen.

ZETTE GUINAUDEAU-FRANC
LES SECRETS DES FERMES EN PÉRIGORD NOIR

Gefüllter Schweinskopf

Tête de Cochon en Ballon

	Ergibt 3 kg
1	Schweinskopf, entbeint
	Salz und frisch gemahlener Pfeffer
1 TL	gemischte Kräuter
	Gewürzmischung
3 EL	gehackte Petersilie
3 oder 4	Frühlingszwiebeln, gehackt
1 kg	Bratwurstmasse
250 g	gekochte Ochsenzunge, in Scheiben geschnitten
250 g	frischer fetter Speck, in Scheiben geschnitten
250 g	mildgeräucherter Schinken, in Scheiben geschnitten
60 g	Pistazien, blanchiert und abgezogen
250 g	Schweineschwarte
2	Zwiebeln, in Scheiben geschnitten
2	Möhren, in Scheiben geschnitten
1	*bouquet garni*
1 l	Weißwein
Etwa 1 l	Fleischbrühe (S. 172)

Vom Schweinskopf behutsam das Fleisch ablösen und in Würfel schneiden. Mit reichlich Salz und Pfeffer, Kräutern, Gewürzmischung, Petersilie sowie Frühlingszwiebeln würzen. Die Bratwurstmasse hinzufügen und die Zutaten gut vermischen.

Die Schweinskopfhaut auf der Arbeitsfläche ausbreiten und eine Lage Fleischmasse daraufgeben. Dann abwechselnd Zunge, fetten Speck, Schinken und Fleischmasse daraufschichten; jede Lage mit Pistazien, Salz, Pfeffer, Kräutern und Gewürzen bestreuen. In dieser Reihenfolge weitere Lagen aufeinanderschichten. Mit einer Schicht Fleischmasse abschließen. Die Haut über die Füllung schlagen und so zusammennähen, daß eine Kugel entsteht. Die Kugel fest binden.

Einen großen Topf mit Schweineschwarte, Zwiebeln und Möhren auslegen. Die gefüllte Schweinskopfhaut und das *bouquet garni* hineingeben, dann den Wein und so viel Brühe dazugießen, daß die Kugel fast bedeckt ist. Die Flüssigkeit zum Simmern bringen, den Deckel auflegen und bei niedriger Temperatur 6 bis 8 Stunden schwach simmern lassen; gegebenenfalls noch etwas Brühe nachgießen.

Den Schweinskopf aus dem Topf nehmen und abkühlen lassen, dann in den Kühlschrank stellen. Die Brühe entfetten und zu Gelee erstarren lassen. Das Küchengarn vom Schweinskopf entfernen. Zum Servieren mit gehacktem Gelee garnieren.

MARIN
LES DONS DE COMUS

Wildschweinkopf mit Pistazien

Hure de Sanglier aux Pistaches

Wie man einen Schweinskopf vorbereitet, wird auf S. 86 erklärt; ein Wildschweinkopf wird auf die gleiche Weise zubereitet.

	Ergibt 2 kg
1	Wildschweinkopf, blanchiert, abgeschabt, mit Obstbranntwein oder Weinbrand abgesengt, entbeint, die Knochen aufbewahrt
200 g	Wildschweinfleisch ohne Knochen, feingehackt
300 g	frischer fetter Speck, feingehackt
1	großes Ei
	Salz und frisch gemahlener Pfeffer
	Gewürzmischung
1/8 l	Obstbranntwein oder Weinbrand
100 g	Pistazien, blanchiert und abgezogen
2 EL	gehackte Petersilie
1 EL	feingeschnittener Schnittlauch
4	Salbeiblätter
1 TL	Thymian
1 l	trockener Weißwein
250 g	Schweineschwarte
1	*bouquet garni*
Etwa 1 l	Fleischbrühe (S. 172)

Das Wildschweinfleisch zusammen mit dem Speck zu einer glatten Masse verarbeiten. Ei, Salz, Gewürzmischung, die Hälfte des Obstbranntweins oder Weinbrands und zuletzt die Pistazien hinzufügen. Den Wildschweinkopf in eine Schüssel legen und Pfeffer, Gewürzmischung, Petersilie, Schnittlauch, Salbei, Thymian, den restlichen Obstbranntwein und 15 cl Wein dazugeben. Zugedeckt 24 Stunden marinieren.

Den Wildschweinkopf abtropfen lassen. Mit der Hackfleischmasse füllen, in ein Tuch einschlagen und wieder in seine ursprüngliche Form bringen. Das Tuch zusammennähen.

Die Schweineschwarte und die Kopfknochen in einen großen Topf geben; Salz, Pfeffer und das *bouquet garni* hinzufügen. Den Wildschweinkopf in den Topf legen. Dann den restlichen Wein und so viel Brühe dazugießen, daß der Kopf bedeckt ist. Zum Kochen bringen, den Topf mit einem Deckel verschließen und 7 Stunden simmern lassen.

Den Wildschweinkopf abtropfen lassen und das Tuch entfernen, dann den Kopf in ein sauberes Tuch einschlagen und, falls erforderlich, wieder in die ursprüngliche Form bringen. Den Wildschweinkopf abermals in die Garflüssigkeit legen, bis er vollständig abgekühlt ist, dann das Tuch entfernen, den Kopf auf eine Platte legen und in den Kühlschrank stellen. Die Garflüssigkeit abschäumen, durch ein Sieb gießen und so weit einkochen, daß sie geliert. Abkühlen lassen, bis die Flüssigkeit fast fest ist, und den Wildschweinkopf damit überziehen.

ROBERT COURTINE
ZOLA À TABLE

Fasanen-Galantine à la Lorenzo

Galantine de Faisan à la Lorenzo

Der Fasan wird wie das Hähnchen auf S. 78 entbeint.

	Ergibt 2 kg
1	Fasan, entbeint, das Gerippe aufbewahrt
500 g	große Hühnerlebern
3	Rebhühner, das Fleisch von den Knochen abgelöst und feingehackt, die Gerippe aufbewahrt
500 g	fettes Schweinefleisch, feingehackt
30 g	Butter
	Salz
	Cayennepfeffer
	Geriebene Muskatnuß
4	Eigelb
2	Zwiebeln, davon 1 gehackt und in Butter glasig sautiert, die andere mit 2 Nelken besteckt
2 EL	feingehackte Petersilie
125 g	Trüffeln, in Viertel geschnitten
1	Kalbshaxe
1	*bouquet garni*
1	Möhre, in Viertel geschnitten
	Fleischbrühe (S. 172)
	Sauce chaud-froid (S. 174)
	In Würfel geschnittene Trüffeln, Pistazien, gepökelte Zunge, hartgekochtes Eiweiß (nach Belieben)

Die Hühnerlebern 2 Minuten in der Butter braten, bis sie fest, aber noch nicht braun sind. Die Hälfte der Lebern beiseite stellen, die anderen in einem Mörser pürieren.

Rebhuhn- und Schweinefleisch vermischen und mit reichlich Salz, Cayennepfeffer und Muskat würzen. Eigelb und Leberpüree hinzufügen, dann die Masse durch ein Sieb streichen. Gehackte Zwiebel und Petersilie dazugeben.

Den Fasan mit der Hautseite nach unten auf dem Tisch ausbreiten. Die Brustfilets waagerecht halbieren und das abgeschnittene Fleisch so auf dem Fasan verteilen, daß eine gleichmäßige Schicht entsteht. Ein Drittel der Hackfleischmasse daraufgeben und mit der Hälfte der aufbewahrten Lebern und Trüffeln bedecken. Noch je eine Lage Hackfleischmasse und Lebern und Trüffeln hinzufügen; mit einer Lage Hackfleischmasse abschließen. Die Füllung fest in die Fasanenhaut einschlagen und die Haut zunähen, dann die Galantine in eine Serviette einschlagen und an den Enden und in der Mitte mit Küchengarn binden.

Die Geflügelknochen zusammen mit der Kalbshaxe, der mit Nelken besteckten Zwiebel, dem *bouquet garni,* der Möhre und der Galantine in einen großen Topf geben. So viel Brühe dazugießen, daß alle Zutaten gut bedeckt sind. Die Brühe zum Kochen bringen, dann die Temperatur herunterschalten und die Galantine bei sehr schwacher Hitze 2½ Stunden simmern lassen. Die Galantine in der Brühe 1 Stunde abkühlen lassen, dann die Serviette erneuern, die Galantine mit einem Brett und Gewichten beschweren und ganz abkühlen lassen.

Wenn die Galantine kalt ist, die Serviette entfernen. Die Galantine an den Enden glattschneiden und mit *sauce chaud-froid* überziehen. Kalt stellen, bis die Sauce fest ist. Nach Belieben mit Trüffeln, Pistazien, Zunge und Eiweiß garnieren.

CHARLES RANHOFER
THE EPICUREAN

Sülze nach Hausmacherart

Terrine Familiale

	Ergibt 1,75 kg
Je 500 g	Rindfleisch, Kalbfleisch und Schweinefleisch ohne Knochen
1	Kalbsfuß
250 g	durchwachsener Speck
1	*bouquet garni*
2	Knoblauchzehen
1	Zwiebel, in Scheiben geschnitten
30 cl	Rotwein
	Salz und frisch gemahlener Pfeffer
4 EL	Madeira

Rind-, Kalb- und Schweinefleisch zusammen mit Kalbsfuß, Speck, *bouquet garni,* Knoblauch und Zwiebel in einen Topf geben. Den Wein und so viel Wasser dazugießen, daß alles bedeckt ist. Das Wasser zum Kochen bringen, den Deckel auflegen und das Fleisch bei schwacher Hitze etwa 1½ Stunden garen, bis es weich ist.

Das Fleisch abtropfen lassen; die Garflüssigkeit aufbewahren. Den Kalbsfuß entbeinen und zusammen mit dem gegarten Fleisch durch den Fleischwolf drehen. Die Hackfleischmasse mit Salz und Pfeffer würzen, den Madeira hinzufügen und die Masse rühren, bis sie glatt ist. In eine Steingutform füllen und mit einer Gabel Löcher in die Oberfläche stechen. So viel von der Garflüssigkeit dazugießen, daß die Fleischmasse knapp bedeckt ist. Abkühlen lassen, dann in den Kühlschrank stellen. Mit Salat servieren.

ROBERT J. COURTINE
LES DIMANCHES DE LA CUISINE

Eine kleine Sülze

A Small Brawn

Dieses Rezept läßt sich durch Zugabe anderer Gewürze und Kräuter vielfältig abwandeln.

	Ergibt 1 kg
2	Schweinsfüße (gewässert, wenn gepökelt)
2	Hähnchenviertel
Etwa 2 l	Wasser
½ TL	Pfefferkörner
¼ TL	geriebene Muskatnuß
1	Lorbeerblatt
1	Stengel Majoran (nach Belieben)
1	Zwiebel (nach Belieben)
	Salz und frisch gemahlener Pfeffer (nach Belieben)

Die Schweinsfüße und die Hähnchenviertel in einen großen, schweren Topf geben und mit kaltem Wasser bedecken. Bei schwacher Hitze zum Kochen bringen und 5 Minuten kochen lassen. Die Flüssigkeit gründlich abschäumen. Pfefferkörner, Muskat, Lorbeerblatt und nach Belieben Majoran hinzufügen. Einen Deckel auflegen und 3 Stunden oder länger simmern lassen, bis sich das Fleisch von den Knochen löst. (Wenn eine Zwiebel verwendet wird, diese nach etwa 1 Stunde dazugeben.)

Das Fleisch aus dem Topf heben. Die Brühe durch ein Sieb gießen und kurze Zeit abkühlen lassen. Das Fleisch in kleine Stücke schneiden; alle Knochen entfernen. Das Fett von der Brühe abschöpfen. Die Brühe mit dem Fleisch vermischen; eventuell mit Salz und Pfeffer nachwürzen. Dann die Brühe wieder zum Kochen bringen und einige Minuten kochen lassen. Das Fleisch in eine mit kaltem Wasser ausgespülte 1¼ l fassende Puddingform (oder mehrere kleine Formen) geben und so viel Brühe dazugießen, daß es gut bedeckt ist. Restliches Fett von der Oberfläche abschöpfen. Die Sülze an einem kühlen Platz abkühlen und fest werden lassen; anschließend in den Kühlschrank stellen.

Die Sülze vor dem Servieren stürzen; dazu die Form vorher kurz in heißes Wasser tauchen.

AUDREY PARKER
COTTAGE AND COUNTRY RECIPES

Preßkopf

	Ergibt 2 kg
1	Schweinskopf, mit Zunge
1	Schweineherz
	Salz und frisch gemahlener Pfeffer
1	Zitrone, Schale abgerieben
½ TL	gemahlene Nelken oder gemahlene Muskatblüte
15 cl	Weißwein
15 cl	Weißweinessig

Den Schweinskopf und das Herz mit kaltem Wasser bedecken, zum Kochen bringen und zugedeckt etwa 2½ Stunden simmern lassen, bis beides weich ist. Kopf und Herz aus dem Topf heben, entbeinen und das Fleisch in kleine Stücke schneiden. Die Garflüssigkeit bis auf etwa die Hälfte der ursprünglichen Menge einkochen, bis eine ziemlich dickflüssige, cremige Sauce entsteht. Mit Salz, Pfeffer, abgeriebener Zitronenschale und Nelken oder Muskatblüte würzen. Wein und Essig hinzufügen. Das Fleisch in die Sauce geben und zum Simmern bringen.

Eine Form mit kaltem Wasser ausspülen und die Mischung hineingießen. Abkühlen lassen, über Nacht in den Kühlschrank stellen und vor dem Servieren stürzen.

ANDRÉ L. SIMON
A CONCISE ENCYCLOPAEDIA OF GASTRONOMY

Frühstückssülze

Breakfast Brawn

Wenn die Schweinezunge mitgekocht und anschließend abgezogen wird, kann man sie in die Mitte der Form stellen und das Fleisch darum verteilen; Geschmack und Aussehen der Sülze lassen sich auf diese Weise noch verbessern.

	Ergibt 2 kg
½	Schweinskopf, Hirn und Zunge entfernt, in gesalzenes Wasser gelegt und abgespült
1 kg	Beinfleisch vom Rind ohne Knochen
1 EL	Gewürzmischung zum Pökeln
2	kleine Zwiebeln, in Scheiben geschnitten
	Salz und frisch gemahlener schwarzer Pfeffer
1 TL	brauner Rohrzucker
	Geriebene Muskatnuß
	Einige Stengel Petersilie

Den Schweinskopf zusammen mit dem Rindfleisch in einen großen Topf geben. Mit kaltem Wasser bedecken; bei schwacher Hitze zum Kochen bringen, dann die Temperatur heraufschalten und 5 Minuten sprudelnd kochen lassen. Dann die Brühe abschäumen. Die Gewürze und die Zwiebeln in ein Nesseltuch binden und in den Topf geben. 1 TL Salz und den Zucker hinzufügen. Zugedeckt etwa 2 Stunden simmern lassen, bis das Fleisch ziemlich weich ist. Dann das Fleisch vorsichtig auf eine große Platte legen und alle Knochen auslösen. Das Fleisch mit reichlich Salz und Pfeffer und einer kleinen Prise Muskat bestreuen, dann durch den Fleischwolf drehen. Das feingehackte Fleisch in einen Topf geben, einige Löffel Brühe hinzufügen und kurz aufkochen lassen. (Darauf achten, daß es nicht anbrennt.) Das Fleisch in eine mit Wasser ausgespülte Form geben, einen Teller darauflegen und diesen mit einem Gewicht beschweren. Nach dem Abkühlen stürzen und mit Petersilie garnieren.

MRS. ARTHUR WEBB
FARMHOUSE COOKERY

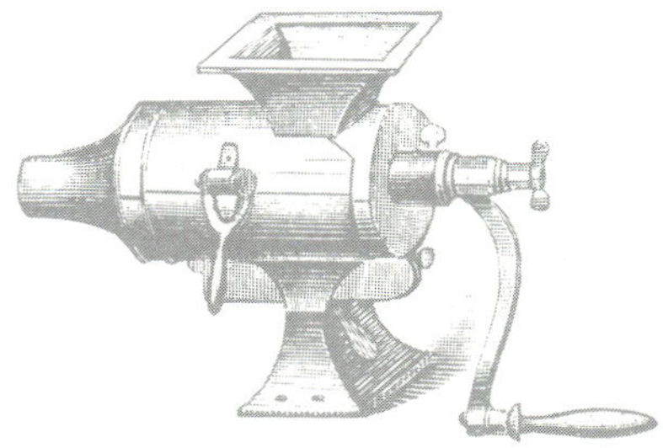

Schweinskopfsülze Somerset

Somerset Pig's Head Brawn

	Ergibt 2 kg
1	Schweinskopf
4 l	Salzlake (S. 172) oder 175 g Salz, mit 1 TL Salpeter vermischt
2	Möhren, in Scheiben geschnitten
1	Zwiebel, in Scheiben geschnitten
2	weiße Rüben, in Scheiben geschnitten
3	Schalotten, in Scheiben geschnitten
1	*bouquet garni*
2	Blätter Muskatblüte
12	Pimentkörner
4	Pfefferkörner
4	Nelken
	Salz und frisch gemahlener Pfeffer

Den Schweinskopf in Salzlake legen oder mit Salz-Salpeter-Mischung bestreuen. Über Nacht stehenlassen. Den Schweinskopf gut abspülen, dann in einen Topf legen und mit kaltem Wasser bedecken. Etwa 2 Stunden garen, bis sich das Fleisch leicht von den Knochen lösen läßt.

Das Fleisch – einschließlich der Ohren und der Zunge – von den Knochen ablösen und in Würfel schneiden; die Zunge vorher abziehen. Die Knochen in die Garflüssigkeit legen und diese wieder zum Kochen bringen. Die Gemüse und Gewürze hinzufügen und die Garflüssigkeit bis auf 90 cl einkochen, dann durch ein Sieb in einen zweiten Topf gießen. Das Fleisch hinzufügen, gegebenenfalls mit Salz und Pfeffer nachwürzen und die Flüssigkeit wieder zum Kochen bringen. Eine Form mit kaltem Wasser ausspülen und die Flüssigkeit mit dem Fleisch hineingießen. Die Sülze erkalten lassen, bis sie fest ist, dann servieren.

KATHLEEN THOMAS
A WEST COUNTRY COOKERY BOOK

Schweinefleisch- oder Schweinskopfsülze

Pork or Pig's Head Cheese

Das Rezept für Salzlake befindet sich auf S. 172.

Schweinefleischsülzen und -galantinen schmecken am besten, wenn das Fleisch vorher leicht gepökelt wird. Durch das Salz erhält das Fleisch ein besseres Aroma, und der Salpeter in der Lake verleiht ihm eine schöne rosa Farbe; anderenfalls sieht Schweinefleisch nach dem Garen leicht blaß und unappetitlich aus. Man kann den Fleischer bitten, einen halben Schweinskopf mit Ohr und Zunge, aber ohne Hirn, zusammen mit einem Schweinsfuß einige Tage in Salzlake zu legen; es ist auch möglich, das Fleisch selbst zu pökeln.

	Ergibt 2 kg
1/2	Schweinskopf, das Hirn entfernt, gepökelt und 2 Stunden in kaltes Wasser gelegt
1	Schweinsfuß, gepökelt und 2 Stunden in kaltes Wasser gelegt
500 g	Beinscheibe vom Rind oder Ochsenbacke
1	große Zwiebel
4	große Möhren
1	Bund Petersilie
2	Lorbeerblätter
8 bis 10	Pfefferkörner
1	große Stange Porree oder 2 Stangen Bleichsellerie
2	kleine Knoblauchzehen
	Salz und frisch gemahlener Pfeffer
1	kleine Zitrone, Saft ausgepreßt

Alle Fleischsorten zusammen mit den übrigen Zutaten bis auf Salz, Pfeffer und Zitronensaft in einen sehr großen Topf geben. Mit Wasser bedecken und bei sehr schwacher Hitze mindestens 4 Stunden simmern lassen. Je länger die Garzeit, desto besser ist das Ergebnis; bei zu hoher Temperatur und zu kurzer Garzeit wird das Fleisch faserig und zäh.

Sobald sich das Fleisch von Schweinskopf und -fuß leicht von den Knochen lösen läßt, das Fleisch zusammen mit dem Rindfleisch in eine Schüssel geben. Die Brühe durch ein Sieb gießen. Sobald das Fleisch ausreichend abgekühlt ist, die Haut von der Zunge und die dickeren Hautpartien um Ohr und Schnauze abziehen. Allen Knorpel entfernen. (Für eine Sülze ist das, was man wegläßt, genauso wichtig wie das, was man hineingibt.)

Das Schweinefleisch mit der daran haftenden Haut und das Rindfleisch hacken. Die Zunge in dünne Scheiben schneiden. Die Mischung probieren, um zu prüfen, ob sie ausreichend gewürzt ist. Sülze sollte immer ziemlich kräftig gewürzt sein, da sie sonst fade und unangenehm schmeckt; deshalb gegebenenfalls noch zusätzlich frisch gemahlenen Pfeffer, Salz und Zitronensaft hinzufügen. Zitronensaft ist für den Wohlgeschmack von kalten Gerichten mit fettem Fleisch besonders wichtig.

Die in Scheiben geschnittene Zunge mit dem gehackten Fleisch vermischen. Die Mischung in ein 2 l fassendes Gefäß oder eine Kuchenform füllen; nach Belieben können auch zwei kleinere Formen verwendet werden.

Etwa 45 cl heiße Brühe dazugießen und abkühlen lassen. Mit Pergamentpapier bedecken, einen Teller, der gerade in die Form paßt, darauflegen und mit einem Gewicht beschweren. Bis zum nächsten Tag ruhenlassen. Im Kühlschrank hält sich die Sülze einige Tage. Vor dem Stürzen die Form einige Minuten in eine Schüssel mit heißem Wasser stellen.

ELIZABETH DAVID
SPICES, SALT AND AROMATICS IN THE ENGLISH KITCHEN

Schweinskopf in Gelee

Tête de Porc en Gelée

Dieses Gericht kann man als Vorspeise mit einer Vinaigrette, die nach Belieben mit Kräutern verfeinert wird, oder als Hauptmahlzeit mit in der Schale gekochten Kartoffeln servieren.

	Ergibt 2,5 kg
1/2	Schweinskopf
1	Schweinsfuß
1	Kalbsfuß
500 g	Filetkotelettstück ohne Knochen vom Schwein
1	*bouquet garni*
1	Nelke
2	Stangen Porree, gehackt
1	Zwiebel, gehackt
3	Knoblauchzehen, gehackt
2 EL	gehackte Petersilie
	Geriebene Muskatnuß
1	Lorbeerblatt

Das Fleisch in einen großen Topf geben; die Knochen des Schweinskopfes brechen oder zersägen, damit er hineinpaßt. Das *bouquet garni* und die Nelke hinzufügen, mit Wasser bedecken und zum Kochen bringen. Anschließend die Brühe abschäumen und etwa 2 Stunden simmern lassen, bis das Fleisch sich von den Knochen löst. Abkühlen lassen.

Die Garflüssigkeit durch ein Sieb in einen Topf gießen, Porree, Zwiebel, Knoblauch, Petersilie, Muskat und Lorbeerblatt hinzufügen und 3 bis 5 Minuten kochen, bis die Gemüse bißfest sind.

Das Fleisch von den Knochen lösen und hacken. Zum Gemüse geben, die Garflüssigkeit wieder zum Kochen bringen und alle Zutaten noch 2 Minuten garen. Mit Salz und Pfeffer abschmecken und das Lorbeerblatt entfernen.

Die Fleisch-Gemüse-Mischung sowie die Garflüssigkeit auf Porzellanschüsseln oder Steingutformen verteilen. Zum Gelieren an einen kühlen Platz stellen.

JOSEPH KOSCHER UND ANDERE
LES RECETTES DE LA TABLE ALSACIENNE

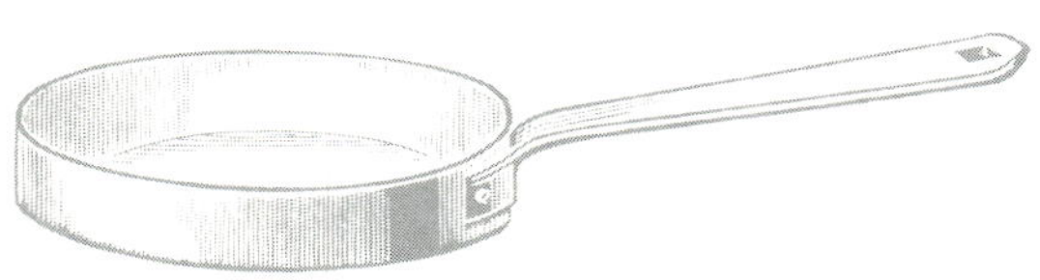

Spanferkel-Galantine

Galantine de Cochon de Lait

Wie man ein Spanferkel entbeint, füllt und in Flüssigkeit garziehen läßt, wird auf S. 82 gezeigt.

	Ergibt 5 kg
1	Spanferkel, entbeint, den Kopf ganz gelassen, die Knochen aufbewahrt
1 kg	Kalbsleber, feingehackt
1 kg	frischer durchwachsener Speck, feingehackt
2	Eier
	Salz
	Gewürzmischung
	Gemischte Kräuter
250 g	fetter Speck, in lange, schmale Streifen geschnitten
500 g	Wildgeflügel- oder Hähnchenfleisch, in dünne Scheiben geschnitten (nach Belieben)
100 g	Trüffeln, in Scheiben geschnitten (nach Belieben)
500 g	Möhren
500 g	Zwiebeln
1	großes *bouquet garni*
2	Kalbsfüße, gespalten
1 l	Weißwein
	Fleischbrühe (S. 172)

Kalbsleber und frischen durchwachsenen Speck vermischen, dann Eier, Salz, Gewürzmischung und Kräuter hinzufügen. Das Spanferkel auf die Arbeitsfläche legen und mit der Hälfte der Leber-Speck-Masse füllen. Eine Lage fetten Speck, dann Wildgeflügel- oder Hähnchenfleisch und nach Belieben Trüffeln hinzufügen. Mit der restlichen Leber-Speck-Masse bedecken. Das Spanferkel zunähen und wieder in seine ursprüngliche Form bringen. In ein Nesseltuch einschlagen und mit Küchengarn umwickeln; darauf achten, daß das Spanferkel seine Form behält.

Das Spanferkel zusammen mit den Möhren und Zwiebeln, dem *bouquet garni,* den aufbewahrten Knochen und den Kalbsfüßen in einen großen länglichen Topf geben; am besten eignet sich ein Fischkessel. Den Wein und so viel Brühe dazugießen, daß das Spanferkel bedeckt ist. Zugedeckt 6 bis 8 Stunden bei schwacher Hitze simmern lassen. Abtropfen und abkühlen lassen, dann das Tuch entfernen. Eine Serviette auf eine Servierplatte legen und das Spanferkel darauf kalt servieren.

Die Garflüssigkeit kann entfettet, eingekocht und nach dem Abkühlen als Gelee dazu gereicht werden.

GOMBERVAUX (HERAUSGEBER)
LA BONNE CUISINE POUR TOUS

Schweinskopf und -füße in Aspik

Stoudiène ou Kholodetz

Zu diesem Gericht paßt Meerrettich- oder Senfsauce.

	Ergibt 2 kg
1/2	Schweinskopf
4	Schweinsfüße
3 l	Wasser
1 EL	Salz
10 g	Wacholderbeeren
6	Lorbeerblätter

Alle Zutaten in einen Topf geben, zum Kochen bringen und bei schwacher Hitze 4 Stunden simmern lassen.

Das Fleisch entbeinen und in kleine Stücke schneiden. Die Brühe durch ein Sieb gießen. Das Fleisch in eine Form geben und mit der Brühe bedecken. An einem kühlen Platz fest werden lassen. Die Sülze vor dem Servieren stürzen.

H. WITWICKA UND S. SOSKINE
LA CUISINE RUSSE CLASSIQUE

Kalbfleischsülze auf russische Art

Aspic de Poitrine à la Russe

	Ergibt 2 kg
6	Kalbsfüße, blanchiert
1	Kalbsbrust, blanchiert und in gleich große Stücke geschnitten
1	Zwiebel
1	Möhre
1	Stange Bleichsellerie
1	*bouquet garni*
	Salz und frisch gemahlener Pfeffer
	Geriebene Muskatnuß
	Croûtons

	Meerrettichsauce
125 g	Meerrettich, gerieben
2 EL	Weißweinessig
30 cl	saure Sahne
2 EL	gehackte Petersilie
1 EL	gehacktes Fenchelkraut oder gehackter Dill
1/2 TL	Zucker

Die Kalbsfüße und das Kalbfleisch zusammen mit den Gemüsen und dem *bouquet garni* in einen großen Topf geben. So viel Wasser dazugießen, daß alle Zutaten gut bedeckt sind. Zum Simmern bringen und zugedeckt etwa 1 1/2 Stunden simmern lassen, bis sich das Fleisch von den Knochen löst. Das Fleisch aus dem Topf heben und abtropfen lassen. Die Garflüssigkeit aufbewahren. Die Knochen auslösen, das Fleisch in Würfel schneiden und mit Salz, Pfeffer und Muskat würzen.

Die Brühe durch ein Sieb gießen und entfetten, gegebenenfalls klären. Den Boden und die Innenwände einer gut gekühlten Form gleichmäßig dünn mit Brühe überziehen; dann dieForm wieder in den Kühlschrank stellen, bis die Brühe geliert ist.

Das Fleisch in die Form geben und so viel Brühe dazugießen, daß die Form bis zum Rand gefüllt ist. In den Kühlschrank stellen, bis die Brühe zu Gelee erstarrt ist.

Etwa 10 Minuten vor dem Servieren alle Zutaten für die Sauce verrühren und mit einer Prise Salz würzen. Die Sülze auf eine Servierplatte stürzen und mit Croûtons umlegen. Die Sauce in einer Sauciere dazu reichen.

A. PETIT
LA GASTRONOMIE EN RUSSIE

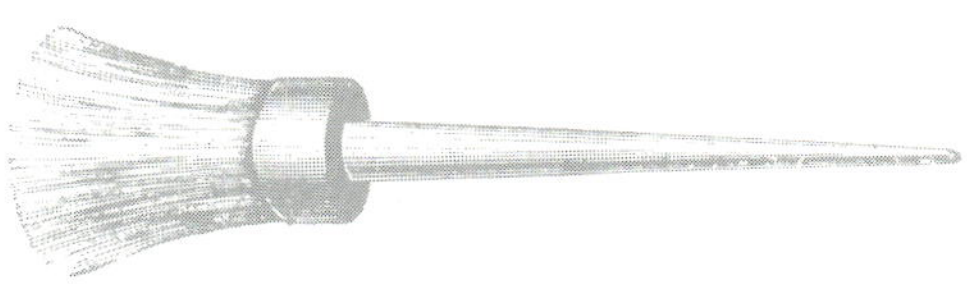

Gänsefleischsülze

Fromage d'Oie

Die Sülze wird noch schmackhafter, wenn man zwischen die einzelnen Lagen feingehackte Kräuter wie Petersilie, Schnittlauch und Estragon gibt. Als Beilage eignen sich Gewürzgurken oder andere eingelegte Gemüse.

	Ergibt 2 kg
1 kg	Gänsefleisch mit Haut, zerlegt
1	Kalbsfuß, gespalten
1 l	trockener Weißwein
2	Zwiebeln, in Scheiben geschnitten
3	Möhren, in Scheiben geschnitten
2	Knoblauchzehen, in Scheiben geschnitten
1	*bouquet garni* mit Bohnenkraut
	Salz und frisch gemahlener Pfeffer

Alle Zutaten in einen Topf geben. Wenn sie nicht vollständig mit Wein bedeckt sind, etwas Wasser dazugießen. Zum Kochen bringen und zugedeckt 2 Stunden simmern lassen, bis sich das Fleisch von den Knochen löst.

Eine Steingutform mit Alufolie auslegen. Die Haut von den Gänsefleischstücken abziehen und den Boden der Form damit bedecken; dabei die Außenseite der Haut gegen die Folie drücken. Die Fleischstücke entbeinen und das Fleisch vom Kalbsfuß in Würfel schneiden. Abwechselnd Fleisch und Möhrenscheiben in die Form schichten; zuletzt die Mischung fest herunterdrücken. Die Garflüssigkeit durch ein Sieb gießen und nach und nach in die Form geben, so daß alle Zwischenräume damit ausgefüllt werden. Einen Teller auf das Fleisch legen und mit einem Gewicht beschweren.

Abkühlen lassen und über Nacht in den Kühlschrank stellen. Die Sülze vor dem Servieren stürzen und in Scheiben schneiden.

JACQUELINE GÉRARD
BONNES RECETTES D'AUTREFOIS

Marmorierte Sülze

Marbre

	Ergibt 4,5 kg
3 kg	Schweinefleisch (Keule) ohne Knochen, in Würfel geschnitten
500 g	luftgetrockneter Schinken, in Würfel geschnitten
500 g	frischer durchwachsener Speck, in Würfel geschnitten
500 g	gekochter Schinken, in Würfel geschnitten
500 g	gekochte eingelegte Zunge, in Würfel geschnitten
4 EL	Öl oder zerlassenes Schweineschmalz
Etwa 1,5 l	gelatinehaltige Fleischbrühe (S. 172)
100 g	Pistazien, blanchiert, abgezogen und gehackt
100 g	Trüffeln, gehackt
1 TL	Gewürzmischung
10 cl	Marsala

	Marinade
	Salz
½ TL	Salpeter
1	Stange Bleichsellerie, in kleine Würfel geschnitten
1	Möhre, in kleine Würfel geschnitten
1	Zwiebel, in Viertel geschnitten
1	*bouquet garni*
Etwa ½ l	Rotwein

Das Schweinefleisch zum Marinieren mit Salz und Salpeter bestreuen und in einer Rührschüssel mit Bleichsellerie, Möhre und Zwiebel vermischen. Das *bouquet garni* hinzufügen und alle Zutaten mit Wein bedecken. An einem kühlen Platz zugedeckt 24 Stunden marinieren. Anschließend das Fleisch abtropfen lassen; die Marinade aufbewahren.

Die Zwiebel aus der Marinade sehr fein hacken. Öl oder Schweineschmalz in einer großen Bratpfanne erhitzen und Zwiebel, luftgetrockneten Schinken und Speck darin braten, bis das Fett des Specks flüssig wird. Das abgetropfte Schweinefleisch hinzufügen und hellbraun braten. Den Wein aus der Marinade dazugießen. Die Zutaten garen, bis der Wein absorbiert ist; dann mit Brühe bedecken. Einen Deckel auflegen und das Fleisch 1 Stunde simmern lassen, bis es weich ist.

Das Fleisch abtropfen lassen. Die Garflüssigkeit durch ein Sieb gießen und entfetten. Alle gegarten Fleischsorten, den gekochten Schinken und die Zunge mit den gehackten Pistazien, Trüffeln und Gewürzmischung verrühren.

Die Mischung in eine Steingutform geben. Die Garflüssigkeit mit Marsala und so viel von der restlichen Brühe vermischen, daß alles zusammen ¾ l Flüssigkeit ergibt. Abschmecken und zu der Fleischmischung in die Steingutform gießen. Die Sülze mit einem Gewicht beschweren, abkühlen lassen und anschließend im Kühlschrank fest werden lassen.

INTROZZI, MARINI UND MONTI (HERAUSGEBER)
RICETTARIO DELLE ESERCITAZIONI PRATICHE

Schinken mit Petersilie nach Burgunder Art

Jambon Persillé, de Bourgogne

	Ergibt 1,5 kg
1,5 kg	luftgetrockneter Schinken ohne Knochen, blanchiert, falls er sehr salzig ist
1¾ l	gelatinehaltige Fleischbrühe (S. 172)
3	Knoblauchzehen, feingehackt
45 g	Gewürzgurken, in kleine Würfel geschnitten
2 EL	gehackte Petersilie
3 EL	Weinessig

Den Schinken in ein Nesseltuch einschlagen und fest mit Küchengarn binden. Die Brühe zum Kochen bringen, den Schinken hineingeben und bei sehr schwacher Hitze 45 Minuten garen. Das Tuch entfernen, den Schaum vom Schinken abwischen, die Schwarte abschneiden und beiseite legen. Das Fleisch in etwa 150 g schwere Stücke schneiden.

Ein Stück Schwarte mit der Fettseite nach oben in eine tiefe achteckige Form legen. Knoblauch, Gurke und Petersilie vermischen und etwas von dieser Mischung in die Form streuen. Eine Schicht Schinkenstücke darauf anordnen, mit Petersilienmischung bestreuen und mit etwas Essig beträufeln. In dieser Reihenfolge weiterschichten, bis Schinken, Petersilienmischung und Essig aufgebraucht sind. Die restliche Schwarte mit der Fettseite nach unten auf die Oberfläche legen. So viel von der Brühe in die Form gießen, daß die Schwarte gerade eben bedeckt ist. Einen Teller darauflegen und den Teller mit Gewichten beschweren. Den Schinken abkühlen lassen, dann kalt stellen.

P.E. LALOUE
LE GUIDE DE LA CHARCUTERIE

Gefüllte Schweineschulter auf bretonische Art

Terrine Quimpéroise

	Ergibt 750 g
1,5 kg	Schweineschulter, entbeint, die Knochen aufbewahrt
500 g	Schweineschwarte
1	Kalbsfuß, gespalten
	Salz und frisch gemahlener Pfeffer
4 oder 5	Zwiebeln, gehackt
5 EL	*fines herbes* (Schnittlauch, Petersilie und Kerbel)
1 TL	Gewürzmischung

Schweineschwarte, Kalbsfuß und Schweineschulterknochen in einen großen Topf geben. Mit kaltem Wasser bedecken, mit Salz und Pfeffer würzen, zum Kochen bringen und zugedeckt 2 Stunden simmern lassen. Dann durch ein Sieb gießen.

Zwiebeln und *fines herbes* vermischen. Das Schweinefleisch auf einer glatten Arbeitsfläche ausbreiten und mit Salz, Pfeffer und den Gewürzen bestreuen. Mit der Zwiebel-Kräuter-Mischung bedecken, dabei rundherum einen Rand frei lassen. Das Fleisch aufrollen und mit Küchengarn binden.

Die aufgerollte Schulter in eine ovale Steingutform legen, die etwas größer ist als das Fleischstück, und im vorgeheizten Backofen bei 220°C (Gasherd Stufe 4–5) etwa 10 Minuten anbraten, bis die Oberfläche braun zu werden beginnt. Das Fleisch wenden und auf der anderen Seite 10 Minuten anbraten. Die passierte Garflüssigkeit in die Form gießen; das Fleisch sollte zu drei Vierteln bedeckt sein. Den Deckel auflegen und die Form für noch etwa 1½ Stunden in den Backofen stellen, bis das Fleisch weich ist. Abkühlen lassen und kalt servieren.

LA CUISINE BRETONNE

Polnische Fleisch-Galantine

Galantyna z Mięsa

	Ergibt 750 g
200 g	Kalbfleisch, in Würfel geschnitten
200 g	Schweinefleisch, in Würfel geschnitten
60 g	Brötchen
1	Ei
1	Knoblauchzehe
	Salz und frisch gemahlener Pfeffer
¼ TL	Majoran
¼ TL	geriebene Muskatnuß
3 bis 4 EL	Wasser
100 g	Schinken, in Würfel geschnitten
50 g	Gewürzgurken, in Würfel geschnitten
100 g	geräucherter durchwachsener Speck, in Würfel geschnitten
2 oder 3	Eiweiß, verquirlt
1	Tomate oder ½ Gurke, in Scheiben geschnitten
	Brühe
750 g	Kalbsfuß, zerhackt
1	Möhre
60 g	Knollensellerie
1	Zwiebel
1	Petersilienwurzel
1	Lorbeerblatt
4 oder 5	getrocknete Chilischoten
	Pfefferkörner
Etwa 1½ l	Wasser
	Salz

Alle Zutaten für die Brühe bis auf das Salz in einen großen Topf geben. Zum Kochen bringen und bei schwacher Hitze zugedeckt 4 Stunden simmern lassen. Nach 3½ Stunden Garzeit mit Salz abschmecken. Die Brühe durch ein Sieb gießen.

Das Brötchen in etwas Brühe einweichen. Dann zusammen mit dem Kalb- und Schweinefleisch dreimal durch den Fleischwolf drehen; beim dritten Mal eine sehr feine Scheibe verwenden. Das Ei hinzufügen. Den Knoblauch mit Salz zerdrücken und mit Pfeffer, Majoran und Muskat zur Hackfleischmasse geben. Unter Zugabe von Wasser kräftig rühren, bis die Masse cremig ist.

Ein Nesseltuch mit Butter bestreichen und die Fleischmasse in Form eines Rechtecks darauf verteilen. Schinken, Gewürzgurken und durchwachsenen Speck in die Mitte geben. Dann die Fleischmasse mit Hilfe des Tuches um diese Füllung herum aufrollen. Die Galantine in gleichmäßigen Abständen mit Küchengarn umwickeln; die Enden des Tuches fest zusammenbinden.

Die Brühe zum Kochen bringen, die Galantine hineingeben und 1 Stunde simmern lassen. Abkühlen lassen. Die Galantine aus dem Topf nehmen, ein Holzbrett darauflegen und mit einem Gewicht beschweren. Über Nacht an einem kühlen Platz stehenlassen. Die Brühe bis auf ¾ l einkochen. Das Eiweiß dazugeben und die Brühe unter Schlagen noch einmal aufkochen lassen. Dann durch ein mit einem Nesseltuch ausgelegtes Sieb gießen.

Das Tuch entfernen und die Galantine auf einer länglichen Platte anrichten. Mit Tomaten- oder Gurkenscheiben garnieren. Löffelweise mit Brühe überziehen und kalt stellen, bis die Brühe fest ist; diesen Vorgang mehrmals wiederholen. Oder die Brühe kalt stellen, fest werden lassen und das Gelee in Würfel schneiden und zum Garnieren verwenden.

HELENA HAWLICZKOWA
KUCHNIA POLSKA

Galantine mit gehacktem Schweinefleisch

Galantina di Maiale

	Ergibt 1 kg
600 g	mageres Schweinefleisch ohne Knochen
100 g	gehackte Zunge, davon die Hälfte in Würfel geschnitten
100 g	gekochter Schinken, die mageren Teile in Würfel geschnitten
10	Pistazien, blanchiert und abgezogen
	Salz und frisch gemahlener Pfeffer
	Frisch geriebene Muskatnuß
8 cl	Marsala
¼ TL	Trüffelpulver (nach Belieben)
100 g	frischer fetter Speck
125 g	Schweinsnetz
1	*bouquet garni*

Die gewürfelte Zunge, den gewürfelten Schinken, die Pistazien, Salz und Pfeffer, eine Prise Muskat, den Marsala und nach Belieben das Trüffelpulver in eine Schüssel geben und alles gut miteinander vermischen.

Das Schweinefleisch mit der restlichen Zunge, dem Schinkenfett und dem Speck durch den Fleischwolf drehen. In die Schüssel geben und gründlich vermischen.

Das Schweinsnetz auf der Arbeitsfläche ausbreiten, die Fleischmasse in die Mitte geben und mit dem Schweinsnetz zu einer Wurst rollen, diese in ein Tuch einschlagen und in der Mitte und an den Enden mit Küchengarn binden.

Gesalzenes Wasser in einem großen Topf zum Kochen bringen und das *bouquet garni* hinzufügen. Die Galantine in den Topf geben und etwa 1½ Stunden simmern lassen, bis sie fest ist. Abtropfen lassen, auf einen Teller legen, mit einem Gewicht beschweren und erkalten lassen.

PIER ANTONIO SPIZZOTIN (HERAUSGEBER)
LA CARNE CONVENIENTE

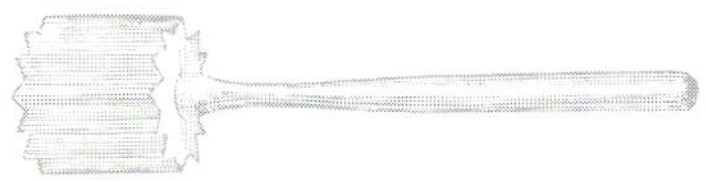

Schweinefleisch-Galantine

Galantina di Maiale

	Ergibt 1,5 kg
550 g	Schweinefilet, in Würfel geschnitten
350 g	Filetkotelettstück ohne Knochen, vom Schwein, feingehackt
250 g	frischer fetter Speck, davon eine Hälfte feingehackt, die andere blanchiert und in Würfel geschnitten
200 g	Schinken, in Würfel geschnitten
150 g	gekochte Zunge, in Würfel geschnitten
30 g	Pistazien, blanchiert und abgezogen
1	schwarze Trüffel, in Würfel geschnitten
	Salz und frisch gemahlener Pfeffer
8 cl	trockener Marsala
100 g	gehäutetes Euter, feingehackt (nach Belieben)
125 g	Schweinsnetz, in warmem Wasser eingeweicht
	Fleischbrühe (S. 172)

Schweinefilet, Speckwürfel, Schinken, Zunge, Pistazien und Trüffel in eine Schüssel geben. Mit Salz und Pfeffer würzen und Marsala hinzufügen. Mindestens 1 Stunde marinieren.

Das feingehackte Schweinefleisch, den feingehackten Speck und nach Belieben das Euter in einem großen Mörser vermischen und zerdrücken; dann durch ein Sieb passieren. Statt dessen kann man die Fleischsorten auch zusammen noch zweimal durch den Fleischwolf drehen. Die zerdrückte oder feingehackte Fleischmasse zur marinierten Schweinefleischmischung geben und mit den Händen gut vermischen, bis der Marsala absorbiert ist. Eventuell mit Salz und Pfeffer nachwürzen.

Das Schweinsnetz abtropfen lassen und trockentupfen. Auf der Arbeitsfläche ausbreiten und die Fleischmasse daraufgeben, zu einer Rolle formen und fest mit dem Schweinsnetz umwickeln. Die Enden des Schweinsnetzes umschlagen. Die Rolle in ein Nesseltuch einschlagen und in der Mitte und an beiden Enden mit Küchengarn binden. In einen Topf geben und mit Brühe bedekken. Zum Kochen bringen und etwa 2 Stunden simmern lassen, bis die Galantine fest ist.

FERNANDA GOSETTI
IN CUCINA CON FERNANDA GOSETTI

Kalte Schinken-Galantine

Polpettone Freddo di Prosciutto

	Ergibt 750 g
600 g	gekochter Schinken, feingehackt
6 EL	gehackte Petersilie
1 EL	feingehackte Zwiebel
100 g	*grana*-Käse oder Parmesankäse, frisch gerieben
3	Eier, verquirlt
	Salz
	Geriebene Muskatnuß
1 EL	Pistazien, blanchiert und abgezogen
1 oder 2	Möhren, 5 Minuten blanchiert
1¼ l	Fleischbrühe (S. 172)

Schinken, Petersilie, Zwiebel, Käse und Eier vermischen. Mit etwas Salz und einer Prise Muskat würzen. Pistazien hinzufügen und gut unterrühren. Eine dicke Rolle aus der Masse formen und der Länge nach einschneiden. Die Möhren hineindrücken und den Einschnitt wieder verschließen. Die Rolle in ein Tuch einschlagen und mit Küchengarn fest binden.

Die Brühe zum Kochen bringen. Die Rolle hineingeben und 20 Minuten simmern lassen, bis sie sich fest anfühlt. Dann abtropfen und abkühlen lassen. Die Brühe einkochen, bis sie geliert. Das Gelee abkühlen und fest werden lassen.

Die Galantine in dünne Scheiben schneiden. Das Gelee hacken und zum Garnieren der Galantine verwenden.

CIA ERAMO
SEGRETI E NO DELLA CUCINA MANTOVANA

Oster-Galantine

Easter Sunday Galantine

	Ergibt 850 g
500 g	Lammfleisch, feingehackt
250 g	durchwachsener Speck, feingehackt
125 g	frische Weißbrotkrumen
2	Eier, kräftig geschlagen
½ TL	Salz
	Frisch gemahlener Pfeffer
1¼ l	Fleischbrühe (S. 172)

Das Fleisch und den Speck in eine Schüssel geben. Weißbrotkrumen, Eier, Salz, Pfeffer und 30 cl Brühe unterrühren. Die Masse auf ein leicht mit Mehl bestreutes Holzbrett geben und zu einer großen Wurst formen. Die Wurst in ein mit Mehl bestreutes Nesseltuch einschlagen, das Tuch zusammennähen und an den Enden fest mit Küchengarn binden.

Die restliche Brühe in einem Topf erhitzen. Die Galantine darin zugedeckt 2 Stunden simmern lassen. Die Galantine herausnehmen; das Tuch gegebenenfalls noch einmal fest zusammenbinden. Die Galantine auf einen Teller legen und mit einem zweiten Teller beschweren. Am nächsten Tag Gewicht und Tuch entfernen. Die Garflüssigkeit abschäumen und so weit einkochen, daß sie geliert. Die Galantine damit bestreichen und servieren, wenn der Geleeüberzug kalt und fest geworden ist.

MRS. ARTHUR WEBB
FARMHOUSE COOKERY

Wurst im Stiefel

Saucisson en Brodequin

	Ergibt 1 kg
400 g	mageres Lamm- oder Hammelfleisch, feingehackt
1	jähriges Rebhuhn, Haut abgezogen, entbeint und feingehackt
250 g	Schweinebauch ohne Knochen, feingehackt
100 g	frischer fetter Speck, in Würfel geschnitten
100 g	mildgeräucherter Schinken, in Würfel geschnitten
2 oder 3	Eier
	Salz
	Gewürzmischung
30 g	Pistazien, blanchiert, abgezogen und grobgehackt
2	Trüffeln, in Würfel geschnitten
125 g	Schweinsnetz
10 cl	Weißwein
	Fleischbrühe (S. 172)

Alle Zutaten mit Ausnahme von Schweinsnetz, Weißwein und Brühe gut vermischen. Die Masse zu einer Wurst formen und in das Schweinsnetz einschlagen. Die Enden des Schweinsnetzes umschlagen und festdrücken.

Vier dünne Holzleisten der Länge nach in gleichen Abständen um die Wurst herum anordnen. Mit Küchengarn umwickeln. Die so verpackte Wurst in einen ovalen Topf oder einen Fischkessel legen und mit Wein und Brühe bedecken. Die Flüssigkeit zum Kochen bringen und etwa 1 Stunde simmern lassen, bis die Fleischmasse fest ist. Die Wurst in der Garflüssigkeit abkühlen lassen. Küchengarn und Leisten entfernen.

MENON
LE MANUEL DES OFFICIERS DE BOUCHE

Galantine auf Hausfrauenart

Galantina Casalinga

	Ergibt 600 g
400 g	Kalbfleisch oder mageres Rindfleisch, feingehackt
100 g	luftgetrockneter Schinken, feingehackt
100 g	gekochte Zunge, davon eine Hälfte feingehackt, die andere in Würfel geschnitten
30 g	*pancetta* oder durchwachsener Speck, feingehackt
8 cl	Marsala
2 EL	Pistazien, blanchiert und abgezogen
2	Eier
	Salz und frisch gemahlener Pfeffer
	Gelee, gehackt (S. 172)

Kalb- oder Rindfleisch, Schinken, gehackte Zunge und *pancetta* oder durchwachsenen Speck in einer Schüssel vermischen. Marsala, Pistazien, gewürfelte Zunge, Eier, Salz und Pfeffer hinzufügen und alles gut vermischen. Zu einem Laib formen, in Pergamentpapier einschlagen und mit Küchengarn fest umwikkeln. In einen Topf mit leicht gesalzenem Wasser geben, zum Kochen bringen und 1½ Stunden simmern lassen.

Die Galantine aus dem Topf nehmen, auf einen Teller legen und zum Abkühlen mit einem leichten Gewicht beschweren. Nach dem Abkühlen in Scheiben schneiden, auf einer Platte anrichten und mit gehacktem Gelee garniert servieren.

IL CUCCHIAIO D'ARGENTO

Thunfischrolle

Fiambre de Bonito o Atun

	Ergibt 1,5 kg
1 kg	Thunfisch, die Haut abgezogen, entgrätet und feingehackt
2 EL	frische Weißbrotkrumen
20 cl	trockener Sherry
2	Eier, verquirlt
	Salz
125 g	frischer durchwachsener Speck, in Streifen geschnitten
125 g	Schinken, in Streifen geschnitten
5	große Möhren, gegart und in dicke Streifen geschnitten
1	Zwiebel, in Viertel geschnitten
1	Stengel Petersilie
1	Knoblauchzehe
15 cl	Weißwein
1	kleines Lorbeerblatt

Den Thunfisch, die Weißbrotkrumen, den Sherry und die Eier vermischen. Mit etwas Salz würzen.

Ein sauberes Tuch auf einer Arbeitsfläche ausbreiten. Ein Drittel der Thunfischmasse in die Mitte geben. Je die Hälfte von Speck, Schinken und Möhren in Schichten daraufgeben. Mit einem weiteren Drittel Thunfischmasse bedecken. Die restliche Hälfte von Speck, Schinken und Möhren daraufschichten. Zuletzt die restliche Thunfischmasse darauf verteilen.

Das Tuch um die geschichteten Zutaten schlagen und an den Enden mit Küchengarn binden. Das Tuch fest andrücken, so daß eine kompakte Rolle entsteht.

Die Rolle in einen Topf legen und die restlichen Zutaten hinzufügen. Etwas Salz und so viel Wasser dazugeben, daß die Rolle bedeckt ist. Das Wasser zum Kochen bringen, einen Deckel auflegen und die Rolle bei schwacher Hitze garen, bis sie fest ist, dann abtropfen lassen. Nach kurzem Abkühlen die Rolle zwischen zwei Bretter legen, das obere mit einem Gewicht beschweren und die Rolle vollständig abkühlen lassen.

Zum Servieren die Rolle in Scheiben schneiden und nach Belieben mit kleingeschnittenem Salat, Scheiben von hartgekochten Eiern und ähnlichem garnieren.

MARIA LUISA GARCÍA
EL ARTE DE COCINAR

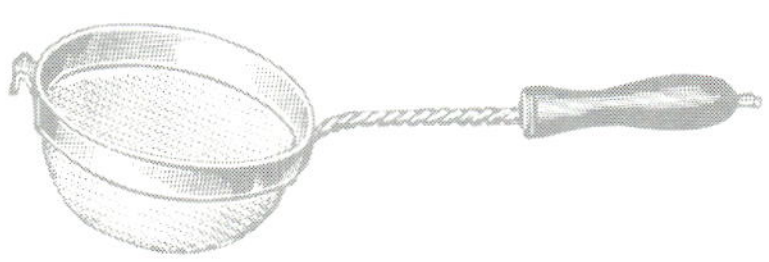

Kalbsbrust-Galantine

Pancetta di Vitello Ripiena

	Ergibt 1,5 kg
1 kg	Kalbsbrust, die Knochen so ausgelöst, daß eine Tasche entsteht
50 g	gekochter Schinken, feingehackt
50 g	Mortadella, feingehackt
300 g	Schweinefleisch oder Fleischreste, feingehackt
3	Eier, verquirlt
50 g	Parmesankäse, frisch gerieben
	Salz und frisch gemahlener Pfeffer
1	Zwiebel
2	Möhren
2	Stangen Bleichsellerie
1	*bouquet garni*

Schinken, Mortadella und Schweinefleisch oder Fleischreste vermischen. Eier, Käse, Salz und Pfeffer hinzufügen und alles gut vermischen. Die Kalbsbrust mit dieser Masse füllen und zunähen, so daß die Füllung ganz eingeschlossen ist.

Die Kalbsbrust fest in ein Tuch einschlagen. Die Gemüse und das *bouquet garni* in einen großen Topf geben, reichlich Wasser hinzufügen und zum Kochen bringen. Die Kalbsbrust in den Topf geben und 2 Stunden simmern lassen, bis sie weich ist.

Abtropfen lassen. Vor dem Servieren das Tuch entfernen und die Kalbsbrust in Scheiben schneiden.

PIER ANTONIO SPIZZOTIN (HERAUSGEBER)
LA CARNE CONVENIENTE

Kalbfleisch-Galantine

Galantine of Veal

Die Galantine kann mit einer Schicht Gelee überzogen und mit gehacktem Gelee (Rezept S. 172) umgeben werden.

	Ergibt 1,5 kg
1	kleine Kalbsbrust, entbeint
750 g	Bratwurstmasse
	Getrocknete gemischte Kräuter
1	Ei, hartgekocht und in Scheiben geschnitten
	Salz und frisch gemahlener Pfeffer
60 g	Pistazien, blanchiert und abgezogen
1	kleine Trüffel, gehackt
100 g	frischer durchwachsener Speck, in Scheiben geschnitten, knusprig gebraten und abgekühlt
½	Zitrone, Schale abgerieben
1	Zwiebel
1	Möhre
1	*bouquet garni*

Die Kalbsbrust flach auf einem Holzbrett ausbreiten und eine Hälfte gleichmäßig mit der Hälfte der Bratwurstmasse bedecken. Die bedeckte Hälfte mit Kräutern bestreuen, Eischeiben darauflegen und mit Salz und Pfeffer würzen. Mit Pistazien und Trüffelstückchen bestreuen. Mit Speckscheiben bedecken und dünn mit Zitronenschale bestreuen. Darauf die restliche Bratwurstmasse verteilen. Die Kalbsbrust fest rollen und in ein Tuch einschlagen; die Enden des Tuches mit Küchengarn binden.

In einem großen Topf reichlich Wasser mit Zwiebel, Möhre und *bouquet garni* zum Simmern bringen. Das Fleisch hineingeben und bei schwacher Hitze 3 bis 4 Stunden garen, bis es weich ist. In der Garflüssigkeit abkühlen lassen. Die Galantine aus dem Topf heben, wenn sie fast kalt ist. Das Tuch entfernen und die Galantine wieder zu einer schön geformten Rolle binden. Anschließend zwischen zwei Holzbretter legen und mit einem Gewicht beschweren. Die Galantine kalt werden lassen und flachdrücken. Vor dem Servieren in den Kühlschrank stellen.

ANDRÉ L. SIMON
A CONCISE ENCYCLOPAEDIA OF GASTRONOMY

Gefüllte Kalbsbrust

Cima Ripiena

	Ergibt 2 kg
1,5 kg	Kalbsbrust, entbeint und zum Füllen vorbereitet
1	Knoblauchzehe, in Hälften geschnitten
2 l	Fleischbrühe (S. 172)
1	Zwiebel
1	Möhre
1	Stange Bleichsellerie
1	Lorbeerblatt

	Kalbfleischfüllung
100 g	Kalbfleisch, in Würfel geschnitten
100 g	Kalbsbries, blanchiert
100 g	Kalbshirn, blanchiert
50 g	Butter
15 g	getrocknete Champignons, 20 Minuten in heißem Wasser eingeweicht und abgetropft (nach Belieben)
3 EL	frische grüne Erbsen
¼ TL	getrockneter Majoran
	Salz und frisch gemahlener Pfeffer
3 EL	frisch geriebener Parmesankäse
6	Eier, geschlagen

Die Innenseite der Kalbsbrust mit Knoblauch einreiben.

Für die Füllung Kalbfleisch, Kalbsbries und -hirn in Butter braunbraten und anschließend hacken; falls Champignons verwendet werden, diese zusammen mit dem Fleisch hacken. Die übrigen Zutaten für die Füllung untermischen. Die vorbereitete Tasche in der Kalbsbrust zu zwei Dritteln mit der fast flüssigen Masse füllen. Anschließend die Öffnung zunähen. Die Kalbsbrust mehrere Male vorsichtig mit einer Gabel einstechen, damit sie während des Garens nicht platzt.

Die Brühe zum Kochen bringen und die Gemüse und das Lorbeerblatt hinzufügen. Sobald die Brühe wieder kocht, die Kalbsbrust dazugeben. Bei schwacher Hitze etwa 2 Stunden simmern lassen, bis das Fleisch weich ist. Die Kalbsbrust aus dem Topf nehmen und abtropfen lassen. Zwischen zwei Teller legen, mit einem Gewicht beschweren und abkühlen lassen. In Scheiben schneiden und servieren.

STELLA DONATI (HERAUSGEBERIN)
IL GRANDE MANUALE DELLA CUCINA REGIONALE

Kalbfleischrolle

Rifreddo di Vitella di Latte

	Ergibt 750 g
1	Scheibe mageres Kalbfleisch ohne Knochen (etwa 400 g), zu einer Dicke von 1 cm flachgeklopft
50 g	Schinken, in dünne Scheiben geschnitten
50 g	Mortadella, in dünne Scheiben geschnitten
1	Hähnchenbrust, entbeint, die Haut abgezogen, in dünne Scheiben geschnitten
30 g	Butter
	Salz und frisch gemahlener Pfeffer
1½ l	Kalbsbrühe (S. 172)

	Füllmasse
120 g	mageres Kalbfleisch, feingehackt
20 g	Schinken, feingehackt
30 g	Parmesankäse, frisch gerieben
20 g	Butter
1	Ei
	Salz und frisch gemahlener Pfeffer

Für die Füllmasse Kalbfleisch und Schinken zusammen in einem Mörser zerdrücken. Die restlichen Zutaten hinzufügen und zu einer glatten Masse verarbeiten.

Etwas Füllmasse auf dem flachgeklopften Kalbfleisch verteilen. Einige Scheiben Schinken, Mortadella und Hähnchenbrust daraufgeben und mit Füllmasse bedecken. In dieser Reihenfolge weiterschichten, bis Füllmasse, Schinken, Mortadella und Hähnchenbrust aufgebraucht sind. Das gefüllte Kalbfleisch aufrollen und wie eine Wurst binden.

Butter in einem Topf erhitzen und die Kalbfleischrolle darin hellbraun anbraten; mit etwas Salz und Pfeffer würzen. Dann die Butter abgießen und so viel Brühe hinzufügen, daß das Fleisch knapp bedeckt ist. Die Rolle bei schwacher Hitze etwa 3 Stunden garen, bis sie weich ist. Aus der Brühe nehmen und abkühlen lassen. Danach das Küchengarn entfernen und die Kalbfleischrolle in Scheiben schneiden. Nach Belieben die Brühe kalt stellen, bis sie geliert, und die Rolle damit garnieren.

PELLEGRINO ARTUSI
LA SCIENZA IN CUCINA E L'ARTE DI MANGIAR BENE

Hasen-Roulade

To Collar a Hare

Ein Hase wird wie ein Spanferkel entbeint (S. 82).

	Ergibt 1,5 kg
1	Hase, entbeint
125 g	frischer durchwachsener Speck, in Streifen geschnitten
350 g	Hackfleischmasse (S. 170) (nach Belieben)
250 g	Kalbfleisch, in dünne Scheiben geschnitten
	Gewürzmischung
	Salz
30 cl	Weißwein
60 cl	gelatinehaltige Fleischbrühe (S. 172)
125 g	frischer durchwachsener Speck, in Scheiben geschnitten

Den Hasen mit den Speckstreifen spicken, die Innenseite mit Gewürzmischung und Salz bestreuen und nach Belieben die Hackfleischmasse darauf verteilen. Den Hasen fest aufrollen und mit Küchengarn binden. Den Boden eines tiefen Schmortopfes mit den Kalbfleischscheiben belegen, den Hasen hineingeben und Wein und Brühe dazugießen. Mit den Speckscheiben bedecken. Die Flüssigkeit zum Simmern bringen und den Hasen bei schwacher Hitze etwa 2 Stunden garen, bis er weich ist; gegebenenfalls etwas Brühe nachgießen.

Das Küchengarn entfernen und den Hasen in eine tiefe Schüssel legen. Die Garflüssigkeit durch ein Sieb gießen und entfetten, dann den Hasen damit begießen und in den Kühlschrank stellen, bis die Brühe zu Gelee erstarrt ist.

F. COLLINGWOOD UND J. WOOLAMS
THE UNIVERSAL COOK

Kaninchen in Gelee auf provenzalische Art

Compote de Lapin

	Ergibt 1,5 kg
1	Kaninchen, zerlegt
2 EL	Öl
1	*bouquet garni*
1	Knoblauchzehe
	Salz und frisch gemahlener Pfeffer
1/4 l	Wasser
1	Kalbsfuß
	Marinade
2	Zwiebeln, gehackt
3 oder 4	Möhren, in Scheiben geschnitten
1	Knoblauchzehe
1	Nelke
1	*bouquet garni* mit reichlich Thymian
1 l	Rot-, Weiß- oder Roséwein
8 cl	Essig
	Salz
1 TL	Pfefferkörner

Die Zutaten für die Marinade vermischen. Das Kaninchenfleisch hinzugeben und einige Stunden marinieren.

Das Öl in einem Topf erhitzen. Die Fleischstücke abtropfen lassen, trockentupfen und im Öl braun anbraten. Die Möhrenscheiben aus der Marinade dazugeben und ebenfalls braunbraten. Dann die Marinadenflüssigkeit durch ein Sieb in den Topf gießen und so lange simmern lassen, bis die Flüssigkeit zur Hälfte verdampft ist. Das *bouquet garni*, die Knoblauchzehe, Salz und Pfeffer, Wasser und den Kalbsfuß hinzufügen. Den Topf fest verschließen. Das Fleisch bei schwacher Hitze 1½ Stunden garen und anschließend etwas abkühlen lassen. Die Kaninchenstücke aus dem Topf nehmen und die Knochen auslösen. Die Garflüssigkeit zu sirupartiger Konsistenz einkochen. Das *bouquet garni* und den Kalbsfuß entfernen.

Das Kaninchenfleisch in eine Steingutform geben, mit der eingekochten Garflüssigkeit überziehen und mit einigen Möhrenscheiben garnieren. Für mehrere Stunden in den Kühlschrank stellen, bis die Garflüssigkeit zu Gelee erstarrt ist. Das Kaninchenfleisch in Gelee in der Form servieren.

FLORENCE DE ANDREIS
LA CUISINE PROVENÇALE D'AUJOURD'HUI

Wildkaninchen in Gelee

Lapin de Garenne en Gelée

	Ergibt 2 kg
1	Wildkaninchen, zerlegt
2	große Stücke Schweineschwarte
250 g	leicht gepökelter Schweinebauch, in kleine Stücke geschnitten
1	Kalbsfuß, entbeint und in kleine Stücke geschnitten
3	Zwiebeln, in Scheiben geschnitten
2	Möhren, in Scheiben geschnitten
1	Lorbeerblatt, zerrieben
1 TL	getrockneter Thymian
	Salz und frisch gemahlener Pfeffer
45 cl	trockener Weißwein
10 cl	gelatinehaltige Fleischbrühe (S. 172)
	Mehl-Wasser-Paste

Den Boden einer Steingutform mit einer Schweineschwarte auslegen. Nacheinander je eine Lage Kaninchenfleisch, Schweinebauch und Kalbsfußfleisch in die Form schichten. Dann die Hälfte der Gemüse, Kräuter und Gewürze hinzufügen. Das restliche Fleisch, die Gemüse und Gewürze wieder in der gleichen Reihenfolge darauflegen. Wein und Brühe dazugießen und die Fleischlagen mit der zweiten Schweineschwarte bedecken.

Einen Deckel auflegen und mit der Mehl-Wasser-Paste versiegeln. In ein Wasserbad stellen und im vorgeheizten Backofen bei 180°C (Gasherd Stufe 2–3) etwa 1¾ Stunden garen. Vor dem Servieren vollständig abkühlen lassen.

JACQUELINE GÉRARD
LES MEILLEURES RECETTES DE GIBIER

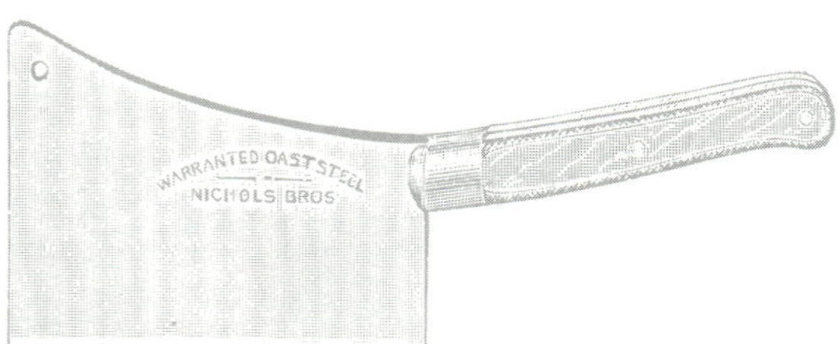

Wildkaninchen-Galantine

Le Pâté de Lapin

	Ergibt 2 kg
1	Wildkaninchen, entbeint, das Fleisch in Streifen geschnitten
500 g	Kalbfleisch, in Streifen geschnitten
500 g	Schweinefleisch, in Streifen geschnitten
250 g	frischer durchwachsener Speck, in Streifen geschnitten
250 g	gepökeltes Schweinefleisch, in Streifen geschnitten
2 oder 3	Trüffeln, in Scheiben geschnitten
	Salz und frisch gemahlener Pfeffer
	Brühe
1	Rinderbeinscheibe (500 g)
500 g	Kalbshaxe
1	Schweinsfuß
1	Kalbsfuß
250 g	Schweineschwarte
2	Möhren
2	Stangen Bleichsellerie
2	Zwiebeln
2	Stangen Porree
2	Knoblauchzehen
	Geriebene Muskatnuß
Je 1 TL	Thymian und Bohnenkraut
2	Nelken
1	Lorbeerblatt
1	Stengel Majoran

Fleisch, Speck, Trüffeln, 30 g Salz und 10 g Pfeffer vermischen. Eine Steingutform so mit einem großen Nesseltuch auslegen, daß es über den Rand hängt. Die Mischung hineingeben, das Tuch darüberschlagen und an den Rändern zusammennähen.

Die restlichen Zutaten in einen großen Topf geben, reichlich Wasser hinzufügen und zum Kochen bringen; mit etwas Salz würzen. Die eingenähte Fleischmischung hineingeben und zugedeckt bei sehr schwacher Hitze 4 Stunden simmern lassen.

Die Fleischmischung aus dem Topf nehmen, aus dem Tuch wickeln und wieder in die Steingutform geben.

Die Garflüssigkeit durch ein Sieb gießen, entfetten und abschmecken. Über die Fleischmischung in der Steingutform gießen und abkühlen lassen, dann die Galantine in den Kühlschrank stellen, bis die Garflüssigkeit zu Gelee erstarrt ist.

70 MÉDECINS DE FRANCE
LE TRÉSOR DE LA CUISINE DU BASSIN MÉDITERRANÉEN

Kaninchen in Gelee

Lapin de Garenne en Gelée

	Ergibt 1 kg
1	Kaninchen, zerlegt
	Trockener Weißwein
	Salz
	Gewürzmischung
125 g	frischer Schweinebauch mit Schwarte, in schmale Streifen geschnitten
2	Schalotten, gehackt
1	*bouquet garni*
1	große Scheibe frischer fetter Speck

Die fleischigen Teile des Kaninchens (Rücken und Keulen) in große Stücke schneiden. In eine Schüssel geben, mit Weißwein bedecken und mit Salz und Gewürzmischung bestreuen. Einige

Stunden marinieren. Das Kaninchenfleisch zusammen mit dem Schweinebauch in eine Steingutform geben und mit der Marinade knapp bedecken; gegebenenfalls noch etwas Wasser und Wein dazugießen. Die Schalotten und das *bouquet garni* hinzufügen. Den fetten Speck darauflegen. Den Deckel auflegen, in ein Wasserbad stellen und im vorgeheizten Backofen bei 150° C (Gasherd Stufe 1) 3 bis 3½ Stunden garen. Zugedeckt abkühlen lassen, dann für 48 Stunden in den Kühlschrank stellen. Vor dem Servieren auf eine Platte stürzen.

ALEXANDRE DUMAINE
MA CUISINE

Kaninchen-Galantinen

Galantines de Lapreaux Froids

	Ergibt 2,5 kg
2	junge Kaninchen, entbeint, die Knochen in Stücke gebrochen
400 g	mageres Kalbfleisch
250 g	Rindermark oder -talg
6	Eier, davon 2 verquirlt, 4 hartgekocht und in Streifen geschnitten
	Salz und frisch gemahlener Pfeffer
	Gewürzmischung
	Fines herbes
250 g	Schinken, in Streifen geschnitten
250 g	frischer fetter Speck, in Streifen geschnitten
60 g	Pistazien, blanchiert und abgezogen
60 g	Mandeln, blanchiert, abgezogen und in Hälften geschnitten
2	Trüffeln, in sehr feine Streifen geschnitten
1	Zwiebel, grobgehackt
2	Möhren, grobgehackt
1	*bouquet garni*
	Gelatinehaltige Fleischbrühe (S. 172)

Das Kalbfleisch und das Mark oder den Talg zusammen durch den Fleischwolf drehen. Die verquirlten Eier bis auf eine kleine Menge hinzufügen. Reichlich Salz, Pfeffer, Gewürze und *fines herbes* dazugeben und gut vermischen.

Etwas von dieser Hackfleischmasse in die Kaninchen geben und glattstreichen. Die Schinken- und Speckstreifen, Pistazien, Mandeln, hartgekochten Eier und Trüffeln in Reihen auf der Masse anordnen. Würzen, dann in der beschriebenen Weise weiterschichten, bis die Zutaten aufgebraucht sind; mit einer Lage Hackfleischmasse abschließen. Die Kaninchen aufrollen und an den Rändern mit verquirltem Ei bestreichen.

Jedes gefüllte Kaninchen fest in ein Tuch einschlagen und mit Küchengarn binden. Die gehackten Gemüse, das *bouquet garni* und die Kaninchenknochen auf dem Boden eines ovalen Topfes anordnen und die Kaninchen auf dieses Bett legen. Brühe in den Topf gießen und zum Kochen bringen. Zugedeckt etwa 1½ Stunden simmern lassen.

Die Kaninchen aus dem Topf nehmen, auf einen Teller legen, mit einem zweiten Teller beschweren und abkühlen lassen. Die Tücher entfernen und die Kaninchen in eine tiefe Schüssel legen. Die Garflüssigkeit entfetten und durch ein Sieb über die Kaninchen gießen. Die Kaninchen-Galantinen kalt stellen.

MARIN
LES DONS DE COMUS

Frische Foie gras

Le Foie Gras Frais

	Ergibt 600 g
1	frische *foie gras* (etwa 600 bis 750 g)
½ l	Milch
	Salz und frisch gemahlener Pfeffer

Die Leber 2 bis 3 Stunden in Milch legen. Abtropfen lassen und die weißen Fasern entfernen; darauf achten, daß die Leber nicht beschädigt wird und daß die einzelnen Lappen ganz bleiben.

Die Leber mit Salz und Pfeffer würzen, in eine Steingutform legen und zugedeckt im vorgeheizten Backofen bei 180° C (Gasherd Stufe 2–3) etwa 35 Minuten garen, bis sie fest, aber innen noch rosa ist. Das Fett abgießen und durch ein Sieb geben. Wieder in den Backofen stellen, damit es heiß bleibt. Nach 10 Minuten das Fett über die warme Leber gießen; die Leber absorbiert einen Teil des Fettes und wird weicher.

RAYMOND THUILIER UND MICHEL LEMONNIER
LES RECETTES DE BAUMANIÈRE

Gespickte Schweineleber glaciert

Foie de Porc, Piqué et Glacé

	Ergibt 1,75 kg
1	sehr frische Schweineleber
250 g	gepökelter fetter Speck, in Streifen geschnitten
	Gelatinehaltige Fleischbrühe (S. 172)

Die Leber großzügig spicken; die Speckstreifen in gleichmäßigem Abstand und quer zur Faserrichtung durch das Fleisch ziehen. Die Leber auf ein passend großesBrett legen und mit Küchengarn so fest binden, daß sie eine ansprechende runde Form erhält.

Reichlich Brühe in einem großen Topf zum Simmern bringen. Die Leber auf dem Brett hineingeben und bei sehr schwacher Hitze 40 bis 50 Minuten garen; die Oberfläche der Brühe sollte nur schwach bewegt sein. Wenn die Leber fest ist, den Topf von der Kochstelle nehmen. Die Leber in der Brühe abkühlen lassen.

Die Leber aus dem Topf nehmen und das Küchengarn entfernen. Etwas Brühe erhitzen und die Leber hineintauchen, um sie zu säubern. Die Leber trockentupfen und in eine tiefe ovale Form legen. Die Garflüssigkeit, falls nötig, klären, dann abkühlen lassen, bis sie fast fest ist, und die Leber damit überziehen.

P. E. LALOUE
LE GUIDE DE LA CHARCUTERIE

Kalte Foie gras mit Portwein

Foie Gras Froid au Porto

Vor dem Marinieren können Trüffelstifte und Gewürze in Schlitze in der Leber gesteckt werden; auf diese Weise kann das Aroma der Trüffeln besser in die Leber eindringen.

	Ergibt 1 kg
1	*foie gras* (1 kg), pariert
3 EL	Cognac
1/2 TL	Gewürzmischung
	Salz und frisch gemahlener Pfeffer
60 g	Trüffeln, geschält und in Viertel geschnitten, die Schalen aufbewahrt
125 g	Schweinsnetz
60 cl	gelatinehaltige Fleischbrühe (S. 172)
3 EL	Portwein

Die *foie gras* in den Cognac legen und mit Gewürzmischung, Salz und Pfeffer würzen. Die Trüffelschalen hinzufügen und die Schüssel mit Klarsichtfolie bedecken. 3 Stunden marinieren.

Die marinierte Leber in Schweinsnetz einschlagen und mit Küchengarn binden. Die Brühe zum Kochen bringen, die Trüffelschalen hinzufügen und die Leber hineingeben. Die Brühe mit Salz abschmecken, abschäumen und die Leber bei sehr schwacher Hitze etwa 15 Minuten garen. Den Topf von der Kochstelle nehmen und die Leber in der Garflüssigkeit abkühlen lassen.

Um zu prüfen, ob die Brühe zu Gelee erstarrt, die Hälfte davon abgießen, sorgfältig entfetten und in den Kühlschrank stellen; dabei muß berücksichtigt werden, daß die Brühe durch den Portwein, der noch dazugegossen wird, wieder flüssiger wird. Falls sie nicht fest genug wird, die Brühe klären und einkochen, bis sie die gewünschte Konsistenz hat.

Die Trüffelstücke in den Portwein geben und den Wein zum Kochen bringen; die Trüffeln in dem Wein kalt werden lassen.

Die Leber aus dem Schweinsnetz nehmen, in eine flache Schüssel geben und mit den Trüffeln bestreuen. Den Portwein zu der eingekochten und abgekühlten Brühe geben. Die Leber mit einer Schicht Brühe überziehen und stehenlassen, bis die Brühe geliert ist. Diesen Vorgang so oft wiederholen, bis die Leber mit einer schönen, goldglänzenden Geleeschicht überzogen ist. Zum Garnieren die Schüssel zu zwei Dritteln mit Gelee füllen. Die Leber an einen kühlen Platz, jedoch nicht in den Kühlschrank stellen, es sei denn, dieser läßt sich auf eine Temperatur von 8° C einstellen. Eine so zubereitete *foie gras* ist rosa und samtig zart; sie sollte innen noch blutig, aber nicht mehr roh sein.

PAUL BOCUSE
DIE NEUE KÜCHE

Standardrezepte

Hackfleischmasse

Verschiedene Methoden für das Hacken von Fleisch werden auf S. 10 ausführlich erklärt. Statt der frischen Weißbrotkrumen kann man auch eine Panade aus Weißbrotbröseln und Brühe verwenden. Man streut die Weißbrotbrösel in 1/4 l heiße Fleischbrühe (S. 11) und kocht die Brühe dann unter ständigem Rühren etwas ein, bis eine dicke, glatte Paste entsteht.

	Ergibt 1 kg
350 g	Kalbfleisch, feingehackt
350 g	Schweinefleisch, feingehackt
350 g	frischer fetter Speck, feingehackt
2	Hühnerlebern, feingehackt, oder Hühnerleberfarce (S. 171) (nach Belieben)
2	Eier
60 g	frische Weißbrotkrumen
2 EL	Weinbrand, Madeira, Pastis, Sherry, Portwein oder Wein
	Getrocknete gemischte Kräuter
	Gewürzmischung
	Salz und frisch gemahlener Pfeffer

Fleisch, Speck und Leber mischen. Eier und Weißbrotkrumen, dann die restlichen Zutaten dazugeben. Alle Zutaten durch die Finger drücken, bis sie gut vermischt sind.

Mousseline

Um Struktur und Aroma abzuwandeln, können ganz zuletzt folgende Zutaten hinzugefügt werden: gehackte Pistazien; gegarte, gehackte Sägegarnelen, Nordseegarnelen oder Miesmuscheln; eine *duxelles;* sautierte, gehackte Champignons; gehackte Trüffeln.

	Ergibt 1 kg
500 g	Fischfilets, gehackt, oder Hähnchenbrust ohne Knochen, in Würfel geschnitten
	Salz und frisch gemahlener Pfeffer
	Geriebene Muskatnuß
	Cayennepfeffer (nach Belieben)
2	große Eiweiß
1/2 l	Sahne

In einem Mörser oder einer Küchenmaschine den Fisch oder das Hähnchenfleisch zu einem glatten Püree verarbeiten. Mit Salz, Pfeffer, Muskat und nach Belieben mit Cayennepfeffer würzen.

Nach und nach das Eiweiß dazugeben; so lange verrühren, bis es gut untergearbeitet ist. Das Püree in kleinen Portionen durch ein feinmaschiges Sieb streichen; je nach Art des Siebes einen Teigschaber aus Kunststoff oder einen hölzernen Stößel verwenden. Das Püree in eine Schüssel aus Glas oder Metall geben und Klarsichtfolie auf die Oberfläche drücken. Die Schüssel in eine größere, mit zerstoßenem Eis gefüllte Schüssel setzen und für mindestens 1 Stunde in den Kühlschrank stellen.

Die Schüsseln aus dem Kühlschrank nehmen. Etwas Sahne mit einem Holzlöffel in das Püree rühren. Die Schüssel wieder für 30 Minuten in den Kühlschrank stellen. Die Sahne nach und nach in kleinen Mengen unterrühren; zwischendurch jeweils für 15 Minuten in den Kühlschrank stellen. Das Püree kräftig schlagen, sobald es weich genug wird. Wenn die ganze Sahne untergerührt ist, die Mousseline mit Klarsichtfolie bedecken und bis zur Verwendung in den Kühlschrank stellen.

Mousseline-Panade

Diese Abwandlung der klassischen Mousseline ist gehaltvoller und feiner in der Struktur.

	Ergibt 1,5 kg
500 g	Fischfilets oder Hähnchenbrust ohne Knochen, in Würfel geschnitten
30 cl	Milch
90 g	Mehl
	Salz und frisch gemahlener weißer Pfeffer
	Geriebene Muskatnuß
2	Eier, Eiweiß und Eigelb getrennt
90 g	Butter, zerlassen
½ l	Sahne

Für die Panade die Milch zum Kochen bringen, dann etwas abkühlen lassen. Das Mehl zusammen mit Salz, Pfeffer und Muskat in eine Rührschüssel sieben. In die Mitte eine Vertiefung drücken und das Eigelb hineingeben. Mehl und Eigelb verrühren, dabei von der Mitte zum Rand der Schüssel arbeiten. Unter ständigem Rühren nach und nach die heiße Milch und die zerlassene Butter hinzufügen.

Die Panade in einem kleinen Topf bei mittlerer Temperatur erhitzen, bis sie dicker zu werden beginnt; dabei mit einem Schneebesen schlagen. Die Mischung unter ständigem Rühren mit einem Holzlöffel weitergaren, bis sie sich vom Rand des Topfes löst. Zum Abkühlen auf einen Teller geben.

Den Fisch oder das Hähnchenfleisch in einem Mörser oder einer Küchenmaschine pürieren, dann nach und nach das Eiweiß hinzufügen. Die abgekühlte Panade unterrühren und die Masse durch ein Trommelsieb streichen. Die Masse in eine Schüssel aus Glas oder Metall geben. Mit Klarsichtfolie abdecken und in eine größere, mit zerstoßenem Eis gefüllte Schüssel stellen. Die Masse für mindestens 1 Stunde in den Kühlschrank stellen.

Nach und nach die Sahne unter die gekühlte Masse rühren. Zwischen den Zugaben kalt stellen. Wenn die Sahne untergearbeitet ist, die Mousseline in den Kühlschrank stellen und innerhalb der nächsten Stunden verwenden.

Hühnerleberfarce

Diese Menge reicht aus, um 1 kg Hackfleischmasse anzureichern.

	Ergibt 150 g
150 g	Hühnerleber, pariert
20 g	Schalotten, feingehackt
30 g	Butter
1 EL	Weinbrand

Die Schalotten in der Butter bei schwacher Hitze 5 Minuten glasig dünsten. Die Leber hinzufügen, die Temperatur heraufschalten und die Leber 2 Minuten braten. Den Weinbrand darübergießen, die Leber flambieren und braten, bis die Flammen erlöschen.

Die Mischung abkühlen lassen, bis sie lauwarm ist. Den Inhalt der Pfanne, auch den Saft und das Fett, in einen Mörser geben und grob pürieren. Das Püree durch ein Sieb streichen.

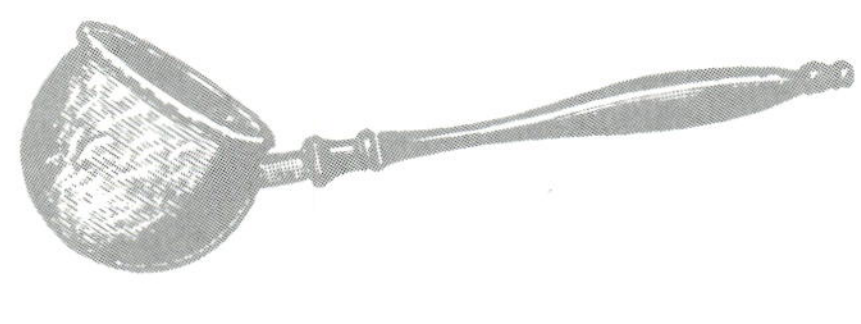

Fischbrühe

	Ergibt 2 l
1 kg	Fischköpfe, Gräten und beim Parieren anfallende Reste grob zerteilt
Je 1	Zwiebel, Möhre und Stange Porree, in Scheiben geschnitten
1	Stange Bleichsellerie, in Würfel geschnitten
1	*bouquet garni*
2 l	Wasser
	Salz
½ l	Weißwein

Fisch, Gemüse und *bouquet garni* in einen großen Topf geben. Wasser hinzufügen und mit etwas Salz würzen. Bei schwacher Hitze zum Simmern bringen. Abschäumen, bis kein Schaum mehr aufsteigt, dann zugedeckt 15 Minuten simmern lassen. Den Wein dazugießen und zugedeckt noch 15 Minuten simmern lassen. Durch ein Sieb in eine tiefe Schüssel gießen.

Gelee aus Fischbrühe: ½ l Brühe durch ein Sieb gießen, das mit einer doppelten Lage feuchtem Nesseltuch ausgelegt wurde; anschließend die Brühe für mehrere Stunden in den Kühlschrank stellen. Die klare Flüssigkeit langsam in einen Topf gießen, damit Bestandteile, die sich am Boden der Schüssel abgesetzt haben, zurückbleiben. Die Brühe bei niedriger Temperatur erhitzen. 15 g Gelatine in 2 EL kaltem Wasser 5 Minuten quellen lassen und mit etwas heißer Brühe verrühren, dann unter ständigem Rühren langsam zu der Brühe in den Topf geben. Etwas von der gelatinehaltigen Brühe kalt stellen; wird sie innerhalb von 10 Minuten nicht fest, noch etwas Gelatine auflösen und zur Brühe geben. Nach Belieben 1 EL Madeira oder anderen Dessertwein hinzufügen. Falls die Brühe noch geklärt werden muß, den Anleitungen auf S. 6 folgen.

Court-bouillon

	Ergibt $1^1/_2$ l
$1^1/_2$ l	Wasser
2	Zwiebeln, in dünne Scheiben geschnitten
2	Möhren, in dünne Scheiben geschnitten
1	*bouquet garni*
30 g	Salz
$^1/_4$ l	trockener Weißwein (nach Belieben)

Das Wasser zusammen mit Zwiebeln, Möhren, *bouquet garni* und Salz in einem großen Topf 10 bis 15 Minuten kochen. Dann den *court-bouillon* abkühlen lassen. Wenn er vor Gebrauch wieder erhitzt wird, nach Belieben Wein dazugießen.

Gelatinehaltige Fleischbrühe

Diese kräftige Fleischbrühe (siehe S. 6) erstarrt zu einem festen Gelee. Wenn die Brühe – wie z. B. bei Galantinen – als Garflüssigkeit dient und später eingekocht werden soll, reicht im allgemeinen eine weniger starke Brühe aus, die mit mehr Wasser zubereitet wird. Die Brühe hält sich bis zu 1 Woche, wenn man sie alle 2 Tage aufkocht.

	Ergibt etwa 3 l Brühe
1 kg	Kalbshaxe
2	Kalbsfüße, gespalten und blanchiert
1 kg	Hühnerklein (Rücken, Hälse, Füße und Flügelspitzen)
250 g	Schweineschwarte
1	*bouquet garni* mit Porree und Bleichsellerie
1	Knoblauchzwiebel
2	mittelgroße Zwiebeln, davon 1 mit 2 Nelken besteckt
4	große Möhren
	Salz

Ein Drahtgitter auf den Boden eines großen Topfes legen, damit die Zutaten nicht ansetzen können. Das Fleisch mit den Knochen, das Hühnerklein und die Schweineschwarte in den Topf geben und so viel Wasser dazugießen, daß es etwa 5 cm über den Zutaten steht. Langsam zum Simmern bringen und den Schaum immer wieder mit einem Schaumlöffel abschöpfen. Dabei gelegentlich ein Glas Wasser nachgießen. Wenn sich nach etwa 10 bis 15 Minuten kein Schaum mehr an der Oberfläche bildet, *bouquet garni,* Knoblauchzwiebel, Zwiebeln, Möhren und etwas Salz dazugeben. Wieder zum Simmern bringen und noch einmal den Schaum abschöpfen. Die Temperatur herunterschalten, den Deckel halb auflegen und 4 bis 5 Stunden simmern lassen; dabei gelegentlich abschäumen. Ein Sieb mit einem feuchten Nesseltuch auslegen, über eine große Schüssel halten und die Brühe mit einem Schöpflöffel in das Sieb geben. Die passierte Brühe vollständig abkühlen lassen, dann in den Kühlschrank stellen. Wenn die Brühe zu Gelee erstarrt ist, die feste Fettschicht mit einem Löffel abheben. Letzte Fettspuren mit einem in heißes Wasser getauchten, dann ausgedrückten Küchentuch abtupfen.

Salzlake

	Ergibt 1 l
1 l	Wasser
175 g	Meersalz
2 EL	weißer oder brauner Zucker
1 EL	Wacholderbeeren
4 oder 5	Nelken
3	Lorbeerblätter
1	Blatt Muskatblüte
2 oder 3	Stengel Thymian

Das Wasser mit Salz und Zucker zum Kochen bringen. Die übrigen Zutaten in einem Nesselsäckchen in den Topf geben und 2 Minuten kochen lassen. Den Topf von der Kochstelle nehmen und die Salzlake vollständig abkühlen lassen; dann erst das Nesselsäckchen mit den Gewürzen herausnehmen.

Trockene Pökelmischung

Diese Pökelmischung ist ausreichend für etwa 2 kg Fleisch. Für größere Mengen benötigt man im Verhältnis weniger.

	Ergibt 500 g
500 g	grobkörniges Salz
4	Pimentkörner
4	Nelken
6	Wacholderbeeren
2	Lorbeerblätter
6	Pfefferkörner
1 EL	getrocknete gemischte Kräuter

Pimentkörner, Nelken, Wacholderbeeren, Lorbeerblätter und Pfefferkörner zusammen in einem Mörser grob zerstoßen. Mit Salz und Kräutern vermischen. Das Fleisch, das gepökelt werden soll, gleichmäßig mit der Pökelmischung einreiben. Auf den Boden einer großen Schüssel oder Steingutform einen Teil der Pökelmischung geben, die gepökelten Fleischstücke darauflegen und die restliche Mischung darüberstreuen.

Mürbeteig für Pasteten

	Ergibt 1,5 kg
1 kg	Mehl
20 g	Salz
500 g	Butter, gekühlt und in Würfel geschnitten
2	Eier

Mehl und Salz in eine große Rührschüssel sieben. Die Butter hinzufügen und mit zwei Messern in das Mehl schneiden oder die Butter mit den Fingerspitzen in das Mehl reiben, so daß eine grobe, krümelige Mischung entsteht.

Die Eier dazugeben und mit einer Gabel rühren, bis das Mehl die Eier absorbiert hat. Wenn nötig, kaltes Wasser löffelweise dazugeben, damit der Teig zusammenhält.

Den Teig leicht kneten, dann in Klarsichtfolie einschlagen und vor dem Ausrollen für mindestens 1 Stunde kühlen.

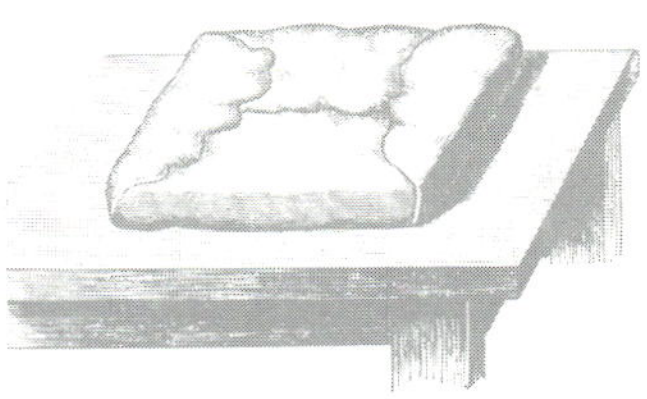

Klassischer Blätterteig

	Ergibt 1 kg
500 g	Mehl
2 TL	Salz
500 g	Butter
15 bis 20 cl	Wasser

Mehl und Salz in eine Schüssel sieben. Ein Viertel der Butter in kleine Stücke schneiden und zwischen den Fingern mit dem Mehl verreiben. Gerade so viel kaltes Wasser hinzufügen, daß sich die Zutaten miteinander verbinden. Den Teig zu einer Kugel formen, in mit Mehl bestreute Klarsichtfolie einschlagen und für etwa 30 Minuten in den Kühlschrank stellen.

Die restliche Butter zwischen zwei Blatt Pergamentpapier legen und mit einem Nudelholz zu einem Quadrat von 15 mal 15 cm etwa 1 cm dick ausrollen. Für 30 Minuten kalt stellen.

Den Teig auf einem leicht mit Mehl bestreuten Holzbrett zu einem Quadrat von 30 mal 30 cm ausrollen. Die Butter diagonal in die Mitte des Teiges legen und die Teigdecken so darüberschlagen, daß sie im Mittelpunkt zusammentreffen. Den Teig zu einem Rechteck von 45 mal 30 cm ausrollen.

Den Teig so falten, daß drei gleich große Schichten aufeinanderliegen. Um 90 Grad drehen und wieder zu einem Rechteck ausrollen. Dann erneut in derselben Weise falten, in Klarsicht- oder Alufolie einschlagen und für 30 Minuten in den Kühlschrank stellen. Der Teig hat nun zwei „Touren" erhalten. Der als Tour bezeichnete Arbeitsgang des Wiederausrollens – mit vorherigem Drehen um 90 Grad – und Faltens wird wiederholt, bis der Teig insgesamt sechs Touren erhalten hat. Nach jeder zweiten Tour und vor der Weiterverarbeitung in den Kühlschrank stellen.

Blitzblätterteig

	Ergibt etwa 1,5 kg
700 g	Mehl
	Salz
700 g	kalte Butter, in kleine Stücke geschnitten
Etwa 1/4 l	kaltes Wasser

Mehl und Salz in einer Schüssel vermischen. Die Butter hinzufügen und schnell mit zwei Messern in winzige Stücke schneiden. Dieser Arbeitsgang darf nur einige Minuten dauern. Die Hälfte des Wassers hinzufügen und mit einer Gabel schnell unter die Mehl-Butter-Mischung rühren. Vom restlichen Wasser nur noch so viel dazugeben, daß man den Teig mit beiden Händen zu einer festen Kugel formen kann. Den Teig in Klarsichtfolie oder Pergamentpapier einschlagen und für mindestens 1 Stunde in den Kühlschrank oder für etwa 20 Minuten in den Gefrierschrank legen, bis die Oberfläche leicht gefroren ist.

Blätterteig ausrollen: Den Teig auf eine kühle, mit Mehl bestreute Arbeitsfläche legen und mit einem Nudelholz flachklopfen. Den Teig wenden, damit beide Seiten gut mit Mehl bestäubt sind. Schnell zu einem 30 cm langen und 12 bis 15 cm breiten Rechteck ausrollen. Den Teig so zusammenfalten, daß die schmalen Kanten in der Mitte zusammenstoßen. Dann noch einmal falten, so daß die Faltkanten aufeinanderliegen. Das Teigstück um 90 Grad drehen und nochmals mit dem Nudelholz zu einem Rechteck ausrollen. Den Faltvorgang wiederholen und den Teig für mindestens 30 Minuten im Kühlschrank ruhenlassen. Vor der Verwendung des Teiges diese Arbeitsgänge noch zwei- oder dreimal wiederholen. Zwischen zwei Touren den Teig immer im Kühl- oder Gefrierschrank ruhenlassen.

Krustenteig

	Ergibt 1,25 kg
750 g	Mehl
	Salz
1 EL	Puderzucker (nach Belieben)
275 g	Butter oder Schweineschmalz
30 cl	Wasser

Das Mehl zusammen mit dem Salz und dem Puderzucker in eine Schüssel sieben. In die Mitte eine Vertiefung drücken.

Butter oder Schmalz und Wasser in einen Topf geben und zum Kochen bringen, dann in die Vertiefung im Mehl gießen und schnell rühren, bis ein glatter Teig entsteht. Den Teig zugedeckt für etwa 30 Minuten an einen warmen Platz stellen, bis er fest, aber noch warm und geschmeidig ist. Auf einer mit Mehl bestreuten Arbeitsfläche ausrollen oder von Hand formen.

Weiße Sauce

Diese Sauce kann auch verwendet werden, wenn ein Rezept Béchamelsauce vorschreibt.

	Ergibt etwa 45 cl
30 g	Butter
2 EL	Mehl
60 cl	Milch
	Salz
	Frisch gemahlener weißer Pfeffer (nach Belieben)
	Geriebene Muskatnuß (nach Belieben)
	Sahne (nach Belieben)

Die Butter in einem schweren Topf zerlassen. Das Mehl hineinrühren und bei schwacher Hitze unter Rühren 2 bis 3 Minuten anschwitzen. Die Milch auf einmal dazugießen und mit einem Schneebesen schlagen, bis die Sauce glatt ist. Die Temperatur heraufschalten und bis zum Aufkochen weiterschlagen. Die Hitze reduzieren und die Sauce unter gelegentlichem Umrühren etwa 40 Minuten simmern lassen. Mit Salz und nach Belieben mit weißem Pfeffer und Muskat würzen. Die Sauce noch einmal glattschlagen und, wenn die Sauce gehaltvoller werden soll, etwas Sahne hinzufügen.

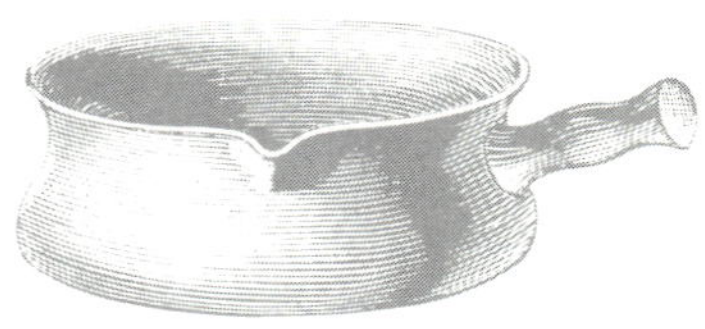

Velouté

Für eine Fisch-*velouté* ersetzt man die Fleischbrühe durch Fischbrühe (S. 171).

	Ergibt etwa 45 cl
30 g	Butter
2 EL	Mehl
60 cl	Fleischbrühe (S. 172)
	Salz und frisch gemahlener Pfeffer

In einem schweren Topf die Butter zerlassen. Das Mehl hineinrühren und bei schwacher Hitze 2 bis 5 Minuten unter Rühren anschwitzen. Die Fleischbrühe unter ständigem Rühren mit dem Schneebesen hineingeben. Sobald die Sauce glatt ist, die Temperatur heraufschalten; weiterschlagen, bis der Siedepunkt erreicht ist. Die Temperatur möglichst weit herunterschalten, den Topf halb von der Kochstelle ziehen und die Sauce etwa 40 Minuten simmern lassen, dabei gelegentlich die sich bildende Haut abschöpfen. Vor der Verwendung mit Salz und Pfeffer würzen.

Sauce chaud-froid: ¼ l erstarrte gelatinehaltige Fleischbrühe löffelweise zu der fertigen *velouté* geben. Die Sauce unter Rühren einkochen. Nach und nach ⅛ l Sahne dazugießen. Die Sauce weiter einkochen, dann in eine Schüssel mit Eis stellen und rühren, bis die Sauce abgekühlt ist und dick wird.

Beurre blanc

	Ergibt etwa 30 bis 45 cl
6 EL	trockener Weißwein
6 EL	Weißweinessig
3	Schalotten, sehr fein gehackt
	Salz
	Frisch gemahlener Pfeffer
250 bis 400 g	kalte Butter, in Würfel geschnitten

In einem schweren emaillierten Topf oder in einem Topf aus Edelstahl Wein und Essig mit Schalotten und einer Prise Salz kochen, bis die Flüssigkeit fast verdampft ist und die Schalotten nur noch feucht sind. Den Topf von der Kochstelle nehmen und die Mischung einige Minuten abkühlen lassen. Dann mit Pfeffer würzen und auf einer feuerfesten Unterlage über sehr schwache Hitze stellen. Die Butter portionsweise hineinschlagen, bis die Mischung cremig ist. Sobald die gesamte Butter unter die Mischung geschlagen ist, die Sauce von der Kochstelle nehmen.

Brunnenkresse-Mousse

	Ergibt 500 g
6	Bunde Brunnenkresse, Stiele entfernt, blanchiert, ausgedrückt und feingehackt
15 cl	gelatinehaltige Fleischbrühe (S. 172) oder Fischbrühe (S. 171)
15 cl	Sahne, leicht geschlagen
	Salz und frisch gemahlener Pfeffer

Die Brühe erhitzen und in eine Schüssel aus Metall gießen. Ein feinmaschiges Sieb auf die Schüssel setzen und die Brunnenkresse mit einem Stößel durch das Sieb passieren. Die Schüssel in eine größere Schüssel mit Eis setzen und die Mischung rühren, bis sie anfängt, dick zu werden. Die Schüssel vom Eis nehmen, die Sahne unterheben und die Mousse mit Salz und Pfeffer würzen. Die Mousse bis zum Servieren in den Kühlschrank stellen.

Sauerampfer-Mousse: 300 g Sauerampfer unter ständigem Rühren bei schwacher Hitze in 30 g Butter etwa 20 Minuten garen, bis ein ziemlich trockenes Püree entsteht. Etwa zwei Drittel der erhitzten Brühe hinzufügen und die Mischung um die Hälfte einkochen. Die Mischung durch ein feinmaschiges Sieb in eine Schüssel pürieren und die restliche Brühe einrühren. Mit Salz und Pfeffer würzen. Die Schüssel in eine größere Schüssel mit Eis setzen und die Mischung rühren, bis sie anfängt, dick zu werden. Dann die Sahne unterheben.

Tomaten-Mousse: Eine feingehackte Zwiebel in 15 g Butter dünsten, bis sie glasig ist. 6 EL Weißwein hinzufügen und die Mischung bei starker Hitze einkochen, bis die Flüssigkeit fast verdampft ist. 600 g abgezogene, entkernte und grobgehackte Tomaten hinzufügen. Mit etwas Zucker, Salz, Pfeffer und Cayennepfeffer würzen. Ohne Deckel etwa 30 Minuten simmern lassen; dabei gelegentlich umrühren. Etwa die Hälfte der erhitzten Brühe dazugießen und die Mischung unter ständigem Rühren auf die halbe Menge einkochen. Durch ein Sieb in eine

Schüssel rühren und die restliche Brühe dazugeben. Die Schüssel in eine größere Schüssel mit Eis setzen und die Mischung rühren, bis sie dickflüssig ist. Sobald sie geliert, die Sahne unterheben.

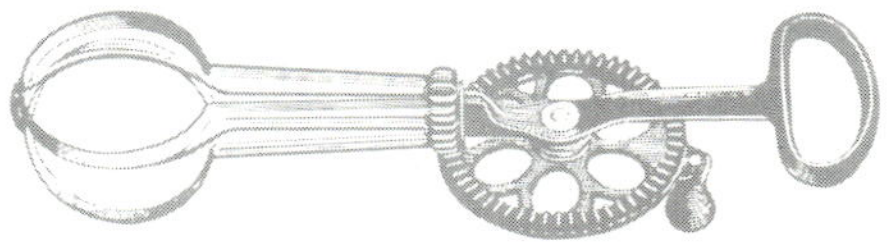

Tomatensauce

Falls frische reife Tomaten nicht erhältlich sind, kann man statt dessen auch italienische Dosentomaten verwenden.

Wenn man die Tomaten vor dem Kochen abzieht und entkernt, braucht man sie nicht durch ein Sieb zu streichen. Die Tomaten zunächst 30 Sekunden in kochendes Wasser tauchen, anschließend herausnehmen und die Haut abziehen. Jede Tomate quer durchschneiden und mit einem Löffel die Kerne herausheben. Eine feingehackte Zwiebel und eine gehackte Knoblauchzehe in etwas Öl und Butter kurz sautieren. Die Tomaten dazugeben und bei starker Hitze unter gelegentlichem Rühren in 10 Minuten zu einer dickflüssigen Sauce einkochen. Mit Salz, Pfeffer und Kräutern würzen. Wenn die Sauce noch gehaltvoller werden soll, zum Schluß noch etwa 30 g Butter unterrühren.

	Ergibt etwa 30 cl
750 g	sehr reife Tomaten, in Viertel geschnitten
1	Lorbeerblatt
1	großer Stengel getrockneter Thymian
	Grobkörniges Salz
1	Zwiebel, in Scheiben geschnitten, oder 1 Knoblauchzehe, zerdrückt (nach Belieben)
Etwa 30 g	Butter (nach Belieben)
1/8 l	Sahne (nach Belieben)
	Frisch gemahlener Pfeffer
1 bis 2 TL	Zucker (nach Belieben)
1 EL	feingehackte Petersilie
1 EL	zerrupfte Basilikumblätter

Die Tomaten mit dem Lorbeerblatt, Thymian und einer Prise grobkörnigem Salz in einen Topf aus verzinktem Kupfer oder Edelstahl geben. Nach Belieben die Zwiebel oder Knoblauch hinzufügen. Zum Kochen bringen, die Tomaten mit einem Holzlöffel etwas zerdrücken und ohne Deckel bei starker Hitze in etwa 10 Minuten zu einer dickflüssigen Sauce einkochen. Das Lorbeerblatt und den Thymian entfernen. Ein Sieb aus Kunststoff oder Edelstahl über eine Schüssel legen, die Tomaten hineingeben und mit einem hölzernen Stößel durchrühren. Die Haut und die Kerne entfernen und die pürierten Tomaten wieder in den Topf geben. Im offenen Topf bei schwacher Hitze bis zu der gewünschten Konsistenz einkochen. Etwas Butter unterrühren, wenn die Sauce noch gehaltvoller werden soll, und nach Belieben Sahne hinzufügen. Mit Salz, Pfeffer und – bei Verwendung von Dosentomaten – mit Zucker würzen. Mit feingehackter Petersilie und zerrupften Basilikumblättern bestreuen.

Mayonnaise

Eigelb und Öl sollten, wenn sie zu Mayonnaise verarbeitet werden, Raumtemperatur haben, damit sie nicht gerinnen. Anfangs darf das Öl nur tropfenweise hinzugefügt werden. In einem zugedeckten Gefäß hält sich Mayonnaise im Kühlschrank mehrere Tage. Vor Gebrauch gut umrühren.

	Ergibt etwa 1/2 l
3 oder 4	Eigelb
	Salz und frisch gemahlener weißer Pfeffer
1 EL	Weinessig oder Zitronensaft
1 bis 2 TL	Dijon-Senf (nach Belieben)
1/2 l	Olivenöl

Eigelb in eine Schüssel geben. Mit Salz und Pfeffer würzen und die Mischung mit einem Schneebesen schlagen, bis sie glatt ist. 1 TL Essig oder Zitronensaft sowie nach Belieben den Senf, falls verwendet, hinzufügen und gut vermischen. Das Öl unter ständigem Schlagen anfangs tropfenweise dazugeben. Sobald die Sauce dick wird, das restliche Öl in dünnem Strahl unter gleichmäßigem Schlagen hinzugießen. Restlichen Essig oder Zitronensaft hineinschlagen und abschmecken.

Grüne Mayonnaise: 1 Bund Brunnenkresse und je 2 EL Petersilie, Schnittlauch und Estragon getrennt blanchieren, dann feinhacken und unter die Mayonnaise rühren.

Sauce tartare: Eine Mischung aus feingehackten kleinen Gewürzgurken, feingehackten Kapern und *fines herbes* unter die Mayonnaise rühren; die Menge der aromatischen Zutaten hängt vom persönlichen Geschmack ab.

Vinaigrette

Das Verhältnis von Essig und Öl richtet sich nach dem Säuregehalt des Essigs und danach, wie sauer die übrigen Zutaten der Speise sind, für die die Sauce bestimmt ist. Im allgemeinen kann man von einem Mischungsverhältnis von 1 Teil Essig zu 4 bis 5 Teilen Öl ausgehen. Der Essig kann nach Belieben durch Zitronensaft ersetzt werden.

Eine Vinaigrette kann nach Belieben mit gehackten frischen Kräutern (z. B. Petersilie, *fines herbes*, Basilikum, Pfefferminze, Majoran oder Ysop), Kapern, gehackten Schalotten oder in dünne Scheiben geschnittenen Gewürzgurken vermischt werden.

	Ergibt etwa 15 cl
1 TL	Salz
1/4 TL	frisch gemahlener Pfeffer
2 EL	Weinessig
10 cl	Olivenöl

Salz und Pfeffer in eine kleine Schüssel geben. Essig hinzufügen und so lange verrühren, bis sich das Salz aufgelöst hat. Anschließend Olivenöl dazugießen und verrühren.

Tomaten-Vinaigrette: 2 EL pürierte rohe Tomaten oder eingekochte pürierte Tomaten unter die Vinaigrette rühren.

Register der Rezepte

Deutsche Bezeichnungen der Rezepte sind unter Oberbegriffen wie Ente(n), Gelee, Gemüse, Kalbsleber, Sauce, Sülze in alphabetischer Reihenfolge aufgeführt. Fremdsprachige Rezepttitel erscheinen in fortlaufender alphabetischer Reihenfolge und kursiver Schrift.

Allgemeines Register/Glossar

Dieses Register schließt Erläuterungen küchentechnischer Fachausdrücke ein, die in diesem Buch vorkommen. Die Definitionen sind kursiv gesetzt. Die Rezepttitel des zweiten Teils sind im Register der Rezepte auf S. 176 aufgeführt.

Quellennachweis der Rezepte

Die Quellen der Rezepte in diesem Buch sind im folgenden aufgeführt. Die Seitenangaben in Klammern verweisen auf die Stellen, an denen die Rezepte im zweiten Teil des Bandes erscheinen.

Académie des Gastronomes/Académie Culinaire de France: *La Haute Cuisine Française* © Jean-Pierre Delarge, Le bélier prisme, 1975. Jean-Pierre Delarge, Éditeur, Paris. Übersetzt mit Genehmigung von Jean-Pierre Delarge, Éditeur (S. 97).

Ahern, Mrs. Robert L. M. (Hrsg.): *The Fine Arts Cookbook.* Copyright © 1970 by Museum of Fine Arts Boston, Massachusetts. Museum of Fine Arts. Übersetzt mit Genehmigung von Museum of Fine Arts, Massachusetts (S. 106).

Alberini, Massimo: *Cento Ricette Storiche.* Copyright Sansoni Editore, Firenze. Sansoni Editore, Florenz 1974. Übersetzt mit Genehmigung von G. C. Sansoni Editore Nuova S.p.A. (S. 140).

Allen, Jana, und Gin, Margaret: *Innards and Other Variety Meats.* © Jana Allen and Margaret Gin 1974. In Amerika erschienen bei 101 Productions, San Francisco 1974. In Großbritannien erschienen bei Pitman Publishing unter dem Titel „Offal Gourmet Cookery from Head to Tail", © Pitman Publishing 1976. Übersetzt mit Genehmigung von 101 Productions (S. 110).

Andreis, Florence de: *La Cuisine Provençale D'Aujourd'Hui.* © Rivages 1980. Éditions Rivages, Marseille. Übersetzt mit Genehmigung von Sarl Éditions Rivages (S. 91, 105, 167).

Art of Cookery, Made Plain and Easy, The. Von einer unbekannten Autorin. London 1747 (S. 144 – 145).

Artusi, Pellegrino: *La Scienza in Cucina e l'Arte di Mangiar Bene.* Copyright © 1970 Giulio Einaudi editore S.p.A., Torino. Guilio Einaudi editore S.p.A. (S. 122, 166 – 167).

Austin, Thomas (Hrsg.): *Two Fifteenth-Century Cookery-Books.* Oxford University Press, London. Übersetzt mit Genehmigung von The Council of the Early English Text Society, Oxford (S. 141).

Aznar, Marina Pereyra de, und Froud, Nina: *The Home Book of Spanish Cookery.* Copyright Marina de Aznar and Nina Froud 1956. Überarbeitete Auflage © Marina de Aznar and Nina Froud 1967. Faber & Faber Limited, London 1956. Übersetzt mit Genehmigung von Faber & Faber Limited, London (S. 93, 125).

Barry, Naomi: *International Herald Tribune.* 28. Dezember 1978 (Artikel in „Eating Out"). Übersetzt mit Genehmigung des Autors, Paris (S. 127).

Benoit, Félix, und Clos Jouve, Henry: *La Cuisine Lyonnaise.* © Solar 1975. Solar, Paris. Übersetzt mit Genehmigung von Solar (S. 100 – 101).

Bertholle, Louisette: *250 Recettes de Sologne et d'Ailleurs.* © 1962 by Éditions de la Pensée Moderne. Éditions de la Pensée Moderne, Paris. Übersetzt mit Genehmigung der Autorin, Neuvy sur Barangeon (S. 101).

Bertholle, Louisette (Hrsg.): *Die geheimen Rezepte der besten Restaurants Frankreichs.* Hallwag Verlag, Stuttgart. Zuerst erschienen in Frankreich unter dem Titel „Les Recettes Secretes des Meilleurs Restaurants de France" bei Albin Michel, Paris 1972. Copyright © Opera Mundi, Paris 1972. Mit Genehmigung von Opera Mundi (S. 114 – 115, 134).

Bisson, Marie: *La Cuisine Normande.* © Solar 1978. Solar, Paris. Übersetzt mit Genehmigung von Solar (S. 112, 126).

Bocuse, Paul: *Die Neue Küche.* Copyright © 1977 Econ Verlag GmbH, Düsseldorf, Wien. Econ Verlag GmbH. Ursprünglich erschienen unter dem Titel „La Cuisine du Marché" bei Flammarion et Cie., Paris. © 1976 Flammarion. Mit Genehmigung von Econ Verlag GmbH (S. 147, 170).

Bouché, Daniel: *Invitation à la Cuisine Buissonnière.* © Atelier Marcel Jullian 1979. Atelier Marcel Jullian. Übersetzt mit Genehmigung von Librairie Hachette, Paris (S. 109, 136).

Bouillard, Paul: *La Cuisine au Coin du Feu.* Copyright 1928 by Albin Michel. Éditions Albin Michel, Paris. Übersetzt mit Genehmigung von Éditions Albin Michel (S. 90, 140).

Boulestin, X. Marcel, und Adair, A. H.: *Savouries and Hors-d'Œuvre.* © Marcel Boulestin and A. H. Adair 1956. William Heinemann Limited, London 1932. Übersetzt mit Genehmigung von A. D. Peters & Co. Ltd., London (S. 108).

Brazier, Eugénie: *Les Secrets de la Mère Brazier.* © Solar 1977. Solar, Paris. Übersetzt mit Genehmigung von Solar (S. 90 – 91, 92).

Breteuil, Jules: *Le Cuisinier Européen.* Garnier Frères Libraires-Éditeurs, Paris 1860 (S. 151).

Břizová, Joza, und Klimentová, Maryna: *Tschechische Küche.* © Joza Břizová & Maryna Klimentová 1977. Verlag Práca, Prag, und Verlag für die Frau, Leipzig. Mit Genehmigung von Verlag für die Frau, Leipzig (S. 103, 123).

Carrier, Robert: *The Connoisseur's Cookbook.* © Copyright 1965 by Robert Carrier. Random House, Inc., New York. Ursprünglich erschienen als „The Robert Carrier Cookbook" in London, bei Thomas Nelson & Sons Ltd. Übersetzt mit Genehmigung des Autors, Suffolk (S. 99).

Cavalcanti, Ippolito, Duca di Buonvicino: *Cucina Teorico-Pratica.* Zweite Auflage, 1839 Neapel (S. 130, 131).

Collingwood, F., und Woolams, J.: *The Universal Cook.* Vierte Auflage 1792. Scatchward and Whitaker (S. 122, 167).

Comelade, Éliane Thibaut: *La Cuisine Catalane.* © Éditions CLT J. Lanore. Éditions Jacques Lanore, Paris 1978. Übersetzt mit Genehmigung von Éditions Jacques Lanore (S. 146 – 147).

Cordon Bleu, Le. Le Cordon Bleu de Paris 1929, 1932. Übersetzt mit Genehmigung von Le Cordon Bleu de Paris (S. 121, 145).

Courtine, Robert: *Zola à Table.* © 1978 Éditions Robert Laffont. Éditions Robert Laffont, Paris. Übersetzt mit Genehmigung von Éditions Robert Laffont (S. 152 – 153, 156).

Courtine, Robert J.: *Les Dimanches de la Cuisine.* © Éditions de la Table Ronde 1962. Les Éditions de la Table Ronde, Paris. Übersetzt mit Genehmigung von Les Éditions de la Table Ronde (S. 157).

Cucchiaio D'Argento, Il. Editoriale Domus S.p.A., Mailand 1950. Übersetzt mit Genehmigung von Editoriale Domus S.p.A. (S. 132, 165).

Cuisine Bretonne, La. (L'Encyclopédie de la Cuisine Régionale.) © Presses Pocket 1979. Presses Pocket. Übersetzt mit Genehmigung von Solar, Paris (S. 96, 131, 162).

Czerny, Zofia: *Polish Cookbook.* Copyright © 1961, 1975 Panstowe Wydawnictwo Ekonomiczne. Panstowe Wydawnictwo Ekonomiczne, Warschau. Übersetzt mit Genehmigung von Agencja Autorska, Warschau, für die Erbin der Autorin (S. 111, 135).

David, Elizabeth: *Summer Cooking.* © Elizabeth David 1950, 1951, 1955, 1965, 1980. 1980 erschienen unter dem Titel „Elizabeth David Classics" bei Jill Norman Ltd., London, die Bände „A Book of Mediterranean Food", „French Country Cooking" und „Summer Cooking" enthaltend. Übersetzt mit Genehmigung der Autorin, London (S. 92, 93).

David, Elizabeth: *Spices, Salt and Aromatics in the English Kitchen.* Copyright © Elizabeth David 1970. Penguin Books Ltd., London. Übersetzt mit Genehmigung der Autorin, London (S. 130, 159).

Davidis, Henriette: *Praktisches Kochbuch.* Neu bearbeitet von Luise Holle. Bielefeld und Leipzig 1898 (S. 106, 139, 143).

Donati, Stella (Hrsg.): *Il Grande Manuale della Cucina Regionale.* Copyright 1979 Euroclub Italia S.p.A., Bergamo. SugarCo Edizioni S.r.l., Mailand. Übersetzt mit Genehmigung von Euroclub (S. 166).

Douglas, Joyce: *Old Derbyshire Recipes and Customs.* Copyright © Joyce Douglas 1976. Hendon Publishing Co. Ltd., Nelson, Lancaster. Übersetzt mit Genehmigung von Hendon Publishing Co. Ltd. (S. 99).

Dumaine, Alexandre: *Ma Cuisine.* © 1972 by Pensée Moderne, Paris. Éditions de la Pensée Moderne, Paris. Übersetzt mit Genehmigung von Jacques Grancher, Éditeur, Paris (S. 149, 168 – 169).

Elkon, Juliette: *A Belgian Cookbook.* Copyright © 1958 by Farrar, Straus and Cudahy, Inc. Farrar, Straus and Cudahy, New York. Übersetzt mit Genehmigung von Farrar, Straus & Giroux, Inc. (S. 126).

Eramo, Cia: *Segreti E No Della Cucina Mantovana.* Edizioni Citem, Mantua 1980. Übersetzt mit Genehmigung des Autors (S. 105, 110 – 111, 164).

Fortin, Stanley: *The World Book of Pork Dishes.* © 1967 by Stanley Fortin. Zuerst erschienen in Großbritannien bei Pelham Books Ltd., London 1967. Übersetzt mit Genehmigung von Pelham Books Ltd. (S. 97).

García, Maria Luisa: *El Arte de Cocinar.* Copyright 1977 Maria Luisa García. Achte Auflage. Edival Ediciones, Valladolid. Übersetzt mit Genehmigung der Autorin, Mieres (Asturias) (S. 165).

Gérard, Jacqueline: *Bonnes Recettes d'Autrefois.* © Librairie Larousse 1980. Librairie Larousse, Paris. Übersetzt mit Genehmigung der Société Encyclopédique Universelle, Paris (S. 115, 161).

Gérard, Jacqueline: *Les Meilleures Recettes de Gibier.* © 1978 Elsevier Séquoia, Bruxelles, Elsevier Séquoia, Brüssel. Übersetzt mit Genehmigung von Elsevier Séquoia (S. 168).

Gilbert, Philéas: *La Cuisine de Tous Les Mois.* Abel Goubaud, Éditeur, Paris 1893 (S. 115, 152).

Gombervaux (Hrsg.): *La Bonne Cuisine pour Tous.* Presses de la Renaissance, Paris 1979 (S. 93, 160).

Gosetti, Fernanda: *In Cucina con Fernanda Gosetti.* © 1978 Fabbri Editori, Milano. Fabbri Editori, Mailand 1978. Übersetzt mit Genehmigung von Gruppo Editoriale Fabbri Bompiani/Sonzogno/Etas S.p.A. (S. 163).

Gouffé, Jules: *Le Livre de Cuisine.* Fünfte Auflage. Librairie Hachette, Paris 1881 (S. 116, 142, 145).

Grigson, Jane: *Charcuterie and French Pork Cookery.* Copyright © Jane Grigson 1967. Michael Joseph Ltd., London. Übersetzt mit Genehmigung von Michael Joseph Ltd. (S. 111, 137).

Grigson, Jane: *Good Things.* Copyright © Jane Grigson 1971. Zuerst erschienen bei Michael Joseph 1971. Penguin Books Ltd., 1973. Übersetzt mit Genehmigung von David Higham Associates Ltd., für die Autorin (S. 144).

Guérard, Michel: *Die Feinschmecker-Küche.* © by Verlag Ullstein GmbH, Frankfurt/M. – Berlin – Wien

1979. Verlag Ullstein GmbH. Ursprünglich erschienen auf französisch als „La Cuisine Gourmande". © Éditions Robert Laffont S.A., Paris 1978. Mit Genehmigung von Verlag Ullstein GmbH (S. 100, 133).

Guillot, André: *La Grande Cuisine Bourgeoise.* © 1976 Flammarion Paris. Flammarion et Cie. Übersetzt mit Genehmigung von Verlag Ullstein GmbH, Berlin (S. 101).

Guinaudeau-Franc, Zette: *Les Secrets des Fermes en Périgord Noir.* Éditeur Berger-Levrault, Paris 1980. Übersetzt mit Gen. der Autorin (S. 103, 126, 155).

Hawliczkowa, Helena: *Kuchnia Polska* (Herausgeber: Maria Librowska). Copyright by Helena Hawliczkowa. Panstowe Wydawnictwo Ekonomiczne, Warschau 1976. Übersetzt mit Genehmigung von Agencja Autorska, Warschau, für die Autorin (S. 118, 162–163).

Holleman, Ria: *Pastei en Pâté.* © 1973 Unieboek B.V. Bussum – Holland. C.A.J. Van Dishoeck, Bussum. Übersetzt mit Genehmigung von Unieboek B.V. (S. 103, 107, 124–125, 127).

Hutchins, Sheila: *English Recipes and Others from Scotland, Wales and Ireland.* © 1967 by Sheila Hutchins. Methuen & Co. Ltd. Übersetzt mit Genehmigung der Autorin (S. 117).

Hutchins, Sheila: *Pâtés and Terrines.* Copyright © 1978 by Sheila Hutchins. Elm Tree Books/Hamish Hamilton Ltd., London 1978. Übersetzt mit Genehmigung von Hamish Hamilton Ltd. (S. 118–119, 120–121, 123).

Introzzi, Marini und Monti (Hrsg.): *Ricettario Delle Esercitazioni Pratiche.* C.A.P.A.C. Politecnico del Commercio, Mailand. Übersetzt mit Genehmigung von Vittorio Introzzi (S. 161).

Iribe, Maybelle, und Wilder, Barbara: *Pâtés for Kings and Commoners.* Copyright © 1977 by Maybelle Iribe and Barbara Wilder. Hawthorn Books, Inc. Publishers, New York. Übersetzt mit Genehmigung von Curtis Brown, Ltd., New York, im Namen der Autoren (S. 109).

Isnard, Léon: *La Cuisine Française et Africaine.* © Albin Michel 1949. Éditions Albin Michel, Paris. Übersetzt mit Genehmigung von Éditions Albin Michel (S. 120).

Ivens, Dorothy: *Pates and Other Marvelous Meat Loaves.* Copyright © 1972 by Dorothy Ivens. J. B. Lippincott Company, New York. Übersetzt mit Genehmigung von Harper & Row, Publishers, Inc., New York (S. 94–95, 106–107).

Jans, Hugh: *Vrij Nederland.* Oktober 1975 (Zeitschrift). Übersetzt mit Genehmigung von Hugh Jans (S. 132, 137).

Koscher, Joseph, und andere: *Les Recettes de la Table Alsacienne.* © Librairie Istra/Saisons d'Alsace 1969. Société Alsacienne d'Édition et de Diffusion, Straßburg. Übersetzt mit Genehmigung von Librairie Istra (S. 159).

Laloue, P. E.: *Le Guide de la Charcuterie.* Copyright 1950 by P. E. Laloue. Le Guide de la Charcuterie (S. 151, 162, 169).

Lazarque, E. Auricoste de: *Cuisine Messine.* Sidot Frères, Libraires-Éditeurs, Nancy 1927. Nachgedruckt bei Laffitte Reprints, Marseille 1979. Übersetzt mit Genehmigung von Laffitte Reprints (S. 142–143).

Lévèque, Paul-Jacques (Hrsg.): *Les Bonnes Recettes de la Cuisine Tourangelle.* C.L.D., Normand and Cie., Éditeur. Übersetzt mit Genehmigung von Éditions C.L.D. Chambray-Les-Tours, Frankreich (S. 102, 136, 140–141).

MacClure, Victor: *Party Fare.* © by Victor Mac Clure 1957. Putnam & Company Ltd., London. Übersetzt mit Genehmigung von Putnam & Company Ltd. (S. 138–139).

Manuel de la Fraindise, Le (ou les Talents de ma Cuisinière Isabeau Mis en Lumiere). Dem Autor von „Le Petit Cuisinier Économe" zugeschrieben. Janet, Libraire rue Saint-Jacques, Paris 1796 und 1797 (S. 122).

Marin: *Les Dons de Comus.* Band 2, Paris um 1742 (S. 125, 155, 169).

Massialot: *Le Nouveau Cuisinier Royal et Bourgeois.* Claude Prudhomme, Paris 1712 (S. 154).

70 Médecins de France: *Le Trésor de la Cuisine du Bassin Méditerranéen.* Les Laboratoires du Dr. Zizine (S. 91, 168).

Menon: *Le Manuel des Officiers de Bouche.* Le Clerc, Librairie, Paris 1759 (S. 164).

Menon: *Les Soupers de la Cour* (ou L'Art de Travailler toutes sortes d'Aliments). Ursprünglich 1755 erschienen bei Guillyn, Libraire, Paris. 1978 nachgedruckt bei Librairie SOETE, Paris (S. 94).

Montagné, Prosper: *Nouveau Larousse Gastronomique.* © 1967 Augé, Gillon, Hollier-Larousse, Moreau et Cie. Librairie Larousse, Paris. Übersetzt mit Genehmigung der Société Encyclopédique Universelle, Paris (S. 102–103, 153).

Morand, Simone: *Cuisine et Gastronomie du Maine, de la Touraine et de l'Anjou.* Société d'Éditions Ouest-France, Rennes. Übersetzt mit Genehmigung der Société d'Éditions Ouest-France (S. 102, 114, 118, 119).

Nignon, Édouard (Hrsg.): *Le Livre de Cuisine de L'Ouest-Éclair.* L'Ouest-Éclair, Rennes 1941. Übersetzt mit Genehmigung der Société d'Éditions Ouest-France, Rennes (S. 116–117).

Olney, Judith: *Summer Food.* Copyright © 1978 by Judith Olney. Atheneum Publishers, Inc., New York. Übersetzt mit Genehmigung von Atheneum Publishers, Inc. (S. 134–135).

Olney, Richard: *Simple French Food.* Copyright © 1974 by Richard Olney. Atheneum Publishers, Inc., New York. Übersetzt mit Genehmigung von Jill Norman Ltd., London (S. 100, 108–109, 128).

Ortega, Simone: *Mil Ochenta Recetas de Cocina.* © Simone K. de Ortega 1972, © Alianza Editorial, S.A., Madrid 1972. Alianza Editorial, S.A. Übersetzt mit Genehmigung von Alianza Editorial, S.A. (S. 95, 104).

Parker, Audrey: *Cottage and Country Recipes.* © Audrey Parker 1975. Faber and Faber Limited, London. Übersetzt mit Genehmigung von Faber and Faber Limited (S. 138, 157).

Périgord, A. B. de: *Le Trésor de la Cuisinière et de la Maîtresse de Maison.* Garnier Frères, Paris 1852 (S. 120).

Petit, A.: *La Gastronomie en Russie.* Herausgegeben von dem Autor und Emile Mellier, Paris 1860 (S. 150, 160–161).

Petits Propos Culinaires 7. Februar 1981. © Prospect Books 1981. Prospect Books, London und Washington D.C. Übersetzt mit Genehmigung der Herausgeber (S. 98, 112–113).

Petits Propos Culinaires, 8. Juni 1981. © Prospect Books 1981. Prospect Books, London und Washington D.C. Übersetzt mit Genehmigung der Herausgeber (S. 113).

Philippon, Henri: *Cuisine du Quercy et du Périgord.* © 1979 by Éditions Denoël, Paris. Éditions Denoël. Übersetzt mit Gen. von Éditions Denoël (S. 92).

Plucińska, I.: *Ksiażka Kucharska Udoskonalona.* Copyright beim Autor. Poznan 1945. Übersetzt mit Genehmigung der Agencja Autorska, Warschau, für den Autor (S. 96).

Point, Fernand: *Ma Gastronomie.* © 1969 Flammarion, Paris. Flammarion et Cie, Paris. Übersetzt mit Genehmigung der Econ Verlagsgruppe mbH., Düsseldorf (S. 146).

Ranhofer, Charles: *The Epicurean.* Ursprünglich erschienen bei R. Ranhofer, New York 1893. Neu erschienen bei Dover Publications, Inc., New York 1971 (S. 105, 156–157).

Read, Miss: *Miss Read's Country Cooking.* © 1969 by Miss Read. Michael Joseph Ltd., London 1969. Übersetzt mit Genehmigung von Michael Joseph Ltd., für die Autorin (S. 114, 117).

Reige, Odette: *Les Terrines de Viandes, de Coquillages et Poissons, de Légumes.* © Les Cahiers de Fanny, Hubschmid et Bouret, Paris 1979. Übersetzt mit Genehmigung von Hubschmid and Bouret, Éditeurs, Paris (S. 128, 129, 133, 135).

Robaglia, Suzanne: *Margaridou: Journal et Recettes d'une Cuisinière au Pays d'Auvergne.* Éditions CREER, F-63340 Nonette 1977. Übersetzt mit Genehmigung von Éditions CREER (S. 104).

Rubinstein, Helge: *French Cookery.* Eyre Methuen, London. Übersetzt mit Genehmigung des Autors, London (S. 91, 116).

Rundell, Mrs.: *Domestic Cookery.* John Murray, London, Februar 1837 (S. 144, 146).

Sastre Rayo, Gabriel, und Ordinas Marí, Antonia (Hrsg.): *Llibre de Cuina de C'an Cames Seques* (Cocina Mallorquina de Siempre). Impreso por Antigua Imprenta Soler, Palma de Mallorca 1977. Übersetzt mit Genehmigung von Antonia Ordinas Marí (S. 154–155).

Sekers, Simone: *Pâtés, Terrines and Potted Meats.* Copyright Simone Sekers 1978. B. T. Batsford Ltd., London. Übersetzt mit Genehmigung von B. T. Batsford Ltd. (S. 90, 104, 141).

Simon, André L.: *A Concise Encyclopaedia of Gastronomy.* William Collins Sons and Company Limited, London um 1956. Erste Overlook-Ausgabe, The Overlook Press, 1981. Mit Genehmigung von Marlu Literary Agency, London (S. 158, 166).

Spizzotin, Pier Antonio (Hrsg.): *La Carne Conveniente.* Il Cuoco in Casa – © Copyright by Editoriale del Drago S.r.l., Milano 1979. Editoriale del Drago S.r.l. Übersetzt mit Genehmigung von Editoriale del Drago S.r.l. (S. 163, 165).

St. Clair, Lady Harriet (Hrsg.): *Dainty Dishes.* Elfte Auflage. John Hogg, London (S. 110).

Tante Marguerite: *La Cuisine de la Bonne Ménagère.* Éditions de L'Epi, Paris um 1929 (S. 98, 123, 124).

Tendret, Lucien: *La Table au Pays de Brillat-Savarin.* Librairie Dardel, Chambéry 1934. Übersetzt mit Genehmigung von Jacques Grancher, Éditeur, Paris (S. 148).

Thomas, Kathleen: *A West Country Cookery Book.* © Kathleen Thomas 1961. B. T. Batsford Ltd., London. Übersetzt mit Genehmigung der Autorin und des Herausgebers (S. 158).

Thuilier, Raymond, und Lemonnier, Michel: *Les Recettes de Baumanière.* © 1980 Éditions Stock. Éditions Stock, Paris. Übersetzt mit Genehmigung von Éditions Stock (S. 113, 130–131, 150–151, 169).

Tiano, Myrette: *Les Gibiers.* © Solar 1979. Solar, Paris. Übersetzt mit Genehmigung von Solar (S. 119).

Urvater, Michèle, und Liederman, David: *Cooking*

the Nouvelle Cuisine in America. Copyright © 1979 by Michèle Urvater and David Liederman. Workman Publishing Company Inc., New York. Übersetzt mit Genehmigung der Workman Publishing Company Inc. (S. 129).
Vence, Céline: *Encyclopédie Hachette de la Cuisine Régionale.* © Hachette 1979. Hachette, Paris. Übersetzt mit Genehmigung von Hachette (S. 96–97, 121).
Vernon, Anne: *111 Recettes Pour le Lapin.* © 1977 Éditions de Trévise. Éditions de Trévise, Paris. Übersetzt mit Genehmigung von Éditions de Trévise (S. 124).
Viola, Pauline, und Ravnkilde, Knud: *Cooking with a Danish Flavour.* Copyright © 1978 by Pauline Viola and Knud Ravnkilde. Elm Tree Books for Danish Agricultural Producers, London. Übersetzt mit Genehmigung von Danish Agricultural Producers und Pauline Viola (S. 107).
Voegeling, François: *La Gastronomie Alsacienne.* © Copyright by Éditions des Dernières Nouvelles de Strasbourg. Éditions des Dernières Nouvelles d'Alsace – ISTRA. Übersetzt mit Genehmigung von Éditions ISTRA (S. 95).
Webb, Mrs. Arthur: *Farmhouse Cookery.* George Newnes Ltd., London um 1930. Übersetzt mit Gen. von Gwyneth Webb (S. 99, 143, 158, 164).
Weber, Dominique: *Les Bonnes Recettes des Provinces de France.* © Bordas, Paris 1979. Édition Bordas. Übersetzt mit Genehmigung von Édition Bordas (S. 98).
Willinsky, Grete: *Kulinarische Weltreise.* © 1961 by Mary Hahn's Kochbuchverlag, Berlin W. Büchergilde Gutenberg, Frankfurt/Main. Mit Genehmigung von Mary Hahn's Kochbuchverlag, München (S. 108).
Witwicka, H., und Soskine, S.: *La Cuisine Russe Classique.* © Éditions Albin Michel 1968 and 1978 Éditions Albin Michel, Paris. Übersetzt mit Genehmigung von Éditions Albin Michel (S. 160).

Danksagungen und Quellennachweise der Abbildungen

Die Herausgeber dieses Bandes sind Gail Duff, Maidstone, Kent; Sarah Kelly, London; Anton Mosimann, Dorchester Hotel, London; Ann O'Sullivan, Deya, Mallorca; und Dr. R. H. Smith, Aberdeen, zu besonderem Dank verpflichtet.

Außerdem danken sie: Pat Alburey, Royston, Hertfordshire; R. Allen & Co., (Fleischerei) Ltd., London; Mary Attenborough, Chelmsford, Essex; Marisa Centis, London; Liz Clasen, London; Lesley Coates, Ilford, Essex; Emma Codrington, Richmond, Surrey; W. C. Duncum, Hatfield, Hertfordshire; Mimi Errington, Screveton, Nottinghamshire; Nayla Freeman, London; Annie Hall, London; Mary Harron, London; Maggi Heinz, London; Wanda Kemp-Welch, Nottingham; Marcus Leuw Ltd., Smithfield, London; Philippa Millard, London; Sonya Mills, Canterbury, Kent; Wendy Morris, London; Maria Mosby, London; Michael Moulds, London; Dilys Naylor, Kingston-upon-Thames, Surrey; Jo Oxley, Morden, Surrey; Sylvia Robertson, Surbiton, Surrey; Michael Schwab, London; Fiona Tillett, London; J. M. Turnell & Co., New Covent Garden, London; Tina Walker, London.

Photographien von John Elliott: 6 – oben, 7, 8 – unten, 9 – oben rechts, Mitte und unten, 10 – oben, 11, 14 – unten links, 15 – Mitte, 16, 18 – oben und unten rechts, 19 – oben, unten links und Mitte, 22, 23, 24 – oben, unten links und rechts, 25, 26 – oben, 27 – oben, 28 – unten rechts und Mitte, 29 – oben rechts und unten, 30, 31, 34, 35, 37 – unten rechts, 42 – oben rechts, 46, 50, 51 – oben links, Mitte und unten, 52 – unten, 53 – oben rechts und Mitte, unten, 54, 55, 64, 65, 70 – unten, 71 – oben rechts und unten, 74, 75 – oben, unten links, 76, 77 – oben, unten links und Mitte, 80 81.

Andere Photographen (in alphabetischer Reihenfolge): Tom Belshaw: Einband, 4, 9 – oben links und Mitte, unten links und Mitte, 10 – unten rechts und Mitte, 12 – oben links, 13 – unten links, 14 – oben links, unten rechts und Mitte, 15 – oben rechts und Mitte, unten links, 18 – unten links, 19 – unten rechts, 20, 21 – oben, unten links und rechts, 24 – unten Mitte, 26 – unten, 27 – unten, 32 – unten, 33, 36, 37 – oben, unten links, 58, 59, 60 – oben, unten rechts, 61, 63 – unten rechts, 68 – oben, unten links, 69 – oben, 78, 79. John Cook: 68 – unten rechts, 69 – unten, 70 – oben, 71 – oben links und Mitte. Alan Duns: 6 – unten, 8 – oben, 12 – oben rechts, unten, 13 – oben, unten rechts und Mitte, 14 – oben rechts und Mitte, 15 – oben links, unten rechts und Mitte, 32 – oben, 38, 40, 41, 42 – oben links und unten, 43 bis 45, 48, 49, 51 – oben rechts, 52 – oben, 53 – oben links, 72, 86 bis 88. Louis Klein: 2. Bob Komar: 10 – unten links, 21 – unten Mitte, 28 – oben, unten links, 29 – oben links und Mitte, 56, 60 – unten links und Mitte, 62, 63 – oben, unten links, 66, 67, 75 – unten rechts, 77 – unten rechts, 82 bis 85.

Illustrationen: Mary Evans Picture Library und aus privaten Sammlungen.

Farbreproduktionen: Gilchrist Ltd., Leeds, England
Reprosatz: Alfred Utesch GmbH, Hamburg
Druck und Einband: Brepols S.A., Turnhout, Belgien

XX